二十一世纪普通高等院校实用规划教材　经济管理系列

统计学原理

袁　威　主　编

清华大学出版社
北　京

内 容 简 介

本书系统地阐述了统计学的基本概念和基本理论，注重统计思想和统计方法的传达，突出简洁、实用的特点。本书共分 10 章，具体内容包括绪论、统计设计、统计调查、统计整理、综合指标、时间数列、统计指数、抽样推断、相关分析与回归分析、统计综合分析。每章均有导入案例、案例、相关链接等内容，课后有练习题，能够较好地提高专业技能。

本书主要针对应用型本科非统计专业学生编写，适合作高等院校经济类、管理类、金融类、工程类专业本科生统计学课程教材，也可供统计工作人员、企业领导和其他人员学习、培训和工作参考使用。

图书在版编目(CIP)数据

统计学原理/袁威主编. --北京：清华大学出版社，2016（2020.1重印）
(二十一世纪普通高等院校实用规划教材　经济管理系列)
ISBN 978-7-302-43667-6

Ⅰ. ①统…　Ⅱ. ①袁…　Ⅲ. ①统计学-高等学校-教材　Ⅳ. ①C8

中国版本图书馆 CIP 数据核字(2016)第 085007 号

责任编辑：桑任松
封面设计：刘孝琼
责任校对：周剑云
责任印制：刘海龙
出版发行：清华大学出版社
　　网　　址：http://www.tup.com.cn, http://www.wqbook.com
　　地　　址：北京清华大学学研大厦 A 座　　**邮　　编**：100084
　　社 总 机：010-62770175　　**邮　　购**：010-62786544
　　投稿与读者服务：010-62776969, c-service@tup.tsinghua.edu.cn
　　质量反馈：010-62772015, zhiliang@tup.tsinghua.edu.cn
　　课件下载：http://www.tup.com.cn, 010-62791865
印 装 者：三河市铭诚印务有限公司
经　　销：全国新华书店
开　　本：185mm×230mm　　**印　张**：23.75　　**字　数**：515 千字
版　　次：2016 年 6 月第 1 版　　**印　次**：2020 年 1 月第 4 次印刷
定　　价：48.00 元

产品编号：066981-01

前　言

数据遍布于自然界和人类社会的每个角落，而统计是以数据作为研究对象的科学，因此，统计学已经渗透到了各个领域，我们每个人都可能用得到。统计学为我们提供了一套获取数据、分析数据并从中得出结论的原则和方法，掌握统计技术可以帮助我们在信息高速发展和传递的时代获取竞争优势。

本书论述的统计学原理所研究的是统计学的基本理论、基本原则和基本统计方法。这些方法既可以用于对社会现象的数量方面的研究，也可以用于对自然现象的数量方面的研究，它是各种应用统计学的共同基础。

本书具有以下几方面的特点。

(1) 本书是按照统计工作过程各个阶段的顺序编写的。完整的统计工作过程包括统计设计、统计调查、统计整理和统计分析，并借助这些数据资料进行推断和决策。这样可以使本书的整体框架更加严密，对有关内容的理论和方法可以阐述得更具体、更深刻，也更有利于学习者将来在统计实践中开展工作。

(2) 本书注重统计思想和统计方法的阐述。删减了烦琐的数学证明和公式推导，做到通俗易懂、由浅入深。在对统计方法进行阐述后都配有具体应用过程的案例说明，以方便读者的理解，具有较强的实用性和可操作性。

(3) 本书主要针对应用型人才培养目标，注重学生能力的培养。各章都有导入案例、相关链接和案例，在阐述统计方法的同时，培养学生基本的统计思想和技能，有助于培养学生分析问题和解决问题的能力，以满足实际工作需要。

(4) 本书各章后面配有相应的习题。选择题和简答题可以强化学生对基本概念的理解和应用，计算题和案例分析题可以锻炼学生的统计分析能力。本书还有配套的多媒体课件，以满足教学需求。

本书由袁威负责全书整体框架和编写大纲的设计以及全书的总纂和定稿工作。全书共分 10 章，各章节具体分工如下：袁威负责编写第一、五、七～九章；高彩梅负责编写第二、三、十章；何钦晖负责编写第四、六章。

在本书的编写过程中，参考了许多国内外的书籍和资料，在本书的附录中列出参考文献，若有遗漏，万望见谅。并在此谨向各位作者致以诚挚的谢意！由于作者水平有限，书中难免有不足之处，恳请广大教师和读者不吝批评指正。谢谢大家！

编　者

目　　录

第一章　绪　论

【教学导图】

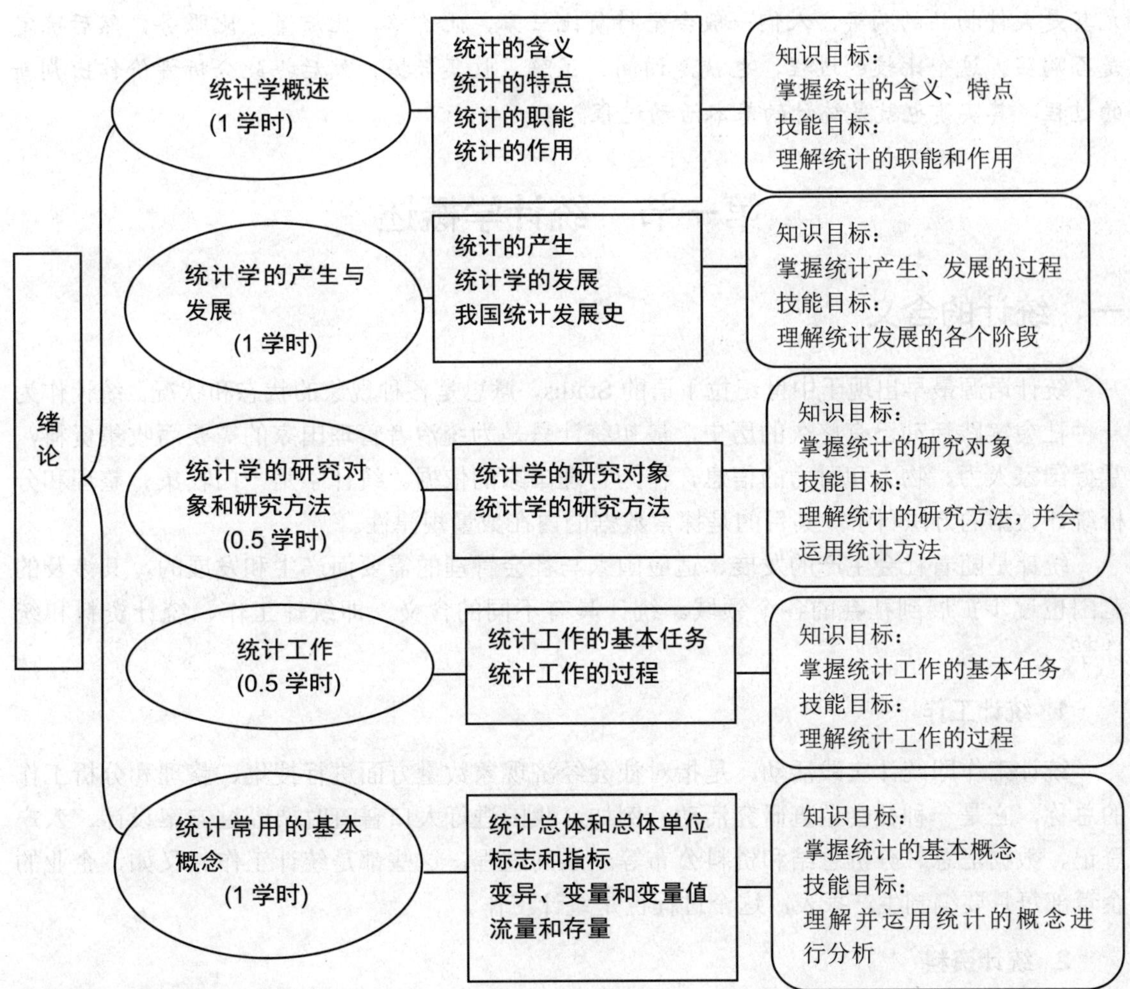

【导入案例】

在日常生活中，常常要对生活中的不确定性现象做出决策。对此，不懂统计的人可能无所适从，而懂得统计的人却能将眼前的不确定性现象进行量化，进而使其精确化，依此做出较为明智的选择。有位教授朋友曾讲过这样一件事情：一天早上，他打车出门准备去某地讲课，不巧途中堵车，幸亏他对当地的环境比较熟悉，脑海中马上就出现了多条可供选择的路线，对比之下，最终选择了一条路线相对较短、堵车概率相对较低的道路，如约赶到了讲课现场，避免了上百名学生等待的局面。这位朋友面对不确定性现象所做的思考，进而做出的决策，其实就是统计的应用。再看看我们身边经常发生的事情——居家购物，尤其是大件物品的购买，人们一般会坚持货比三家，比价格、比质量、比服务，然后确定是否购买。这个比较的过程，也就是询问、了解、收集数据，然后据此分析评价作出判断的过程，其实质也就是统计的基本活动过程。

第一节　统计学概述

一、统计的含义

统计语源最早出现于中世纪拉丁语的Status，意思是各种现象的状态和状况。统计作为一种社会实践活动已有悠久的历史，最初统计只是为统治者管理国家的需要而收集资料，掌握国家人力、物力和财力的信息，作为管理国家的依据。统计学是一门收集、整理和分析统计数据的方法科学，其目的是探索数据的内在数量规律性。

统计是随着社会生产的发展、适应国家与社会管理的需要而产生和发展的，其涉及的范围也逐步扩展到社会的各个领域。统计具有不同的含义，即统计工作、统计资料和统计学。

1. 统计工作

统计工作即统计实践活动，是指对社会经济现象数量方面进行搜集、整理和分析工作的总称，它是一种社会调查研究活动。例如，我国进行人口普查时要经过方案设计、入户登记、数据汇总、分析总结和资料公布等一系列过程，这些都是统计工作。又如，企业的企管部每月要编制生产报表，这个过程也是统计工作。

2. 统计资料

统计资料即统计信息，是指通过统计工作过程所搜集、整理、编制的各种统计数据的总称。统计资料是进行国民经济宏观调控的决策依据，是社会公众了解国情、国力和社会经济发展状况的信息主体。

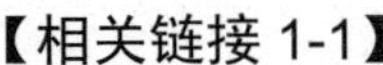

> 2010 年 1 月 1 日起实施的新《统计法》第三章第二十三条明确规定：“县级以上人民政府统计机构按照国家有关规定，定期公布统计资料。国家统计数据以国家统计局公布的数据为准。”
>
> 国家统计局发布的关于 2014 年粮食产量的公告：根据对全国 31 个省(区、市)农业生产经营户的抽样调查和农业生产经营单位的全面统计，全国粮食播种面积为 112 738.3 千公顷(169 107.4 万亩)，比 2013 年增加 782.7 千公顷(1174.1 万亩)，增长 0.7%。全国粮食单位面积产量 5385 公斤/公顷(359 公斤/亩)，比 2013 年增加 8.4 公斤/公顷(0.6 公斤/亩)，提高 0.2%。全国粮食总产量 60 709.9 万吨(12 142 亿斤)，比 2013 年增加 516 万吨(103.2 亿斤)，增长 0.9%。其中谷物总产量 55 726.9 万吨(11 145.4 亿斤)，比 2013 年增加 457.7 万吨(91.5 亿斤)，增长 0.8%。
>
> (资料来源：http://www.chinabgao.com/stat/stats/39284.html)

3. 统计学

统计学是系统论述统计理论和方法的科学，是长期统计工作实践的经验总结和理论概括。统计学由一套收集和处理统计数据的方法组成，这些方法来源于对统计数据的研究，其目的是探索数据内在的数量规律，以达到对客观事物的科学认识。若统计数据不用统计方法去分析，则仅仅是一堆杂乱无章的数据而已，无法得出任何有益的结论。

统计工作、统计资料、统计学三者之间存在着密切的关系：统计工作的成果是统计资料，统计资料和统计学的基础是统计工作，统计学既是统计工作经验的理论概括，又是指导统计工作的原理、原则和方法。如图 1-1 所示。

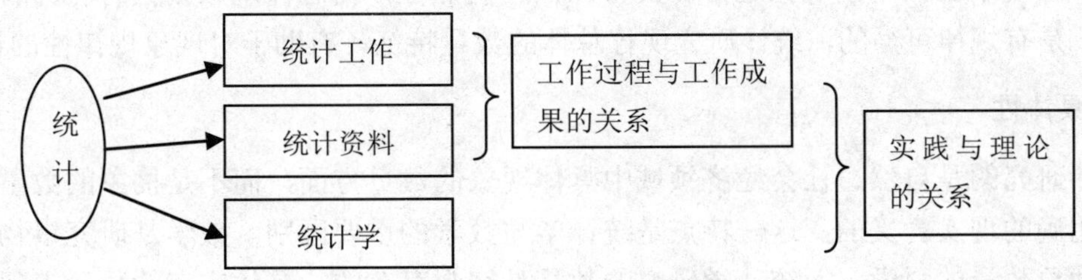

图 1-1　统计含义及两重关系

二、统计的特点

统计是对社会经济现象的一种调查分析活动，它具有以下 6 个特点。

1. 数量性

统计是用大量的数字资料说明事物的规模、水平、结构、比例关系、差别程度、普遍程度、发展速度、平均规模和水平、平均发展速度等。数量性是统计的基本特性，但应该注意，统计不是单纯地研究经济现象的数量方面，而是在质与量的密切联系中研究经济现象的数量方面。社会经济现象有质量和数量两个基本方面，两者是辩证统一的。要了解事物的存在和发展并掌握其变化规律，就必须分析、研究事物的量的方面及其发展规律性在具体时间、地点、条件下的数量表现。认识事物的数量表现，是深入把握事物质量的前提和基础。因此，事物的数量是认识客观现实的重要方面，通过分析研究统计数据资料，研究和掌握统计规律性，就可以达到统计分析研究的目的。具体地说，是用规模、水平、速度、结构和比例关系等去描述和分析社会经济现象的数量表现、数量关系和数量变化，揭示事物的本质，反映事物发展的规律，推测事物的发展前景。例如，一个国家的人口数量、结构和分布，国家财富的数量、构成和利用情况，国民经济的规模、发展速度、人们生活水平等数字，都是反映该国国情、国力的基本方面。通过一系列统计指标对这些基本情况有所了解，才可能对该国有一个客观的认识。

2. 总体性

总体性又称大量性或综合性。统计研究的着眼点是大量社会经济现象总体，而不是少量或个别现象，它是通过对个别事物的大量观察，占有丰富材料并加以分析综合，来反映现象总体的数量特征，揭示现象的本质和规律性。例如，城镇居民家庭消费状况的调查，虽然是对每个具体的家庭户进行调查，但并不是研究个别居民家庭的基本生活状况，而是要反映一个城市、一个部门、一个国家的居民收入水平、收入分配、消费水平、消费结构等情况。客观事物的个别现象通常有其特殊性、偶然性，而总体现象则具有相对普遍性、稳定性，是有规律可循的，统计研究现行总体的数量特征，有助于对现象规律性的认识。

3. 具体性

统计研究的是自然、社会经济领域中具体现象的数量方面，而不是抽象的数量关系，是具有明确的现实含义的，这一特点是统计学与数学的重要区别。数学是研究事物的抽象空间和抽象数量的科学，而统计学研究的数量是客观存在的、具体实在的数量表现，是一个有具体时间、具体地点、具体条件限定的数量。例如，2013 年中国 GDP 总量是 94 946 亿美元。但要注意，统计在研究数量关系时，也要遵守数学表明的客观现象量变的规律，并在许多方面运用数学方法。

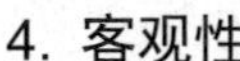

4. 客观性

统计数量是客观事物的反映，表示客观现象在具体时间、空间条件作用下，实际已经达到的水平和程度。它独立存在于外部世界，不是人的意志所能转移的。统计数据的客观性是统计质量的基础，统计数据应客观、真实。

5. 变异性

变异性又称差异性，是指总体各单位由于随机因素引起的某一标志表现的差异。构成统计研究对象的总体各单位，除了在某一方面必须是同质的以外，在其他方面又要有差异，而且这些差异不是由某种特定的原因事先给定的。例如，一个企业中的职工，其工龄、文化程度、工资水平等都存在着差异，这才有必要研究其平均水平及其各个层次的结构等状况。如果各个总体单位之间不存在差异，也就没有必要进行统计。如果各个总体单位之间的差异是按照已知条件事先可以推定的，也就不需要统计了。比如，昼夜时间长短因季节变化而有所不同，这个可以按照已知条件事先推定，无须统计。

6. 社会性

统计学研究社会经济现象，这一点与自然技术统计学有所区别。自然技术统计学研究自然技术现象(如天文、物理、生物、水文等现象)，自然现象的变化发展有其固有的规律，在其变化进程中，通常表现为随机现象，即可能出现或可能不出现的现象。而统计学通过研究大量社会经济现象总体的数量方面来认识人类社会活动的条件、过程和结果，反映物质资料的占有关系、分配关系、交换关系以及其他社会关系。

三、统计的职能

统计是国家实行科学决策和科学管理的一项重要基础工作，是党、政府和人们认识国情国力、制定国家政策的重要依据。因此，统计部门不仅要提供信息，而且要提供咨询与建议，所以统计应具有以下几项职能。

1. 信息职能

信息职能是指统计具有一整套科学统一的统计指标体系和统计调查方法，能够灵敏地、系统地为决策和管理采集、处理、传递、存储和提供大量综合反映客观事物总体数量特征的社会经济信息。统计部门是提供和管理统计信息的主要职能部门，提供全面、及时、可行的社会经济统计信息是统计部门最基本、最普遍的职能。

2. 咨询职能

咨询职能是指利用已经掌握的统计信息资源，运用科学的分析方法和先进的技术手段，深入开展综合分析和专题研究，为科学决策和管理提供各种可供选择的咨询建议和对策方案。统计咨询水平的高低是衡量统计工作水平的重要标志之一，统计信息咨询除了为党政领导加强宏观调控提供具有量化特点的咨询意见和对策建议外，还必须面向许多部门、研究机构、社会团体、基层企业、个人和国外多类用户，大力发展统计信息咨询业，建立公共统计信息咨询服务机构，培育统计信息市场。

3. 监督职能

监督职能是指通过统计调查和统计分析，及时、准确地从总体上反映经济、社会和科技运行状态，并对其实行全面、系统的定量检查、监测和预警，揭示社会经济运行中的偏差，使社会经济决策及其执行过程按客观规律的要求持续、稳定、协调地发展。

统计信息职能是统计最基本的职能，是保证统计咨询和统计监督职能有效发挥的基础。统计咨询职能是统计信息职能的深化。统计监督职能是在统计信息、咨询职能基础上的进一步拓展，并促进统计信息和咨询职能的深化。统计的 3 种职能相辅相成、相互作用，构成了一个有机整体。只有进一步优化统计信息职能，提高统计咨询水平，强化统计监督职能，充分、有效地发挥统计信息、咨询、监督职能的整体功能，才能充分体现和发挥统计在社会经济管理中的重要地位和作用。

四、统计的作用

统计的应用领域非常广泛，无论是从宏观管理上还是微观决策上，甚至在日常生活中，都起着重要的作用。具体主要包括以下几个方面。

1. 统计是认识自然和社会的必要方法和途径

列宁曾经说过："统计是认识社会的最有力武器。"人们要认识社会、认识自然就离不开各种各样的数据，并且要对这些数据进行分析研究，这就需要运用一整套的统计理论和方法指导。所以，统计是认识自然和社会的手段，统计学则为这种手段提供了理论和方法。

2. 在宏观经济管理中，统计是国家宏观调控和管理的重要工具

政府在进行宏观经济管理中要实现四项宏观经济管理目标，即保持国民经济持续健康协调发展、实现劳动力的充分就业、保持物价稳定及保持国际收支均衡。要实现这四大宏观经济管理目标，就需要政府利用统计方法，科学合理地收集数据，对国民经济和社会发展状况进行跟踪监测和预警，对各种社会经济问题进行定量分析，从而为制定和调整宏观

经济政策提供决策依据。

3. 在微观企业管理中，统计是企业管理与决策的依据

企业管理者不仅要掌握人财物、产供销的情况，而且要及时了解市场经济信息，依据市场需求安排企业的生产经营活动，在激烈的市场竞争中要做到知己知彼，才能立于不败之地。这就要借助统计调查，搜集各方面的统计资料，进行统计分析，为企业的生产经营决策提供可靠的科学依据。

4. 统计为科学研究提供有力手段

无论是在社会科学领域，还是在自然科学领域，进行某个课题研究时，为使观点与结论具有事实依据和说服力，必须根据调查研究或实验取得的统计数据来说明问题，这就需要运用科学的统计原理与方法来进行。例如：在医学界，人们利用统计方法来研究疾病的原因或影响因素，判断药物或治疗方法的有效性；在考古学界，人们凭借统计方法来推断特定发掘物的历史年代；在心理学界，人们用统计方法分析特定刺激的心理效应；在经济学界，人们用统计方法研究国民经济运行状况和各种决策方案的优劣；在生物学界，人们用统计方法来研究基因定律。几乎所用的科学研究领域都离不开统计学。历史上许多有关领域的著名专家，往往也是著名的统计学家。

【案例 1-1】

《红楼梦》版权问题

《红楼梦》一书共有 120 回，一般认为前 80 回为曹雪芹所写，后 40 回为高鹗所续，长期以来学术界对这个问题一直存有争议。

1980 年 6 月，美国威斯康星大学陈炳藻教授在首届国际《红楼梦》研讨会上宣读了一篇《从词汇上的统计论＜红楼梦＞的作者问题》的文章，引起了国际红学界的关注和兴趣。1986 年，陈炳藻教授公开发表了《电脑在文学上的应用：＜红楼梦＞与＜儿女英雄传＞两书作者用词的比较》一文，之后又出版了《电脑红学：论＜红楼梦＞作者》的专著。陈炳藻教授通过利用电脑对《红楼梦》前 80 回和后 40 回的用词进行了测定，并从数理统计学的观点出发，探讨《红楼梦》前后用词的相关程度。他将《红楼梦》120 回按照顺序编成 3 组，每组 40 回，并将《儿女英雄传》作为第 4 组进行比较研究，从每组中任取 8 万字，分别挑出名词、动词、形容词、副词、虚词这 5 种词，借助统计上的相关分析计算各组相关程度。结果用词的正相关程度是 32.14%。由此推断，前 80 回和后 40 回的作者均为曹雪芹一人的结论。

然而，复旦大学数学系李贤平教授却给出了相反的回答。1987 年，李贤平教授带领学生将120回看成120个样本，然后确定与情节无关的47个虚词(之、其、或、亦、呀、吗、可、在、但、儿等)作为变量，统计出每一回里变量出现的次数作为数据，用多元统计中的聚类分析法进行合并，果然将120回分成两类，即前80回为一类，后40回为一类，很形象地证实了此书不是出自同一人的手笔。之后他们又进一步分析了前80回是否为曹雪芹所写这一问题，根据曹雪芹的另一本著作做了类似计算，结果证实了用词手法完全相同，断定为曹雪芹一人所写。类似的论证还推翻了后40回为高鹗一人所写的传统认识。

(资料来源：吕光明.《红楼梦》作者的统计论证[J].数据，2008，4)

第二节　统计学的产生与发展

统计作为一种社会实践活动，是随着人类社会经济的发展、治国和管理的需要而产生和发展起来的，至今已有四五千年的历史。而统计学或统计理论则是在长期统计实践活动基础上形成和发展起来的，距今只有300多年的历史。

一、统计的产生

人类的统计实践是随着计数活动而产生的，早在原始公社时期，就有结绳记事、结绳计量的方法，即“事大，大结其绳；事小，小结其绳；结之多少，随物众寡”，这可以说是统计的萌芽。当时居住在“两河流域”一带的人们也在石头上和泥板上刻出一个个像楔子形的符号，如“丫”和“<”，分别表示1和10。但那时的计数活动，还主要表现在人们对仅有的剩余劳动成果或其视线所及的劳动对象加以清点与度量。而统计实践的真正萌芽是在古代奴隶社会。当时的统治阶级为了治理国家的需要，常常进行征税、征兵、服劳役等统治活动，因此有了了解社会基本情况的需要。所以，一般认为有了国家就有了统计实践活动。

我国是世界上最早开始统计活动的国家之一，早在公元前21世纪的夏朝，就有了人口与土地数字的记载，并依山川土质、人口物产及贡赋多寡，将全国分为九州。以后的周王朝，在统计方面更为完善，不仅制定了乡的定期报表制度，在统计方法上还应用了专门调查、统计图示及账册。进入封建社会后，随着人类社会的发展，统计的范围逐渐由人口、土地发展到社会经济生活的各个方面。但由于自给自足的自然经济占主导地位，生产力水平低下，经济落后，长期的封建生产关系阻碍了社会生产力的发展，相应地也阻碍了统计实践的发展。统计实践的广泛发展始于资本主义社会。17世纪以来，资本主义国家由于工

业、商业、农业、贸易、交通的发展，统计实践从国家管理领域扩展到社会经济活动的许多领域。从 18 世纪起，各资本主义国家先后设立专业的统计机构，收集各方面统计资料，定期或不定期举行人口、工业、农业、贸易、交通等项调查，出版统计刊物，建立国际统计组织，召开国际统计会议。

二、统计学的发展

统计学起源于研究社会经济问题，今天仍然是研究社会经济问题的基本方法。从统计学的产生和发展的过程来看，大致可以划分为 3 个阶段。

(一)统计学的萌芽期

统计学初创于 17 世纪中叶至 18 世纪，当时主要有政治算术学派和国势学派。

1. 政治算术学派

政治算术学派起源于 17 世纪的英国，其主要代表人物是威廉·配第(W. Petty，1623—1687)和约翰·格朗特(J. Graunt，1620—1674)。17 世纪的英国学者威廉·配第在 1671—1676 年间写成《政治算术》一书，当时正值第三次英、荷战争，国内经济困难，国外面临着荷、法两国的威胁。配第为了让人们知道和确信“英国的事业和各种问题并非出于可悲的状态”，在这本书中用数字比较分析了英国、荷兰、法国三国的经济实力和造成这种实力差异的原因，并从贸易、税制、分工、资本和利用闲散劳动力等多方面提出了英国的强盛之道。这种用数字来表达，用数字、重量和尺度来计量，并配以朴素的图标，正是现代统计学广为采用的方法和内容。正是在这个意义上，马克思称配第是“政治经济学之父，在某种程度上也可以说是统计学的创始人。”

配第的朋友约翰·格朗特通过对伦敦市 50 多年的人口出生率和死亡率进行分类计算，编制了世界上第一张“死亡率”统计表，写出了第一本关于人口统计的著作——《对死亡表的自然观察和政治观察》(1662 年)。但遗憾的是，该学派的学者都还没有使用“统计学”这个名称。从此，统计的含义从记述转变为专指在“量”的方面来说明国家的重要事项。这就为统计学作为一种数量方面认识事物的科学方法，开辟了广阔的发展前景。

2. 国势学派

国势学派产生于 18 世纪的德国，主要代表人物是康令(H. Conring，1606—1681)和阿亨瓦尔(G. Achenwall，1719—1772)，康令以叙述国家显著事项和国家政策关系为内容，在大学开设了“国势学”课程，很受当时学者的欢迎。主要继承人阿亨瓦尔的主要著作是《近代欧洲各国国势学概论》。他继续开设“国势学”课，并于 1749 年首次使用统计学代替国势学，认为统计学是关于各国基本制度的学问，是一个国家显著事项的整体。他们所做的工作主要是对国家重要事项的记录，因此又被称为记述学派，主要记录关于国家、人口、军队、领土、居民职业以及资源财产等事项，偏重于事件的叙述，而忽视量的分析。严格地说，这一学派的研究对象和研究方法都不符合统计学的要求，只是登记了一些记述性的材料，以说明管理国家的方法。

当然，国势学派对统计学的创立和发展还是做了很多贡献的。首先，国势学派为统计学这门新兴的学科起了一个至今仍然为世界公认的名词“统计学”，并提出了至今仍为统计学者所采用的一些术语，如统计数字资料、数字对比等。国势学派建立的最重要的概念就是“显著事项”，它事实上是建立统计指标和使统计对象数量化的重要前提；其次，国势学派在研究各国的显著事项时，主要是系统地运用对比的方法来研究各国实力的强势，统计图表实际上是“对比”思想形象化的产物。

(二)统计学的近代期

统计学的近代时期是 18 世纪末至 19 世纪末，这一时期的统计学主要有数理统计学派和社会统计学派。

1. 数理统计学派

最初的统计方法是随着社会政治和经济需要而初步得到发展的，直到概率论被引进之后，才逐渐形成一门成熟的科学。在统计发展史上，最初将古典概率论引进统计学领域的是法国天文学家、数学家、统计学家皮埃尔-西蒙·拉普拉斯(P. S. Laplace)。他发展了对概率论的研究，阐明了统计学的大数法则，并进行了大样本推断的尝试。

数理统计学派产生于 19 世纪中叶，创始人是比利时的天文学家、数学家和统计学家阿道夫·凯特勒(Adolphe Quetelet，1796—1874)，其著作有《统计学的研究》《关于概率论的书信》等。他是当时统计学界的中心人物，担任过比利时中央统计局局长，主持过 1853 年的第一次国际统计会议，他最先将概率论应用于人口、人体测量和犯罪等问题的研究，完成了统计学和概率论的结合。从此，统计学开始进入更为丰富发展的新阶段。许多学者从各个角度研究统计学，不断增加新的内容，相继提出和发展了相关和回归理论、t 分布以及抽样理论等，使数理统计学很快发展成为一门比较系统、完善的学科。国际统计学界称凯特勒为“统计学之父”，就在于他发现了大量现象的统计规律和开创性地应用了许多统计方法，促使统计学向新境界发展。由于这一学派主要在英、美等国发展起来，故又称为英美数理统计学派。

2. 社会统计学派

自凯特勒后，统计学的发展开始变得丰富而复杂起来。由于在社会领域和自然领域统

计学被运用的对象不同，统计学的发展呈现出不同的方向和特色。19 世纪后半叶，正当致力于自然领域研究的英美数理统计学派刚开始发展的时候，在德国竟异军突起，兴起了与之不同的社会统计学派。这个学派是近代各种统计学派中比较独特的一派。由于它在理论上比政治算术学派更加完善，在时间上比数理统计学派提前成熟，因此，它很快占领了“市场”，对国际统计学界影响较大，流传较广。

社会统计学派由德国大学教授克尼斯(K. G. A. Knies)首创，主要代表人物为恩格尔(C. K. E. Engel)和梅尔(G. V. Mayr)。他们认为，统计学的研究对象是社会现象，目的在于明确社会现象内部的联系和相互关系；统计应当包括资料的收集、整理以及对其分析研究。他们还认为，在社会统计中，全面调查，包括人口普查和工农业调查，居于重要地位；以概率论为理论基础的抽样调查，在一定的范围内具有实际意义和作用。

【相关链接 1-2】

恩斯特·恩格尔(Ernst Engel，1821—1896)生于德国德累斯顿，统计学家，因恩格尔定律闻名于世。他早年与法国社会学家弗雷德里克·勒普莱交往甚密，勒普莱对家庭问题很感兴趣，这使恩格尔开展了家庭调查。这些调查搜集的家庭开支数据使恩格尔确信，在家庭的收入与该户分配于食物和其他项目的支出之间存在着一定联系。恩格尔根据统计资料，对消费结构的变化得出一个规律：一个家庭收入越少，家庭收入中用于购买食物的支出所占的比例就越大，随着家庭收入的增加，家庭收入中用于购买食物的支出比例则会下降。推而广之，一个国家越穷，每个国民的平均收入中用于购买食物的支出所占比例就越大，随着国家的富裕，这个比例呈下降趋势。

国际上常用恩格尔系数来衡量一个国家和地区人民生活水平的状况。根据联合国粮农组织提出的标准，恩格尔系数在59%以上为贫困，在50%～59%为温饱，在40%～50%为小康，在30%～40%为富裕，低于30%为最富裕。

(三)统计学的现代期

统计学的现代期是自 20 世纪初到现在的数理统计时期。在 19 世纪末和 20 世纪初的统计学主要是关于描述统计学中的一些基本概念、资料的搜集、整理、图示和分析等，后来逐步增加概率论和推断统计的内容。直到 1907 年戈塞特发表 t 分布的论文，创立了小样本代替大样本理论，利用 t 统计量就可以从大量的产品中只抽取较小的样本完成对全部产品质量的检验和推断。费雪又对小样本理论作了进一步研究，给出了 F 统计量、最大似然估计、方差分析等方法和思想，标志着现代统计学的开端。1930 年，尼曼与小皮尔逊共同对假设检验理论作了系统的研究，创立了“尼曼-皮尔逊”理论，同时尼曼又创立了区间估计理论。

美国统计学家瓦尔德将统计学的估计和假设理论予以归纳，创立了“决策理论”。这些研究和发现大大充实了现代统计学的内容。

自 20 世纪 50 年代以来，统计理论、方法和应用进入了一个全面发展的新阶段。一方面，统计学受计算机科学、信息论、混沌理论、人工智能等现代科学技术的影响，新的研究领域层出不穷，如多元统计分析、现代时间序列分析、贝叶斯统计、非参数统计、线性统计模型、探索性数据分析、数据挖掘等；另一方面，统计方法的应用领域不断扩展，几乎所有的科学研究都离不开统计方法。因为不论是自然科学、工程技术、农学、医学、军事科学，还是社会科学都离不开数据，要对数据进行研究和分析就必然要用到统计方法，现在连法律、历史、语言、新闻等都越来越重视对统计数据的分析，国外的人文与社会学科普遍开设了统计学的课程，因而可以说统计方法与数学、哲学一样已成为所有学科的基础。

20 世纪 60 年代后，统计学的发展呈现几个明显的趋势：①随着数学的发展，统计学依赖和吸收的数学方法越来越多；②向其他学科领域渗透，或者说，以统计学为基础的边缘学科不断形成；③随着统计学应用日益广泛和深入，特别是借助电子计算机后，统计学所发挥的功效日益增强；④统计学的作用与功能已从描述事物现状、反映事物规律，向抽样推断、预测未来变化方向发展。它已从一门实质性的社会性学科，发展成为方法论的综合性学科。

三、我国统计发展史

从 1840 年鸦片战争到 1949 年新中国成立之前，我国是半殖民地半封建社会，统计工作非常落后，统计学基本上照抄照搬西方统计理论，传播的主要是数理统计学派的观点。

新中国成立后，我国在学习苏联统计工作经验的同时，引进了苏联的统计学即社会统计学，数理统计遭到批判。党的十一届三中全会以后，学术界又开始了百花齐放，百家争鸣，数理统计学和自然科技统计学方面的统计学都是独立的统计学科，它们可以同时并存，相互借鉴，共同发展。

近年来，社会统计学和数理统计学出现了融合的趋势，数理统计方法在社会经济统计中得到了广泛的应用。统计学已划入国家一级学科，随着大统计学学科体系的建立，统计学作为一门独立的科学，其运用已渗透自然科学和社会科学的各个领域。统计科学工作者在总结本国经验的同时，吸收了世界各国统计科学发展的成果，正在努力建设一门具有中国特色的现代统计学。

第三节　统计学的研究对象和研究方法

一、统计学的研究对象

统计学的研究对象是指统计研究所要认识的客体。它决定着统计科学的研究领域以及相应的研究方法。主要有以下几个方面。

1. 统计学的研究对象是社会经济现象的数量方面

任何事物都有质和量两个方面，社会经济现象也是如此，从数量上认识事物基本特征是研究客观现象的重要方法之一。统计学正是从数量方面来研究社会经济现象，反映社会经济现象的规模、水平、速度、比例关系等各种数量关系，揭示社会经济现象的变化规律。

2. 统计学是在质和量的联系中研究数量特征和数量关系

统计学不是抽象地研究纯数量，而是联系一定质去研究事物的量。一方面，任何量都依存于一定的质，离开质就无所谓量，也无从核算量；另一方面，任何质都表现为一定的量，只有在研究事物的量的基础上，才能具体深刻地认识事物的本质。

统计学在研究社会经济现象数量方面时，既要通过研究现象的数量方面来认识它的本质，又绝不能离开事物的本质去抽象地研究它们的量。统计学研究的量总是具体事物在一定时间、地点等条件下的数量表现，它总和现象的质密切地联系在一起。统计学研究事物的量的目的，正是为了深刻地反映现象的性质和内在联系，揭示社会经济现象的变化趋势或规律性。

3. 统计学研究的是总体数量方面

统计学研究社会经济现象的目的在于认识社会经济现象总体的规律性。个别现象由于受偶然因素的影响，在数量上表现出千差万别，只有通过大量观察，充分提取材料，才能真正认识和把握事物的本质特征。

二、统计学的研究方法

统计学是一门方法论的科学，依据研究对象的特点形成了专门的研究方法。

1. 大量观察法

大量观察法是指对所研究事物的全部或足够多数量单位进行观察并加以综合研究，以

达到认识总体的目的。统计研究的对象是社会现象的数量方面，而任何复杂的社会经济现象和自然现象都受到各种社会规律或自然规律相互交错作用的影响，每个单位所承受各种因素的影响程度和影响方面不尽相同，使得数量上的变化带有偶然性。因此，要认识现象的特征和发展趋势，必须对研究对象的全部或足够多的单位进行调查、观察，这样才能够使那些偶然性相互抵消，呈现出现象的本质特征，进而认识到其规律性。

【案例 1-2】

男女出生比例

在过去没有计划生育时，观察个别家庭或少数家庭的婴儿出生，生男生女的比例极为参差不齐，有的生男不生女，有的生女不生男，有的男多女少，有的女多男少，然而经过大量观察，男婴、女婴的出生数则趋向均衡。大致为 100 个女婴，就有 105 个男婴。105∶100 就是新生儿男女性别比例的规律性，古今中外都大致相同，它是人类社会长期遗传和发展的结果。虽然新生儿男多于女，但男孩的死亡率高于女孩，到了中年时期男女人数大致相同，这样可以保证人类的中青年结婚生育时性别大致平衡，而进入老年后男性的死亡率仍然高于女性，男性的平均寿命比女性短，所以综合各个年龄段的总体人口数来看男女大体相当，有利于人类的进化和发展。对人类性别比例的研究是统计学的起源之一，也是统计方法探索的最早数量规律之一。

2. 统计分组法

统计分组是指根据事物内在的性质和统计研究任务的要求，将总体各单位按照某种标志划分为若干组成部分的一种研究方法。

构成总体的各个部分，既有共性又有个性，是对一些同类或类似的社会现象的认识，只从整体上进行分析研究，几乎无法或很难认识其基本特征。因此，除了进行总体研究外，还必须对总体的各个组成部分进行分析研究。采用统计分组法，将研究对象按照某一特征进行分组后，再进行结构对比分析，能够认识得更深入。统计分组法是研究总体内部差异的重要方法，通过分组可以研究总体中不同类型的性质及其分布情况，如产业的经济类型及其行业分布情况；可以研究总体中的构成和比例关系，如第一、二、三产业之间的构成比例、生产要素的比例等；可以研究总体中现象之间的相关依存关系，如企业的经营规模和利润率之间的关系。

3. 统计模型法

统计模型法是指根据一定的理论和假设条件，利用数学方程模拟客观现象相互关系的

一种研究方法。利用这种方法，可以对客观现象和过程中存在的数量关系进行比较完整和全面的描述，凸显所研究的参数之间的关系，从而简化了客观存在的复杂的其他关系，以便利用模型对所关心的现象变化进行数量上的评估和预测。统计模型的 3 个基本要素是变量、数学方法和模型参数。运用统计模型法可以使统计分析更具广度和深度，提高统计的认识能力。

4. 统计描述法

统计描述法是指对由实验观测得到的数据进行登记、审核、整理、归类，计算出各种能够反映总体数量特征的概括性度量并加以分析，从中抽出有用的信息，用表格或图像把它表示出来。统计描述是统计研究的基础，它为统计推断、统计咨询、统计决策提供必要的事实依据。统计描述也是对客观事物认识不断深化的过程。它通过对分散无序的原始资料进行整理归纳，运用分组法、统计模型法得到现象总体的数量特征，揭示客观事物的内在数量规律性，达到认识的目的。

5. 综合分析法

综合分析法是指运用各种统计综合指标来反映和研究社会经济现象总体的一般特征和数量关系的研究方法。在统计分析阶段，一般广泛采用多种统计方法和指标体系去综合地反映社会经济现象的规模、水平、比例关系、发展速度等，使我们对被研究现象有一个更深入的认识。在统计分析的过程中，常使用的综合分析法有综合指标法、时间数列分析法、统计指数法、因素分析法和相关分析法等。

6. 归纳推断法

归纳推断法是指以一定的置信标准要求，根据样本数据来判断总体数量特征的归纳推理的方法。统计在研究现象的总体数量关系时，需要了解的总体对象的范围往往是很大的，有时甚至是无限的，由于经费、时间和精力等各种因素的限制，大部分事件在客观上只能从中观察部分单位或有限单位进行计算和分析，根据局部观察结果来推断总体。例如，要检验一批灯泡的平均使用寿命，就无法进行全面检验，而只能从该批灯泡中抽取一小部分进行检验，从而推断这一批灯泡的平均使用寿命，并给出这种推断的置信程度。归纳推断是现代统计学的基本方法，在统计研究中得到极为广泛的应用，它既可以用于对总体参数的估计，也可以用作对总体某些分布特征的假设检验。

第四节 统 计 工 作

一、统计工作的基本任务

《中华人民共和国统计法》第一章第二条规定："统计的基本任务是对国民经济和社会发展情况进行统计调查、统计分析，提供统计资料和统计咨询意见，实行统计监督。"与其相适应的具体任务有以下几个。

1. 进行统计调查

进行统计调查，即调查、整理社会经济活动的各种数字资料。

2. 进行统计分析

进行统计分析，即对收集来的各种数据资料进行整理和研究。在此基础上，对社会经济活动过程及其结果进行主观与客观、横向与纵向、静态与动态的综合分析。

3. 提供统计资料的统计咨询意见

提供统计资料和统计咨询意见，即将经过整理、分析的统计资料提供给各级领导机关和有关部门、企事业单位等，为其决策提供参考咨询意见及依据。

4. 进行统计监督

进行统计监督，即对一些不符合国家政策和计划的情况如实地加以反映，引起各级政府机关、主管部门和社会各方面的重视，以便采取措施，加以纠正。

为了完成上述任务，统计工作必须做到"准确、公正、及时、方便"，这是衡量统计工作质量的重要标准。

二、统计工作的过程

统计工作是对社会经济现象进行调查研究以便认识其本质和规律性的一种工作，作为人类认识客观世界的一种活动，统计工作是无止境的，但就一次具体的统计工作而言，一个完整的统计工作过程包括以下 4 个阶段。

1. 统计设计

统计设计是根据统计研究目的和统计对象的特点，对统计工作各个方面和各个环节所

做出的通盘考虑和合理安排。如统计指标和统计指标体系设计、统计分组和分类设计、搜集统计数据的方法和步骤设计、统计力量的组织和安排以及经费的运用等。统计设计的结果表现为各种设计方案。优良的统计设计是科学、有效地组织统计活动的前提。

2. 统计调查

统计调查是根据一定的目的，依据统计调查方案的要求，采用各种统计调查组织形式和调查方法，有计划、有组织地开展对所研究总体的各个单位进行观察、登记，准确、及时、完整、系统地搜集原始资料的工作过程。从统计工作的全过程来看，统计调查是收集资料获得感性认识的阶段，它既是认识客观经济现象的起点，也是统计整理和统计分析的基础环节。

3. 统计整理

统计整理是对调查来的大量统计资料进行加工整理、汇总、列表的过程。通过统计调查取得的原始资料只能反映总体各单位的具体情况，是分散的、零碎的、表面的，而且精粗并存，真伪混杂，不能说明事物的全貌。要说明总体情况，揭示出总体的特征，还需要对这些资料进行去粗取精、去伪存真、由此及彼、由表及里的加工整理，以便对总体做出概括性的说明。统计整理处于统计工作的中间环节，起着承前启后的作用。

4. 统计分析

统计分析是根据统计研究的目的，综合运用各种分析方法和统计指标，对取得的数据资料和具体情况进行定量和定性分析，以揭示社会经济过程的本质及其发展变化的规律性。通过统计分析将事物由感性认识上升到理性认识，它是社会经济统计发挥作用的决定性阶段，它是关系到能否充分发挥统计的信息、咨询和监督整体功能作用的一项重要工作。

统计工作过程的 4 个阶段不是孤立、截然分开的，它们是紧密联系的一个整体，其中各个环节常常是交叉进行的。例如，小规模的调查常将调查和整理结合起来，在统计调查过程中就有对事物的初步分析，在整理和分析过程中仍需进一步调查。

第五节　统计常用的基本概念

统计科学和其他科学一样，在论述本门科学的理论与方法时，要运用一些专门的概念，基本的、常用的概念主要有以下几个。

一、统计总体和总体单位

(一)统计总体

1. 统计总体的定义

统计总体简称总体，是由特定研究目的而确定的统计研究对象的全体，它是由客观存在的、具有某种共同性质的许多单位所构成的整体。例如，研究我国工业企业的生产经营状况，则全国所有的工业企业就构成统计总体；研究某企业职工年龄结构状况，则该企业的所有职工就构成统计总体；研究某商场商品库存状况，则该商场的所有库存商品就构成统计总体。

2. 统计总体的特征

统计总体具有 3 个特征，即大量性、同质性、变异性。

(1) 大量性。大量性是指统计总体是由大量的总体单位构成。因为个别单位的数量表现可能是各种各样的，只对少数单位进行观察，其结果难以反映现象总体的一般特征。只有观察足够多的量，在对大量现象的综合汇总过程中才能消除偶然因素，使大量社会经济现象的总体呈现出相对稳定的规律和特征，这就要求统计总体必须包含足够多数的单位。足够多数是指足以反映规律的数量要求。当然，大量性也是相对的，它与统计研究目的、客观现象的现存规模以及总体各单位之间的差异程度等都有关系。

(2) 同质性。同质性是指构成统计总体的各个单位都具有某一或某些共同的属性或特征。例如，研究我国工业企业的生产经营状况，则全国所有的工业企业就构成统计总体，每个总体单位都必须具有从事工业生产活动的企业特征，而不具有这些特征的就不能称之为工业企业。同质性是相对的，它是根据一定的研究目的而确定的，目的不同，同质性的意义也有所不同。

(3) 变异性。变异性是指构成统计总体的各个总体单位，除了具有某一或某些共同属性以外，在其他方面则具有质和量的差别。由于各种因素错综复杂的作用，差别是普遍存在的。总体中各个单位之间具有变异性的特点，所以有必要采用统计方法加以研究，以表明总体的数量特征。

3. 统计总体的分类

(1) 按照统计总体中包含的单位数是否可计量分为有限总体和无限总体。

① 有限总体是指总体中包含的单位数是有限的，如我国人口总数、工业企业总数等，无论数量有多少，都是有限的、可以计量的。

② 无限总体是指总体中包含的单位数是无限的，如海洋里的鱼资源数、连续生产的产品的生产数量等。

(2) 按照总体单位的形态可分为实体总体和行为总体。

① 实体总体是指以某种客观存在的实体为单位组成的总体，如以个人、居民户、企业、设备、商品等单位组成的统计总体。

② 行为总体是指以某些行为或事件为单位组成的总体，如以工伤事故、购销行为、犯罪事件、劳动争议等为单位所组成的统计总体。

(二)总体单位

总体单位是指构成总体的每一个事物或基本单位。例如，研究我国工业企业的生产经营状况，则全国各个工业企业就构成总体单位；研究某企业职工的年龄结构状况，则该企业每一位职工就构成总体单位；研究某商场的商品库存状况，则该商场每一件库存商品就构成总体单位。

二、标志和指标

(一)标志

1. 标志的定义

标志是用来说明总体单位所具有的属性和特征的名称。每个事物都有它自身的特征从而可以区别于另一事物。例如，某企业的每个职工都有性别、年龄、籍贯、文化程度、政治面貌、身高、体重等，这些都是表示一个职工的特征，这些名称都是职工的标志。

2. 标志的分类

(1) 标志按照表现形式可以分为品质标志和数量标志。

① 品质标志是指说明总体单位质的特征的，是不能用数值来表示的。例如，研究某企业职工情况，则该企业每一位职工就构成总体单位，性别、籍贯、文化程度、政治面貌等调查项目是说明总体单位质的特征的名称，是品质标志。而具体到某个职工，如张某某，性别男，民族汉，籍贯江苏海门等，就是在品质标志名称下的具体属性。

② 数量标志是指说明总体单位量的特征的，是可以用数值来表示的。例如，研究某企业职工情况，则该企业每一位职工就构成总体单位，年龄、工龄、工资额、身高、体重等调查项目是说明总体单位量的特征的名称，是数量标志。而具体到某个职工，如张某某，年龄 36 岁，工龄 12 年，工资额 3500 元，身高 1.76 米，体重 72 公斤等，这是数量标志的具体表现，统计上称为标志值。

(2) 标志按照有无差异可以分为不变标志和可变标志。

① 不变标志是指某一标志的具体表现在总体各单位中相同，则该标志为不变标志。例如，研究全国工业企业的状况，则每一个工业企业就是总体单位，而工业企业就是各个总体单位的相同标志，则该标志为不变标志。

② 可变标志是指某一标志的具体表现在总体各单位中不尽相同，则该标志为可变标志。例如，研究全国工业企业的状况，则每一个工业企业就是总体单位，而每个工业企业的产量、产值、设备数等都不尽相同，则这些标志为可变标志。

(二)指标

1. 指标的定义

指标也称为统计指标，是指说明总体现象综合数量特征的概念和具体数值。构成统计指标必须具备 6 个要素，即指标名称、时间限制、空间限制、指标数值、计量单位、计算方法等，如 2014 年我国国内生产总值为 636 463 亿元。

2. 指标的特点

统计指标具有以下特点。

(1) 数量性。统计指标是说明社会经济现象总体的量的特征的，所有的统计指标都是可以用数值来表现的，这是统计指标最基本的特点。没有数量特征的统计指标是不存在的，正是因为统计指标具有数量性的特点，它才能对客观总体进行量的描述。

(2) 综合性。统计指标是通过对总体单位调查登记并加以汇总整理而得到的数据，说明的不是个别单位或部分单位的数量特征，而是构成总体的全部单位的综合结果。例如，根据某地区人口普查取得的关于每个人的性别、就业状况等资料，进行分组、汇总、计算而得到的该地区男性人口数、女性人口数、性别比例、就业人数等统计指标，都是综合性的指标数值，都是说明该地区人口总体数量特征的，它是全地区各个个别人口特征综合的结果。

(3) 具体性。统计指标的具体性有两方面含义：一是统计指标不是抽象的概念和数字，而是一定的具体社会经济现象的量的反映，是在质的基础上的量的集合，这是统计指标与数学上抽象数字的根本区别；二是统计指标说明的是客观存在的，已经发生的事实，它反映了社会经济现象的具体地点、时间和条件下的数量变化。这是统计指标和计划指标的区别。统计指标反映的是过去的事实和根据这些事实综合计算出来的实际数量，而计划指标则说明未来所要达到的具体目标。

3. 标志与指标的区别和联系

(1) 它们的主要区别。第一，标志是说明总体单位特征的，指标是说明总体特征的；第

二，标志有用文字表示的品质标志和用数值表示的数量标志，而指标都是用数值表示的；第三，标志中的数量标志不一定经过汇总，可直接取得，而指标数值是经过一定的汇总取得的；第四，标志一般不具备时间、地点等条件，但完整的统计指标，一定要有时间、地点、范围等条件。

(2) 它们的主要联系。第一，统计指标的数值多是由总体单位的数量标志值综合汇总而来的；第二，标志与指标之间存在着变换关系。

三、变异、变量和变量值

1. 变异

变异是指总体单位之间标志的不同具体表现。例如，性别表现为男女，民族表现为汉、满、回、苗等，职业表现为工人、医生、教师等。变异是统计的前提条件。

2. 变量

变量是指可以用数值来表示的变异，因此称可变的数量标志为变量。总体单位数量标志大多是可变的，例如，企业的销售额、产量等都是变量。变量按其取值是否连续，可以分为连续变量和离散变量。在一定区间内可以任意取值的变量叫连续变量，其数值是连续不断的，相邻两个数值间可做无限分割，如身高、体重、胸围等都为连续变量。离散变量的数值一般是整数，相邻两个数值之间不能插入任何数值，如企业个数、职工人数、设备台数等都为离散变量。

3. 变量值

变量值是指数量标志的不同具体表现。例如，“工资”是一个变量，某人各月的工资水平为 3500 元、3800 元等都是变量值。

四、流量和存量

1. 流量

流量是指一定时期测算的量。对于流量必须指明时期，具有时间量纲。例如，消费额是某一时期用于消费而支付的货币流量，产值则是某一时期生产经营活动成果的货币流量。

2. 存量

存量是指一定时点上测算的量。对于存量必须指明时点，不具有时间量纲，如一定时点的人口数、资产与负债、居民存款余额等。

流量与存量相互依存、缺一不可。经济中的许多流量都有与其直接对应的存量，如金融资产流量与金融资产存量相对应。一般来说，存量是流量的前提和基础，而流量在一定程度上取决于存量的大小。因为一定时期的经济流量，总是以其期初存量为基础或条件，期初存量与本期流量就形成期末存量。

课后练习

一、单项选择题

1. “统计”的基本含义是(　　)。
   A. 统计调查、统计整理、统计分析　B. 统计设计、统计分组、统计计算
   C. 统计方法、统计分析、统计预测　D. 统计科学、统计工作、统计资料
2. 下列总体中，属于无限总体的是(　　)。
   A. 全国人口总数　B. 全国小型企业数
   C. 城市年流动人口数　D. 工业中连续大量生产的产品产量
3. 下列标志中，属于数量标志的是(　　)。
   A. 学生性别　B. 学生年龄　C. 学生专业　D. 学生籍贯
4. 下列标志中，属于品质标志的是(　　)。
   A. 工人性别　B. 工人年龄　C. 工人体重　D. 工人工资
5. 要研究某市国有工业企业的生产设备情况，则统计总体是(　　)。
   A. 该市所有工业企业　B. 该市每一个国有工业企业
   C. 该市国有工业企业的某一台设备　D. 该市国有工业企业的全部生产设备
6. 要研究某市国有工业企业的生产设备情况，则总体单位是(　　)。
   A. 该市所有工业企业　B. 该市每一个国有工业企业
   C. 该市国有工业企业的某一台设备　D. 该市国有工业企业的全部生产设备
7. 统计总体的基本特征是(　　)。
   A. 大量性、同质性、变异性　B. 数量性、可比性、差异性
   C. 数量性、可比性、同质性　D. 可比性、同质性、变异性
8. 标志是说明(　　)。
   A. 总体单位的特征的名称　B. 总体单位量的特征的名称
   C. 总体质的特征的名称　D. 总体量的特征的名称
9. 统计工作过程包括(　　)。
   A. 统计设计、统计调查、统计整理

B. 统计调查、统计整理、统计分析

C. 统计设计、统计调查、统计整理、统计分析

D. 统计设计、统计调查、统计分析

10. 统计指标具有的特点是(   )。

A. 数量性、综合性、具体性　　B. 大量性、抽象性、综合性

C. 数量性、个别性、具体性　　D. 大量性、抽象性、个别性

11. 统计有3种含义，其基础是(   )。

A. 统计学　　B. 统计工作　　C. 统计方法　　D. 统计资料

12. 某班学生考试成绩分别为65分、71分、80分和87分，这4个数字是(   )。

A. 指标　　B. 标志　　C. 变量　　D. 标志值

13. 统计的基本职能是(   )。

A. 管理职能　　B. 咨询职能　　C. 信息职能　　D. 监督职能

14. 一个统计总体(   )。

A. 只能有一个标志　　B. 只能有一个指标

C. 可以有多个标志　　D. 可以有多个指标

15. 统计规律性主要是通过运用(   )方法经整理、分析后得出的结论。

A. 统计分组法　　B. 大量观察法　　C. 综合指标法　　D. 统计推断法

二、多项选择题

1. 统计具有不同的含义，即(   )。

A. 统计工作　　B. 统计资料　　C. 统计学　　D. 统计调查

2. 统计具有的特点是(   )。

A. 总体性　　B. 具体性　　C. 社会性　　D. 客观性

3. 统计的职能为(   )。

A. 社会职能　　B. 信息职能　　C. 监督职能　　D. 咨询职能

4. 统计学的研究方法主要有(   )。

A. 大量观察法　　B. 综合分析法　　C. 统计描述法　　D. 统计模型法

5. 统计工作过程包括的阶段有(   )。

A. 统计调查　　B. 统计整理　　C. 统计分析　　D. 统计设计

三、简答题

1. 简述统计的研究对象。

2. 简述标志与指标的区别和联系。

3. 简述统计学的研究方法。

实 训 案 例

2011 年上半年全国规模以上工业企业实现利润情况如下。

1—6 月份，全国规模以上工业企业实现利润 24 105 亿元，同比增长 28.7%。在规模以上工业企业中，国有及国有控股企业实现利润 7784 亿元，同比增长 20.2%；集体企业实现利润 386 亿元，同比增长 33.8%；股份制企业实现利润 13 772 亿元，同比增长 34.8%；外商及港澳台商投资企业实现利润 6291 亿元，同比增长 14.5%；私营企业实现利润 6425 亿元，同比增长 47.2%。

在 39 个工业大类行业中，38 个行业利润同比增长，1 个行业同比下降。主要行业利润增长情况：石油和天然气开采业利润同比增长 37.7%，黑色金属矿采选业增长 61.7%，化学原料及化学制品制造业增长 57.1%，化学纤维制造业增长 49.8%，黑色金属冶炼及压延加工业增长 6.9%，有色金属冶炼及压延加工业增长 48.5%，交通运输设备制造增长 13.1%，通信设备、计算机及其他电子设备制造业增长 3.6%，电力、热力的生产和供应业增长 7.3%，石油加工、炼焦及核燃料加工业下降 66%。

规模以上工业企业实现主营业务收入 388 552 亿元，同比增长 29.7%。6 月末，规模以上工业企业应收账款 65 683 亿元，同比增长 21.2%，产成品资金 25 391 亿元，同比增长 21.7%。

附注：关于工业财务状况数据统计方法的说明

(1) 统计范围。从 2011 年起，规模以上工业企业起点标准由原来的年主营业务收入 500 万元提高到年主营业务收入 2000 万元。

(2) 数据收集。从 2011 年起，规模以上工业企业财务状况报表按月进行全面调查。

(3) 指标解释。

利润总额：指企业在生产经营过程中各种收入扣除各种耗费后的盈余，反映企业在报告期内实现的盈亏总额。

主营业务收入：指企业经营主要业务所取得的收入总额。

应收账款：指企业因销售商品、产品、提供劳务等，应向购货单位或接受劳务单位收取的款项。

产成品：指企业报告期末已经加工生产并完成全部生产过程，可以对外销售的制成产品。

(资料来源：http://www.stats.gov.cn/tjfx/t20110727_402742641.htm.国家统计局，2011-07-27)

思考题：

1. 上述资料中的统计总体、总体单位分别是什么？
2. 上述资料中涉及哪些统计指标？
3. 上述资料采用了哪些统计研究方法？

第二章 统计设计

【教学导图】

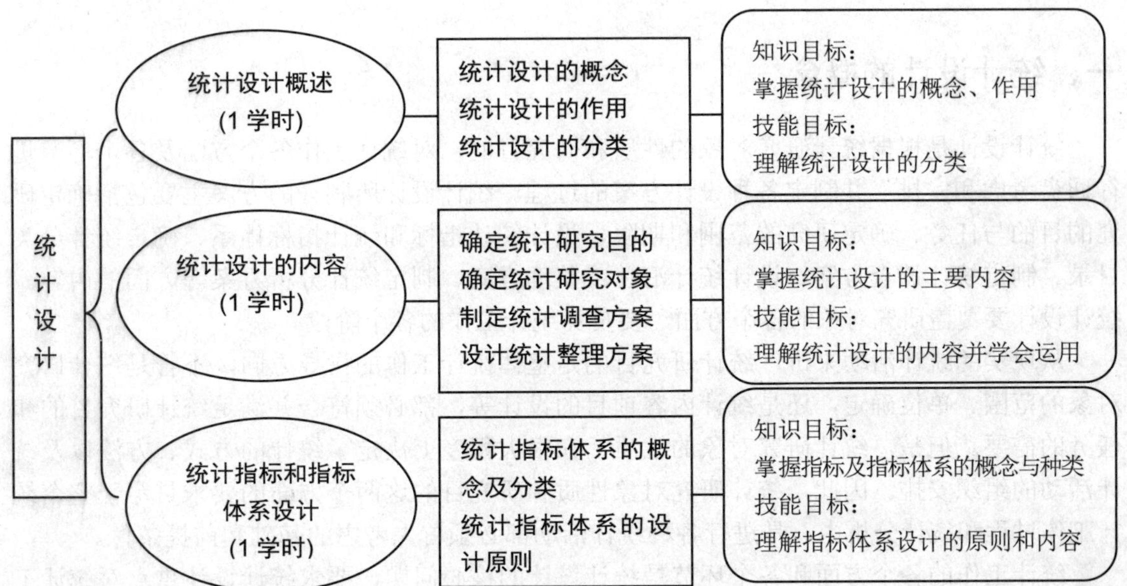

【导入案例】

由于经济迅速发展，人们生活水平不断提高，社会信息化进程加快，高新科技产品成为消费热点，手机作为一种方便快捷的通信工具已经逐步走进了现代生活的各个领域，也随之遍布大学校园的各个角落。走在校园中，随处可见同学们一边走路一边拿着款式不同的手机打电话或者发信息。

此外，由于大学的学习环境和生活环境都相对宽松，对手机的使用并没有过多限制。同时，很多学生在自我约束和控制方面的能力欠缺，再加上没有明确的目标取向，许多学生也就变得肆无忌惮起来，将手机带进课堂。不但在课堂上明目张胆地玩手机，而且部分学生可以不抬头的玩一节课，真正做到“两耳不闻窗外事”，更有甚者在课堂上打接电话。大学生对手机的依赖程度呈上升趋势，这不仅影响大学生自身成长，而且严重影响了教学活动的正常开展。

关于这一问题，宁夏某高校的几位大二学生欲在本校学生中展开实际的调查。希望通过此次调查了解大学生对手机严重依赖的原因，并通过分析和研究找出解决问题的方法，为大学生自身发展和学校教学活动正常开展提供合理可行的对策建议。

请思考：如果你是调查小组的成员之一，为了使调查工作顺利开展，并得到真实可信的统计结果，在统计工作开始之前你将会做哪些工作？

第一节　统计设计概述

一、统计设计的概念

统计设计是根据统计研究对象的性质和研究目的，对统计工作各个方面及各个环节进行通盘考虑和安排，并制定各种设计方案的过程。统计设计所制订的方案主要包括确定研究的目的与任务、确定研究的范围和期限、设计统计指标和统计指标体系、确定统计分类目录、制定统计调查方案、设计统计汇总或整理方案、制定统计分析方案等方面的内容。统计设计要覆盖研究对象的各个方面，要贯穿统计工作的各个阶段。

从现实的统计活动来讲，统计研究目的是整体统计工作的指导方向，不管是统计研究对象的范围、单位确定，还是统计内容项目的设计等，都必须符合并满足统计研究目的和任务的需要。但是，统计研究对象的性质，在很大程度上决定了统计的方式、方法以及统计活动的组织安排。因此，统计研究对象性质和研究目的这两个方面的要求贯穿于整个统计工作过程和统计分析中，是进行各种统计活动都必须首先考虑的基础和前提条件。

统计工作的各个方面和各个环节是统计设计的核心问题，要求统计设计重点对统计工作的各个方面和各个环节的问题进行统一安排和部署。统计工作的各个方面主要是针对统计研究对象及其各个组成部分。统计研究对象由大量的研究单位所组成，各个单位、各个部分的标志特征多样，且存在复杂的变异性，为了保证统计资料的全面性和准确性，就必须对统计研究对象的各个单位、各个部分做出统一安排。例如，研究工业企业的生产经营状况，则在统计设计中要对企业的劳动力资源、产品生产、原料供应、商品销售、经营资金等各方面进行设计。统计工作的各个环节主要是指具体活动内容不同的各个统计工作阶段。一项完整的统计工作一般由统计设计、统计调查、统计整理和统计分析 4 个阶段构成。为了保证统计工作的每个阶段顺利开展、有序进行，则要对各个工作阶段做出具体安排，如统计调查阶段的设计、统计整理阶段的设计、统计分析阶段的设计等。如果把对统计工作各个环节的设计看作是对统计工作的纵向部署，那么统计工作各个方面的设计就是对统计工作的横向安排，两个方面的设计相互交叉、不可分离。

二、统计设计的作用

统计设计是统计工作的第一个阶段，也是统计工作实施的基本依据。只有统计设计严谨规范，才能保证统计工作协调、有序、顺利地进行。统计设计对整个统计工作的重要作用主要体现在以下几个方面。

1. 统计设计实现统计工作的统一性

在统计工作中，统计对象的特性多样，统计研究过程复杂，为了保证统计结果的准确性和真实性，无论是统计对象的范围，还是统计分类、统计指标等都必须要达到高度统一。而这种高度统一的要求只有事先经过通盘考虑和安排才能得以实现，即通过制定周密的统计设计方案指导统计活动来达到统计工作的统一性，避免统计指标不统一以及统计方法的重复和遗漏，从而保证统计研究的质量。

2. 统计设计实现统计对象的全面反映

以往的统计活动主要以单项统计为主，如工业普查、农业普查、人口普查等都是单项统计活动。随着社会经济的发展，单项统计活动逐渐发展为将认识对象作为整体来进行全面、综合反映的统计活动，从而获取多方面的信息资料。例如，将整个国民经济作为一个整体来进行全面反映和研究，将一个基层企业的生产经营活动作为一个整体来进行全面反映和研究等。为了全面、综合地反映研究对象，则需要在统计工作开始之前进行一个整体的规划，设计合理的统计指标体系去评价客观现象，确定合适的方法去搜集资料和整理资料，以适应统计工作的发展。

3. 统计设计实现统计工作阶段的协调性

从统计实践的经验看，加强和重视统计设计工作对完成整个统计工作，保证统计工作的质量是必需的。统计设计贯穿于整个统计工作的全过程，起到通盘安排的作用，使统计工作的各个环节能够协调、有序地进行。

总之，统计设计是保证统计调查、统计整理和统计分析等各阶段工作质量的重要前提。统计工作的各个环节要严格按照统计设计的内容进行，但同时要灵活变通，遇到实际情况发生变化时，要及时补充和调整统计设计方案。

三、统计设计的分类

统计设计作为一个独立的阶段，对整个统计工作至关重要。从不同角度考察，统计设计有其不同的分类方法。

1. 按统计设计研究对象的范围分类

按照统计设计研究对象的范围不同，统计设计可以划分为整体设计和专项设计。整体设计就是将所研究的对象作为一个整体，对整个统计工作进行的全面设计。整体设计的范围可大可小，可以是整个国民经济状况，也可以是一个企业运作情况。专项设计则是指从研究对象的某一部分出发，对某一方面具体内容的设计。例如，从宏观来讲，可以把整个国家的经济和社会发展情况作为一个整体，则全国统计工作的通盘安排就是整体设计，其中农业、工业、服务业等的统计工作设计则是专项设计。从微观来讲，可以把一个企业的全貌作为一个整体，则整个企业的统计工作安排就是整体设计，其中资金、物资、人力、供应、销售等方面的统计设计则是专项设计。

专项设计是整体设计的一部分，整体设计是主导，而专项设计则应当服从整体设计的要求。例如，我国国民经济新的核算体系把国内生产总值作为核心指标，则国民经济各行业、各地区的专项设计必须建立与这一指标相对应的指标。此外，整体设计和专项设计的划分是相对的，根据研究目的的改变而变化。例如，对于反映全国规模经济和社会发展情况的设计来说，工业统计设计就是专项设计，如果把全国的工业系统作为独立的统计研究对象时，工业统计设计就成为整体设计，而工业系统内部各种产品生产领域的统计设计则是专项设计。

2. 按统计设计所包含的工作阶段分类

按照统计设计所包括的工作阶段不同，统计设计可以划分为全阶段设计和单阶段设计。全阶段设计也可称为全过程设计，是指对整个统计工作进行的全过程设计，从统计内容的确定、统计指标和统计指标体系的设计、统计调查方法的选择到统计分析研究的全过程安排。单阶段设计则是指对统计工作过程中某一个阶段的详细设计，如统计调查的设计、统计整理的设计、统计分析的设计等。

全阶段设计和单阶段设计是整体与部分的关系，且各有侧重点。全阶段设计强调宏观的安排与衔接，重点强调全面。单阶段设计强调具体步骤与方法，重点强调细节。全阶段设计和单阶段设计相比，全阶段设计是主要的，单阶段设计则是在全阶段设计的基础上进行的，且应当服从全阶段设计的统一安排。

需要注意的是，整体设计和专项设计与全阶段设计和单阶段设计有本质区别，整体设计和专项设计主要是从研究对象范围的角度考虑，而全阶段设计和单阶段设计是从统计工作过程的角度考虑。整体设计和专项设计都可以进行全阶段设计和单阶段设计，只是整体设计侧重于统计工作各个方面的通盘考虑，对各工作阶段只能概略地提出基本要求和统计方法；专项设计则要做出比较细致的全阶段设计和单阶段设计。

3. 按统计设计包括的时间长短分类

按照统计设计包含的时间长短不同，统计设计可以分为短期设计、中期设计和长期设计。短期设计一般指 1 年或 1 年以内的统计设计。中期设计一般是指 1 年以上 5 年以下的

统计设计。长期设计则一般是指 5 年以上的时期较长的统计设计。这种按时期划分的统计设计主要是对一定时期内的统计工作做出的计划和进行的组织安排，以确定这段时期内统计工作的发展方向、基本任务、应解决的问题等。统计设计的时间长短没有严格的要求，一般可根据统计调查的实际情况不同而选择不同时间段的统计设计。

第二节 统计设计的内容

统计设计是对统计工作各个方面和各个环节的考虑，它包括整个统计工作过程的全部内容，涉及面非常广泛。然而，许多内容不可能在统计工作开始阶段就能设计妥当，要根据工作的进程适当进行调整和充实。此外，统计设计的内容又由于设计的种类不同而有所不同。例如，统计整体设计的内容主要包括：统计指标和指标体系；与统计指标体系相联系的统计分类和分组；搜集统计资料的方法；统计工作各个部门和各个阶段的协调与配合；统计力量的组织和安排。统计全阶段的设计内容主要有：明确规定统计工作的目的；确定统计对象的范围；规定统计的空间标准和时间标准；根据统计研究的目的，制定出调查登记的项目，分类和分组的方法以及统计指标的计算方法；制定保证统计资料准确性的方法；规定各个阶段的工作进度、时间安排，各个工作阶段的联系和各阶段的基本方法；安排好统计工作全过程的组织工作。尽管不同类型的统计设计的内容不完全相同，但是它们却有许多共同之处，一般来说，大多数的统计设计会涉及以下几项内容。

一、明确统计研究的目的和任务

进行统计设计，首先要明确统计研究的目的和任务。对同一种现象，根据不同的任务，从不同的目的进行统计研究，所得到的统计结果也不相同。统计研究的目的和任务不同，统计设计的内容也不相同。因此，明确统计研究的目的和任务是统计设计的首要问题。统计研究的目的和任务，就是指为什么要进行统计研究，进行统计研究要解决什么问题。统计研究的目的是整个统计工作中一个根本性问题，一般根据各个时期社会经济任务所提出的要求来确定。有了明确的目的，才能做到有的放矢。正确地确定各阶段的统计内容和统计方法，才能根据研究目的进行统计调查、统计整理和统计分析，而舍弃与研究目的无关的工作。明确的统计研究目的不但可以节约人力、物力和财力，还可以缩短统计时间，提高统计工作的效率。因此，任何统计设计都需要明确研究的目的和任务，以保证统计工作的统一性。

二、确定统计研究的对象和时空标准

统计研究的对象是根据统计研究的目的来确定的，目的越明确、越具体，统计研究对象的确定也就越容易。统计研究的对象，就是需要进行研究的总体，即统计总体。它是由许多性质相同的总体单位所组成。例如，要研究某地区国有工业企业的生产情况，则统计研究的对象就是该地区所有国有工业企业；又如要研究某地区国有工业企业生产设备的使用情况，则统计研究的对象就是该地区所有国有工业企业的生产设备。

统计研究的对象确定之后，还需确定统计研究的时空标准，即统计的时间标准和空间标准。统计的时间标准是指统一规定的资料所属的时间，即要统计什么时间的统计资料。统计的时间标准有时期标准和时点标准，时期标准是指一个时间段，如一月、一季度、一年等；时点标准是指某一时刻。规定统计的时间标准是为了保证统计资料的可比性。确定统计的空间标准就是要确定统计研究的地域范围。例如，要研究全国农民的收入情况，则统计的空间标准为“全国”；要研究陕西省农民的收入情况，则统计的空间标准为“陕西省”。正确选择统计研究的时间标准和空间标准是统计工作顺利完成的保证。

三、设计统计指标和统计指标体系

统计设计中最重要的是统计指标和统计指标体系的设计。统计指标和指标体系是现象总体的特征表现，只有设计好完善的指标和指标体系，才能实现统计工作认识社会现象发展规律的真正目的。统计指标和统计指标体系设计的具体内容一般包括：确定统计指标体系的组成，明确指标体系的核心指标；确定统计指标的名称、内容和计算范围；确定统计指标的计算方法；确定统计指标的计量单位；确定统计指标的空间范围和计算时间等。同时，在设计统计指标和统计指标体系时必须要遵循科学性、目的性、整体性、统一性及可比性原则。

四、确定统计分类和分组

确定统计分类和统计分组也是统计设计的一项重要内容。统计分类和分组就是根据统计研究任务的要求和现象总体的内在特点，把统计总体按照一定标志划分为若干个性质不同又有联系的几个部分，目的在于区分社会经济现象之间质的差别，研究总体的内部结构，如国民经济部门分类、企业组织形式分类、人口民族分组等。统计分组的方式有很多种，按照分组标志的多少不同，统计分组可以分为简单分组和复合分组；按照分组标志的性质不同，统计分组可以分为品质分组和数量分组；按照分组的作用和任务不同，统计分组可以分为类型分组、结构分组和分析分组。不管选择哪种分组类型，统计分组都要依据统计

研究的目的和任务进行，确保统计工作的统一性。

五、设计统计调查方案

数据资料是统计的语言，没有数据资料，统计研究将失去了现实依据。因此，搜集统计数据是统计工作的重要环节，在统计设计中需制定合理的统计调查方案，以便获得准确、真实的统计数据资料。统计调查方案就是根据统计研究的目的和任务，对数据搜集工作各方面、各环节所做的全面部署和安排，是用来指导整个调查工作的纲领性文件。统计调查方案的内容一般包括：确定统计调查的目的与任务；确定调查对象和调查单位；设计调查的项目和调查表；确定调查的时间和期限；制定调查工作的组织实施计划等。在调查方案中还要确定统计数据搜集的具体方法，可以选择直接观察法、实验法、访问调查法、邮寄调查法、电话调查法、网上调查法等方法收集数据资料。此外，还需确定统计调查具体的组织形式，如普查、重点调查、抽样调查、典型调查、统计报表等。

统计调查方案是统计调查工作有组织、有计划进行的保证。因此，在统计设计中，一定要结合实际情况，制定完善的统计调查方案，保证数据搜集工作的科学性、合理性与可行性。

【案例 2-1】

关于大学生消费观的调查方案

随着经济水平的不断发展，一种新型经济——学生经济逐渐发展起来。现在学生特别是大学生成为推动社会经济发展的一支不可忽视的重要的特殊群体。他们对餐饮、服务、教育、文化等行业的发展起到了重要作用。但是大学生没有自己独立的经济来源，却进行着一些不相称的行为。他们的价值观发生了很大的转变，享乐主义、拜金主义、奢侈浪费等现象频频出现在大学生的生活中。

1. 调查的目的和任务

为了初步了解我校大学生的消费状况、结构及消费观念，特作此调查问卷，旨在使当代大学生杜绝不健康的消费习惯和观念，学会如何正确理财消费，做一个理性的消费者，安排好自己的学习与生活各个方面的需要。

这项调查不仅有利于掌握在校大学生的消费概况，对于引导大学生树立正确的世界观、人生观具有重要的指导意义。在大的层面上，能够为构建社会主义节约型社会提供强有力的支持。

2. 调查对象和调查单位

因为大学生的消费不同于中学阶段，也不同于家庭消费，每个大学生就是调查单位，具有普遍性，全体在校学生都是调查对象，但因为家庭经济背景的差异，全校学生月生活支出还是存在较大的差距，导致消费购买习惯与结构的差异性。此次调查决定采用随机抽样法，随机抽取××大学的100名学生。

3. 调查项目

此次调查内容主要有××大学在校学生消费经济来源、日常消费状况、消费支出情况、消费方式选择、平均消费水平、消费目的、平均每月的伙食费占生活费的比例、消费理财观念等。

4. 调查时间和调查期限

本次调查从2012年4月12日开始，历时两周，分3个阶段进行。

(1) 准备阶段。4月13日至4月15日，设计调查方案，问卷设计及打印等。

(2) 调查、数据处理阶段。4月16日至4月22日，主要任务是布置调查问卷，抽选调查学生，调查问卷收回，数据处理，数据质量评估，得出调查结果。

(3) 资料整理和总结阶段。4月23日至4月26日，主要是整理调查资料，进行统计分析，整理调查资料，全面总结调查工作，完成调查报告。

5. 调查方式及调查内容

(1) 调查方式：问卷调查，问卷发出100份，收回100份。

(2) 调查内容：大学生的消费观念。

6. 调查组织形式及具体实施

(1) 调查组织形式

本次调查采用抽样调查的形式，以全校大学生为总体，在一、二、三、四年级中随机抽样，用样本调查结果推断总体。

(2) 以问卷调查为主，具体实施方法如下。

在完成市场调查问卷的设计与制作后，就可以开展问卷调查。把调查问卷发给学生，统一选择上课这段时间开始进行调查。

(3) 通过网上查询或资料查询调查统计资料。

查找资料时应注意其权威性及时效性，以尽量减少误差。

六、设计统计资料的整理方案

通过统计调查可取得数量庞大的统计资料，为了能使统计资料条理化、系统化，便于统计研究，往往在进行统计分析之前，要对统计资料进行整理，并在统计设计阶段制定统计资料整理方案。统计资料的整理方案就是根据统计研究的目的和要求，事先对统计整理阶段各个方面的工作所做的全面计划和安排，通常以文件的形式出现。统计资料的整理方

案一般应包括的内容有：确定汇总的统计指标；确定分组方法以及汇总资料的形式；确定资料的审查内容和审查方法；确定与历史资料的衔接方法；对整理各工作环节做出时间安排和先后顺序安排等。在一些重大的统计调查工作中，如经济普查、人口普查、农业普查等，统计整理方案中还应包括一些具体的工作细则，如原始资料的审核细则、计算机处理细则等。

统计资料的整理方案是统计设计在统计整理阶段的继续和具体化，也是保证统计整理工作按时、按质、按量完成的指导性文件，方案设计是否合理直接关系到统计整理工作的质量。因此，在统计设计阶段制定统计资料整理方案时要做到慎重、周密，以保证统计数据的整理结果准确无误。

七、设计统计分析的基本方法

设计好统计资料的整理方案和统计调查方案之后，还需要确定统计分析的基本方法。对统计数据进行分析研究，找到现象发展变化的内在规律是统计工作的最终目的。统计设计、统计调查、统计整理等所有工作都是为进行统计分析做准备，因此，统计分析是统计工作的重要环节，而确定合理的统计分析方法是统计设计阶段的重中之重。在实际统计活动中，统计分析的基本方法有很多，常见的有以下几种。

(1) 指标对比分析法。也称比较分析法，是统计分析中最常用的方法，主要通过有关指标的对比来反映事物数量上的差异和变化。

(2) 分组分析法。它是根据统计分析的目的要求，把所研究的总体按照一个或者几个标志划分为若干个部分加以整理，进行观察、分析，以揭示其内在的联系性和规律性。

(3) 动态分析法。将同一指标在时间上变化和发展的一系列数值，按时间先后顺序排列，就形成动态数列，又称时间序列。它能反映社会经济现象的发展变动情况，通过动态数列的编制和分析，可以找出动态变化规律，为预测未来的发展趋势提供依据。

(4) 指数分析法。指数是指反映社会经济现象变动情况的相对数，可以综合反映复杂社会经济现象总体数量的变动方向和程度，同时可以分析某种社会经济现象的总变动受各因素变动影响的程度。

(5) 平衡分析法。它是把对立统一的双方按其构成要素一一排列起来，给人以整体的概念，以便于全局来观察它们之间的平衡关系。平衡分析法主要是用来研究社会经济现象数量变化对等关系的一种方法。

(6) 综合评价分析法。它是根据统计数据，结合各种定性材料，在一定认识的基础上，通过数量的比较、计算、研究与论证，对评价对象做出明确的评价，来反映错综复杂的社会经济现象。

(7) 经济景气分析法。它是对市场经济条件下宏观经济的波动，即对经济运行过程中交替出现的扩张和收缩、繁荣和萧条、高涨和衰退现象进行分析的一种综合分析方法。

【相关链接 2-1】

经济景气分析法

在经济景气分析法中，可以把一套警戒性指标赋予不同的颜色构成预警指示灯，通常红色——表示经济“过热”；黄色——表示经济发展“烧热”；绿色——表示经济发展很“稳定”；浅蓝——表示经济在短期内有“转稳”或“萎缩”的可能；蓝色——表示经济处于“萎缩”或“萧条”状态，并给定每个灯区的分数标值，如红灯为 5 分，黄灯为 4 分，绿灯为 3 分，浅蓝灯为 2 分，蓝灯为 1 分。然后根据检测指标数计算各灯区的总分数。例如，可设满分的 80%为红灯区的分界线，满分的 70%和 50%为绿灯区的上下限，满分的 40%为浅蓝灯区与蓝灯区的分界线，运用时根据计算出的综合分值大小判断当期预警信号应亮哪种灯。

(资料来源：宫春子. 统计学基础[M]. 大连：东北财经大学出版社，2007.)

统计分析的方法多种多样，在统计设计时要根据实际的研究对象和研究任务，确定合适的统计分析方法，以提高统计工作的质量。

八、规定各个阶段的工作进度和时间安排

统计工作由统计设计、统计调查、统计整理、统计分析 4 个环节组成，为了能使统计工作井然有序地进行，必须要对各个阶段的工作进度和时间做出合理的安排。统计工作进度其实就是完成各项统计工作的时间日程表。由于统计工作的内容不同、工作量大小不同、工作的条件不同，因此完成各项统计工作的时间要求也不相同。所以，统计工作进度的安排，不能简单地平均分配时间，要根据统计工作的实际情况，合理地安排，使统计工作的各环节协调有序。

【案例 2-2】

根据国家普查项目和周期安排的有关规定，国务院决定于 2010 年开展第六次全国人口普查。此次人口普查标准时点为 11 月 1 日零时，人口普查主要调查人口和住户的基本情况，内容包括性别、年龄、民族、受教育程度、行业、职业、迁移流动、社会保障、婚姻生育、死亡、住房情况等。人口普查的对象是在中华人民共和国(不包括香港、澳门和台湾地区)境内居住的自然人。

为了更好地完成人口普查工作，上海市××镇对人口普查工作进度做出了详细安排，如表 2.1 所示。

表 2-1 ××镇第六次全国人口普查工作进度安排表

序 号	时 间	工作内容
1	2009 年 12 月	下发《××镇关于开展第六次全国人口普查工作的通知》
2		成立××镇第六次全国人口普查工作领导小组及办公室，落实有关人员
3	2010 年 6 月	制定《××镇第六次全国人口普查实施方案》
4	贯穿始终	制定普查宣传方案，积极开展普查宣传
5	2010 年 6 月	镇人口普查办公室对普查区进行划分
6		制定有关普查制度，落实普查人员分工
7	2010 年 7 月	村委会、居委会组建普查工作小组，选调普查员和指导员
8		召开人口普查动员暨培训会议
9		村、居普查工作小组绘制普查小区图
10	2010 年 8 月、9 月	对普查小区进行地址编码
11		在人口普查机构统一领导下，公安部门对户口进行整顿
12	2010 年 10 月	精心组织摸底培训和正式上门登记培训
13		各普查区开展摸底工作，摸清人口和居住情况、编制普查小区各户户主姓名底册
14	2010 年 11 月 1 日至 11 月 10 日	组织开展人口普查正式上门登记工作
15	2010 年 11 月 15 日之前	普查指导员应当组织普查员进行全面复查，发现差错，经核实后，予以改正
16	2010 年 11 月底之前	质量抽查工作
17	2011 年 6 月底之前	普查数据录入、审核、汇总、上报等
18		召开总结表彰大会

九、明确各部门和各阶段的配合与协调

在统计设计的内容中仅仅制定了统一的指标体系和统计分类、分组还是不够的，由于各个部门、各级机构对指标口径、分类粗细等的要求不同，因此统计设计的内容必须要考虑各部门之间的配合与协调，统一处理指标设计和分组不一等方面的问题，以满足各部门、各组中的统计要求。具体来讲，在统计设计环节中需要对人、财、物进行统一筹备和分配，组织好统计活动，还需安排对统计工作的实施过程进行检查和监督，及时发现问题，保证统计设计方案的贯彻落实，从而保证统计工作的各项目的和要求顺利实现。

十、统计力量的组织与安排

统计力量的组织和安排是统计设计的重要内容，也是统计工作顺利进行的保证。从狭义的角度讲，统计力量的安排是指专业统计机构的组织和统计力量的安排，即如何组织专业统计机构、各项工作如何分工、各安排多少人、各负什么职责、怎样既有分工又有合作、是否有必要定期轮换等；从广义的角度讲，统计力量的组织与安排包括专业统计机构的组织、统计机构与领导机关和其他业务机构的关系，以及非统计机构中统计活动和各种业务资料的利用。也就是说，统计力量的安排包括统计机构与非统计机构的整个统计力量的组织和安排。

统计设计是统计工作的首要阶段，也是基础阶段，只有打好基础，整个统计工作才能顺利开展。在实际的统计实践中，不同的统计活动，设计的类型不同，其内容的安排也会有所不同，要具体问题具体分析。对于统计工作的具体设计必须要做到严谨周密，为后续的统计工作提供纲领。但统计设计的内容并不是一成不变的，可以根据实际情况的变化，及时对统计设计内容进行调整，以符合客观实际的要求，使统计工作有序进行。

第三节　统计指标和指标体系设计

一、统计指标和统计指标体系

(一)统计指标

统计指标是反映统计总体的数量特征的概念和数值，一般由指标名称、计量单位、核算方法、时间限制、空间限制和指标具体数值等 6 个要素构成。统计指标的设计主要是制订和规范前 3 个要素，统计调查和数据搜集工作则是要准确核算后 3 个要素。

统计指标按其所反映的总体内容的不同，可以分为数量指标和质量指标。①数量指标是反映总体某一特征的绝对数量，主要说明总体的范围广度、规模大小和数量多少的指标，一般用绝对数表示，如人口总数、企业总数、土地总面积、工业总产值和固定资产投资总额等。由于数量指标反映的是现象总体的绝对量，因此其指标数值大小随总体范围的大小而增减变动。②质量指标是反映总体的强度、密度、效果、结构、工作质量等方面的统计指标，一般用相对数或平均数表示，如人口密度、产品合格率、利润率、劳动生产率等。由于质量指标反映的是现象总体内部的数量关系，因此其指标数值大小与总体范围大小没有直接的关系。

数量指标和质量指标的关系表现在以下两个方面：数量指标是计算质量指标的基础，

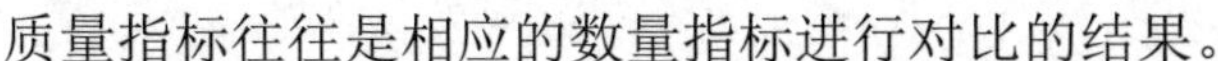

质量指标往往是相应的数量指标进行对比的结果。

统计指标按其作用和数量表现形式不同，可以分为总量指标、相对指标和平均指标。①总量指标是反映总体现象总规模、总水平和工作总量的统计指标，其表现形式为绝对数，如国民生产总值、粮食总产量等。②相对指标是两个有联系的统计指标相比较而形成的结果，其表现形式为相对数，如人口增长率、国民收入增长率等。③平均指标是按某个数量标志说明总体单位一般水平的统计指标，其表现形式为平均数，如平均工资、平均成本等。

(二)统计指标体系

社会经济现象复杂多样，且各现象之间相互联系、相互影响。因此，仅用一个统计指标反映现象总体的一方面特征远远不能满足对复杂现象全面认识的需要，只有将多种指标结合使用，构建统计指标体系，才能从不同的视角、不同的层面揭示现象总体的特征及其发展变化的规律性。

1. 统计指标体系的概念

统计指标体系就是若干个相对独立又相互联系的统计指标所组成的整体，用以反映社会经济现象各方面互相依存和互相制约的关系。例如，要了解一个地区的人口自身发展水平，可以把人口总数、人口自然增长率、出生率、死亡率、人口健康、人口教育、年龄结构、性别结构、人口密度等统计指标联系起来组成指标体系，来研究该地区的人口发展情况。

统计指标体系是研究社会经济现象总体数量方面的一个重要工具，在现实的统计工作中，国家统计部门和各地统计部门也会设计一些标准的社会经济方面的统计指标体系，其中相当一部分作为制度下发执行，研究社会经济问题时可以直接运用或借鉴这些统计指标体系。例如，财政部制订的企业经济效益评价指标体系：包括销售利润率、总资产报酬率、资本收益率、资本保值增值率、资产负债率、流动比率、应收账款周转率、存货周转率、社会贡献率、社会积累率等指标；国家统计局制订的工业企业综合经济效益评价指标体系：包括总资产贡献率、资本保值增值、资产负债率、全员劳动生产率、成本费用利润率、流动资产周转率、产品销售率等指标。

2. 统计指标体系的分类

社会经济现象本身多种多样，而反映现象总体的统计指标体系也多种多样，并可从不同的角度划分为不同的类别。

(1) 指标体系按其考核范围不同，可分为宏观指标体系、中观指标体系和微观指标体系。宏观指标体系就是反映整个社会、经济和科技情况的指标体系；微观指标体系是反映各企业或事业单位的生产经营或工作运行情况的统计指标体系。考核范围介于两者之间的指标体系可以称为中观指标体系，一般用来反映各个地区、各个部门或各行业的社会、经济和科技情况。

(2) 指标体系按其反映内容的不同，可分为社会统计指标体系、经济统计指标体系和科学技术统计指标体系。社会统计指标体系反映一定时期和一定范围内人口与社会的发展情况；经济统计指标体系反映一定时期和一定范围内国民经济的运行情况；科学技术统计指标体系则反映了一定时期和一定范围内科学技术的发展情况。这 3 种指标体系从 3 个不同的方面反映了国民经济和社会科技的总体状况。

(3) 指标体系按其作用不同，可分为综合性统计指标体系和专题性统计指标体系。①综合性统计指标体系是反映国民经济和社会发展及其各个组成部分综合情况的统计指标体系，如国民经济和社会发展统计指标体系等。②专题性统计指标体系则是针对某一经济或社会问题而设置的指标体系，如经济效益统计指标体系、人民物质文化生活水平统计指标体系、能源问题研究的统计指标体系等，这类指标体系具有专门性、临时性和多变性的特点。

【相关链接 2-2】

国民经济与社会发展统计指标体系的构成

(1) 人口指标，包括人口数量、构成、密度及变动情况指标。

(2) 国民财富和自然资源指标，包括土地面积、森林面积、矿产储量、水力资源、固定资产、流动资产和物资储备等指标。

(3) 社会产品生产指标，包括农业、工业、建筑业、货物运输和为生产服务的邮电业等物质生产部门的产量和产值等指标。

(4) 社会产品的流通指标，包括生产资料的供应和消费资料的流通数量以及构成等指标。

(5) 劳动指标，包括劳动力数量、劳动力构成、劳动力变动、劳动时间利用、劳动生产率和劳动报酬等指标。

(6) 成本、流通费和价格指标。

(7) 财政、金融指标。

(8) 社会产品和国民收入分配指标，包括物质消耗、国民收入分配与再分配以及最终使用、积累基金和消费基金等指标。

(9) 科学文化指标，包括科学技术、文化教育、广播电视、卫生体育等指标。

(10) 城市住宅、公用事业、环境保护、服务业及旅游业等指标。

(11) 居民物质文化生活指标。

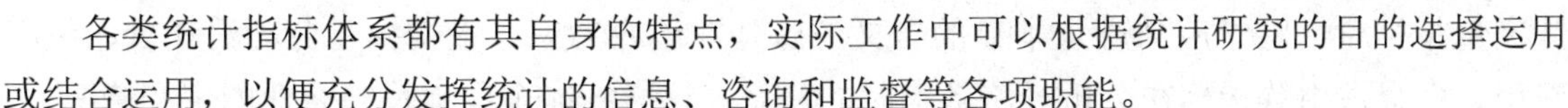

各类统计指标体系都有其自身的特点，实际工作中可以根据统计研究的目的选择运用或结合运用，以便充分发挥统计的信息、咨询和监督等各项职能。

二、统计指标与统计指标体系的设计要求

由于统计指标和统计指标体系具有反映现象总体性质和数量特征的作用，因而统计指标和统计指标体系的设计也就成为统计设计的主要内容，并且要遵循一定的设计原则。

1. 目的性原则

目的性原则是指统计指标和统计指标体系的设计要依据统计工作和统计研究的目的。任何统计指标的设计，都应当明确要解决什么样的问题，达到何种目的，只有明确了目的，才能确定所要研究的总体需要设计哪些指标进行考核。不同的研究目的，如需求不同，则设计的指标和指标体系也不同。例如，为了反映企业利用工作劳动时间状况的生产效率时，则应设计工人劳动生产率指标进行度量；为了反映企业经营管理水平的生产效率时，则应设计全员劳动生产率指标进行度量。可见，即便是性质相同的现象，当目的不同时，则需设计不同的统计指标。为了满足不同的需要，就更需要设计各种不同的统计指标了。如果不问需要，而一味求全，则无疑是一种浪费。不管是统计的专项设计，还是具体的指标体系设计，目的性原则尤为重要。

2. 科学性原则

科学性原则是指统计指标和统计指标体系的设计必须要符合客观认识对象本身的性质和特点，能够科学地反映出认识对象的真实情况。无论是指标名称、指标数值、指标含义的确定，还是核心指标、指标口径、计算单位以及指标计算方法的选择，都要准确地反映研究对象内部及其彼此之间的相互联系；否则就会使认识产生偏差或错误，给工作带来损失。例如，在研究商业企业的劳动效率问题时，可以选择营业员劳动效率、业务人员劳动效率和全员劳动效率 3 种指标反映劳动效率情况，但是前两个指标只是反映企业局部的劳动效率，只有选择全员劳动效率指标才能全面、准确地反映企业劳动效率的全貌，这样的指标设计才符合指标科学性的基本要求。

3. 整体性原则

整体性原则也称全局性原则，是指设计统计指标和统计指标体系要从整体或全局出发，考虑各个统计指标之间的联系。由于研究总体的各个方面是相互联系和相互制约的，因而各个统计指标之间也相应具有相互联系和相互制约的关系，形成有机的体系。例如，产品产量指标既是测定企业生产成果的尺度，又是测定企业生产经济效益的依据。因而，当设

计产量指标时，除了应从产量本身的含义考虑外，还应考虑产量指标与劳动消耗量、生产费用、资金占用等指标在分析经济效益时的联系，这样才能全面地反映企业的生产情况。

4. 统一性原则

统一性原则是指设计统计指标和统计指标体系时，必须考虑到会计核算的实际情况和统计的需要，尽可能地使各种核算的原始记录统一，计算方法一致，包括的范围、经济内容相同，起止时间一致，从而使统计资料相互配套，以免产生不必要的重复和矛盾。

5. 可比性原则

可比性原则是指在设计统计指标和统计指标体系时应注意各地区、各部门指标的一致性和不同时期统计指标的相对稳定性，以便同类指标能在不同空间和不同时间相互比较。当然，不同空间和时期的同类统计指标的内容含义、计算方法、计量单位、时空限制等方面必须保持一致性。随着客观情况的变化，统计指标的含义和计算方法也需要不断修改，修改时就必须注意保持各个指标在时间上的可比性，使各个指标在不同时期相互衔接和相对稳定，以便于分析、研究事物发展变化的规律性。

三、统计指标和统计指标体系设计的内容

统计指标和统计指标体系的设计是统计设计的重要环节，也是后续统计工作进行的方向，其设计内容主要包括以下几个方面。

1. 确定统计指标体系的组成，明确指标体系的核心指标

确定统计指标体系的组成是统计指标体系设计的基本内容。客观事物之间是相互联系的，这就需要确定构成指标体系的各个指标之间相互联系、相互制约，以全面反映客观事物间的数量特征和数量关系。此外，需要注意的是一个统计指标体系中的每个指标在总体范围上应保持一致，在指标口径上应相互联系。核心指标是指统计指标体系中能够综合反映客观事物本质和特征的指标，其他指标则以核心指标为中心。在设计统计指标时，首先确定核心指标的计算口径，其他指标的计算口径则以核心指标为标准来确定。核心指标的选取，取决于统计对象的性质、统计总体的范围、统计研究的目的等许多因素。不同的指标体系，其核心指标不同。

2. 确定统计指标的名称、内容和计算范围

确定任何统计指标都应该明确这个指标反映的问题是什么、什么该计算在内、什么不该计算在内。

要保证统计资料的质量，就必须赋予统计指标一个科学的概念。任何一个科学的概念都包括两方面：一是概念实质的含义，二是概念所属的范围，如国内生产总值、国民收入、工资、利润、劳动生产率等统计指标的概念就离不开经济学的有关理论。对于一个科学的概念来说，前者是决定性的，后者应与前者相适应。但是，某些学科的概念是通过科学抽象得出来的理论概念，而统计指标是反映客观现实数量特征的概念，它不可能完全照搬理论，而应当在统计实践中对其加以“改造”，即在设计和构建统计指标时，凡借用有关学科的理论概念，都必须结合统计对象和统计指标的特点，准确界定指标的内涵，使之成为可以计量的数量概念。统计指标的内涵确定以后，还需要明确其外延，应统计哪些内容，不应统计哪些内容，即确定指标口径。统计指标的口径和总体的范围是两个不同的问题，二者有时一致，有时不一致。例如，人口数指标有常住人口、现有人口等人口概念，这既是指标的口径，又是总体的范围。

【相关链接 2-3】

2005 年，国家发展和改革委员会会同财政部、海关总署、国家税务总局将根据各行业技术创新的实际状况和政府的宏观政策导向对企业技术评价指标进行必要的调整，具体指标如表 2-2 所示。

表 2-2 企业技术中心评价指标体系

一级指标	二级指标	三级指标
体制与机制	技术创新体系	企业技术创新战略制定与实施效果 企业技术创新体系建设与运行效果
	科技投入机制	企业技术开发经费支出额占产品销售收入的比例* 企业技术开发经费支出占产品销售收入比例比上年增长多少？
	人才激励机制	技术中心年人均收入与企业年人均收入之比 技术中心人员最高年收入与中心人均年收入之比 技术中心科技人才引进人数与流出人数之比
	科技人才培养	技术中心人员国内外培训费占中心人员总收入比例 技术中心人员年海外技术交流人次与中心人数之比
	外部资源利用	技术中心在海外建立开发设计机构情况 当年来技术中心从事开发工作的海内外专家数(人月) 其中：海外专家数(人月) 与高等学校、科研院所合办开发机构情况 其中：合办开发机构当年完成并应用的开发项目数 产学研项目经费占全部项目经费的比例

续表

一级指标	二级指标	三级指标
实力与能力	创新队伍建设	企业专职技术开发人员占职工总数的比例 技术中心高中级职称人员占中心人数的比例 技术中心专家(含博士)人数
	创新条件建设	企业技术开发仪器设备原值(万元) 技术中心技术开发条件在行业中的地位 通过国家和国际组织认证的实验室情况 技术中心信息化建设与运行情况 开发项目是否有市场分析和可行性研究报告
	创新能力建设	中长期项目经费支出占全部项目经费总支出的比例 是否拥有主导产品的关键技术知识产权 自主技术在主导产品中的比例
产出与效益	技术创新产出	当年完成新产品新技术项目数 其中：国内领先水平以上项目数 当年授权专利数 其中：当年授权发明专利数 企业技术贸易收入(万元) 企业主持或参加制定的国际、国家、行业标准数
	技术创新效益	新产品销售收入占企业产品销售收入的比例* 新产品利润占企业产品销售利润总额的比例* 企业出口创汇额(万美元) 主导产品的市场占有率
	企业经济效益	当年企业利润总额(万元)

3. 确定指标的计算方法

对于统计指标数值的统计在很大程度上都要进行计量，有计量就会有计算方法。用什么样的方法计算统计指标一般取决于统计指标的内容。有些统计指标通过登记、点数、测量和简单的加总即可求得指标数值，如职工人数、粮食总产量、播种面积、在校大学生人数、工人工资等。这类指标在确定了总体范围和指标口径之后，只要进行统计即可，一般不需要再规定具体计算方法。有些统计指标的计算则比较复杂，如国内生产总值、国民收入、社会劳动生产率、净现值、内含报酬率等，这类指标必须以一定的经济理论为依据来确定其计算方法。

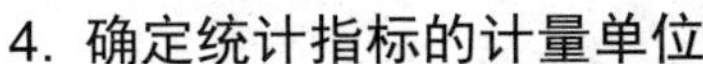

4. 确定统计指标的计量单位

统计指标的计量单位要根据统计指标所研究的社会经济现象的内容特征来严格确定。统计指标有无名数指标和有名数指标。无名数指标是一种抽象化的数值，大多数用百分数、系数、倍数等形式表示，一般用于质量指标。有名数指标包括实物量、价值量、劳动量等，多用于数量指标。实物量指标要规定用自然实物计量单位或标准实物计量单位，并且还要规定自然实物量折合为标准实物量的方法。价值量指标一般要以货币作为计量单位。劳动量指标规定以劳动时间作为计量单位，如工时、工日等。对于不同的统计指标，要选择不同的计量单位。

5. 确定统计指标的空间范围和计算时间

统计指标数值的大小受一定的空间范围的影响，因此，在设计统计指标的同时要规定空间的范围。空间范围主要包括全国范围、地区范围和系统范围等，如职工人数统计指标有全国职工人数、某省职工人数、某部门职工人数之分，如果空间范围发生变化，就要规定具体的处理方法。

统计指标的时间标准有两种，即时期指标和时点指标。时期指标要规定时间长度(如月、季、半年、一年)和具体的起止日期；时点指标要规定统一的标准时点，如第一次至第四次全国人口普查就规定为当年 7 月 1 日零时，第五次和第六次全国人口普查规定为当年 11 月 1 日零时。

总之，统计指标和统计指标体系的设计是一项严谨的、科学的工作。它要求人们准确地掌握认识对象的本质和特征，充分考虑经济管理和社会管理的要求，并根据统计研究的目的，结合实际情况，尽可能地利用现代科学理论来进行，并且还应具有一定的超前性。

课后练习

一、单项选择题

1. 根据统计研究对象的性质和研究目的，对统计工作各个方面和各个环节通盘考虑和安排的统计工作阶段是(　　)。

　　A. 统计整理　　B. 统计调查　　C. 统计设计　　D. 统计分析

2. 整体设计和专项设计的划分依据是(　　)。

　　A. 统计设计研究对象的范围不同　　B. 统计设计所包含的工作阶段不同

　　C. 统计设计的时间长短不同　　D. 统计设计的表现形式不同

3. 将某企业作为一个认识对象进行设计(　　)。
A. 可以是整体设计　　B. 只能是单阶段设计
C. 只能是全阶段设计　　D. 只能是专项设计

4. 对于整体设计来说(　　)。
A. 只能进行全阶段设计
B. 既不能进行全阶段设计，也不能进行单阶段设计
C. 只能进行单阶段设计
D. 既能进行全阶段设计，也能进行单阶段设计

5. 全阶段设计是(　　)。
A. 对统计工作全过程的设计　　B. 对统计调查的设计
C. 对统计整理的设计　　D. 对统计分析的设计

6. 从统计设计包括的时期来讲，统计设计可分为(　　)。
A. 全阶段设计和单阶段设计　　B. 整体设计和专项设计
C. 长期设计、中期设计和短期设计　　D. 统计调查设计和统计专题分析设计

7. 统计设计的第一项内容是(　　)。
A. 明确统计研究的目的和任务
B. 设计统计指标和统计指标体系
C. 明确各部门和各阶段的配合和协作
D. 规定各阶段的工作进度和时间安排

8. 从统计指标的作用和表现形式来讲，习惯上将统计指标分为(　　)。
A. 时期指标和时点指标　　B. 实物指标和价值指标
C. 数量指标和质量指标　　D. 总量指标、相对指标和平均指标

9. 统计指标体系是指(　　)。
A. 若干个相互联系的统计指标组成的一个整体
B. 若干个互不联系的统计指标组成的整体
C. 一系列相互限制的统计指标组成的整体
D. 一系列相互联系的数量标志组成的整体

二、多项选择题

1. 统计指标和指标体系的设计原则是(　　)。
A. 科学性原则　　B. 目的性原则
C. 整体性原则　　D. 统一性原则
E. 可比性原则

2. 下面各统计设计(　　)属于单阶段设计。
A. 统计调查设计　　B. 统计整理设计

C. 统计专题分析设计　　D. 统计工作全过程设计

E. 某省的工业设计

3. 下列属于统计设计内容的是(　　)。

A. 统计分类和分组的设计　　B. 统计指标和统计指标体系的设计

C. 统计整理方案的设计　　D. 统计力量的组织与安排

E. 统计分析报告的撰写

4. 统计指标和指标体系的设计内容有(　　)。

A. 确定统计指标体系包括哪些指标或核心指标与指标的联系

B. 确定统计指标的名称、含义、内容和计算过程范围

C. 确定统计指标的计量单位

D. 确定统计指标的计算方法

E. 确定统计指标的空间范围和计算时间

三、简答题

1. 统计设计有哪些类型？
2. 统计设计一般应包括哪些内容？
3. 统计指标体系设计应遵循哪些原则？
4. 统计指标和指标体系设计的内容有哪些？

实 训 案 例

在校大学生是一个庞大的群体，特别是近几年，随着国内许多高校的扩招，我国越来越多人能够上大学。上大学是很多人的梦想，他们都憧憬着大学校园的生活，然而当他们进了大学后才发现大学生活并没有所想的美好，取而代之的却是对校园生活的不满，学生与所在学校的不和谐现象不断涌现。大学生是十分宝贵的人才资源，他们对校园生活的体验和感受，与他们的学业和成长密切相关，同时影响着高等教育的生存与发展。

为了了解高校学生对学校的认知情况，现有甲和乙两个研究小组，要对学生的满意度情况进行调查，并分别构建了统计指标体系如表 2-3 和表 2-4 所示。

表 2-3　学生对学校的满意度指标体系(甲研究小组)

一级指标	二级指标	三级指标
学生对学校的满意度	教育资源	学校规模、硬件设备和服务、校园环境、学习氛围
	教学管理	专业设置、教学计划、管理规章制度、行政人员服务态度、学生知识能力提高、技能训练

续表

一级指标	二级指标	三级指标
学生对学校的满意度	师资队伍	课题授课水平、科研学术能力、职业道德素质、值得信赖的程度
	后勤保障	住宿条件、伙食水平、治安状况、学院医院、学院网络状况
	学生关注	心理咨询服务、对特别学生群体的反应、奖学金助学金的设置、学费信息透明度、文娱体育活动、对学生就业的关心帮助、社会实践机会

表 2-4 学生对学校的满意度指标体系(乙研究小组)

一级指标	二级指标	三级指标
学生对学校的满意度	学校形象	学校在公众中的形象；学校的发展现状；学校发展趋势及目标
	教学服务	专业设置；教材质量；教学内容；师生互动；学术活动；教师素质(学术水平和职业道德)；教学管理队伍素质；教学设施(实验室、多媒体设施、语言室)；教学实习和实际活动；教学经费投入
	学生支持与管理	学校资助制度；学生心理咨询辅导；社团组织与管理；学校提供就业信息
	后勤服务	住宿条件、配套生活设施(银行、超市等)；食堂饮食质量、学校及周边治安状况、学院医院、后勤服务人员服务态度
	校园文化	校园硬环境；校园文化氛围；体育设施和文娱场所；学校网络状况；学校人际交往的融洽程度
	学生忠诚度	对学校的评价；是否会向他人推荐就读本校；毕业后是否会支持母校建设

思考题：

1. 你觉得哪个小组的统计指标体系设计得更好些？为什么？

2. 通过比较甲和乙两个小组指标体系的差别，并结合统计指标体系设计的原则和内容，谈谈设计一套科学合理的统计指标体系应该注意哪些问题。

第三章　统 计 调 查

【教学导图】

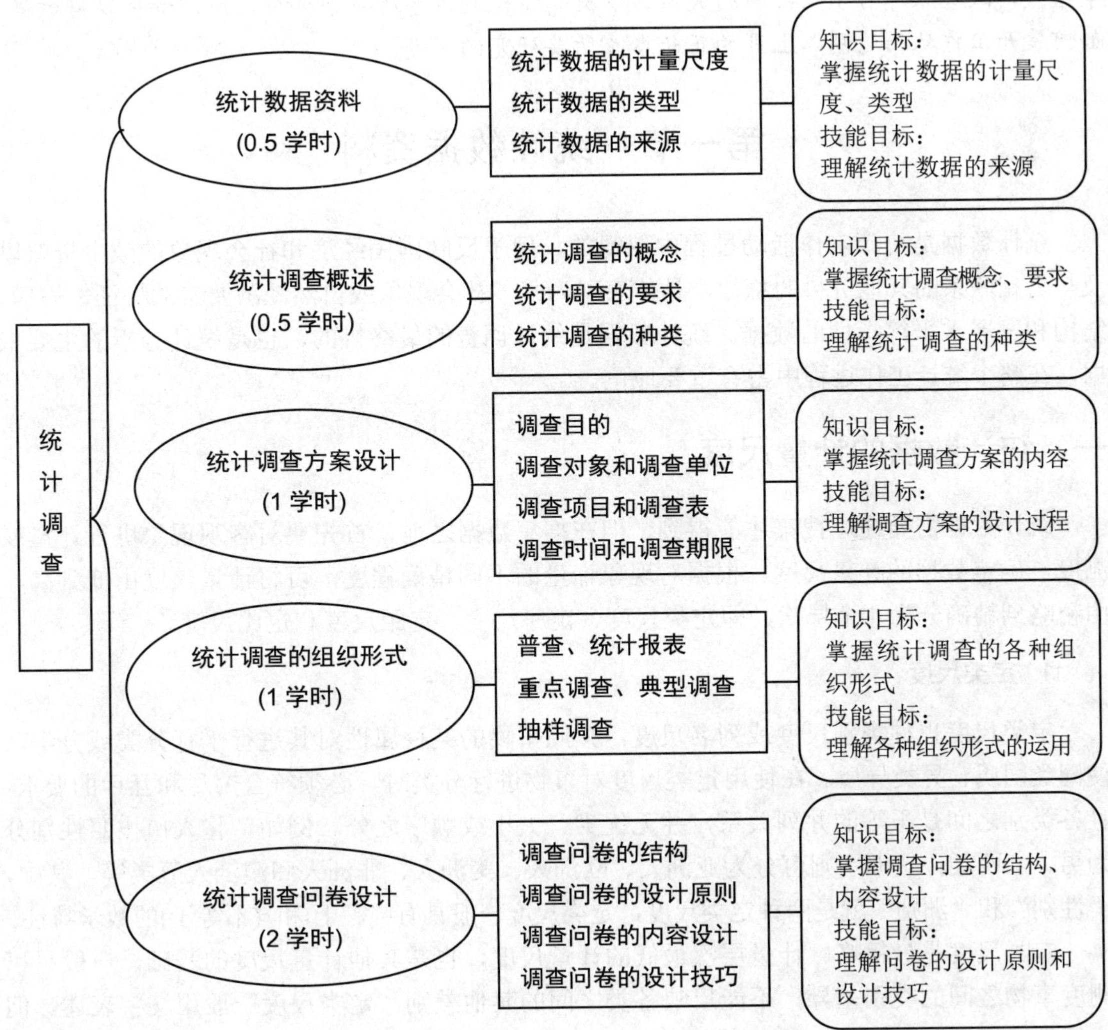

【导入案例】

课堂教学是高等教育的重要组成部分，也是大学生获取知识的主要途径。然而当满怀欣喜，带着荣誉与自豪进入大学校园时，不得不面对这样一个“看似平常”的现象：大学生逃课。许多大学生都有逃课的经历，甚至出现了不上课的“高校逃课族”，大学生逃课不仅影响了高校教学工作的正常开展，同时影响了大学生专业知识学习与综合能力的提高。因此，高校大学生逃课已成为高校教学与管理不能忽视的重要问题。

现在需要了解某高校学生的逃课情况，并找到大学生逃课的主要原因，改变高校的教学模式，改善教师与学生之间的关系，以提高学校的教学质量。那么，应该如何获得数据、如何展开工作从而达到以上目的正是本章所要研究的问题。

第一节　统计数据资料

统计数据是统计工作活动过程中取得的，用于反映国民经济和社会现象的数字资料以及与之相联系的其他资料的总称，具体表现为某一社会现象或自然经济要素的特征、规模、结构和发展水平等指标的数据。统计数据是统计调查的最终目的，也是统计分析的主要依据，在整个统计工作过程中占有重要地位。

一、统计数据的计量尺度

统计数据需要通过搜集才能得到，但在搜集数据之前，首先要对客观现象进行计量或测度，确定数据的计量尺度。根据对现象计量的不同精确程度，可将计量尺度由低到高、由粗略到精确分为 4 个层次，即定类尺度、定序尺度、定距尺度和定比尺度。

1. 定类尺度

定类尺度也称类别尺度或列名尺度，按照事物的某种属性对其进行平行分类或分组，使同类同质、异类异质。在使用定类尺度对事物进行分类时，必须符合穷尽和互斥的要求，且各类别之间是平等的并列关系，并无优劣、大小或顺序之分。例如，将人口按照性别分为男、女两类；按洲别则可分为亚洲人、欧洲人、美洲人、非洲人和澳洲人五类等。其中，“性别”和“洲别”就是两种定类尺度，定类尺度一般具有=(等于)和≠(不等于)的数学特性。

定类尺度是最粗略、计量层次最低的计量尺度，也是其他计量尺度的基础，一般只可测度事物之间的类别差异，不能反映各类之间的其他差别。定类尺度一般用文字表述，但为了便于识别和计算，也可用不同数字或编码表示不同类别。例如，用 0 表示男，用 1 表示女；用 1 表示国有企业，2 表示集体企业，3 表示私营企业等。但这些数字只是不同类别的代码，没有大小之分，不能进行任何数学计算。定类尺度的计量结果，通常是通过计算出每一类别中各元素或个体出现的频率或频数来进行分析的。

2. 定序尺度

定序尺度又称顺序尺度或序数尺度，是测度事物之间等级差别或顺序差别的一种计量尺度。该计量尺度不仅可以将事物分成不同的类别，而且还可以确定这些类别的优劣或顺序。例如，“满意程度”作为评判对某一事物态度的定序尺度，可将人们的态度分为非常满意、比较满意、一般满意、不满意、很不满意；“考试成绩”也可看作一种定序尺度，将其分为优、良、中、及格、不及格等。

与定类尺度相比，定序尺度对事物的计量要更精确一些，但它只测度了类别之间的顺序，而不能测量出类别之间的准确差值。因此，该尺度具有 > (大于)和 < (小于)的数学特性，但不能进行加、减、乘、除等数学运算。

3. 定距尺度

定距尺度也称间隔尺度、等距尺度或区间尺度，是对事物类别或次序之间距离的一种测度。具体来说，定距尺度不仅能将事物区分为不同类型并进行排序，而且可以准确地指出类别之间的差距是多少。定距尺度的计算结果表现为数值，通常使用自然或物理单位作为计量尺度，如甲地区温度是 20℃、乙地区的温度是 15℃，二者相差 5℃。定距尺度可以进行加、减运算，但不能进行乘、除运算，是因为定距尺度中没有绝对零点，“0”作为比较的标准，不代表不存在。

定距尺度对事物的测度比定类尺度和定序尺度更加准确，且定距尺度可以较方便地转换为定序尺度，但定序尺度数据通常不能转换为定距尺度数据，如考试成绩的百分制可以转化为五级评分制，但五级评分制成绩不能转换为百分制成绩。

4. 定比尺度

定比尺度也称为比率尺度或等比尺度，它除了具有定类尺度、定序尺度和定距尺度 3 种计量尺度的全部特性以外，还可以测量不同变量(社会现象)之间的比例或比率关系。例如，在定比尺度月收入的使用中，如果工人甲的月收入是 4000 元，工人乙的月收入为 2000 元，则可以说甲的收入是乙的 2 倍。但定距尺度就只能比较数值差，不能计算比值。如在使用定距尺度温度时，只能说 20℃比 10℃高 10℃，不能说 20℃是 10℃的 2 倍。

定比尺度是最高层次的测量，它与定距尺度的唯一差别主要体现在是否有绝对“零点”。在定距尺度中，“0”表示某一个数值，而定比尺度中，“0”表示“没有”或“无”。例如，温度是典型的定距尺度，0℃表示在海平面高度上水结冰的温度，并不是没有温度，即温度没有真正的零点。可见，定距尺度中的“0”是一个有意义的数值，定比尺度则不同，它有一个绝对“零点”，且“0”表示“没有”或“不存在”，如某人这个月的收入为“0”，表示这个人本月没有收入；对于销售人员来说，“0”则表示没有成交量。就因为存在绝对“零点”，因此定比尺度不仅可以进行加、减运算，还可以进行乘、除运算。

上述 4 种计量尺度对事物的测量层次由低级到高级，由粗略到精确逐渐递增。较高层次的计量尺度可以具有较低层次计量尺度的全部特性，但不能反过来。表 3-1 给出了上述 4 种计量尺度的测量层次和数学特性。

表 3-1 4 种计量尺度的比较

计量尺度 / 数学特性	定类尺度	定序尺度	定距尺度	定比尺度
分类(=、≠)	√	√	√	√
排序(>、<)		√	√	√
间距(−、+)			√	√
比值(×、÷)				√

在统计分析中，高层次的计量尺度包含较多的数学特性，且可以运用多种统计分析方法，使分析时更加方便、精确。因此，在使用计量尺度时，一般要求测量的层次越高越好。

二、统计数据的类型

在统计学中，根据统计数据的计量尺度不同，可以将统计数据分为定类数据、定序数据、定距数据和定比数据 4 种类型。

1. 定类数据

定类数据是由定类尺度形成的，主要表现为类别，但不区分顺序，是对社会经济现象进行分类的结果。例如，人口按婚姻状态分为已婚和未婚两类；分类数据也可以用数字代码来表示，如用 1 表示已婚，0 表示未婚。

2. 定序数据

定序数据是由定序尺度计量形成的，主要表现为类别，是通过对社会经济现象进行分类而得到的结果，但结果有顺序。例如，人口的受教育程度可以分为文盲、小学、初中、高中、大专、大学、研究生及以上；定序数据也可以用数字代码来表示，如 1 表示文盲，2 表示小学，3 表示初中，等等。

3. 定距数据

定距数据是由定距尺度计量形成的，主要表现为数值，有测量单位，没有绝对零点，可以进行加、减运算，但不能做乘、除运算，如温度、年份等。

4. 定比数据

定比数据是由定比尺度形成的，主要表现为数值，既有测量单位，也有绝对零点，同时可以进行加、减、乘、除四则运算，没有负数，如职工人数、身高、体重、年龄等。

定类数据和定序数据说明的是事物的品质特征，不能用数值表示，其结果均表现为类别，故称为定性数据或品质数据；定距数据和定比数据说明的是现象的数量特征，能够用数值来表现，因此也称为定量数据或数量数据。定量数据的表现形式又可以分为绝对数、相对数和平均数三类。其中，绝对数是统计数据的基本表现形式，通常反映了一定时间、地点条件下的规模和发展水平，并带有各种测量单位，如某个区域的粮食总产量、固定资产投资额、社会消费品零售总额等。而相对数通常以增长幅度、增长速度、指数、倍数等表现形式出现，如各类价格指数、GDP 增长率、规模以上工业增加值增长率等。相对数往往是对绝对数进行加工后取得的。平均数则反映了某一社会经济现象在一定时间、地点和条件下达到的一般水平，如产品的平均成本、学生的平均年龄、工人的日平均产量等。

在统计工作中，不同类型的数据将采用不同的统计方法来处理和分析。例如，对定性数据一般只采用分组法计算，分析各组的频数或频率，而对定量数据则可用更多的统计方法去处理、计算，可以分析更多的统计指标。

三、统计数据的来源

从统计数据本身的来源看，统计数据最初都是来源于直接的调查或实验。但从使用者的角度看，统计数据主要来源于两种渠道，即数据的直接来源和数据的间接来源。

1. 统计数据的直接来源

统计数据的直接来源是指通过直接的调查和科学实验获取数据资料。具体而言，一是专门组织的调查或观察，如美国农业普查、中国人口普查、市场调查等，专门调查是取得社会经济数据的重要手段，其中有统计部门进行的统计调查，也有其他部门或机构为特定目的而进行的调查；二是科学实验，如对某种农作物进行品种实验、对抵抗某种病毒的新疫苗疗效实验等，科学实验是取得自然科学数据的主要手段。通过直接调查或科学实验得到的统计数据称为原始资料或第一手资料。原始资料一般没有经过整理和加工，是进行各项综合整理、分析研究的基础。

2. 统计数据的间接来源

统计数据的间接来源是指通过别人调查或试验的数据获取数据资料，这些间接获得的数据资料又称为次级资料或二手资料。次级资料主要是公开出版的或公开报道的数据，已经过加工和处理。在我国，公开出版或报道的社会经济数据主要来自国家和地方的统计部门以及各种报刊媒介，如国家统计局定期发布的各种国家经济数据、海关发布的进出口贸易数据、统计部门和政府部门公布的各类统计年鉴、各类专业调查机构等提供的数据等，另外，广泛分布在各种报纸、杂志、图书、广播、互联网、电视传媒中的各种数据资料也属于次级资料。

【相关链接 3-1】

我国提供统计数据的部分政府网站

国家统计局网站(网址为 http://www.stat.gov.cn)，提供统计年鉴、统计月报等。

国务院发展研究中心信息网(网址为 http://www.drcnet.com.cn)，提供宏观经济、财经等信息。

中国经济信息网(网址为 http://www.cei.gov.cn)，提供经济信息及各类网站。

华通数据中心(网址为 http://data.acmr.com.cn)，是国家统计局授权的数据中心。

中国决策信息网(网址为 http://www.juece.gov.cn)，提供决策知识及案例。

三农数据网(网址为 http://www.sannong.gov.cn)，提供三农信息、论坛及相关网站。

中国经济时报网(网址为 http://www.cet.com.cn)，提供经济、社会及文化等信息。

第二节 统计调查概述

一、统计调查的概念

统计调查是根据统计研究的目的和要求，运用科学的调查方法，有计划、有组织地搜集统计资料的过程。简而言之，统计调查就是统计资料的搜集过程。统计资料是用来反映研究对象特征的数据，一般以数字为主要形式，辅之以文字等形式，搜集工作的对象既可以是原始资料也可以是次级资料。

从统计工作的角度讲，统计调查担负着提供基础资料的任务，所有的统计研究都建立在对原始资料搜集的基础之上。因此，统计调查是统计工作的基础阶段，也是统计整理和分析的前提，决定着统计认识过程及统计结果的成败。只有搞好统计调查，才能确保统计工作顺利开展，最终达到认识客观事物规律性的目的。

从认识社会的角度讲，统计调查是认识现象、探究事物本质的有力工具。此外，统计

调查中得到的数据资料还是制定相关政策的依据，并据此检查和监督政策的贯彻执行情况，以便及时了解社会经济现象的发展状况。

二、统计调查的要求

统计制度方法统一规定，在统计工作中，统计调查环节必须达到数据准确、反映及时、资料全面、调查经济等几方面基本要求。

1. 准确性

统计调查的准确性是指统计资料必须能够如实地反映客观现象和过程本质，真实可靠。准确性是保障统计资料质量的首要环节；否则将会对后续工作产生不良影响。保证统计调查资料的准确性，一方面要求调查者利用科学手段尽可能地减小调查资料与客观现象真实资料之间的差别，另一方面要求被调查者不虚报、不瞒报、不拒报，实事求是地提供统计资料，以确保调查人员能获得客观现象的真实情况。

2. 及时性

统计调查的及时性即要求统计调查必须在调查方案规定的时间内，尽快上报已完成的各项统计资料。数据资料上报不及时会贻误整理分析的时间，使统计信息失去应有的使用价值。统计分析的目的是为决策提供依据，决策具有很强的时效性，过时的资料落后于形势的发展，起不到统计的真正作用。

3. 全面性

统计调查的全面性是指根据调查目的对所要调查的单位、项目进行全面的资料搜集，不重复、不遗漏，使其能全面反映调查对象的真实情况。搜集的数据资料要尽量齐全、系统，且要使数字资料与文字资料相结合，以便全面、系统地反映客观现象的总体特征。

4. 经济性

统计调查的经济性是指在满足一定精准要求的前提下，尽可能以最少的调查费用取得所需的统计资料。如果统计调查的成本高于统计资料的使用价值，则统计工作将没有任何意义。因此，统计调查既要讲求准确可靠，也要追求经济效益，努力降低调查成本。

统计调查的准确性、及时性、全面性和经济性是衡量统计质量的重要标准，它们四者之间相互联系，准确性是统计调查的基础，及时性是统计调查的关键，全面性是统计调查的保障，经济性是统计调查的要求。统计调查只有满足以上 4 个基本要求，才能保障统计工作顺利进行。

三、统计调查的种类

在实际调查工作中，根据要求和性质不同，统计调查可以划分为不同的类型。

1. 按调查对象的范围分类

按照调查对象包括的范围不同，统计调查可以分为全面调查和非全面调查。

(1) 全面调查是指对构成总体的全部单位进行逐一调查，如普查。全面调查获得的信息全面，更能准确反映总体的本质特征，但因全面调查涉及范围较广，故而导致数据资料的质量难以控制，且需消耗较多的人力、物力、财力及时间。此外，对于破坏性调查，如调查西瓜的口感好坏，则不宜选用全面调查。

(2) 非全面调查是指仅对总体中的一部分单位进行调查，由这部分单位的情况来反映总体的情况。非全面调查一般可用较少的时间以及人力、财力便可获得较多、较详细的统计资料，故在统计调查中应用广泛。常见的非全面调查主要包括 3 种方式：重点调查、典型调查和抽样调查。

2. 按调查登记的时间是否连续分类

按照调查登记的时间是否连续，统计调查可分为经常性调查和一次性调查。

(1) 经常性调查又叫连续性调查，是指随着研究现象数量的变化，连续不断地进行调查登记或观察，以取得一段时期内全部发展过程的资料。例如，产品产量、原材料消耗量等，其数值变动较大，需在调查期连续不断地登记，然后汇总得到相关数据资料。

(2) 一次性调查是指间隔一段较长的时间对现象的变化进行一次性调查。例如，人口数、固定资产总值、生产设备数量等，其数值变动不大。一次性调查又可分为定期调查和不定期调查。

3. 按搜集资料的方法分类

按照搜集资料的方法不同，统计调查可分为大量观察法、采访法、报告法和问卷调查法。

(1) 大量观察法是由调查人员亲自到达现场，对调查对象进行观察点数、检验和计量，以取得所需要的统计资料的一种调查方式。大量观察法能够保证所搜集资料的准确性，但是需耗用大量的人力、物力、财力和较长的时间。

(2) 采访法是由调查人员将所调查项目拟成问题，以口头或书面形式询问被调查者，根据被调查者的答复来搜集统计资料。采访法具体有集体访问法和个别深度访问两种形式。集体访问法是将一组受访者集中在调查现场，让他们对调查的主题发表意见，从而获取调查资料的一种方法。个别深度访问是一次只有一名受访者参加的特殊的定向研究。

(3) 报告法由受访者填写有关报告表格，向调查人员报告自身的情况。我国各企业、事业单位所填报的统计报表制度采用的就是这种方法。

(4) 问卷调查法是调查人员利用格式化的调查问卷，向受访者进行询问了解情况、搜集资料的一种调查方式。问卷调查法有助于获得符合分析要求的定量数据，适宜于大规模的民意和商业调查活动，其具体形式主要有访问调查、电话调查、街头访问、邮寄调查和网上调查等。

第三节　统计调查方案设计

统计调查是一项严谨的科学工作，必须有目的、有计划、有组织地进行，这就需要在每项调查工作开始之前，制订一个周密细致、详尽可行的统计调查方案，以便使整个调查工作能够顺利完成。统计调查方案就是根据统计研究的目的和任务，对数据搜集工作各方面、各环节所做的全面部署和安排，是用来指导整个调查工作的纲领性文件。正确地制定统计调查方案是保证统计调查有计划、有组织进行的首要步骤，是保证统计调查顺利进行的前提，也是准确、及时取得统计资料的重要条件。一个完整的统计调查方案应包括以下5个方面的内容。

一、确定调查目的

确定调查的目的是调查方案设计的首要工作，也是调查方案设计的重点内容。衡量一个调查方案是否科学的标准，主要就是看调查方案的设计是否体现调查目的和要求，是否符合客观实际。确定调查目的即要明确为什么进行调查，实施调查工作要解决什么样的问题或具有什么样的社会经济意义和作用。只有这些问题明确之后，才能确定向谁调查、调查什么以及采用什么方法进行调查。

【案例 3-1】

关于当前大学生消费情况的调查方案

此次调查的目的在于了解当前大学生的消费情况，分析大学生消费的现状，指出大学生高消费的误区，并提出建设性的对策思考。(为什么要调查)

在对调查结果进行分析的基础上，提出相应的改进建议，为今后的大学生消费提供一个可供参考的方案。(解决什么问题)

通过改进建议的引导使大学生形成以艰苦奋斗为荣，骄奢淫逸为耻的消费观，共同创建节约型校园文化。引导他们在考虑个人消费时不忘光荣传统，科学规划安排，使个人消费标准与家庭情况相适应，不攀比、不铺张，合理消费。教育学生要树立勤俭节约、科学的消费意识。(社会经济意义和作用)

调查目的不同决定了调查对象、调查内容和调查范围的不同。例如，要了解农村经济情况，既可以从农业生产方面进行调查，也可以从农民消费方面进行调查，还可以从农产品生产成本等方面进行调查。因此，调查目的应尽可能明确、任务具体，以免造成理解不同而使搜集来的资料口径不一，增加调查工作的难度。

二、确定调查对象和调查单位

确定调查对象和调查单位要解决的是向谁调查，由谁来提供所需资料的问题。调查对象就是需要进行调查的社会经济现象的总体，它是由性质上相同的许多个别单位组成的。调查单位则是组成所要调查的社会经济现象总体的个体，也就是在调查的对象中所要调查的具体单位，它是调查项目和标志的直接承担者和载体。

明确调查单位还需要把它与报告单位相区别。填报单位也称报告单位，它是负责向上报告调查内容、提交统计资料的单位。填报单位一般是在行政上、经济上具有一定独立性的单位，而调查单位可以是人、企事业单位，也可以是物。根据调查目的不同，调查单位与报告单位有时一致，有时不一致。例如，在全国医疗机构的普查中，每个医疗机构既是调查单位又是报告单位；在全国医疗机构设备状况的普查中，调查单位是医疗机构的每台医疗设备，而填报单位是每个医疗机构。

在调查方案设计中，准确把握调查对象和调查单位，对调查工作的顺利进行至关重要。只有确定了调查对象和调查单位，才能明确所要调查的总体界限以及从哪里取得有关标志的情况和资料，从而保证调查资料的准确性。

三、设计调查项目和调查表

调查项目是调查的具体内容，它可以是调查单位的数量特征，也可以是调查单位的某种属性或品质特征。例如，要对某高校的大一新生进行调查，则可以调查每个新生的年龄、身高等数量方面的特征，也可以调查每个新生的民族、政治面貌等品质方面的特征。在统计调查中，调查项目所要解决的问题是“向调查单位调查什么”。因此，在设计调查项目时，既要考虑调查任务的需要，又要考虑是否能取得资料。调查项目之间应尽可能做到相互联系，使取得的资料相互对照。

在实际调查中，调查项目多种多样，为了方便调查，常将各个调查项目按照一定的顺序和结构排列而成相应的表格，称为调查表。调查表又称为询问表，是调查方案的核心部

分，必须紧紧围绕调查目的、现象之间的相互联系，从现象的过去、现在和发展等方面出发，提出所要调查的项目来设计调查表。调查表一般由表头、表体和表脚组成。表头用来表明调查表的名称以及填写调查单位的名称、性质、隶属关系等。表体是调查表的主要部分，包括统计调查所要说明的社会经济现象的项目和这些项目的具体表现亦即数字、计算单位等。表脚包括调查者的签名和调查日期等，以便明确责任，若发现问题，也便于查询。

调查表的形式一般有两种：单一表和一览表。单一表是在一张表上只登记一个调查单位的调查资料，它可以容纳较多的调查项目，适用于调查项目多但调查单位较少的统计调查，如表 3-2 所示。一览表是在一张表上登记若干个调查单位的调查资料，它的调查项目不宜过多，如表 3-3 所示。一览表的使用节省人力、物力，而且一目了然，适用于调查项目不多，但调查单位较多的统计调查。

表 3-2　大学生健康状况调查表(单一表)

<table>
<tr><td>姓名</td><td></td><td>出生年月</td><td></td><td rowspan="4">1 寸照片</td></tr>
<tr><td>性别</td><td></td><td>政治面貌</td><td></td></tr>
<tr><td>所在院校</td><td></td><td>联系方式</td><td></td></tr>
<tr><td>既往病史</td><td colspan="3"></td></tr>
<tr><td>身高</td><td></td><td>体重</td><td colspan="2"></td></tr>
<tr><td>视力</td><td></td><td>听力</td><td colspan="2"></td></tr>
<tr><td>血压</td><td></td><td>鼻疾</td><td colspan="2"></td></tr>
<tr><td>其他情况</td><td colspan="4"></td></tr>
</table>

填表说明：　　　　　　　　　　　填表日期：

表 3-3　大学生健康状况调查表(一览表)

序号	姓名	性别	年龄	身高	体重	视力	听力	血压
1								
2								
3								
4								
…								

填报单位：　　　　　　　　　　　填报日期：

填表说明：

四、确定调查时间和调查期限

调查工作不能无限期进行，也不能无计划进行。这就需要在设计调查方案时根据研究对象和内容确定合理的调查时间和调查期限。

调查时间是指调查资料所属的时间。当调查资料涉及时期现象时，调查时间要明确规定资料所属的时间范围，即规定登记从何时起到何时止的资料。如要调查 2015 年第 1 季度的石油产量，则调查时间是从 2015 年 1 月 1 日起至 3 月 31 日止。当调查资料涉及时点现象时，调查时间要规定统一的标准调查时点，如我国第六次人口普查的标准时间是 2010 年 11 月 1 日零时。

调查期限是指调查工作进行的时间，即从调查工作开始到结束的时间长度，包括搜集资料、整理和分析资料以及报送资料工作所需的时间。例如，某市进行科研机构人员普查，要求在 2015 年 7 月 1 日至 7 月 10 日全部调查完毕，则这一规定时间就是调查期限。一般情况下，为了保证统计资料的及时性，对调查期限的规定要尽可能缩短。

【相关链接 3-2】

我国第六次人口普查时间

《第六次全国人口普查方案》规定："人口普查的标准时间是 2010 年 11 月 1 日零时。" 2010 年 10 月 9—31 日期间进行入户摸底，11 月 1—10 日进行入户正式登记，11 月 11—15 日将对抽中户再次上门进行质量复查。复查工作完成后，国务院人口普查办公室统一组织事后质量抽查，2011 年 12 月 31 日前完成人口普查全部数据的汇总工作。

人口普查的标准时间，就是规定一个时间点，无论普查员入户登记在哪一天进行，登记的人口及其各种特征都是反映那个时间点上的情况。根据上述规定，不管普查员在哪天进行入户登记，普查对象所申报的都应该是 2010 年 11 月 1 日零时的情况。通过这个标准时间，所有普查员普查登记完成后，经过汇总就可以得到 2010 年 11 月 1 日全国人口的总数和各种人口状况的数据。

(资料来源：http://life.szonline.net/Channel/201010/20101029/284184.html)

五、制定调查工作的组织实施计划

除了以上工作内容外，在调查方案中还应该设计一个考虑周密的组织实施计划，以保证整个统计调查工作顺利进行。组织实施计划的主要内容应包括：调查工作的领导机构和办事机构；调查人员的组织；调查资料报送方法；调查前的准备工作，包括宣传教育、干部培训、调查文件的准备、调查经费的预算和开支办法；调查方案的传达布置、试点及其他工作等。例如，我国第六次全国人口普查明确规定：人口普查工作，在国务院和地方各级政府领导下进行。国务院和地方各级人民政府以及街道办事处设置人口普查办公室，居民委员会和村民委员会设置人口普查组，分别负责人口普查的领导、组织和具体实施人口

普查工作，由普查员担负具体工作，普查指导员负责指导、检查，基层干部和群众积极分子给予协助等。这些组织措施都是确保普查工作顺利进行的基本保证。

第四节　统计调查的组织形式

统计调查的组织形式是指组织统计调查，搜集统计数据资料的方式方法。社会经济统计调查中常见的组织形式主要有普查、统计报表、重点调查、典型调查、抽样调查等。

一、普查

普查是为了某种特定的目的或得到某种特定的数据而专门组织的一次性的全面调查，用来调查一定时点上或一定时期内的社会经济现象总量，如人口普查、工业普查、第三产业普查、土地普查等。普查是适合于特定目的、特定对象的一种调查方法，它主要用于搜集经常的、定期的统计报表所不能提供的更为详尽的统计资料，目的在于了解和掌握特定社会经济现象的基本情况，摸清重大的国情、国力，特别是一个国家的人力资源和物力资源的现况及其利用情况，进而为国家制定社会经济发展长远规划与管理政策和措施提供可靠的现实依据。

1. 普查的特点

普查作为一种特殊的调查方式，具有以下几个特点。

(1) 普查通常是一次性的或周期性的统计调查。由于普查涉及面广、调查单位多、工作量大，需耗费较多的人力、物力和财力，不宜经常使用，也可间隔较长的时间进行一次。例如，我国的人口普查从1953年至2010年共进行了6次，一般每隔10年进行一次。

【相关链接3-3】

我国常见的普查年份规范

我国的普查将规范化、制度化，即每逢末尾数字为“0”的年份进行人口普查，每逢“3”的年份进行第三产业普查，每逢“5”的年份进行工业普查，每逢“7”的年份进行农业普查，每逢“1”或“6”的年份进行统计基本单位普查。

(资料来源：http://baike.baidu.com/link)

(2) 普查是一种全面性调查。普查比其他任何一种调查形式更能掌握大量、详细、全面的统计资料，获得的数据准确性高，主要用来全面、系统地掌握国情国力方面的数据资料。

(3) 普查的适用对象比较窄，只能调查最基本、最一般的现象，民间使用普查的调查方式也比较少，在我国主要出现在政府统计。

2. 普查的组织方式

普查的组织方式一般有两种：一种是从上到下组织专门的普查机构，配备一定数量的普查人员，对调查单位直接进行登记调查，如人口普查等；另一种是被调查单位填报，上级下发一定的调查表格，由被调查单位依据本单位的原始记录和核算资料进行自行填写并上报，如物资库存普查等。被调查单位填报的方式比第一种简便，一般适用于内容比较单一、涉及范围较窄的统计调查，特别是为了满足某种紧迫需要而进行的“快速普查”，就可以采用这种方式，它由登记单位将填报的表格越过一些中间环节直接报送到最高一级机构集中汇总。

3. 组织普查应遵守的原则

(1) 规定统一的标准时点。标准时点是指对被调查对象登记时所依据的统一时点。调查资料必须反映调查对象在这一时点上的状况，以避免调查时发生重复登记或遗漏现象，保证普查结果的准确性。例如，我国第六次人口普查的标准时点为 2010 年 11 月 1 日零时，就是要反映这一时点上我国人口的实际状况；经济普查的标准时点为普查年份的 12 月 31 日零时；农业普查的标准时点定为普查年份的 1 月 1 日零时。

(2) 规定统一的普查期限。在普查范围内各调查单位尽可能同时进行登记，以便在方法和步调上保持一致，并力求在最短的时间内完成，保证资料的准确性和时效性。

(3) 规定普查的项目和指标。普查时必须按照统一规定的项目和指标进行登记，不得任意改变或增减，以免影响汇总和综合，降低资料质量。同一种普查，每次调查的项目和指标应力求一致，保证普查内容的连贯性，以便于历次调查资料的动态对比分析和观察社会经济现象发展变化情况。

(4) 普查尽可能按一定周期进行，以认识客观现象的发展趋势及其规律性。

二、统计报表

统计报表是由政府主管部门根据统计调查的目的，以统计表格形式和行政手段自上而下布置，然后由填报单位自下而上逐级汇总提供统计资料的一种统计调查方式。国家利用统计报表定期地取得全社会的国民经济与社会发展情况的基本统计资料，制定国民经济和社会发展计划，以检查社会经济运行情况。统计报表是我国搜集统计资料的一种重要方法，它已形成一种制度即统计报表制度。执行统计报表制度，是各地区、各部门、各基层单位必须向国家履行的一种义务。

(一)统计报表的特点

1. 全面性和连续性

依照报表制度的规定，各个单位都必须严格按照规定的时间和程序报送统计报表，因此报表的回收率较高。此外，填报的项目和指标具有相对稳定性，可以完整地累积形成时间序列资料，便于进行动态对比和社会经济发展变化规律的系统分析。这就有效地保证了调查资料的全面性和连续性。

2. 统一性和及时性

由于对其指标含义、包括范围、计算方法以及表格样式、报送程序和报送时间等都做了统一规定，保证了调查资料的统一性和及时性，便于在全国范围内汇总、综合。

3. 可靠性和准确性

由于调查前将统计报表布置到填报单位，填报单位根据报表要求规范和完善原始记录、统计台账以及一系列登记项目和指标，这就使调查资料的来源有了可靠的基础。

统计报表便于资料积累，可以满足不同层次的需要，但也存在着人财物耗费多、灵活性和应急性差、中间环节多以及数据质量易受人为干扰等缺点。

(二)统计报表的种类

统计报表是一种重要的搜集资料的方式，按照其性质和要求不同，统计报表可以分为以下几类。

1. 按调查范围不同分类

按调查范围不同，统计报表可以分为全面统计报表和非全面统计报表。全面统计报表要求调查对象中的全部单位都进行填报，非全面统计报表只要求调查对象中的一部分单位填报。目前，大多数统计报表属于全面统计报表。

2. 按报送时间不同分类

按报送时间不同，统计报表可以分为日报、旬报、月报、季报、半年报、年报统计报表，其中经常用到的报表以月报和年报统计报表为主。日报和旬报称为进度报表，主要用来反映生产、工作的进展情况。月报、季报和半年报主要用来掌握国民经济发展的基本情况，检查各月、各季、各半年的生产工作情况。年报是每年上报一次的报表，主要用来全面总结全年经济活动的成果，检查年度国民经济计划的执行情况等。

3. 按报送范围不同分类

按报送范围不同，统计报表可以分为国家报表、部门报表和地方报表。国家统计报表是国民经济基本统计报表，由国家统计部门统一制发，用以搜集全国性的经济和社会基本情况，包括农业、工业、基建、物资、商业、外贸、劳动工资、财政等方面最基本的统计资料。部门统计报表一般是为了适应各部门业务管理需要而制定的报表。地方统计报表主要是针对地区特点而补充制定的地区性统计报表，为本地区的计划和管理服务。部门报表和地方报表是国家统计报表的补充。

4. 按填报单位不同分类

按填报单位不同，统计报表可以分为基层报表和综合报表。基层统计报表是由基层企、事业单位填报的报表，综合统计报表是由主管部门或部门根据基层报表逐级汇总填报的报表。综合统计报表主要用于搜集全面的基本情况，也常为重点调查等非全面调查所采用。

三、重点调查

重点调查是在调查对象中选择一部分重点单位，进行调查搜集数据资料的一种非全面调查，以了解总体的基本情况。重点单位就是在总体中的数量很少，但就调查标志来说占标志总量很大比例的调查单位，通过对这些单位进行调查就能掌握总体的基本情况。例如，要了解中国乳制品企业的情况，可以选出伊利、蒙牛、光明、三元、完达山、飞鹤等几个大型的乳制品企业进行调查。这些大型企业在全国乳制品行业中只是少数，但它们的市场份额却占全国乳制品企业的绝大部分比例。对这些大型企业进行调查，便能省时省力而且及时了解全国乳制品企业的基本情况，满足调查任务的要求。再比如，为了掌握全国钢铁产量，可以选出鞍钢、宝钢、武钢、包钢、首钢、攀钢、马钢等几个大型钢铁企业调查。

重点调查的关键问题就是确定重点单位。重点单位的选择要根据调查目的和调查任务进行，必须能反映研究总体的基本情况。一般来说，选出的单位应尽可能少些，而其标志值在总体中所占比例应尽可能大些，以保证其有足够的代表性。此外，还要注意选取那些管理比较健全、业务力量较强、统计工作基础较好的单位作为重点单位。

重点调查的优点在于调查单位少，可以详细调查较多的项目和指标，且投入较少的人力和时间，便可及时取得较详细的情况。当调查的任务并不要求掌握全面的准确资料，只要求掌握事物的基本状况，而且在总体中确实存在着重点单位时，重点调查是比较适宜的调查方式。但需要注意的是，由于重点单位与一般单位的差别较大，通常不能用重点调查的结果来推算整个调查对象的总体指标。此外，对于没有重点单位的调查对象不适宜选用重点调查进行调查。因此，重点调查的适用范围相对较小，通常用于不定期的一次性调查，

但有时也用于经常性的连续调查。

四、典型调查

典型调查是一种非全面调查，它是根据调查的目的与要求，在对被调查对象进行全面分析的基础上，有意识地选择若干具有代表性的典型单位进行的调查。典型单位是指具有代表性或典型意义的单位，即能够最充分、最集中地体现总体某方面共性的单位。只要客观、正确地选择典型单位，通过对典型单位的深入细致的调查，即可搜集详细的第一手资料，借以认识事物的本质特征、因果关系及变化趋势。

典型调查的优点在于调查范围小、调查单位少、灵活机动，通过少数典型单位即可取得深入、详实的统计资料，节省人力、财力和物力等。但是，这种调查方式由于受“有意识地选出若干有代表性”的限制，在很大程度上受人为主观认识的影响，从而可能会导致调查的结论有一定的倾向性，且典型调查的结果一般情况下不宜用以推算全面数据。因此，必须同其他调查方法结合起来使用，才能避免出现片面性。

典型调查作为一种定性的调查研究方法，是各种社会调查的主要方法，有着广泛的应用，尤其适宜于研究处于萌芽状态事物和倾向性问题或分析事物的类型以及它们之间的差别和关系。

五、抽样调查

抽样调查是按照随机原则从调查对象中抽取一部分单位作为样本进行调查，并根据抽样样本的调查结果去推算总体数量特征的一种非全面调查。同其他调查比较，抽样调查不仅能节省人力、物力、财力，而且受人为干扰的可能性也较小，能够得到比较准确的全面统计资料。因此，抽样调查是实际中应用最广泛的一种调查方法。根据抽选样本的方法，抽样调查又可以分为概率抽样和非概率抽样两类。

(一)概率抽样

概率抽样又称随机样本抽样，是以概率理论和随机原则为依据来抽取样本的抽样方式，是使总体中的每一个单位都有一个事先已知的非零概率被抽中的抽样。现实生活中绝大多数抽样调查都采用概率抽样方法来抽取样本。概率抽样主要分为简单随机抽样、等距抽样、分层抽样、整群抽样等类型。

1. 简单随机抽样

简单随机抽样是对总体不进行任何处理的情况下，从总体中随机抽取一部分单位来组成样本的抽样组织方式。这种抽样方式以纯随机抽样为基础，即要求对调查总体不进行任何分组、划类、排队等，完全随机抽取预定个数调查单位作为样本，每个单位有相同的被抽中的概率。

简单随机抽样是一种最基本的抽样方法，也是其他抽样方法的基础。它具有简单直观、便于对总体进行推断的优点，但当总体中包含的单位数较多且各单位的变异比较大的情况下，不宜进行抽样，且后期调查不便操作，对总体进行推断时误差较大。

【相关链接 3-4】

一次失败的统计调查

1936 年，美国进行总统选举，竞选的是民主党的罗斯福和共和党的兰登，罗斯福是在任的总统。美国权威的《文学摘要》杂志社，为了预测总统候选人谁能当选，采用了大规模的模拟选举，他们以电话簿上的地址和俱乐部成员名单上的地址发出 1000 万封信，收到回信 200 万封，在调查史上，样本容量这么大是少见的，杂志社花费了大量的人力和物力，他们相信自己的调查统计结果，即兰登将以 57%对 43%的比例获胜，并大力进行宣传。最后选举结果却是罗斯福以 62%对 38%的巨大优势获胜，连任总统。这个调查使《文学摘要》杂志社威信扫地，不久只得关门停刊。这次调查失败的原因在于抽样方法不正确，样本并不是从总体(全体美国公民)中随机抽取，不具有代表性。1936 年，美国有私人电话和参加俱乐部的家庭，都是比较富裕的家庭。1929—1933 年的世界经济危机，使美国经济遭到沉重打击，“罗斯福新政”动用行政手段干预市场经济，损害了部分富人的利益，但广大的美国人民却从中得到了好处。所以，仅仅从这部分富人中抽取的样本严重偏离了总体，导致样本不具有代表性，进而导致调查失败。

2. 等距抽样

等距抽样是将总体各单位按某一标志大小顺序排列，然后依一定的顺序或相同的间隔来抽取样本的一种抽样方式，又称为机械抽样或是系统抽样。这种抽样方法可以使样本单位比较均匀地分布在总体各个部分，操作简单且抽取的样本代表性较强，对总体的推断误差较小。

【案例 3-2】

某小区居住着 4000 户居民，为调查居民食盐摄入量，需抽取 40 户居民进行调查，平均每 100 户抽取 1 户，操作：根据户籍资料将居民户从 1～4000 编号号码，先在 1～100 中抽取一个号码，每隔 100 抽取一名居民户，如第一组中抽取了 5 号，则 5、105、205、…、3805、3905 共 40 户被抽取出来作为样本。

3. 分层抽样

分层抽样又称为分类随机抽样，它是将总体各单位按某一标志分成若干层，再在每一层中按简单随机抽样方法进行抽样。例如，某工厂要调查500名(男女比例为3∶2)工人的日产量情况，先将工人按性别分为男和女两个组，再分别从这两个组随机选取90名和60名工人组成样本进行调查，这种抽样方式就选用了分层抽样的方法。分层抽样便于调查的组织实施，并且可以保证样本中包含不同特征的个体，使样本结构与总体结构比较接近，即所选样本的代表性较高，进而降低对总体推断的误差。

4. 整群抽样

整群抽样是将总体各单位划分成许多群，然后以群为单位从其中随机抽取部分群，对选中群的所有单位进行调查，而对未抽中的群不做调查。例如，要调查家庭副业发展情况，不是直接抽取居民户，而是以村为单位，从中随机抽取若干村，然后对选中村的全体居民户进行调查。这种组织形式是按群进行调查，所以样本单位比较集中，组织工作比较方便，省时省力，节约开支，便于调查实施，但对总体的推断误差较大。

(二)非概率抽样

非概率抽样是指调查者未严格按随机抽样原则来抽取样本，而是根据自己的方便或主观判断抽取样本的方法。非概率抽样主要有便利抽样、判断抽样、配额抽样、滚雪球抽样等类型。

1. 便利抽样

便利抽样又称为方便抽样，是指调查者选取偶然遇到或选择离得最近、最容易找到的受访者作为调查对象。简而言之，便利抽样就是以方便为原则进行样本选取。“街头拦人法”就是一种最常见的便利抽样，即在大街上或路口任意找某个行人作为被调查者进行调查。例如，在街头向遇到的行人询问对市场物价的看法，或请行人填写某种问卷等。便利抽样是非概率抽样中最简单的方法，省时省钱，但抽样结果的偏差较大，可信程度较低，样本没有足够的代表性。这种抽样方式适用于市场的初步调查或对市场情况不了解，正式的市场调查中较少使用。

2. 判断抽样

判断抽样又称为立意抽样，是由调查人员根据经验判断选定样本的一种非概率抽样法。例如，要对宁夏回族自治区旅游市场状况进行调查，有关部门选择贺兰山、沙坡头、沙湖等旅游风景区作为样本调查，这就是判断抽样。判断抽样简单便利、容易操作，但易发生由于主观判断偏差所造成的抽样误差增大的情况。因此，要选用判断抽样的方法就要求调查人员必须对总体的基本特征相当清楚，以便选择具有代表性、典型性的样本，从而通过对所选样本的调查研究，了解和掌握整体情况。

3. 配额抽样

配额抽样也称为定额抽样，是将总体按某一标志分类或分层，然后按照各层样本数与该层总体数成比例的原则主观地抽取样本。例如，某中学要调查高三学生的升学率，可将调查对象分为文科生和理科生两组，然后从各组中主观地选取样本。配额抽样与分层抽样很接近，最大的不同是分层概率抽样的各层样本是随机抽取的，而配额抽样的各层样本是非随机抽取的。配额抽样属于先确定每层的样本量再在每层中以判断抽样的方法选取抽样个体，适用于调查者对总体的相关特征比较了解且样本数较多的情况下使用。该方法费用不高，易于实施，可以满足总体比例的要求，但容易掩盖不可忽视的偏差。

4. 滚雪球抽样

滚雪球抽样是一种针对稀疏总体进行的抽样方法，在抽选样本时，先找到几个符合条件的调查单位，然后通过这些调查单位找到更多符合条件的调查单位，以此类推，样本如同滚雪球般由小变大，直至达到要求的样本数为止。例如，要研究科研人员的工作情况，可以先结识一位科研人员，再通过他结识其他科研人员，以此类推，最后可以找一大批科研工作者作为调查对象。滚雪球抽样多用于总体单位的信息不足或观察性研究的情况，适用寻找一些在总体中十分稀少的人物，可以大大减少调查费用。然而通过滚雪球方式获得的样本代表性较低，容易产生偏差。

第五节　统计调查问卷设计

调查问卷是调查者根据调查目的和要求设计的，由一系列问题、调查项目、备选答案、说明等组成的一种调查工具，又称调查表或询问表。调查问卷的内容标准化，便于资料的整理和分析，而且调查面广，可涉及的内容多，可利用的工具(报纸、杂志等)传播快，可直接从民众中得到对某一政策的看法，科学性、民主性强。因此，调查问卷在统计调查中受到广泛应用。

一、调查问卷的结构

调查问卷一般由三大部分组成，即卷首语、正文和结束语。

1. 卷首语

调查问卷的卷首语或开场白是致被调查者的信或问候语。其内容一般包括以下几个方面。

(1) 问卷的标题。一般标题要求精确、简练，概括性强且富有感染力，能够反映研究主题，使人一目了然，激发被调查者的兴趣和责任感。

(2) 称呼、问候语。如“××先生、女士：你好”。

(3) 调查人员自我说明调查的主办单位、组织或个人的身份以及调查的目的、意义和主要内容。其目的在于引起被调查者的重视，使其对调查给予积极支持和合作。

(4) 简要地说明填写方法、注意事项以及所需的时间，保证作答对被调查者无负面作用，并替他保守秘密等。

(5) 表示真诚的感谢，或说明将赠送小礼品。

卷首语一般放在问卷的开头，篇幅宜短不宜长，最长一般不超过两三百字。语气应该亲切、诚恳而有礼貌，文字要简明、准确，具有可读性。

2. 正文

调查问卷的正文部分是问卷的核心内容，它包括所要调查的全部问题，主要由问题和答案所组成。问卷中的问答题，从形式上看，可分为开放型、封闭型和混合型三大类。开放型问答题只提问题，不给出具体答案，要求被调查者根据自己的实际情况自由作答。封闭型问答题则既提问题，又给出若干答案，被调查者只需填选答案即可。混合型问答题，又称半封闭型问答题，是在采用封闭型问答题的同时，最后再附上一项开放型问题。

3. 结束语

结束语一般放在调查问卷的最后面，用来简短地对被调查者的合作表示感谢，如果前面的说明已经有表示感谢的话语，那么结束语中可不用再写。此外，问卷末端可以附加问卷编号、调查人员姓名、被调查者的个人信息、访问时间等内容。结束语要简短明了，有的调查问卷也可以省略结束语。

【案例 3-3】

大学生网购调查问卷

亲爱的同学们:

大家好！由于网购已成为当前非常流行的消费方式，大学生更是网购的主力军，为了更好地了解当代大学生的网购情况，我们设计了这份调查问卷。在此，非常感谢你在百忙之中给予帮助和支持，此问卷只作为研究之用，不会透露个人隐私！谢谢你的合作！

(请你在所选择答案的题号上打对勾，对只许选择一个答案的问题只能打一个对勾；对可选择多个答案的问题，请在你认为合适的答案上打对勾)

1. 你的家庭来自(　　)。
   A. 农村　　B. 城镇　　C. 城市
2. 你常购买的商品类型有(　　)。(可多选)
   A. 服装　　B. 电子产品　　C. 体育用品　　D. 网上充值
   E. 精品类　　F. 日用品　　G. 书籍　　H. 其他
3. 你每个月的生活费用为(　　)。
   A. 500 元以下　　B. 500～800 元　　C. 800～1200 元　　D. 1200～1500 元
   E. 1500 元以上
4. 你所能接受的网购商品价格区间为(　　)。
   A. 0～100 元　　B. 100～200 元　　C. 200～400 元　　D. 400～600 元
   E. 600 元以上
5. 你每月网购的频率是(　　)。
   A. 0～1 次　　B. 2～3 次　　C. 3～5 次　　D. 5 次以上
6. 你选择网购的原因(　　)。(多选)
   A. 方便快捷　　B. 价格实惠　　C. 受周围同学的影响
   D. 学校地理位置决定　　E. 款式多选择余地大
   F. 开阔视野　　G. 媒体广告　　H. 追逐潮流
7. 你常用的消费平台有(　　)。(多选)
   A. 淘宝网　　B. 卓越网商城　　C. 当当网　　D. 京东商城
   E. 易趣网　　F. 乐淘网商城　　G. 其他________
8. 你通常选择的支付方式是(　　)。
   A. 支付宝　　B. 财付通　　C. 快钱　　D. 网银
   E. 银行汇款　　F. 货到付款及其他
9. 你对网购经历的满意程度是(　　)。
   A. 非常满意　　B. 满意　　C. 不满意　　D. 非常不满意
10. 在网上购物过程中，你曾有过的受骗经历是(　　)。
   A. 商品与宣传不符　　B. 收货后不予退换货
   C. 从未有过受骗经历
11. 你对网上购物的担心(　　)。
   A. 网络安全(银行卡信息、个人信息等)　　B. 货物质量

C. 配送发货速度

12. 你认为购物网站需要改进的地方是(　　)。(可多选)

A. 商品质量和信息真实度　　B. 支付手段的安全性

C. 卖家的态度　　D. 网站管理、相关法律法规的进一步完善

E. 其他＿＿＿＿＿＿＿＿＿＿＿＿

13. 如货物有破损，你认为应该负责的是(　　)。

A. 网店店家　　B. 物流公司　　C. 自认倒霉　　D. 不在乎，能用就行

E. 查清问题出在哪个环节再做决定

14. 你对网购各环节的评价及建议:

商品质量: ＿＿＿＿＿＿＿＿＿＿＿＿＿＿＿＿＿＿＿＿＿＿＿＿＿＿＿＿＿＿

发货时间: ＿＿＿＿＿＿＿＿＿＿＿＿＿＿＿＿＿＿＿＿＿＿＿＿＿＿＿＿＿＿

售后服务: ＿＿＿＿＿＿＿＿＿＿＿＿＿＿＿＿＿＿＿＿＿＿＿＿＿＿＿＿＿＿

商家态度: ＿＿＿＿＿＿＿＿＿＿＿＿＿＿＿＿＿＿＿＿＿＿＿＿＿＿＿＿＿＿

15. 谈谈你对网络购物及快递服务的现状及未来的看法:

＿＿＿＿＿＿＿＿＿＿＿＿＿＿＿＿＿＿＿＿＿＿＿＿＿＿＿＿＿＿＿＿＿＿＿＿＿

性别: ＿＿＿＿　年级: ＿＿＿＿　专业: ＿＿＿＿　网购年限: ＿＿＿＿

二、调查问卷的设计原则

1. 主题明确

调查问卷要有明确的主题，根据调查目的和任务，从实际出发拟题，问题目的清楚，重点突出，切忌模棱两可。

2. 结构合理

调查问卷中的问题要按一定的逻辑顺序排列，符合应答者的思维程序。一般是先易后难、先简后繁、先具体后抽象。

3. 通俗易懂

调查问卷中的语气要亲切诚恳，问句要简单易懂，避免使用专业术语，给应答者造成理解困难。对敏感性问题应采取一定的技巧调查，同时要避免诱导性问题，问句的设置要具有合理性和可答性，以保证调查结果准确、真实。

4. 容量适度

调查问卷的内容不宜过多，问卷作答的时间一般控制在20分钟左右，问卷的问句不重复不遗漏。

5. 便于整理

调查问卷的设计要根据调查的实际情况，注意问题的设置，同时可以附加问卷编号、被调查者的信息等内容，以便于资料的校验、整理和统计。

三、调查问卷的内容设计

(一)问题类型的设计

调查问卷的主体是由若干问题构成，问题是问卷的核心，问题设计得好坏将直接关系到调查问卷质量的高低。因此，在设计问卷时，应掌握问题的类型，并善于根据调查目的和具体情况选择适当的询问方式。问卷中，问题通常可以分为开放式问题和封闭式问题两大类(也称为开放型问题和封闭型问题)。

1. 开放式问题

开放式问题是指所提出的问题未提供任何具体的答案，而是由被调查者根据自己的想法自由作答的问题。开放式问题的形式主要有两种：填空题和自由回答题。例如：

你喜欢的洗发水品牌是:

①________ ②________ ③________ ④________

你怎么看待大学生就业难的问题?

____

开放式问题比较灵活，提问相对比较简单，应答者可以自由地表达自己的看法和观点，回答比较真实。这种类型的问题一般适合于搜集更深层次的信息，特别适合那些尚未弄清各种可能答案或潜在答案类型较多的问题。但由于开放式问题中会出现各种各样的答案，使调查结果难以做定量分析，同时会给调查后的资料整理带来一定困难，耗费大量时间。因此，开放式问题更适用于探索性调研，而在大规模的抽样调查中，则不宜使用太多开放式问题，一般设置1～2个为宜。

2. 封闭式问题

封闭式问题是指已事先设计了各种可能的答案的问题，被调查者只要或只能从中选定一个或几个现成答案的提问方式。封闭式问题答案标准化，故有利于被调查者对问题的理

解，可以避免应答者由于不理解题意而拒绝回答，从而提高问卷的回收率。同时，标准化的答案也有利于调查后的资料整理。但缺点是回答者只能在规定的范围内被迫回答，无法反映其他各种有目的的、真实的想法。封闭式问题是选择回答型，所以设计出的答案一定要满足穷尽原则和互斥原则，而对一些相对比较复杂的问题，有时很难把答案设计周全。

开放式问题和封闭式问题各有利弊，在实际调查中，这两种类型的问题往往是结合使用的。在同一个问卷中，一般既有开放式问题，也有封闭式问题。甚至同一个问题中，也可将开放式问题与封闭式问题结合起来，组成混合式问题。例如，“你家里目前有太阳能热水器吗？有____，无____；若有，是什么牌子的？”。问卷设计者可以根据具体情况选择不同的提问方式。

(二)问题措辞的设计

调查问卷的语句是由若干个问题所构成，问题是问卷的核心，要想使调查获得成功，必须对问题有较清楚的了解，问卷中的问句表达要简明、生动，注意概念的准确性，避免提似是而非的问题，具体应注意以下几点。

(1) 提问内容要明确。问句中的文字要表达准确，不应使填卷人有模糊认识，如“有时”、“经常”、“偶尔”、“很少”、“很多”、“相当多”、“一段时间”等，这样的词对于不同的人有不同的理解，在问卷设计中应避免或减少使用。例如：

你是否经常购买这个牌子的洗发液？

你最近一段时间使用什么品牌的牙膏？

对于这样的问句，填卷人不知道“经常”是指一周、一个月还是一年，可以改问“你上个月共购买了几瓶这个牌子的洗发液？”。第二个问句中“最近一段时间”同样表达不明确，没有说明具体的时间段，会使被调查者感到无所适从，可以改为“你最近两个月使用什么品牌的牙膏？”。

(2) 用词要通俗易懂。一般调查中，调查对象文化程度分布不同，问句用词要容易理解，过于生僻或专业的词语会阻碍被调查者对问题的理解。例如：

你是否认为使用电脑数字技术制作的广告更具有吸引力？

你对本公司的展业方式是否满意？

在上面两个问句中，有许多被调查者很可能不明白什么是“数字技术制作”和“展业方式”，无法对问句作答，即便给出答案也没有意义。

(3) 一项提问不应包含多个问题。一个问句最好只问一个要点，一个问句中如果包含过多的询问内容，会使回答者无从答起，也会给统计处理带来困难。例如：

你对本产品的价格和服务质量满意还是不满意？

你觉得这种新款轿车的加速性能和制动性能怎么样？

两个问句中都包含两项提问，第一个问句中包括价格和服务质量两个方面的问题，结果“对价格不满意”、“对服务不满意”或“对价格和服务不满意”的被调查者可能回答“不满意”，该结果显然得不到客户想了解的信息。因而，该问题应分为两个问题询问：“你对本产品的价格满意还是不满意？”、“你对本产品的服务质量满意还是不满意？”。第二个问句也是同样的问题，包含了“加速性能”和“制动性能”两方面的提问，应该拆开分别询问。

(4) 避免诱导性的提问。如果在提出的问题中暗示出调查者的观点和见解，力求使回答者跟着这种倾向回答，这种提问就是“诱导性提问”。例如：

消费者普遍认为海尔洗衣机好，你的印象如何？

人们认为格兰仕空调质量不错，你觉得怎样？

诱导性提问会导致两个不良后果：一是被调查者不加思考就同意所引导问题中暗示的结论；二是由于引导性提问大多是引用权威或大多数人的态度，被调查者考虑到这个结论既然已经是普遍的结论，就会产生心理上的顺向反应。从而造成调查结果不客观，失去调查意义。对于上述两个问句可以分别改为“你对海尔洗衣机的印象如何？”、“你觉得格兰仕空调的质量怎么样？”。这样的提问能够使被调查者客观地给出自己的答案，保证了调查结果的真实性和准确性。

(5) 避免否定形式的提问。由于人们一般习惯于用肯定句形式提问和回答问题，因而使用否定句形式表述问题时，一些被调查者受思维惯性的影响，漏掉了否定句中“不”，错把否定句式看作肯定句式，使答案的结果正好相反。例如：

你是否赞成在公共场合不抽烟？

回答“是”的人，很可能是不反对在公共场合抽烟的人，而回答“否”的人，则可能是反对在公共场合抽烟。如果改为“你是否赞成在公共场合抽烟？”，上述的误解就不会产生了。

(6) 避免敏感性问题。敏感性问题指应答者不愿在调查人员之前作答的某些问题，如私人问题、不为一般社会道德所接纳的行为或态度或有碍声誉的问题。例如，“你是否离过婚？离过几次？”“你是否向银行抵押借款购股票？”这类问题直接提问往往会遭拒绝或者不易得到真实结果，因此应改为采用划分档次区间、间接、联想式提问。如调查个人收入，如果直接询问不易得到准确结果，而划分出不同的档次区间(如 1500 元以下、1500～2500 元、2500～3500 元、3500 元以上)作为选项供其选择，效果就比较好。如直接询问女士年龄也是不太礼貌的，可列出年龄段：20 岁以下、20～30 岁、30～40 岁、40 岁以上，由被调查者挑选，则更能让被调查者接受。

(三)问题答案的设计

在调查问卷的设计中，除了开放式问题，其他任何类型的问题，都需要事先对问题答

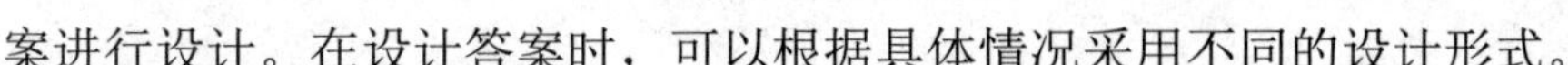

案进行设计。在设计答案时，可以根据具体情况采用不同的设计形式。

1. 两项选择法

两项选择法是指提出的问题仅有两种答案，要求被调查者选择其中之一来回答。“是”或“否”，“有”或“无”等。这两种答案是对立的、排斥的，被调查者的回答必须二者选一，不能有更多的选择。例如：

你家里现在有微波炉吗？　　A. 有　　B. 无

你是否有过留学经历？　　A. 是　　B. 否

两项选择法的优点是被调查者只需在二者之中选择一项，易于理解且可迅速得到明确的答案，调查后的数据处理也很方便，分析也比较容易。但得到的信息量较少，了解的情况不够深入，当被调查者对两项答案均不满意时，很难做出回答。这种方法适用于互相排斥的两项择一式问题，以及询问较为简单的事实性问题。

2. 多项选择法

多项选择法是指在设计问卷时，对一个问题给出 3 个或 3 个以上的答案，让被调查者从中选择进行回答。一般根据调查实际情况，可以要求被调查者选择一项或几项最符合被调查者情况的选项作为答案。例如：

你觉得哪种类型的广告宣传效果最好？(选一项)

A. 电视广告　　B. 广播广告　　C. 杂志广告　　D. 报纸广告

E. 路牌广告　　F. 其他

你喜欢下列哪一种品牌的牙膏？(可多选)

A. 中华　　B. 佳洁士　　C. 高露洁　　D. 云南白药

E. 黑人　　F. 其他

由于所设答案不一定能表达出填表人所有的看法，所以在问题的最后通常可设“其他”项目，以便使被调查者表达自己的看法。多项选择法的优点比两项选择法的强制选择有所缓和，答案有一定的范围，也比较便于统计处理，避免了两项选择法的不足，能有效地表达意见的差异程度，是一种应用较为广泛、灵活的询问形式。使用这种问句有一点值得注意，即在设计选择答案时，应考虑所有可能出现的结果；否则，会使得到的信息不够全面、客观。此外，答案较多会使回答者无从选择或产生厌烦。一般这种多项选择答案不宜过多，同时也可以限制选择答案的个数。例如：

请问你在购买小轿车时，主要考虑哪些因素？(限选三项)

A. 价格　　B. 款式　　C. 品牌　　D. 耗油量

E. 售后服务　　F. 维修费用　　G. 乘坐舒适　　H. 行驶平稳

3. 顺序选择法

顺序选择法是指问题答案有多个，要求被调查者在回答时，对所选的答案按喜爱程度或重要程度不同加以排列。其中，对所选的答案数量可以进行一定的限制，也可以不进行限制。例如：

你在购买电视机时，主要考虑哪些因素？(按重要程度进行排序)

A. 产品的品牌　　B. 价格合理　　C. 售后服务　　D. 外形美观

E. 维修方便

按顺序选择法设计的问题答案不仅可以反映所要调查的内容，而且可以反映出被调查者对问题的看法，从而增加了信息量，也便于对调查结果加以统计。但设置的答案不宜过多，过多则容易分散，很难排序，同时所询问的排列顺序也可能对被调查者产生某种暗示影响。这种方法适用于对要求答案有先后顺序的问题。

4. 评定尺度法

评定尺度法是指问题答案由表示不同等级的词语组成，并按照一定的程度排序，由被调查者从中选择一个答案。例如：

你对自己的生活状态是否感到满意？

A. 非常满意　　B. 比较满意　　C. 没有不满意　　D. 不太满意

E. 不满意

使用评定尺度法，也可以将每个答案用数字表示，将全部调查表汇总后，通过总分统计，可以了解被调查者的大致态度。如总分较高，表明被调查者的总体看法是肯定的；如总分较低，则表明总体上是持否定看法。

5. 自由回答法

自由回答法是指提问时可自由提出问题，回答者可以自由发表意见，并无已经拟定好的答案，如“你觉得软包装饮料有哪些优缺点？”“你认为应该如何改进电视广告？”等。这种方法的优点是涉及面广、灵活性大，回答者可充分发表意见，可为调查者搜集到某种意料之外的资料，缩短问者和答者之间的距离，迅速营造一个调查气氛，缺点是由于回答者提供答案的想法和角度不同，因此在答案分类时往往会出现困难，资料较难整理，还可能因回答者表达能力的差异形成调查偏差。同时，由于时间关系或缺乏心理准备，被调查者往往放弃回答或答非所问，因此，此种问题不宜过多。这种方法适用于那些不能预期答案或不能限定答案范围的问题。

四、调查问卷的设计技巧

1. 问题顺序设计

为了提高调查问卷的回收率，设计问卷时，应站在被调查者的角度，适应被调查者的思维习惯，使问题容易回答。具体设计问卷的顺序时，应注意以下几点。

(1) 问题的安排应具有逻辑性，按时间顺序或类别等顺序合理排列。

(2) 先易后难，容易回答的问题放在前面，较难回答的问题应放在后面。

(3) 感兴趣的问题排在前面，可引起答卷者的兴趣与注意力，敏感性问题列在后面。

(4) 封闭式问题放在前面，开放式问题放在后面，且开放式问题不应过多，以1～2个为宜。

2. 版面设计

一份调查问卷除了要设计好问卷的内容外，还要注意版面的设计。问卷的重点部分要突出、醒目，能够吸引应答者的注意力；各个问句之间要留出一定的空间，不要编排过密；问卷字号大小合适，不宜过大或过小；外表及内容的印刷要美观，让被调查者产生好感；问卷页数不宜过多，控制在 1～2 页之间。总之，杂乱无章的问卷会降低应答者的积极性，提升拒答率，为了保证调查问卷的质量和回收率，设计者要考虑问卷版面的合理性和美观性。

课 后 练 习

一、单项选择题

1. 统计调查按调查对象包括的范围不同，可分为(　　)。

A. 定期调查和不定期调查　　B. 经常性调查和一次性调查

C. 统计报表和专门调查　　D. 全面调查和非全面调查

2. 经常性调查与一次性调查的划分(　　)。

A. 是以调查组织规模大小来划分的

B. 是以最后取得的资料是否全面来划分的

C. 是以调查对象所包括的单位是否完全划分的

D. 是以调查登记的时间是否连续来划分的

3. 统计调查方案的首要问题是(　　)。

A. 确定调查组织工作　　B. 调查任务和目的的确定

C. 调查时间和地点的确定　　D. 调查经费的确定

4. 在统计调查中，调查标志的承担者是(　　)。

A. 调查对象　　B. 调查单位　　C. 填报单位　　D. 一般单位

5. 在统计调查中，填报单位是(　　)。

A. 调查单位的承担者　　B. 构成调查单位的每一个单位

C. 负责向上报送调查资料的单位　　D. 构成统计总体的每一个单位

6. 在统计调查中，调查单位和填报单位之间(　　)。

A. 无区别　　B. 是毫无关系的两个概念

C. 有时一致，有时不一致　　D. 不可能一致

7. 对国有工业企业的设备进行普查时，每个国有工业企业是(　　)。

A. 调查单位　　B. 填报单位

C. 既是调查单位又是填报单位　　D. 既不是调查单位又不是填报单位

8. 某工业企业系统内欲进行工业企业生产设备状况普查，要求在1月1日至20日全部调查完毕，这一时间规定是(　　)。

A. 调查期限　　B. 调查时间　　C. 登记时间　　D. 标准时间

9. 重点调查的重点单位是指(　　)。

A. 标志值很大的单位

B. 这些单位的单位总量占总体单位总量的绝大多数比例

C. 这些单位的标志总量占总体标志总量的绝大多数比例

D. 经济发展战略中的重点部门

10. 为了了解我国石油生产的基本情况，选择大庆、胜利、辽河等几个大型油田进行调查，这种调查方式是(　　)。

A. 非全面调查　　B. 典型调查　　C. 重点调查　　D. 抽样调查

11. 某灯泡厂1月份生产10 000只灯泡，现要了解生产灯泡的合格情况，故随机选取5%的灯泡进行检查，这种调查方式是(　　)。

A. 非全面调查　　B. 典型调查　　C. 重点调查　　D. 抽样调查

二、多项选择题

1. 统计调查方案的内容包括(　　)。

A. 确定调查目的　　B. 确定调查对象和调查单位

C. 确定调查时间和期限　　D. 拟定调查项目和调查表

E. 统计调查的组织工作

2. 调查项目以表格的形式表示，称为调查表，一般可分为(　　)。

A. 单一表　　B. 复合表　　C. 简单表　　D. 一览表

E. 分组表

3. 统计调查的基本要求是(　　)。

A. 准确性　　B. 及时性　　C. 全面性　　D. 经济性

E. 长期性

4. 调查单位是(　　)。

A. 调查中所要调查的具体单位

B. 负责向上报告调查内容的单位

C. 调查项目的承担者

D. 需要调查的社会经济现象总体的每个单位

E. 所需调查的那些社会经济现象总体

5. 一份完整的调查问卷一般由(　　)三部分组成。

A. 卷首语　　B. 正文　　C. 结束语　　D. 标题

E. 问句

三、简答题

1. 简述统计调查方案包括哪些内容。
2. 什么是普查、统计报表、重点调查、典型调查和抽样调查？
3. 简述调查问卷的问题设计中应注意哪些事项。

实 训 案 例

某班级两个不同的研究小组 A、B 都选择了《如何利用音乐调节人的情绪》作为研究课题，在选择研究方法时也都确定了问卷调查为其中一项重要方法。经过两组同学认真设计，都各自拿着打印好的调查问卷分别深入到同学中进行调查。可在收回问卷、整理分析后，两组的调查结果却产生了很大差距，以至于最后研究成果的水平也相差很远。问题究竟出在哪里呢？

后来经过教师和同学的比较与分析发现：原因就出在两个小组设计的这两份不同的调查问卷上。下面请你仔细比较一下问卷 A、B 的区别，并结合“调查问卷的主要组成”和“遵循原则”两部分知识，以小组合作的形式讨论以下问题：

1. 你觉得哪份问卷设计得更好？好在哪里？

2. 通过比较问卷 A、B 的差别，谈谈设计一份科学合理的调查问卷应该注意哪些问题？

问卷 A:

音乐对情绪的调节作用调查问卷

亲爱的同学:

你好！为了让大家能很好地利用音乐调节自己的情绪，更为了找到一把开启快乐之门的钥匙，让我们的生活更加和谐美好。我们“跳跃音符”调查小组设计了此次调查问卷。希望拿到这份问卷的朋友用心填写，你的回答对我们的研究会很有价值，谢谢!

1. 当你情绪低落时会听什么类型的音乐?

   A. 流行音乐　B. 经典老歌　C. 校园民谣　D. 其他________

2. 当你心情烦躁时会听什么类型的音乐?

   A. 抒情　B. 劲爆　C. 欢快　D. 其他________

3. 你认为听自己喜欢的音乐能让情绪变得好一点吗?

   A. 可以　B. 不一定　C. 没有效果

4. 为了疏解内心的压力，排解压抑的情绪，你会听哪种类型的音乐?

   A. 轻音乐　B. 抒情音乐　C. 流行　D. 其他________

5. 课余时间，你喜欢听哪种音乐作为放松和娱乐?

   A. 爵士乐　B. 古典音乐　C. 流行音乐　D. 其他________

6. 你认为不同类型的音乐对人的心情有什么不同的影响? (简答题)

____

____

问卷 B:

音乐与情绪的调查问卷

你好！请配合填写此次调查问卷！谢谢!

1. 你经常听音乐吗?

   A. 经常　B. 有时　C. 偶尔　D. 极少

   E. 从不

2. 你认为中学生听音乐的利弊关系是怎样的?

   A. 利大于弊　B. 弊大于利　C. 没关系

3. 人开心的时候一定很喜欢听欢快的音乐吗?

   A. 是　B. 否

4. 你喜欢的音乐方面的明星是哪个地区的?

   A. 大陆　B. 港台　C. 日韩　D. 欧美

5. 你经常是哪种情绪多一些？

A. 喜　　B. 怒　　C. 哀　　D. 恐惧

6. 你认为音乐与人的情绪有关系吗？

A. 关系密切　　B. 有点关系　　C. 毫无关系　　D. 不清楚

7. 你认为情绪低落时人会喜欢听伤感的音乐吗？

A. 是　　B. 否

8. 请你准确地说出音乐的分类。________________

9. 请你准确地说出人的情绪的分类。________________

10. 你喜欢听什么类型的音乐？________________

11. 你认为音乐对人的心情有什么样的影响？________________

12. 请你对本次问卷调查作出评价。________________

第四章　统 计 整 理

【教学导图】

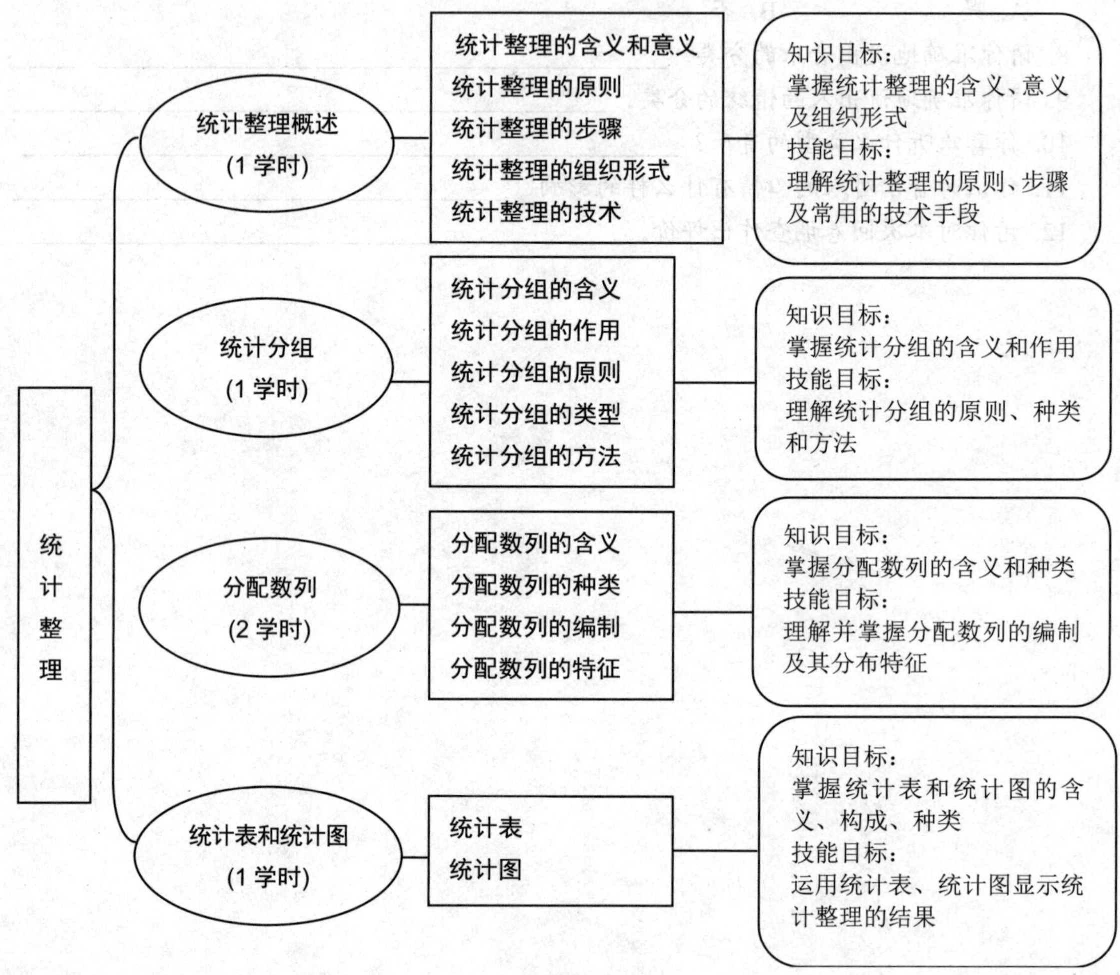

【导入案例】

随着物质生活水平的提高，汽车越来越普遍地进入我们的生活，男性和女性都成为汽车的驾驶员，但男性和女性，哪个驾驶速度更快呢？

这个问题在其他领域也许会进行定性分析，但在统计学中需要进行量的比较，因此运

用统计调查方法，随机调查 200 名驾驶员的驾车速度，得到下列 189 个有效原始数据，如图 4-1、图 4-2 所示。

87 名男性驾车速度(公里/小时)

110 109 90 140 105 150 120 110 110
90 115 95 145 140 110 105 85 95
100 115 124 95 100 125 140 85 120
115 105 125 102 85 120 110 120 115 94
125 80 85 140 120 92 130 125 110 90 110 110 95 95 110 105 80 100
110 130 105 105 120 90 100 105 100 120 100 100 80 100 120 105
60 125 120 100 115 95 110 101 80 112 120 110 115 125 55 90

图 4-1 男性驾车速度原始数据

102名女性驾车速度(公里/小时)

80 75 83 80 100 100 90 75 95 85 90
90 90 120 85 100 120 75 85 80 70 85
110 85 75 105 95 75 70 90 70 82 85
100 90 95 90 110 80 80 110 110 95 75 130
95 110 110 80 90 105 90 110 75 100 90 110 85 90 80 80 85 50 80
100 80 80 80 95 100 90 100 95 80 80 50 88 90 90 85 70 90 30 85
85 87 85 90 85 75 90 102 80 100 95 110 80 95 90 80 90 115

图 4-2 女性驾车速度原始数据

从以上调查数据可以看出，原始数据是杂乱的、不系统的，基本找不到合理的方法去比较分析，因此统计整理工作出现了，它是统计调查的延续。通过统计整理，将数据条理化、系统化，使得现象的总体特征显而易见。

第一节 统计整理概述

一、统计整理的含义及意义

统计整理是根据研究目的和任务要求，对统计调查阶段搜集得到的各项原始资料(初始资料)进行科学的审核、分组和汇总，或对已经加工过的资料(次级资料)进行再加工，使之条理化、系统化，变成能反映总体特征的综合数据的工作过程。从广义上讲，统计整理包括对初级资料和次级资料的整理。

统计整理是统计工作过程中的第 3 个阶段，是统计调查的继续，也是统计分析的前提和基础。它具有承上启下的作用，也是人们认识社会经济现象从感性上升到理性的过渡阶段。首先，统计整理将零星的个体原始资料进行加工整理，使其成为能够反映总体特征的资料。统计调查所获得的第一手资料是分散、零碎、表面化的，且只能反映总体各单位的具体情况，通过统计整理才能得到揭示总体内在特征的条理化、系统化、规范化的总体资料。其次，统计整理是积累历史资料的必要手段。统计研究中经常分析动态规律，这就需要长期累积的历史资料，而根据有关分析目的，对已有的历史资料进行筛选，以及按照历史的口径对现有资料重新审核、分类和汇总，都通过统计整理来完成。再次，统计整理为深入进行统计分析或某一专题性的研究提供客观依据。统计调查即使得到了大量的、完善的原始数据，但若整理时所依据的原则和应用的方法不正确、不科学，则统计整理的资料也就无法使统计分析得到正确的结论。由此可见，统计整理在统计工作中占有重要地位，直接决定着整个统计工作能否顺利完成。

二、统计整理的原则

1. 目的性原则

统计整理要根据统计研究的目的来确定合适的方式方法，如果统计整理不考虑研究目的，就无法为统计分析做好充分的数据准备，丧失了统计整理的价值。

2. 联系性原则

统计整理要根据统计研究对象的特征来确定合适的方式方法，如果统计整理没有联系统计研究对象的特征，就容易发生加工整理过的数据资料掩盖事实真相的情况。

3. 简明性原则

统计整理是统计分析的准备阶段，这个过程需将零星、分散的初级资料与大量的次级资料系统化、条理化、规范化，才更有利于分析工作的开展，而非更加复杂，所以简明性也是必要原则。

三、统计整理的步骤

1. 设计统计整理方案

统计工作的各个环节都要按照统计设计方案来进行。统计整理方案是根据统计研究的目的与要求制定的，主要确定统计分组和汇总指标，选择统计整理的组织形式。整理方案

设计的结果一般体现为各种不同分组标志形成的汇总表及相应填表说明，还包含了整理工作的具体规划和要求。

2. 审核统计资料

在统计资料进行整理前，要对统计调查所获得的原始资料和已有的历史资料进行审核，检查数据资料的正确性、完整性和及时性，以确保统计资料符合统计研究的目的与要求。

(1) 正确性。统计资料的正确性审核主要是检查所填报的资料是否准确、可靠。常用的方法有两种。

① 逻辑检查，即检查数据是否符合逻辑，内容是否合理，各项目或数据之间有无相互矛盾的现象。例如，初中文化程度的被调查人所对应的职业是大学教师，年龄 12 岁的被调查人对应的职业是工程师，企业报表中的净产值大于同期总产值等，这些都是明显的逻辑错误。

② 计算检查，即检查各项数据指标的计算口径、计算单位是否符合规定，并通过各种计算方法检查各指标间的数字是否相互衔接，主要针对定量数据的审核，如各分数项数据是否等于相应的合计数、各结构比率之和是否等于 1 或者 100%。

(2) 完整性。审核资料的完整性主要是检查调查单位或填报单位是否齐全，所有规定的调查项目是否有填写遗漏的现象，并且应报资料份数是否符合规定。

(3) 及时性。及时性审核就是要对数据的时效性进行审核，检查填报单位是否按时提交报送有关资料，对不报、漏报和迟报的现象都要及时查清。对于有些时效性较强的问题，如果所取得的数据过于滞后，就在一定程度上失去了研究的意义。

通过上述审核，如发现有缺报、缺项和缺份等情况，应及时催报、补报；如有不正确之处，则应分别对不同情况做以下处理：①对于可以更正的一般错误，应及时代为更正，并通知原报单位；②对于可疑的数据或者无法代为更正的错误，应及时要求原单位复查更正；③如果所发现的差错在其他单位也可能发生时，应将错误情况通报给所有单位，以免发生类似错误；④对于严重错误，应要求重新填报，并查明发生错误的原因，若属于违法行为，则应依法严肃处理。

【相关链接 4-1】

统计数据的质量要求

(1) 精度。最低的抽样误差或随机误差。

(2) 准确性。最小的非抽样误差或偏差。

(3) 关联性。满足用户决策、管理和研究的需要。

(4) 及时性。在最短的时间里取得并公布数据。

(5) 一致性。保持时间序列的可比性。

(6) 最低成本。以最经济的方式取得成本。

3. 选择标志、划类分组

根据研究目的和统计分析的需要，选择统计整理的合理标志，进行统计分组。统计分组是统计整理工作的关键，而分组的关键又体现在分组标志的选择上。统计分组正确合理为统计整理打下坚实的基础，也是统计分析的前提。

4. 汇总计算、得出指标

在科学分组的基础上，采用适当的数据汇总组织形式和汇总技术，按照分组要求进行汇总，最后计算出各组的单位数和合计总数，计算各个指标的分组数值和总计数值，从而反映总体特征的内在本质和规律。

5. 显示统计资料

通过分组、汇总计算出来的数据资料，需要以简洁明了、系统有序的形式显示出来，即编制统计表和绘制统计图。

6. 积累和保管统计资料

对统计资料进行分类汇编，系统地积累保管历史资料，以备需要时查用。

在上述统计整理的步骤中，统计分组是统计整理的基础，统计汇总是统计整理的中心，编制统计表和绘制统计图是统计整理的结果。

四、统计整理的组织形式

统计整理根据预先设计的整理方案进行，整理方案不仅需要确定统计分组和汇总指标，还需要选择统计整理工作的组织形式。统计整理的组织形式主要有 3 种：逐级汇总、集中汇总和综合汇总。

1. 逐级汇总

逐级汇总是按照一定的统计管理体制，自下而上逐级地汇总调查资料。我国现行的统计报表主要采用这种形式。这种组织形式便于就地审核调查资料，汇总的结果能及时地满足各地区、各部门的需要，但汇总层次多，费时较多，容易产生汇总误差。

2. 集中汇总

集中汇总是将全部调查资料集中到一个统计部门(一般为最高一级统计部门)进行一次性汇总。这种组织形式汇总速度快，可以缩短汇总时间，便于电子计算机汇总，提高了汇总资料的准确性和及时性，但不便于审核和订正原始资料，也不能及时满足各地区、各部门的需要。一般对于时效性要求很高的统计资料采用这种组织形式。

3. 综合汇总

综合汇总是将逐级汇总和集中汇总结合起来的一种组织形式，即对于各部门、各地区所需要的最基本的统计指标实行逐级汇总，对需要在全国范围内进行加工的资料或本系统的全面资料则实行集中汇总。这种组织形式兼有逐级汇总和集中汇总的优点，但比较浪费人力、财力和物力。

随着计算机的普及和计算机技术的飞速发展，借助现代计算机技术和网络技术可以实现各级统计汇总的同步进行。因此，逐级汇总、集中汇总和综合汇总的含义也发生了变化。例如，采用逐级汇总方式进行资料汇总时，只要各基层将原始资料输入计算机数据库，各级汇总工作可以同时展开，上级部门的汇总工作不再需要等下一级部门的汇总工作结束之后再进行，统计汇总的质量和效率将不断提高。

五、统计整理的技术

统计整理的技术分为两种，即手工汇总和电子计算机汇总。

1. 手工汇总

手工汇总即手工整理，是采用手工操作的方法，借助算盘或袖珍电子计算器对统计资料进行的汇总。手工汇总的整理速度慢、时效性差，也比较容易出现差错，仅在资料较少的条件下采用。常用的手工汇总方式有划记法、过录法、折叠法和卡片法。

(1) 划记法。划记法是按照事先分好的组用点、线符号(如用“正”字或“卌”字)划记、计算各组的单位数和合计总数。这种方法简便易行，但容易出现疏漏，也不能汇总各组和总体单位的标志值，一般在总体单位资料不多的情况下采用。

(2) 过录法。过录法是将调查资料先登记、过录到事先设计好的整理表上，并计算出各种合计总数，然后再将其结果填入到正式的统计汇总表中。这种方法汇总的内容比较全面，也便于校对检查，但工作量大，费时费力。

(3) 折叠法。折叠法是将所有调查表中同一汇总栏(行)中的项目和数量分别折边，一张接一张地依次叠放进行汇总计算。这种方法简便易行，但汇总时必须细致，并应随时检查。

(4) 卡片法。卡片法是将每个总体单位需要汇总的项目和数量先摘录到事先准备好的卡片上，然后根据卡片进行分组和汇总计算。在调查资料多、统计分组细的情况下，宜采用卡片法进行汇总，它比划记法、过录法和折叠法的汇总质量高。

2. 电子计算机汇总

电子计算机汇总是现代统计汇总整理工作技术现代化的重要标志。随着社会经济的发展，统计整理工作阶段广泛使用电子计算机，并形成网络，将人们从大量繁杂的手工数据汇总处理中解脱出来，而且完成了许多手工汇总难以处理的问题，极大地提高了工作效率和工作质量。

应用电子计算机技术进行统计资料的整理汇总，不但运算速度快、精确度高、存储数据多，而且具有“记忆”和逻辑判断能力，又便于联网实现信息资源的共享。

电子计算机汇总，大致经过以下几个步骤。

(1) 选择计算机软件或自编程序。随着电子计算机技术的发展，已存在各种各样的统计分析软件，如 Excel、SPSS、SAS、Stata 等，这些软件都有数据处理的功能，但又有所不同，需要根据统计整理的要求和原始资料的情况选择适用的软件。同时，往往由于不同的统计整理有其特殊要求，需要自编程序。

(2) 编码。编码就是根据计算机程序的规定，将文字信息数字化。如对需要汇总的分组标志、指标名称等按先后顺序编写一套适当的代码。这是一项繁重而细密的工作，需要大量的人力和时间，并且要严密组织。

(3) 数据录入。数据录入就是将编码和实际数据通过录入设备(如键盘、光电扫描仪等)录入载存到计算机存储介质上(如磁盘、光盘等)。

(4) 数据编辑。数据编辑也称为逻辑检查，就是按照事先规定的程序，由计算机对录入的数据进行审核、校正的过程。

(5) 计算与制表打印。通过规定的程序，完成各项指标的汇总计算，然后将运算结果按事先规定的汇总表式进行制表，并通过输出设备打印结果。

统计整理要实现现代化，就必须要运用先进的现代电子计算机技术。利用现代计算机技术、数据传输技术和网络技术，建立以计算机网络为主要特征的计算中心和信息交流中心，是统计资料整理工作的发展方向。计算机网络是指将地理位置不同，并具有独立功能的若干计算机系统通过通信线路和通信设备连接起来，且以功能完善的网络软件实现资源共享的系统。这种系统可以使网络内的所有用户都能享用网上各个计算机系统中的全部或部分资源，能够克服地理条件的限制，实现数据和信息资源的共享，使以手工方式进行逐级汇总时丢失的大量数据和信息资源得以开发和利用。同时，这种现代系统还可以避免系统中的重复劳动和投资，也便于均衡系统负载，提高系统的处理能力和可靠性，必将大大加快统计资料整理的速度和数据传输的速度，提高汇总数据的准确性。

第二节　统 计 分 组

一、统计分组的含义

统计分组是根据社会经济现象的特点和统计研究的目的要求，按照一定的标志把总体划分为若干不同性质的组或类型。统计分组同时具有“分”和“组”两方面的含义：对总体而言是“分”，即把总体分为性质相异的若干部分；对总体单位而言是“组”，即把性质相同的许多总体单位组织在一起，合并到同一组中。例如，人口总体按性别分组，可将该总体分为男性和女性两组；工业企业按规模可分为大型、中型、小型三组等。

社会经济现象总是复杂多样的，统计总体单位之间必须具有某一方面的共性，才能构成总体，但总体单位间又存在某些差别，有了这些差别才有可能和有必要进行统计分组。选择一定的分组标志进行的统计分组，其结果必然要做到“组内同质性”和“组间差异性”，也就是说经过统计分组后，同一组内的各单位性质要相同，组与组之间各单位的性质要有差别。统计分组是统计整理的基础，只有正确进行统计分组，划分总体现象的各个组成部分，才能得出反映社会经济现象总体变化的规律性的结论。

二、统计分组的作用

1. 区分总体现象的类型

社会经济现象是一个复杂的整体，其中存在着多种多样类型的现象，而各种不同类型的现象存在着其自身的运动形式和本质特征，受着不同规律的支配，决定了各类现象在规模、水平、速度、结构、比例关系等方面的数量表现也各不相同。因此，通过统计分组，将总体现象区分为各种性质不同的类型，来研究各类现象的数量差异、特征及相互关系，从而揭示各种类型现象的本质及其规律。例如，我国把经济成分划分为公有制经济和非公有制经济两大类型，公有制经济包括国有经济、集体经济、混合所有制经济中的国有成分和集体成分，非公有制经济包括个体经济、私营经济和外贸经济；工业划分为重工业和轻工业两大类型；轻工业又可分为以农产品为原料的轻工业和以非农产品为原料的轻工业；国民生产总值分为第一产业、第二产业和第三产业 3 种类型；社会产品划分为生产资料和消费资料两大类型等。表 4-1 为宁夏地区 2005—2010 年两大类型的工业总产值的组成数据。

表 4-1 宁夏地区 2005—2010 年的工业总产值　　单位：万元

类　型	2005	2006	2007	2008	2009	2010
重工业	5 476 892	7 130 876	8 955 936	11 524 680	11 952 491	16 090 775
轻工业	1 238 558	1 466 089	1 751 178	2 165 690	2 692 423	3 153 090
总产值	6 715 450	8 596 965	10 707 114	13 690 370	14 644 914	19 243 865

(资料来源：《宁夏统计年鉴》，中国统计出版社，2011 版)

2. 揭示现象的内部结构及其变化

通过统计分组，计算各组数量特征在总体中所占的比例或各组之间的比例关系，就可以说明现象的内部结构，从而反映现象的性质和特点。各组比例大小不同，说明它们在总体中所处地位不同，其中比例相对较大的部分决定着总体的性质。同时，将总体结构的分组资料按照时间变化联系起来，可以反映由各组比例变化速度不同而引起各组地位改变的状况，从而认识现象发展变化的规律性。表 4-2 是我国国内生产总值构成变化的资料。

表 4-2 我国国内生产总值构成　　单位：%

年　份	国内生产总值	第一产业	第二产业	第三产业
1980	100.0	30.2	48.2	21.6
1985	100.0	28.4	42.9	28.7
1990	100.0	27.1	41.4	31.5
1995	100.0	20.0	47.1	32.9
2000	100.0	15.1	45.9	39.0
2005	100.0	12.1	47.4	40.5
2010	100.0	10.1	46.7	43.2

(资料来源：《中国统计年鉴》，中国统计出版社，2011 版)

通过我国国内生产总值构成分组资料可以看出，我国国内生产总值由第一产业、第二产业和第三产业三部分构成，其变化关系为近 30 年间第一产业所占比例越来越小，第二产业基本变动不大，第三产业的地位却越来越重要。

3. 分析现象之间的依存关系

社会经济现象之间都不是孤立的，存在着不同程度的相互联系、相互制约的依存关系。例如，粮食单产与施肥量，商品的销售量和销售价格，企业的利润率与劳动生产率之间都存在着一定的依存关系。利用统计分组确定现象之间的依存关系，通常把表现为事物发展变化原因的因素称为影响因素，把表现事物发展结果的因素称为结果因素。表 4-3 所示为南宁市 2009 年城镇居民家庭财产与户主文化程度之间依存关系的分组资料，它反映了家庭财产总额随着户主文化程度的提高而增加。

表 4-3　户主不同文化程度的家庭财产状况

户主文化程度	家庭财产总额/元	与平均水平之比
小学	143 931	0.63
初中	152 849	0.67
高中	187 086	0.82
中专	212 073	0.93
大学专科	304 269	1.33
大学本科	372 933	1.63
硕士及以上	499 402	2.19
总体平均	228 313	1.00

三、统计分组的原则

统计分组在逻辑上必须遵循“穷尽原则”和“互斥原则”。

1. 穷尽原则

穷尽原则即总体内的每个单位都应有组可归，或者各分组的空间足以容纳总体的所有单位。例如，如果把教师职称分为讲师、副教授、教授 3 组，那么职称为助教的教师就无组可归，此分组就不满足穷尽原则。

2. 互斥原则

互斥原则即每个总体单位在特定的分组标志下只能归属于某一组，而不能同时或可能归属于几个组。例如，人口按年龄分组后，每个人只能在某一个年龄组，因为一个人不可能有多个年龄出现在几个年龄组中。又如，某商场把服装分为男装、女装和童装三类，这就不符合互斥原则了，因为童装也有男、女装之分，应先将服装分为成人和儿童两组，然后每组再分为男、女两组。

四、统计分组的类型

1. 按统计分组的作用或目的分类

统计分组按照作用或目的不同，分为类型分组、结构分组和分析分组。

(1) 类型分组，是将复杂的现象总体划分为若干个不同性质的部分。

(2) 结构分组，是在对总体分组的基础上计算出各组所占总体的比例，以此来研究总体各部分结构的统计分组方式。通常情况下，类型分组和结构分组紧密联系在一起。

(3) 分析分组，是为研究事物现象之间的依存关系而进行的统计分组。分析分组的分组标志称为原因标志，即表现为事物发展变化的原因，与原因标志相对应的标志称为结果标志，即表现事物发展的结果。原因标志不同，结果标志也会不同。并且，同一原因标志由于分组不同，其所对应的结果标志也会不同。

2. 按分组标志的多少分类

统计分组按照分组标志的多少不同，分为简单分组和复合分组。

(1) 简单分组，是指对总体只按一个标志进行分组。例如，按照性别对人口总体进行分组，按照计划完成程度对企业分组，按照所有制形式对国民经济分组等。简单分组只能反映现象在某一标志特征方面的差异情况。

(2) 复合分组，是对总体按两个或者两个以上的标志进行的重叠式分组，即在某一标志分组的基础上再按另一标志进一步分组。统计按照复合分组比简单分组能更全面、更深入地研究问题，可以从不同方面分析现象内部的差异和相互联系。但是，复合分组的组数随着分组标志的增加而成倍增加，因而在采用复合分组时，选择的分组标志的数量要适当，并且要考虑到只有在总体包括的单位数较多的情况下，才适宜采用复合分组，而不适宜对较小总体进行复合分组。

高等学校学生按学科、性别、年龄标志进行复合分组，如图 4-3 所示。

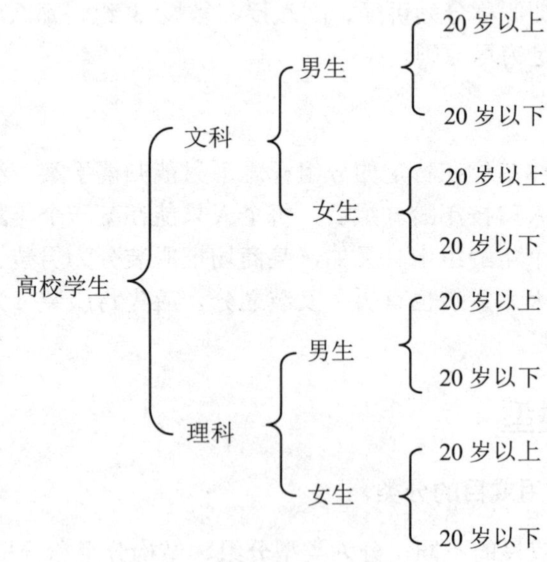

图 4-3　高校学生复合分组

对于复杂的社会经济现象，需要从多方面进行分析和研究，才能全面认识现象总体，而一个简单分组或一个复合分组不能满足统计研究的需要，这就要求采用分组体系。

在统计研究中，对同一个现象总体按一系列相互联系、相互补充的标志进行多种分组，这些分组组合起来就构成了分组体系。统计分组体系有以下两种形式：

第一种是平行分组体系，即对同一总体选择两个或者两个以上的标志进行不重叠的简单分组就形成了平行分组体系。如工业企业按经营组织形式和规模大小分别进行简单分组，就得到了平行分组体系，如图 4-4 所示。第二种是复合分组体系，即对同一个总体选择两个或两个以上的标志层叠起来进行分组形成一个复合分组，而针对同一总体的两个或两个以上复合分组则形成了复合分组体系，可以同时从各个方面来研究分析总体现象的特征规律。

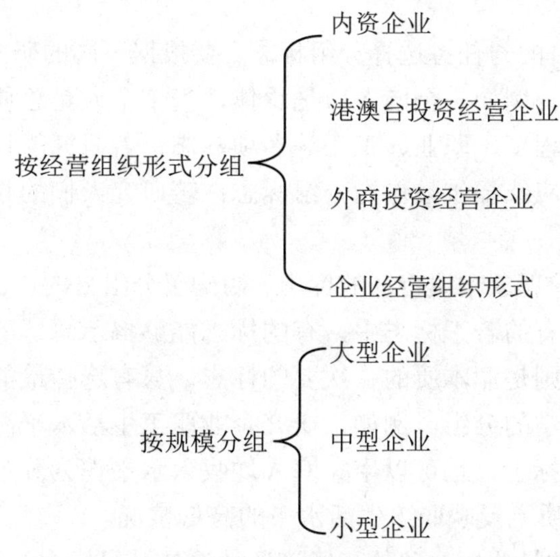

图 4-4　工业企业的平行分组体系

3. 按分组标志的性质分类

统计分组按分组标志的性质不同，可分为属性分组和变量分组。

(1) 属性分组，是指分组标志为品质标志，即按品质标志进行的分组。属性分组可以反映总体的构成和不同属性事物在总体中的地位和作用。例如，人口按照性别、民族、籍贯分组；企业按照经济类型、行业种类分组；高校学生按照专业方向分组等。

(2) 变量分组，是指分组标志为数量标志，即按数量标志进行的分组。变量分组的目的在于通过事物在数量上的差异来反映其在性质上的本质区别。例如，学生按年龄、考试成绩分组；企业按职工人数、生产量、销售量、利润额分组等。

五、统计分组的方法

统计分组的关键在于正确选择分组标志和划分各组界限。如果分组标志选择不当，分组结果就难以正确反映总体特征；如果各组界限划分不清，难免失去分组的意义。

1. 分组标志的选择

分组标志就是将总体单位划分为性质不同的组的标准或依据。任何事物都有许多标志，但在特定条件下分组标志选择得正确与否，直接影响着统计分组的科学性和统计整理的准确性，并最终影响统计分析结果的真实性。为正确选择分组标志，应遵循以下基本原则。

(1) 根据统计研究目的与任务选择分组标志。要根据不同的研究目的和任务，选择与之最密切相关的分组标志。例如，全国人口是总体，每个个人是总体单位，每个个人都有性别、年龄、籍贯、文化程度、职业、工资等多项标志，若研究的目的与任务是分析我国是否进入老龄化社会，则应选择年龄作为分组标志；若研究人们的收入情况，则选择工资作为分组标志。

(2) 选择最能够反映现象本质特征的标志。明确了分组目的，还不等于能够选择好分组标志。在总体单位所具有的若干标志中，有的标志能够揭示总体的本质特征，是具有绝对意义的重要标志，有的则是非本质的、次要的标志。只有选择最能够说明问题的标志作为分组标志，才能得出科学的分组。例如，研究企业职工生活水平高低情况，可以用职工家庭总收入水平作为分组标志，也可以用家庭人均收入水平作为分组标志，但相比较而言，人均收入水平更能从本质上反映职工生活水平的高低情况。

(3) 结合现象所处的具体历史条件和经济条件选择分组标志。历史条件及经济条件总是在不断变化的，同一分组，在过去适用而现在就不一定适用，在这一场合适用，但在另一场合则未必适用。同一分组标志，在不同时期，其具体意义也不尽相同。这就需要具体现象具体分析，根据需要，按照不同时期、地点、经济条件等选择相适应的分组标志。例如，研究企业规模构成时，可以按照职工人数、年产值、固定资产净值等标志进行分组。在生产力水平较低的情况下，用职工人数的多少来表示企业规模的大小比较合适，而在技术装备比较先进的条件下，固定资产净值更能反映企业的规模。

2. 分组界限的划分

(1) 按属性分组，即按总体单位的品质标志分组。一般而言，由于事物属性的差异是客观存在的，因此按属性分组相对比较稳定，各个组所占有的地位比较明确，如人口按性别、文化程度等分组，这样的分组界限明确，相对简单明了。但由于存在属性之间的过渡形式，

使有些属性分组比较复杂，难以确定分组界限，如人口按职业分组、企业按行业分组、产品按经济用途分组等。针对比较复杂的属性分组，国家有关部门都制定了统一的划分标准或分类目录，分组时可以依据分类目录来确定组限。

(2) 按变量分组，即按总体单位的数量标志分组。首先，各组数量界限的确定必须能反映事物质的差别。例如，按学生学习成绩分组，55 分和 65 分不能合为一组，若为一组就不能区分学习成绩及格与不及格质的差别。其次，应根据被研究现象总体的数量特征，采用适当的分组形式，确定相宜的组距、组限和组数。其中，分组形式根据变量值的多少、变动范围的大小可分为两种：一种是变量值不多，变动范围不大，即总体单位的不同标志值较少，应作单项式分组，如育龄妇女按其生育子女存活数分组，可分为 0 个、1 个、2 个、3 个、4 个、5 个 6 组；另一种是变量值较多，变动范围较大，即总体单位的不同标志值较多，应作组距式分组，如学生学习成绩可分为 60 分以下、60～70 分、70～80 分、80～90 分、90 分以上 5 组。

第三节 分配数列

一、分配数列的含义

分配数列是在统计分组的基础上，把总体的所有单位按组归并排列，形成总体中各单位在各组之间的分布，也称为次数分布或频数分布。分配数列可以表明总体单位的分布特征和总体结构状况，并在此基础上进一步研究分析总体某一指标的构成、平均水平及其变化规律。

分配数列必须同时具备两个构成要素：一是总体按某标志分的组，即各组名称或各组变量值；二是各组对应的总体单位数，即各组次数或频数，如用各组次数与总次数的比率表示则称为频率或比重，见表 4-4。

表 4-4 某班级学生性别分布表

性　别	人数/人	比例/%
男	24	38.71
女	38	61.29
合计	62	100.00
分组	次数(频数)	频率

【相关链接 4-2】

> 频率具有以下两个性质。
>
> (1) 各组频率都是介于 0～1 之间的一个分数或小数。
>
> (2) 各组频率之和等于 1。

二、分配数列的种类

分配数列根据分组标志的性质不同，分为品质分配数列和变量分配数列。

(一)品质分配数列

品质分配数列简称为品质数列，是按品质标志分组(属性分组)所形成的分配数列，其组别表现为一系列的概念或属性特征。例如，为研究广告市场的状况，一家广告公司在某城市随机抽取 200 人就广告问题做了街头拦截式调查，其中的一个问题是“您比较关心下列哪一类广告？”，相关整理结果如表 4-5 所示，就形成了品质数列。

表 4-5　某城市居民关心广告类型的品质数列

广告类型	人数/人	频率/%
商品广告	112	56.0
服务广告	51	25.5
金融广告	9	4.5
房地产广告	16	8.0
招生招聘广告	10	5.0
其他广告	2	1.0
合计	200	100.0

(二)变量分配数列

变量分配数列简称为变量数列，是按数量标志分组(变量分组)所形成的分配数列，其组别表现为不同的数域。变量数列又分为单项数列和组距数列。

1. 单项数列

单项数列是指以一个变量值为一组编制的变量数列，一般适用于值域有限、变动范围不大的离散型变量。例如，将某高校班级学生按年龄分组所形成的单项数列，如表 4-6 所示。

表 4-6 某班级学生的年龄分布表

按年龄分组	人数/人	频率/%
18	2	4.35
19	9	19.56
20	17	36.96
21	14	30.44
22	3	6.52
23	1	2.17
合计	46	100.00

2. 组距数列

组距数列是指以变量值的一定范围为一组编制的变量数列，一般适用于值域密集、变动范围较大的离散型变量和连续型变量。例如，某企业工人按工资分组所形成的组距数列，如表 4-7 所示。

表 4-7 某企业工人的工资分布表

按工资分组	工人数/人	频率/%
1000 元以下	50	10
1000～1500 元	125	25
1500～2000 元	225	45
2000～2500 元	75	15
2500 元以上	25	5
合计	500	100

组距数列根据组距是否相等，分为等距数列和异距数列(不等距数列)。组距是指各组上下限的距离，即各组最大标志值与最小标志值之差。等距数列是各组组距都相等的组距数列，而异距数列是各组组距都不相等的组距数列。例如，百货商场按照营业额分组，可分为 5 万元以下、5 万～50 万元、50 万～500 万元、500 万～5000 万元、5000 万元以上，这样形成的组距数列就是异距数列。

组距数列根据组限是否相连，可分为连续组距数列和间断组距数列。在组距式分组中，每组都有许多变量值，每一组变量值的最小值为该组下限，最大值为该组上限。相邻两组的组限不相连形成的组距数列称为间断组距数列，如儿童按年龄分组未满 1 岁、1～2 岁、3～4 岁、5～9 岁、10～14 岁形成的间断组距数列。若相邻两组的组限相连或重叠(上一组的上限与下一组的下限相连或重叠)所形成的组距数列为连续组距数列，如学生按学习成绩 60 分以下、60～75 分、75～90 分、90 分以上分组形成的连续组距数列。如果总体中某一单位的变量值恰好为相邻两组的界限值，则应根据“上限不在内”原则，将这一单位归为下限值所在的那一组内，则把学习成绩为 60 分的归入 60～75 分这一组内，75 分的归入 75～90 分这一组内，90 分的归入 90 分以上这一组内。

三、分配数列的编制

品质数列的编制较为简单，现以变量数列的编制为例来说明分配数列的编制方法。

(一)单项数列的编制

单项数列是指每个组值只用一个具体的变量值表现的数列。在各总体单位所对应离散变量的取值个数较少的条件下，宜编制单项数列。具体的编制步骤为：① 将所有单位对应的变量值从小到大按顺序排列；②确定各组的变量值和组数，一般有多少个不同的变量值就有几组；③汇总出各变量值出现的次数，编制单项数列，并将结果以频数分布表的形式表现。

【案例 4-1】

已知某车间有 24 名工人，它们的零件日产量(件)分别是：

20，23，20，24，23，21，22，25，26，20，21，21，

22，22，23，22，22，24，25，21，22，21，24，23。

要求：根据以上资料编制变量数列(见表 4-8)。

分析：日产量是离散变量，且变量值个数为 7 个，相对较少，宜编制单项数列。首先，变量值按从小到大的顺序排列：

20，20，20，21，21，21，21，21，22，22，22，22，

22，22，23，23，23，23，24，24，24，25，25，26。

表 4-8　某车间工人零件日产量的变量数列

日产量/件	工人数/人	比例/%
20	3	12.5
21	5	20.8
22	6	25.0
23	4	16.7

续表

日产量/件	工人数/人	比例/%
24	3	12.5
25	2	8.3
26	1	4.2
合计	24	100.0

(二)组距数列的编制

对于连续变量或总体单位数较多、变量不同、取值个数也较多的离散变量，通常情况下编制组距数列。在编制过程中，应按照大小排序、确定组距和组数、确定组限、确定组中值、计算频数和频率的具体步骤进行。

1. 按照大小排序

将变量值从小到大顺序排列，以看出变量值变动的范围大小，并确定全距，即

全距=最大变量值-最小变量值

2. 确定组距和组数

组距是各组上下限的距离，即各组最大标志值与最小标志值之差，说明每组取值区间的长度。

组数是分配数列所分组的个数，组距数列组数的决定因素是总体的全距和组距。在等距数列中，组数=全距/组距，即在组距既定的条件下，全距越大组数越多；在全距既定的条件下，组距越大组数越少，呈现反比关系。

确定组距和组数的一般原则，就是力求符合实际情况，能区分各组的性质差异，能反映总体资料的分布特征。

3. 确定组限

组限是区分各组取值区间的边界值。每一组的起点即最小值为下限，每组的终点值即最大值为上限。连续性变量在任何两个具体数值之间可能有无限多个中间数值，因此划分连续变量的组限时，相邻两组的组限必须重叠，形成连续组距数列。但是，划分离散变量的组限时，为简便起见，既可间断也可重叠。

通常情况下，根据组距大小确定各组的上下限。一般地，第一组的下限必须略小于实际最小变量值，最后一组的上限必须略大于实际最大变量值，并尽可能使各单位的标志值在组内分布比较均匀。

4. 确定组中值

组中值是每组上限与下限之间的中间值。当各组标志值均匀分布时，取组中值为各组标志值的代表值，即各组的一般水平。其计算公式为

$$组中值=\frac{上限+下限}{2}$$

在编制组距数列时，“××以下”或“××以上”方式表示的不确定组距的组，称为开口组。开口组的组距一般以相邻组组距为准。其组中值的计算公式为:

$$缺下限的开口组组中值=上限-\frac{相邻组组距}{2}$$

$$缺上限的开口组组中值=下限+\frac{相邻组组距}{2}$$

例如，反映企业职工的收入情况，按照工资分组，分为2000元以下、2000～2500元、2500～3000元、3000～3500元、3500～4000元、4000～4500元、4500～5000元、5000元以上。其中，“2000元以下”和“5000元以上”两组为开口组，“2000元以下”的组，有上限缺下限；“5000元以上”的组，有下限缺上限。这两组组中值的计算为:

“2000元以下”组的组中值$=上限-\frac{相邻组组距}{2}=2000-\frac{2500-2000}{2}=1750$(元)

“5000元以上”组的组中值$=下限+\frac{相邻组组距}{2}=5000+\frac{5000-4500}{2}=5250$(元)

中间各组既有上限又有下限组的组中值的计算为:

如“2000～2500元”组的组中值$=\frac{上限+下限}{2}=\frac{2500+2000}{2}=2250$(元)

5. 计算频数和频率

编制组距数列。

【案例4-2】

某班级48名学生的月消费(元)资料如下:

755，758，767，785，796，800，814，380，435，490，550，574，582，600，626，630，1086，1160，1185，1200，1450，651，665，678，694，700，710，720，743，836，857，860，890，924，927，936，956，963，965，980，995，1000，1018，1025，1039，1050，1082，1610。

分析：首先，对月消费从小到大顺序排列如下:

380，435，490，550，574，582，600，626，630，651，665，678，694，700，710，720，743，755，758，767，785，796，800，814，836，857，860，890，924，927，936，

956，963，965，980，995，1000，1018，1025，1039，1050，1082，1086，1160，1185，1200，1450，1610。

计算全距=1610−380=1230(元)。

其次，考虑到变量值的个数较多，变动范围较大，采用组距式分组。根据分布特征，确定组数为5组，组距为200，进而确定组限、组中值，得到组距数列，如表4-9所示。

表4-9　某班级学生月消费情况的变量数列

月消费/元	组中值/元	人数/人	比例/%
600元以下	500	6	12.50
600～800	700	16	33.33
800～1000	900	14	29.17
1000～1200	1100	9	18.75
1200元以上	1300	3	6.25
合计	—	48	100.00

在研究频数分布时，为便于进一步分析问题和计算指标，需计算累计频数和累计频率。其编制方法有向上累计频数(频率)和向下累计频数(频率)。

向上累计频数(或频率)，即先列出各组的上限，然后由标志值低的组向标志值高的组依次累计频数(或频率)。某组向上累计频数表明该组上限以下的各组单位数之和是多少；某组向上累计频率表明该组上限以下的各组单位数之和占总体单位数的比例。

向下累计频数(或频率)，即先列出各组的下限，然后由标志值高的组向标志值低的组依次累计频数(或频率)。某组向下累计频数表明该组下限以上的各组单位数之和是多少；某组向下累计频率表明该组下限以上的各组单位数之和占总体单位数的比例。

对于案例4-2，可以进行向上累计频数(频率)和向下累计频数(频率)，结果见表4-10。

表4-10　某班级学生月消费情况的变量数列

月消费/元	人数/人	比重/%	向上累计		向下累计	
			频数/人	频率/%	频数/人	频率/%
600元以下	6	12.50	6	12.50	48	100.00
600～800	16	33.33	22	45.83	42	87.50
800～1000	14	29.17	36	75.00	26	54.17
1000～1200	9	18.75	45	93.75	12	25.00
1200元以上	3	6.25	48	100.00	3	6.25
合计	48	100.00	—	—	—	—

由此可见，累计频数(频率)分布具有两个特点：①第一组的向上累计频数(频率)等于第一组本身的频数(频率)，最后一组的向上累计频数等于总体单位数，向上累计频率等于 1；②第一组的向下累计频数等于总体单位数，向下累计频率等于 1，而最后一组的向下累计频数(频率)等于最后一组本身的频数(频率)。

累计频数(频率)可以概括地反映总体各单位的分布特征。向上累计分布曲线呈上升状，向下累计分布曲线呈下降状。组的频数(频率)较少，则曲线显得平缓；组的频数(频率)较密集，则曲线显得较陡峭。

四、分配数列的特征

由于社会经济现象性质的不同，各种统计总体按照不同的分组标志都能形成不同的分配数列，表现出各种不同类型的频数分布特征。研究各种类型的频数分布，对于准确认识不同社会经济性质的变量在形成整体数量表现中的作用有着重要意义。概括起来，分配数列即频数分布主要有 3 种，即钟形分布、U 形分布和 J 形分布。

1. 钟形分布

钟形分布的特征是“两头小，中间大”，即靠近中间的变量值分布的次数多，靠近两端的变量值分布的次数少，其曲线图宛如一口钟，如图 4-5 所示。属于钟形分布的社会经济现象很多，如农作物亩产量、市场价格、学生的成绩、职工的工资等。

钟形分布具体可分为对称分布和非对称分布。对称分布又称正态分布，如图 4-5(a)所示，其分布特征是以变量的平均值为中心，左、右两侧严格对称，越接近中心，变量值的分布次数越多，两侧变量值的分布随着与中心变量值距离的增大而渐次减少。非对称分布主要有左偏(负偏)分布和右偏(正偏)分布，分别如图 4-5(b)、图 4-5(c)所示。

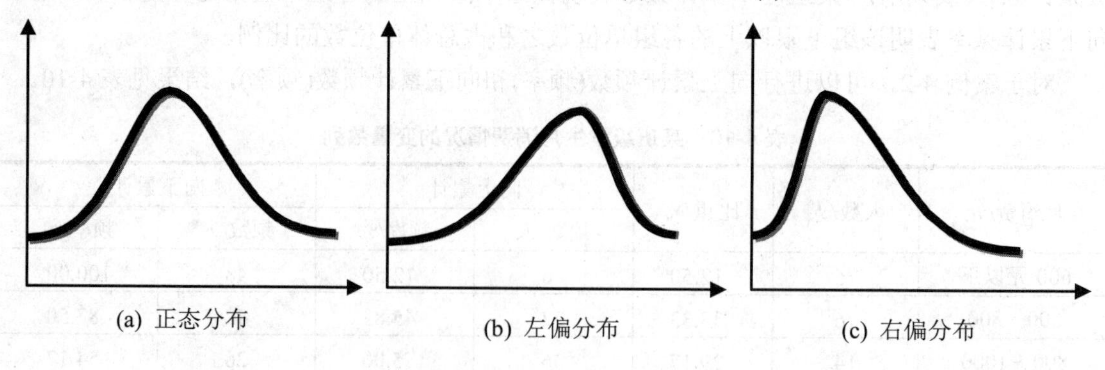

图 4-5 钟形分布

2. U 形分布

U 形分布的特征是“两头大，中间小”，与钟形分布相反，即靠近中间的变量值分布的

次数少，靠近两端的变量值分布的次数多，如图 4-6 所示。例如，人口死亡率分布，在人口总体中，幼儿和老年人死亡率最高，而中青年死亡率低。

3. J 形分布

J 形分布有正 J 形分布和反 J 形分布两种，如经济学中的供给曲线，随着价格的提高供给量以更快的速度增加，呈现为正 J 形分布，如图 4-7(a)所示；而需求曲线则表现为随着价格的提高需求量以更快的速度减少，呈现为反 J 形分布，如图 4-7(b)所示。

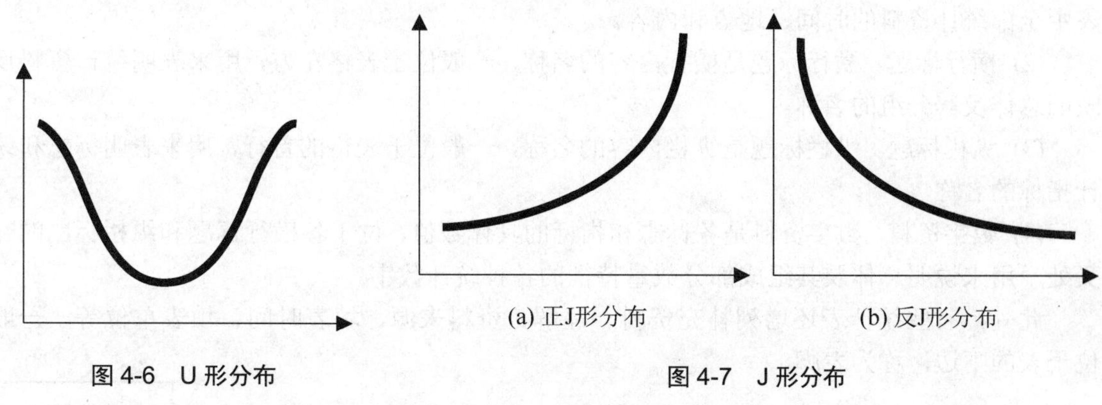

图 4-6　U 形分布

图 4-7　J 形分布

第四节　统计表与统计图

统计表和统计图是统计资料的两种表现形式。统计整理的结果通过编制统计表和绘制统计图来表现，能够更科学、合理地组织安排大量数字资料，简略过多的文字表述，使统计资料的排列条理化、系统化、标准化，简洁明确、一目了然，便于直接阅读，有利于对照、比较和分析，对统计分析工作有着重要的意义。

一、统计表

(一)统计表的含义

统计表是用纵横交叉的线条所构成的用来表现统计资料的表格，它是表现统计资料最常用的形式。广义的统计表包括统计工作各阶段中所用的一切表格，是统计调查表、统计汇总表和统计分析表的总称。本节主要阐述狭义的统计表，即统计资料整理结果所用的统计表，也就是在统计分组的基础上对初级资料和次级资料进行整理汇总，得出许多说明现象总体特征的数字资料，把这些数字资料按照一定的程序和格式排列在表中。利用统计表可以从多方面来研究大量社会经济现象的量的特点，从而揭示总体内在的发展规律，能够系统、科学地表述统计资料的内容，简明扼要，便于进行统计分析。

(二)统计表的构成

1. 形式上的构成

统计表从形式上来看，主要由总标题、横行标题、纵栏标题和数字资料四部分构成，见表 4-11。

(1) 总标题。总标题是统计表的名称，一般位于表格上端中间位置，用来概括说明统计表中全部统计资料的时间、地点和内容。

(2) 横行标题。横行标题是横行内容的名称，一般位于表格左方，用来表明统计资料反映的总体及其分组的名称。

(3) 纵栏标题。纵栏标题是纵栏内容的名称，一般位于表格的首行，用来表明标志和统计指标的名称。

(4) 数字资料。数字资料是各标志和指标的具体数值，位于各横行标题和纵栏标题的交叉处，用来说明总体及其组成部分数量特征的各种统计数字。

此外，有些统计表还增列补充资料、注解、资料来源、填表时间、填表单位等，一般位于表的下边，称为表脚。

表 4-11 2010 年某市工业企业基本情况 —— 总标题

按规模分组	企业数/个	比例/%
小型企业	650	83.3
中型企业	120	15.4
大型企业	10	1.3
合　计	780	100.0

（图注：纵栏标题——表头行；横行标题——左列各行；数字资料——数值部分；主词栏——左列；宾词栏——右两列）

2. 内容上的构成

统计表从内容上来看，由主词栏和宾词栏两部分构成，见表 4-11。主词栏是表中资料所说明的对象，可以是时间、单位，也可以是总体或分组。宾词栏是说明总体特征的统计指标，包括指标名称和指标数值。在通常情况下，主词栏排列在表的左方，宾词栏排列在表的右方，但为了合理安排或使阅读方便，必要时也可互换位置。

(三)统计表的种类

1. 按其作用的不同分类

统计表可分为调查表、整理表和分析表。

(1) 调查表是统计调查时用来搜集、登记原始资料的表格。

(2) 整理表又称汇总表，是用于统计整理汇总过程及其结果的表格。

(3) 分析表是用于统计分析的表格，分析表往往和整理表结合在一起，成为整理表的延续。

2. 按统计数列的性质不同分类

统计表可分为空间数列表、时间数列表和时空数列结合表。

(1) 空间数列表，又称静态表，是指按空间顺序排列指标数值的统计表，可以说明现象在同一时间、不同空间上的数量变动情况。空间数列表的形式如表 4-12 所示。

表 4-12 第六次人口普查我国 4 个直辖市的人口 单位：万人

城市名称	人口数
北京市	1961.2
天津市	1293.8
上海市	2301.9
重庆市	2884.6
合计	8441.5

(2) 时间数列表又称动态表，是指按时间顺序排列指标数值的统计表，可以说明现象在同一空间、不同时间上的发展变化情况。时间数列表的形式如表 4-13 所示。

表 4-13 宁夏 1991—2010 年的能源生产总量 单位：万吨标准煤

年 份	能源生产总量	年份	能源生产总量
1991	1070.6	2001	1409.0
1992	1049.8	2002	1594.9
1993	1024.5	2003	1903.9
1994	1052.6	2004	1759.8
1995	1132.1	2005	1927.8
1996	1251.6	2006	2370.2
1997	1319.0	2007	2824.9
1998	1300.5	2008	3181.7
1999	1290.5	2009	4095.7
2000	1339.7	2010	4912.4

(3) 时空数列结合表，是指同时按时间顺序和空间顺序排列指标数值的统计表，既可以说明现象的水平在时间上的变动，也可以反映现象的数量在空间上的分布情况。时空数列

结合表的形式如表 4-14 所示。

表 4-14　宁夏在岗职工人数　　单位：万人

指标	1995 年	2000 年	2005 年	2009 年	2010 年
国有单位	61.5	51.0	37.4	33.8	34.0
城镇集体单位	9.9	4.8	1.3	0.7	0.7
其他单位	2.0	8.0	18.8	20.1	20.0

3. 按主词的结构不同分类

统计表按照主词是否分组以及分组的程度，可分为简单表、简单分组表和复合分组表。

(1) 简单表是指主词未经任何分组的统计表，它只将全部总体单位简单排列或将现象的指标按时间顺序排列。如表 4-12 所示，按照直辖市总体中的 4 个总体单位排列；又如表 4-13 所示，将宁夏地区的能源生产总量按照 1991—2010 年的时间顺序排列。简单表一般可以用来比较各单位、地区、国家的社会经济现象和情况，或者说明某些现象的发展状况。

(2) 简单分组表是指表的主词按照某一标志进行简单分组后形成的统计表。简单分组表的主词可以按品质标志分组，也可以按数量标志分组。简单分组表可以揭示不同类型现象的特征，分析现象的内部结构和现象之间的依存关系，见表 4-15。

表 4-15　我国 2011 年国内生产总值

按产业分组	国内生产总值/亿元	比例/%
第一产业	47 486.2	10.0
第二产业	220 412.8	46.7
第三产业	204 982.5	43.3
合计	472 881.5	100.0

(3) 复合分组表是指表的主词按两个或两个以上的标志进行复合分组后形成的表。复合分组表可以揭示被研究对象因受多个影响因素的共同影响而产生的变化情况，分析比较复杂事物的特征及其规律。复合分组表比简单表和简单分组表更深入、更全面，如表 4-16 所示。

表 4-16　某企业 2012 年底职工人数、性别和教育程度情况表

车间	职工人数	文化程度								
		初等教育			中等教育			高等教育		
		小计	男	女	小计	男	女	小计	男	女
(甲)	(1)	(2)	(3)	(4)	(5)	(6)	(7)	(8)	(9)	(10)

续表

车间	职工人数	文化程度								
		初等教育			中等教育			高等教育		
		小计	男	女	小计	男	女	小计	男	女
一车间	167	39	4	35	58	22	36	70	38	32
二车间	244	62	17	45	102	42	60	80	46	34
三车间	75	25	18	7	22	17	5	28	15	13
合计	486	126	39	87	182	81	101	178	99	79

(四)统计表的设计

要使统计表既能正确地反映社会经济现象和过程的数量特点，又能使人们容易了解其内容，得出明确的结论，在设计统计表时，应该遵循科学、美观和实用的原则，并应注意以下几项技术规则。

(1) 统计表一般采用“开口”式，即统计表的左、右两侧不画纵线，统计表的上、下端线称为基线，应用粗线或双线绘制，其他线用细线绘制。

(2) 统计表的各项标题应该简洁明确，反映表中资料的基本内容，总标题还应说明统计资料所属的时间和空间范围。

(3) 统计表的内容应力求简明扼要，避免过于庞杂，需要一目了然，便于进行比较和分析。

(4) 统计表各主词和宾词的次序，应根据时间先后顺序、数量大小、空间位置、指标说明问题的主次等顺序合理安排，主词与宾词之间应相互对应。统计表中一般先列各个项目，后列合计，但若只列总体中的一部分重要项目时，可以先列总计，后列其中项目。同时，复合分组表中，第二次分组的组别要比第一次分组组别后退一两个字。

(5) 统计表中如果栏数较多，为了便于阅读，可编制栏号。对主词栏和计量单位栏用(甲)(乙)(丙)……文字编列，宾词栏用(1)(2)(3)…数字编列。有关计算关系的各列，可注明各栏间的计算关系。

(6) 统计表中的数字资料要注明计量单位，横行的计量单位可以专设一栏，纵栏的计量单位要与纵栏标题写在一起。如果全表只有一种计量单位时，可写在表头的右上方。

(7) 统计表中数字位置要对齐，并应有统一的精确度。表中不能有空格，当数字为 0 时要写上 0；当数字不存在时，用符号“—”表示；当暂缺某项数字或因数字太小可忽略不计时，用符号“…”表示；当上下左右数字相同时，应全部照写，不可用“同上”“同左”等字样代替。

(8) 统计表中资料需注释来源及附加说明时，可写在表的下方，以便查改。

(9) 制表完毕经审核后，应加盖公章，由填表人签名，主管负责人也应签名，若有的数据需要修改时，该处下方应加盖修改人员的印章，以示负责。

二、统计图

(一)统计图的含义和构成

统计图是直观、形象、生动地表现统计资料的形式。它是将统计表中枯燥的数据直观形象地体现出来，使人们从众多数据中发现规律，可以更迅速、更有效地传递信息，给人们明确而深刻的印象。

图4-8、图4-9为1990—2010年宁夏能源消费趋势图及能源消费结构图，可以看出，统计图基本包含以下几个构成部分。

(1) 标题。标题包括图表标题、数值轴(横、纵轴)标题。图表标题是统计图的名称，简明扼要地说明全图的基本内容，一般置于统计图的下端；数值轴标题是横、纵轴所表示的分组标志或指标名称。

(2) 图表区和绘图区。统计表中的所有内容都应显示在图表区，包括绘图区。绘图区只是将统计表中的数据绘制出图形的区域，一般在横、纵轴区域内。

(3) 图例。图例用来表明图中的数据系列，一般置于图的右上方。如果只有一个数据系列则不必画出图例，如图4-8所示；如果包含两个或两个以上的数据系列，如图4-9中，包含煤炭、石油和天然气 3 个数据系列，则需要用不同颜色的线条来区别不同的系列，在图例中对其进行说明。

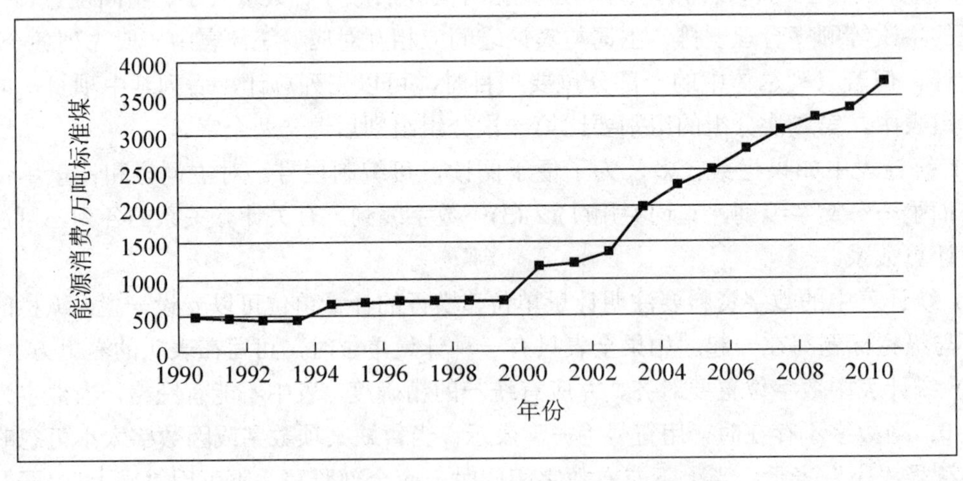

图4-8　宁夏1990—2010年能源消费趋势图

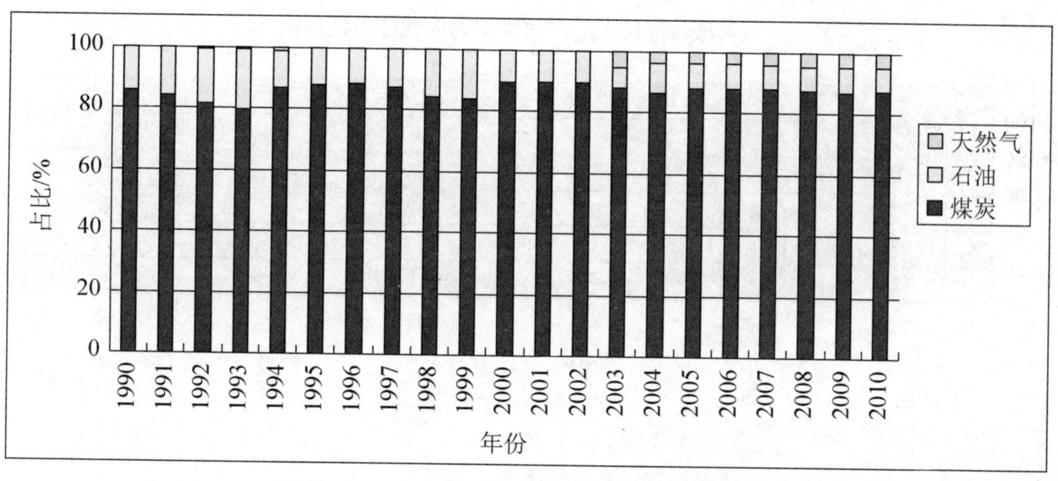

图 4-9　宁夏 1990—2010 年能源消费结构图

(二)统计图的种类

统计图的种类很多，常见的有条形图、圆形图、直方图、折线图和曲线图等。

1. 条形图

条形图是用宽度相同的条形的高度或长度来表示数据变动的图形。条形图可以横置也可以纵置，纵置又称为柱形图。也就是说，当各类别放在纵轴时，称为条形图；当各类别放在横轴时，称为柱形图。例如，对本章第三节中的某城市居民关心广告类型的人数分布情况表 4-5，分别绘制了条形图和柱形图，见图 4-10(a)与图 4-10(b)。

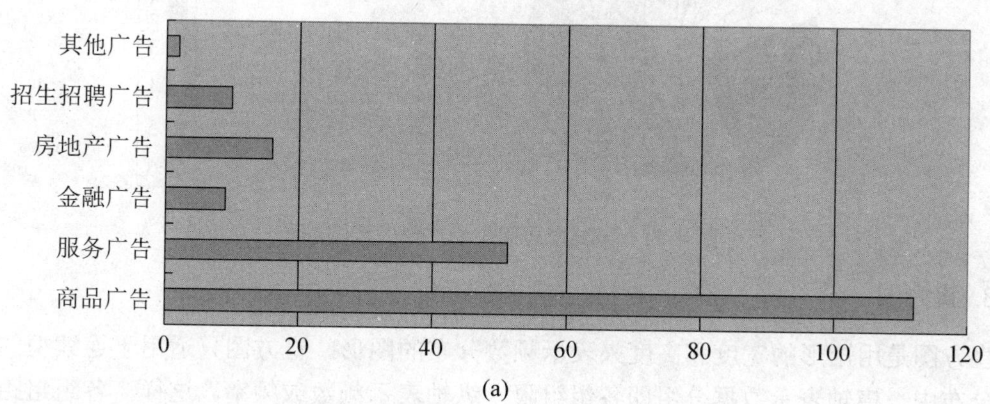

图 4-10　某城市居民关心广告类型的人数分布图

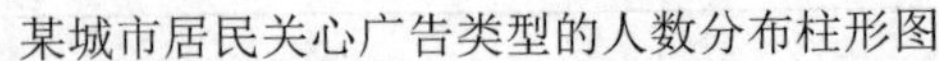

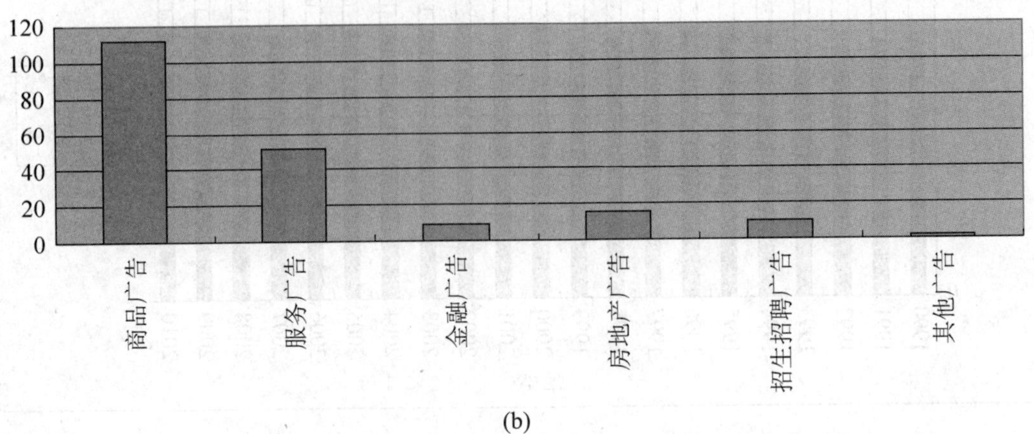

(b)

图 4-10　某城市居民关心广告类型的人数分布图(续)

2. 圆形图

圆形图又称为饼图，是用圆形和圆内扇形的面积来表示数值大小的图形，主要用于表示总体中各组成部分所占的比例，对研究结构性问题比较适用。在绘制圆形图时，总体中各部分所占的百分比用圆内的各个扇形面积来表示。如根据图 4-10，绘制出居民关心的各个广告类型所占的比例，如图 4-11 所示。

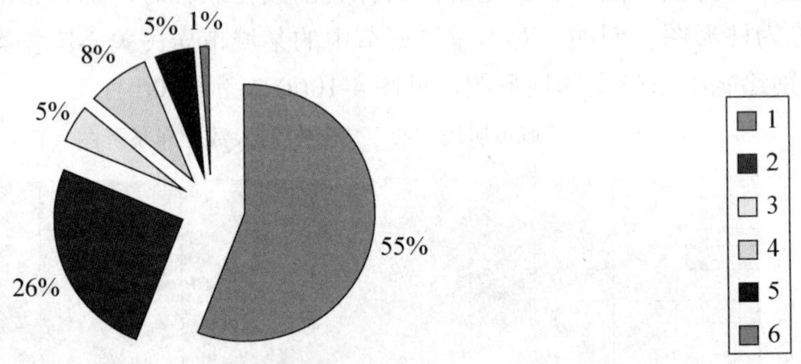

图 4-11　某城市居民关心广告类型圆形图

3. 直方图

直方图是用矩形的宽度和高度来表示频数分布的图形。直方图只适用于连续型的等距数列分布中，横轴表示数据分组即各组组限，纵轴表示频数或频率。这样，各组组距的宽度与对应的频数的高度就绘制成了一个矩形，即直方图。如某企业职工工资分布直方图如图 4-12 所示，从图中可以看出，工资水平在 1500～2000 元的工人最多。

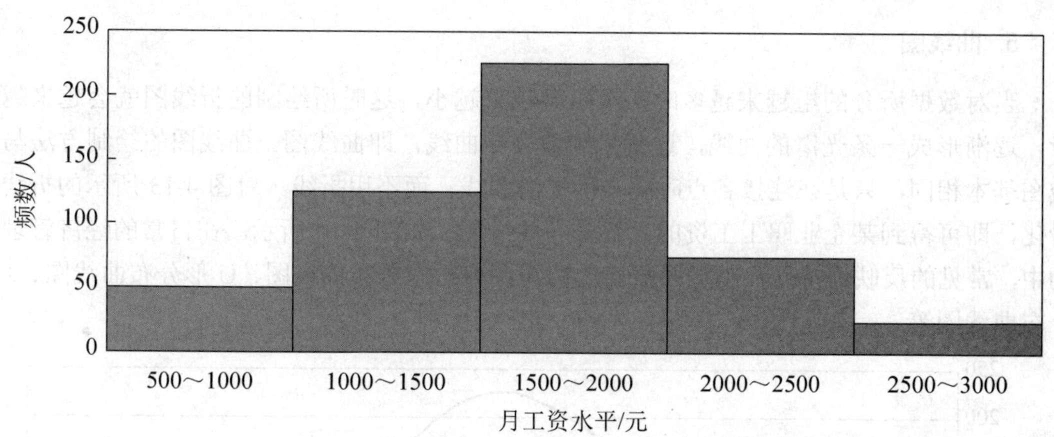

图 4-12　某企业职工工资的人数分布直方图

4. 折线图

折线图是在直方图的基础上，把直方图顶部的中点用直线连接而成，也可以用组中值与频数坐标连接而成。根据图 4-12，绘制相应的折线图，如图 4-13 所示。

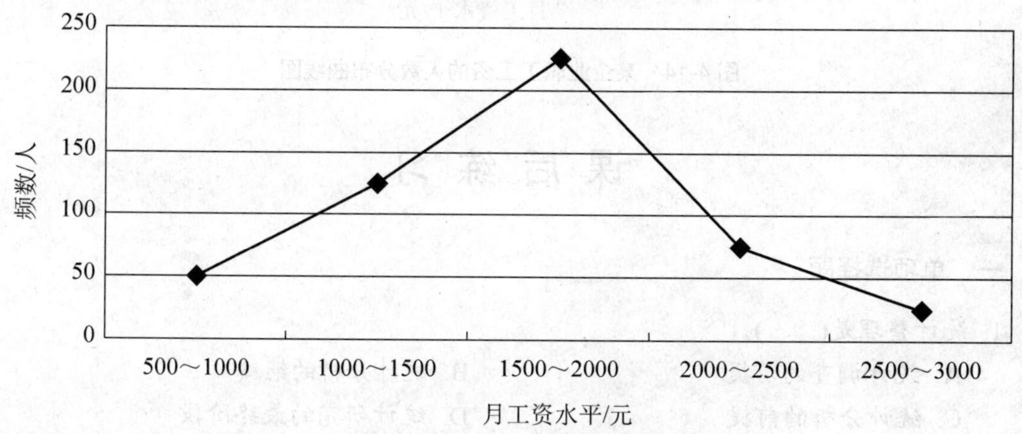

图 4-13　某企业职工工资的人数分布折线图

一般情况下，显示时间序列数据主要采用折线图，以反映事物随着时间发展变化的规律和趋势。如图 4-8 所示，宁夏能源消费量从 1990 年到 2010 年呈现逐年上升趋势，1990—2000 年缓慢增长，2000—2010 年快速增长，这与该地区的经济增长等因素密不可分。在绘制时间序列折线图时，时间一般绘于横轴，指标数据绘制于纵轴；图形的长宽比例要适当，一般为横轴略大于纵轴的长方形，其长宽比例为 10:7；纵轴数据下端一般应从“0”开始，以便于比较。

5. 曲线图

当对数据所分的组越来越多时，组距会越来越小，这时所绘制的折线图就会越来越平滑，逐渐形成一条光滑的曲线，这就是频数分布曲线，即曲线图。曲线图的绘制方法与折线图基本相同，只是在连接各点时应当用平滑曲线，而不用折线。对图 4-13 所示的折线平滑化，即可得到某企业职工工资的人数分布曲线图，如图 4-14 所示。在日常的经济管理活动中，常见的反映经济现象特征及规律的曲线图有正态分布曲线图、U 形分布曲线图、J 形分布曲线图等。

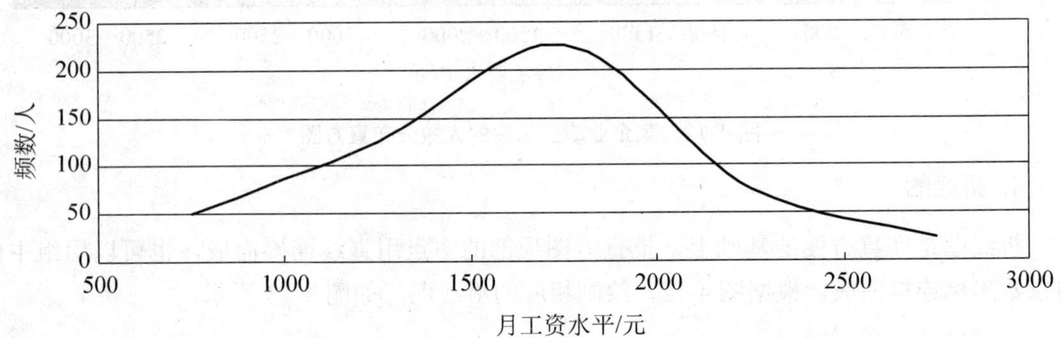

图 4-14　某企业职工工资的人数分布曲线图

课后练习

一、单项选择题

1. 统计整理是(　　)。

A. 统计调查的前提　　B. 统计分析的继续

C. 统计分析的前提　　D. 统计研究的最终阶段

2. 统计分组的关键在于确定(　　)。

A. 组中值　　B. 变量

C. 组距和组数　　D. 分组标志和各组界限

3. 下列分组中属于属性分组的是(　　)。

A. 在校学生按性别分组　　B. 职工按工资水平分组

C. 人口按年龄分组　　D. 企业按职工人数分组

4. 统计分组是根据统计研究目的与要求的不用，对某一总体按照(　　)。

A. 只能按一个标志分组　　B. 只能按一个指标分组

C. 可以按多个标志分组　　D. 需要可以按一个或多个标志分组

5. 按某一标志分组的结果表现为(　　)。

A. 组内同质性，组间差异性　　B. 组内差异性，组间差异性

C. 组内同质性，组间同质性　　D. 组内差异性，组间同质性

6. 某一离散型变量资料，变量个数少且变动范围小，适于作(　　)。

A. 单项式分组　　B. 组距分组

C. 连续组距式分组　　D. 异距分组

7. 分配数列是(　　)。

A. 按数量标志分组形成的数列

B. 按数量标志或品质标志分组形成的数列

C. 按品质标志分组形成的数列

D. 按数量指标或质量指标分组形成的数列

8. 对某市职工家庭收入资料编制成分配数列，一般应采用(　　)。

A. 组距数列　　B. 单项数列　　C. 品质数列　　D. 以上均可

9. 品质数列和变量数列的区别在于(　　)。

A. 数列的性质　　B. 分组标志的性质

C. 数列组数　　D. 次数分布性质

10. 用各组上限和下限进行简单算术平均，其结果是(　　)。

A. 组距　　B. 组数　　C. 组限　　D. 组中值

11. 用组中值代表各组内的一般水平的假定条件是(　　)。

A. 各组的次数均相等　　B. 各组的变量值均相等

C. 各组标志值呈现均匀分布　　D. 各组组距均相等

12. 某乡农民人均最高收入为 1260 元，人均最低收入为 660 元，据此分成 6 个组，组成等距数列，则各组组距应为(　　)。

A. 50　　B. 80　　C. 100　　D. 120

13. 某一学生考试成绩为 60 分，则应归入(　　)。

A. 60 分以下　　B. 60～70 分

C. 60 分以下或 60～70 分都可以　　D. 以上都不对

14. 对某一连续变量分组，第一组为 45～55，第二组为 55～65，第三组 65～75，第四组在 75 以上，则(　　)。

A. 55 在第一组　　B. 65 在第二组

C. 65 在第三组　　D. 75 在第三组

15. 某连续变量数列，其末组为开口组，下限为 500，其相邻组组中值为 480，则末组

的组中值为(　　)。

A. 490　　B. 500　　C. 510　　D. 520

16. 在进行组距式分组时，假定全距固定不变，则组距与组数之间的关系为(　　)。

A. 正比例关系　　B. 反比例关系　　C. 乘积关系　　D. 无关

17. 划分连续型变量的组限时，相邻两组的组限(　　)。

A. 必须重叠　　B. 必须间断

C. 既可重叠，也可间断　　D. 以上都不对

18. 划分离散变量的组限时，相邻两组的组限(　　)。

A. 必须重叠　　B. 必须间断

C. 既可重叠，也可间断　　D. 以上都不对

19. 统计表的形式应该是(　　)。

A. 上下不封顶．左右不开口　　B. 上下要封顶，左右要开口

C. 上下要封顶，左右不开口　　D. 上下不封顶，左右要开口

20. 统计表的宾词栏是用来说明总体特征的(　　)。

A. 标志　　B. 统计对象　　C. 统计指标　　D. 总体单位

21. 统计图中，最适于用来研究总体中各组成部分所占比例的是(　　)。

A. 条形图　　B. 直方图　　C. 圆形图　　D. 折线图

22. 只适用于表现连续型等距数列分布特征的统计图是(　　)。

A. 条形图　　B. 直方图　　C. 圆形图　　D. 折线图

二、多项选择题

1. 统计资料的审核主要是审核数据的(　　)。

A. 完整性　　B. 及时性　　C. 正确性　　D. 代表性

2. 统计整理过程必须遵循的原则有(　　)。

A. 简明性原则　　B. 一次性原则　　C. 联系性原则　　D. 目的性原则

3. 统计整理的组织形式一般包括(　　)。

A. 集中汇总　　B. 逐级汇总　　C. 周期汇总　　D. 综合汇总

4. 统计分组的作用在于(　　)。

A. 区分现象的类型　　B. 揭示内部结构及变化

C. 比较现象之间的发展水平及速度　　D. 分析现象之间的依存关系

5. 人口按年龄分组用来分析各年龄阶段的人口占总人口的比例属于(　　)。

A. 结构分组　　B. 属性分组　　C. 分析分组　　D. 变量分组

6. 企业按所有制形式分组以反映不同经济类型企业的发展变化情况属于(　　)。

A. 结构分组　　B. 属性分组　　C. 类型分组　　D. 变量分组

7. 下列属于属性分组的是(　　)。

A. 学生按健康状况分组　　B. 家庭按收入分组

C. 工人按技术等级分组　　D. 产品按合格与不合格分组

8. 分配数列的构成要素包括(　　)。

A. 组距　　B. 分组　　C. 组限　　D. 各组对应的次数

9. 将工人工龄按 5 年以下、5～10 年、10～15 年、15～20 年、20～25 年、25 年以上进行分组形成的分配数列属于(　　)。

A. 品质数列　　B. 变量数列　　C. 单项数列　　D. 组距数列

10. 统计表从内容上来看，一般包括(　　)。

A. 标题　　B. 数字资料　　C. 主词栏　　D. 宾词栏

11. 统计表根据按统计数列的性质不同，可分为(　　)。

A. 时间数列表　　B. 调查分析表　　C. 空间数列表　　D. 时空数列结合表

12. 下列说法，不正确的是(　　)。

A. 统计整理是对原始资料的整理

B. 离散型变量只能作单项式分组，而连续型变量只能作组距式分组

C. 组中值反映各组标志值的一般水平，且开口组的组中值一般用相邻组的组中值代替

D. 确定组限时，一般情况下，最小组的下限应高于最小实际变量值，最大组的上限应低于最大实际变量值

三、简答题

1. 什么是统计整理？它有哪些步骤？
2. 什么是统计分组？其作用体现在哪些方面？
3. 在统计分组时，如何正确选择分组标志？
4. 在编制组距数列时，如何确定组距、组数和组限？
5. 结合实际，谈谈统计表和统计图的作用。

实训案例

一、针对某社区人口的基本情况进行调查

其部分调查原始资料如表 4-17 所示。

表 4-17　某社区人口基本情况调查表

姓　名	性　别	年　龄	民　族	文化程度	婚姻情况	职　业
张建成	男	46	汉	初中	已婚	司机
李玉龙	男	16	满	本科	未婚	医生
王笑	女	32	汉	高中	未婚	学生
马晓莲	女	68	回	中专	已婚	工人
马钰	男	24	回	硕士	已婚	教师
严玲	女	18	汉	本科	已婚	待业青年

思考题：

1. 对上述调查资料进行全面审核，需要审核哪些方面？
2. 审核资料正确性时应采用哪种审核方法？
3. 上述资料是否准确可靠？应如何处理？

二、某高校在校学生分组资料(如表 4-18 所示)

表 4-18　某高校在校学生的分组表

分　组	人数/人
本科学生	2200
男生	1500
女生	700
专科学生	500
男生	260
女生	240

思考题：

1. 上述资料中的分组是简单分组还是复合分组？为什么？
2. 上述分组形成的分配数列是品质数列还是变量数列？为什么？
3. 上述统计表属于简单表、简单分组表还是复合分组表？为什么？

三、某班学生的有关资料(如表 4-19 所示)

表 4-19　某班学生的基本信息表

学　号	性　别	年　龄	统计学分数	学　号	性　别	年　龄	统计学分数
1	男	17	93	19	女	18	60
2	女	18	49	20	女	17	80
3	男	19	78	21	男	16	55

续表

学　号	性　别	年　龄	统计学分数	学　号	性　别	年　龄	统计学分数
4	男	19	85	22	男	19	92
5	男	19	66	23	女	17	67
6	女	19	71	24	女	19	72
7	女	16	63	25	女	18	85
8	男	18	83	26	女	18	77
9	女	17	56	27	男	20	70
10	男	17	95	28	男	18	86
11	男	19	66	29	女	19	70
12	女	18	72	30	男	19	75
13	女	17	85	31	女	19	69
14	男	17	78	32	男	20	89
15	男	18	82	33	女	18	98
16	男	18	80	34	男	19	90
17	女	18	90	35	男	17	86
18	女	20	85	36	男	18	78

思考题：

1. 根据上述资料，编制学生按性别分组所形成的品质数列，并以统计表的形式表现。

2. 根据上述资料，编制学生按年龄分组所形成的单项变量数列，并以统计图的形式表现。

3. 根据上述资料，学生按统计学分数分组所形成的数列是变量数列中的组距数列，完成下列累计频数分布表(表 4-20)中的内容。

表 4-20　某班学生统计学分数的累计频数分布表

统计学分数	人数/人	比例/%	向上累计		向下累计	
			频数/人	频率/%	频数/人	频率/%
60 分以下						
60～70 分						
70～80 分						
80～90 分						
90～100 分						
合计			—	—	—	—

第五章 综合指标

【教学导图】

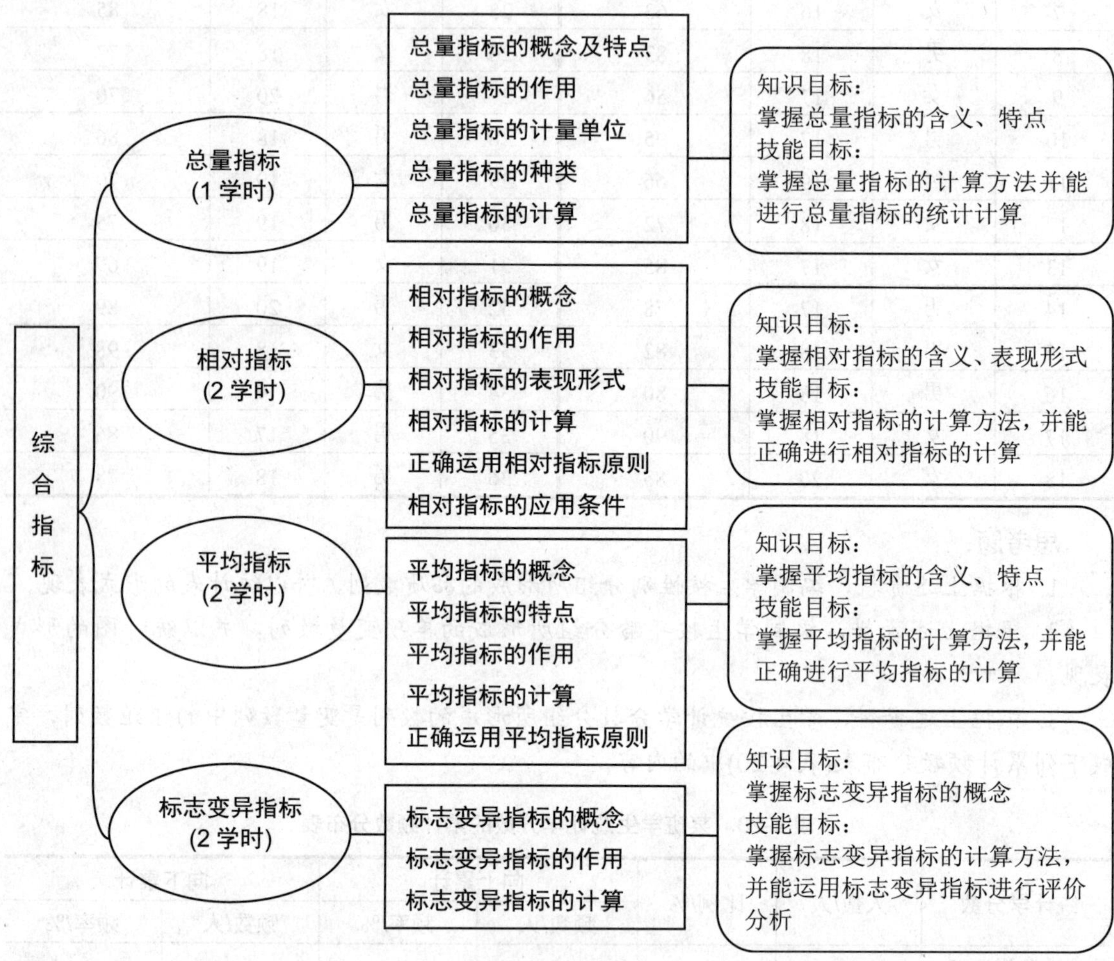

统计工作是从经济现象的数量方面来认识经济活动，统计资料经过加工整理形成分布数列后，对它的变化规律已有了一个直观的了解。然而，要作进一步的统计分析仅靠这些直观了解是远远不够的，这就要借助统计指标，以便对不同的研究对象进行分析研究。用统计指标描述和分析总体数量特征和数量关系的方法称为综合指标法，简称综合指标。综合指标包括总量指标、相对指标和平均指标等。

【导入案例】

统计无处不在。不懂或知其然而不知其所以然者，常常会闹出笑话。有一年银行发行大额存单，利率在同期定期存款利率的基础上提高5%。当时的同期定期存款利率也是5%。于是有人不问三七二十一，立即到银行将自家即将到期的定期存款全部取出，转买大额存单，盘算着利息翻一番的美梦。可到银行工作人员结算利息时，发现并没有按照10%的利率结付，当事人急了，与银行的办事人员大吵起来。这不仅闹出了笑话，还使他们在经济上遭受了损失，这皆因他们不懂统计，混淆了“百分率”与“百分点”的概念所致。实践经验告诉我们：对统计知识的了解和掌握，不仅能帮助人们从数字的变化中发现问题，挖掘问题的根源，总结亮点，预测趋势，服务于社会，服务于经济，而且有助于人们更好地树立正确的人生观和世界观，有助于帮助人们辨别是非，做出最佳选择，使人们终身受益。

第一节　总 量 指 标

一、总量指标的概念及特点

1. 总量指标的概念

总量指标是指反映社会经济现象在一定时间、地点、条件下的总规模、总水平或工作总量的统计指标。总量指标一般用绝对数表示，所以也被称为绝对指标或绝对数，它是一种最基本的统计指标。例如，2008 年我国国内生产总值为 300 670 亿元；2004 年我国年末人口数为 130 756 万人；2004 年我国粮食种植面积为 10 427 万公顷；某商场 2006 年 1 月份的商品销售总额为 135 万元。

【相关链接 5-1】

2010 年国民经济和社会发展统计公报中指出：

初步核算，全国国内生产总值为 397 983 亿元，全年农民工总量为 24 223 万人，其中，外出农民工 15 335 万人，本地农民工 8888 万人。全年财政收入为 83 080 亿元，其中税收收入为 73 202 亿元。全年货物进出口总额为 29 728 亿美元，货物出口为 15 779 亿美元，货物进口为 13 948 亿美元。这些都是总量指标，都是利用绝对数说明我国 2010 年国民经济发展某方面的总体规模和总体水平的。

2. 总量指标的特点

总量指标的最大特点就是它的指标值大小随着总体规模范围的大小而变化。一般来说，总体范围扩大，总量指标值也相应地增加；总体范围缩小，总量指标值也相应地减少。因此，对不同范围的总体不能直接进行对比。

二、总量指标的作用

总量指标是统计指标中最基本的指标，它是对事物进行认识、比较和分析的基础，在统计工作中应用十分广泛。其作用主要有以下几个。

1. 总量指标是对社会经济现象认识的起点

总量指标可以反映一个国家的基本国情和国力，反映某部门或单位的人、财、物的基本数据，反映社会经济现象的规模、水平、基本经济状况和经济实力。人们只有准确地掌握社会经济现象在一定时间、地点、条件下的发展规模或水平，才能更深入地认识它。例如，为了全面了解社会再生产的基本条件和国民经济各部门的工作成果，就必须掌握一个国家在一定时间的土地面积、人口总数、劳动力数量、自然资源、国民财富、钢铁产量、粮食产量、工业总产值以及教育文化等总量指标。又如，掌握了一个单位某产品的年产量、职工人数等总量指标，就可以对这个单位的规模、生产水平有个概括的了解。

2. 总量指标是制定政策、编制计划、进行科学管理的重要依据

国家为了有效地保持经济、社会、科技等有计划、稳定、协调地发展，就必须及时了解国际、国内的有关基本情况，而这些基本情况数据主要是以总量指标的形式反映的。无论是宏观调控还是微观管理，都必须以反映客观事物过去和现在的相关总量指标为依据，国家“十一五”规划、“十二五”规划都是依据每年各行业的综合生产情况制定的。例如，一个国家的资源存储、人口数、生产力水平和消费水平等总量指标是该国资源开发、利用和管理的重要参考依据。又如，城乡居民储蓄存款余额、全社会固定资产投资总额、货币流通量等总量指标是国家制定货币发行量、存贷款额度、基本建设投资规模等各项金融政策和财政政策的基础。

3. 总量指标是计算其他统计指标的基础

总量指标是最基本的统计指标，而相对指标和平均指标是由两个有联系的总量指标对比计算出来的结果，是总量指标的派生指标。总量指标是否科学、合理，将会直接影响相对指标和平均指标的计算结果是否正确。

三、总量指标的计量单位

总量指标都有计量单位。根据总量指标反映现象的性质不同，其计量单位一般有实物单位、价值单位和劳动单位 3 种，以不同的计量单位表现的总量指标反映和说明的问题也不同。

(一)实物单位

实物单位是根据事物的自然属性和特点采用的自然、物理计量单位。实物单位可以分为以下几种。

1. 自然单位

自然单位是按照被研究现象的自然状况来度量其数量的一种计量单位。例如，设备以“台”为单位，汽车以“辆”为单位，人以“人”为单位，袜子以“双”为单位，衣服以“件”为单位。

2. 度量衡单位

度量衡单位是按照统一的度量衡制度的规定来度量客观事物数量的一种计量单位。例如，钢铁以“吨”为单位，布匹以“米”为单位，铁路以“千米”为单位，木材以“立方米”为单位，粮食以“公斤”为单位。

3. 标准实物单位

标准实物单位是按照统一折算的标准来度量被研究现象数量的一种计量单位。即为了更准确地反映产品的使用价值，可以将基本用途相同但规格不同的同类产品按标准单位折算。例如，将各种不同发热量的能源消耗量折合为 29.3×10^6 焦耳/千克的“标准煤”计算。

4. 复合单位

复合单位是将两种单位结合起来度量其数量的计量单位。例如，货物周转量以“吨公里”为单位，耗电量以“千瓦时”为单位。

(二)价值单位

价值单位是指以货币作为价值尺度来计量社会物质财富或劳动成果的计量单位。常见的货币单位有美元、人民币、欧元等。价值指标由于以货币为计量单位，它可以将不能直接相加的实物量过渡到能够相加，从而综合反映多种不同事物的总规模和总水平，因此，价值指标具有广泛的综合概括能力。例如，利用货币单位可以计算国内生产总值、财政收入、外汇收入、居民储蓄额，可以计算成本、利润、税金、固定资产、流动资金等指标，如2009年我国国内生产总值为335 353亿元。价值单位有现行价格和不变价格之分。现行价格是各个时期的实际价格；不变价格是为了消除不同时期价格变动的影响所采用的固定价格，它综合不同产品产量并反映它们的总动态。

(三)劳动单位

劳动单位是用劳动时间表示劳动量的一种复合计量单位，如出勤工日、定额工时、实际工时、台时等，都是以劳动单位为计量单位的总量指标。工时是工人数和劳动时数的乘积；工日是工人数和劳动日数的乘积；台时是设备台数和开工时数的乘积。劳动单位虽然用时间表示，但不是度量衡单位，它实质上描述了工作量的大小。例如，某教师讲了一节45min的课，就可以说该教师完成了1课时的工作量；某工厂生产一张桌子计3个工日，某工人一天时间加工完成了一张桌子，就可以说该工人一天完成了 3 个工日的工作量。如果把生产各种产品所耗费的劳动量加总，就是劳动消耗总量。劳动单位主要用于编制和检查基层企业的生产作业计划以及为实行劳动定额管理提供依据。

四、总量指标的种类

(一)总量指标按其反映的内容不同，分为总体单位总量和总体标志总量

1. 总体单位总量

总体单位总量是用来反映统计总体内包含总体单位个数多少的总量指标，即总体本身规模的大小。例如，研究某学校学生状况时，统计总体是全体学生，总体单位是每一位学生，那么全体学生数表明总体单位的个数，是总体单位总量。又如，研究某市商业零售企业发展状况，统计总体是该市的所有商业零售企业，若该市现有商业零售企业3000家，则3000家企业即为总体单位总量。

2. 总体标志总量

总体标志总量是统计总体各单位某一方面数量标志值的总和，是说明总体特征的总数量。例如，研究某市商业零售企业发展状况，该市的每个商业零售企业是总体单位，每一商业零售企业职工人数是该企业的一个数量标志，则该市全部商业零售企业职工人数就是总体标志总量。另外，该市的年商业总产值、商业利税总额等指标也都是总体标志总量。一个已经确定的统计总体，其总体单位总量是唯一确定的，而总体标志总量却不止一个。

总体单位总量和总体标志总量是相对于一定的总体而言的。如果总体改变了，总体单位总量和总体标志总量也会随之改变。例如，以企业为统计总体时，企业员工数是标志总

量；如果以全部员工为统计总体时，员工总数则变为总体单位总量了。

(二)总量指标按其反映的时间状况不同，分为时期指标和时点指标

1. 时期指标

时期指标是反映社会经济现象在一段时间内发展变化过程的总数量。例如，我国 2010 年全国国有建设用地供应总量为 42.8 万公顷，是指在 2010 年这一年时间内，全国国有建设用地供应量的总和。国民生产总值、产品产量、商品零售额、工资总额、销售收入等都是时期指标。

时期指标具有以下特点。

① 具有可加性。时间上相邻的时期指标相加能够得到另一更长时期的总量指标。

② 指标数值的大小与所属时期的长短直接相关。一般来说，时期越长指标数值就越大。

③ 必须连续登记获得。时期指标数值的大小取决于整个时期内所有时间上的发展状况，只有连续登记得到的时期指标才会准确。

2. 时点指标

时点指标是反映社会经济现象在某一时刻或某一时点上的状况的总量。例如，我国 2010 年统计公报显示，年末全国共有卫生机构 93.9 万个，其中医院、卫生院 6 万个，社区卫生服务中心(站)3.1 万个，诊所(卫生所、医务室)17.4 万个，村卫生室 65.1 万个，疾病预防控制中心 3491 个，卫生监督所(中心)2851 个。卫生技术人员 584 万人，其中执业医师和执业助理医师 237 万人，注册护士 205 万人。医院和卫生院床位 437 万张。乡镇卫生院 3.8 万个，床位 100 万张，卫生技术人员 96.4 万人。以上数据说明我国 2010 年底的基本卫生和医疗服务各方面的数量情况。人口数、商品库存额、外汇储备额、学生数、固定资产额、流动资金额等都是时点指标。

时点指标具有以下特点。

① 不具有可加性。不同时点上的两个时点指标数值相加不具有实际意义。

② 数值大小与登记时间的间隔长短无关。时点指标仅仅反映社会经济现象在一瞬间上的数量，每隔多长时间登记一次对指标值没有影响。

③ 指标数值是间隔计数的。时点指标没有必要进行连续登记，有时也是不可能连续进行登记的。

五、总量指标的计算

总量指标的计算方法有直接计算法和间接计算法两种。

(一)直接计算法

直接计算法就是计算构成总体的全部单位数或将总体单位按照某一标志值汇总计算其总量。例如，全国工业总产值就是采用直接计算法计算，即将每一个工业企业的产值汇总计算得到的。

(二)间接计算法

间接计算法是根据事物之间的相互联系，采用一定的数字方法间接推算总体总量。在实际工作中，间接推算法的形式多种多样，常用的方法主要有平衡关系推算法、因素关系推算法、比例关系推算法、插值估计法等。

第二节　相 对 指 标

社会经济现象之间是相互联系、不可分割的。分析社会经济现象，仅仅利用总量指标是远远不够的，还需要对总体的组成及其各部分之间的数量关系进行析、比较，这就必须运用相对指标。

一、相对指标的概念

相对指标又称为相对数，是由两个有联系的指标进行对比的比值，用来反映社会经济现象数量特征和数量关系的综合指标。相对指标可以显示事物的相对水平，可以更深刻地说明事物之间的联系，提供事物之间共同的比较基础。

在计算相对指标时，用来对比的两个指标值，既可以是绝对数也可以是平均数和相对数。相对指标的特点就是把两个对比的具体数值概括化或抽象化，使人们对事物有一个清晰的概念。客观世界是相互联系的，不仅总体内部各部分之间、部分与总体之间存在着数量联系，而且总体与总体之间也存在着数量联系。例如，人口总体中，男女性别比例是客观存在的；社会再生产过程中，3 个产业在国民生产总值中各自所占的比例是客观存在的。再如，我国是资源大国，许多矿产资源含量居世界首位，但是我国也是人口大国，用资源总量和人口总数对比，得到的人均资源量却十分匮乏。

二、相对指标的作用

相对指标的意义就在于揭示总体内部的结构、比例等数量关系，确定相关事物之间的数量联系程度。相对指标的作用主要有以下几个。

(一)能具体表明社会经济现象之间的比例关系

总量指标是反映现象总的规模、水平的情况，其发展速度是快、是慢、是大、是小难以看出，而相对指标是把有关指标联系起来进行比较分析，就能够把问题的实质和全貌反映出来。例如，2008 年我国全部工业增加值 129 112 亿元，比上年增长 9.5%，其中轻工业增长 12.3%、重工业增长 13.2%。这些相对指标具体反映了工业内部轻、重工业之间的比例关系。又如，计算国家人口的性别比，可以说明该国家人口结构是否合理。

(二)相对指标可以显示事物相关程度、发展程度并弥补总量指标的不足

例如，某企业去年实现利润 100 万元，今年实现利润 120 万元，则今年利润增长了 20%，这是总量指标不能说明的。

(三)将现象的绝对差异抽象化使原来无法直接对比的指标变为可比

不同的企业由于生产规模条件不同，直接用总产值、利润比较意义不大，但采用一些相对指标，如资金利润率、资金产值率等进行比较，便可以对企业生产经营成果做出科学评价。例如，甲、乙两个企业，甲企业生产皮鞋，乙企业生产化妆品，不能根据两个企业的生产水平直接评价它们经营的好坏。但是，通过产值计划完成程度、利润率、产值率等相对指标，就使它们有了共同的比较基础，从而能够相互比较。

(四)方便记忆、易于保密

在一定情况下，相对指标比总量指标说明问题突出，给人鲜明印象，便于记忆。在社会经济指标中，有些总量指标是不便于公之于众的，但为了公布其发展状况，则可以用其发展速度等相对指标，如我国 2013 年 GDP 增长速度为 7.7%。

三、相对指标的表现形式

计算相对指标的过程就是把数值抽象化的过程。相对指标的表现形式有两种，即有名数和无名数。

(一)有名数

有名数是将对比的分子指标和分母指标的计量单位结合使用，以表明事物的密度、普遍程度和强度等。例如，人口密度用“人/平方公里”表示；每人平均粮食产量用“公斤/人”表示；每人平均国民生产总值用“元/人”表示等。

(二)无名数

无名数是一种抽象化的数值，是由计量单位相同的两种指标相除求得，多以系数、倍数、成数、百分数、千分数等表示。

1. 系数和倍数

系数和倍数是将对比的基数抽象化为 1 计算出来的相对指标。在两个数字对比时，其分子数值与分母数值相差不大时，常用系数表示，如工资等级系数、固定资产磨损系数、结构比例系数、产量折合系数等。如果分子数值与分母数值相差很多时，则用倍数表示。例如，2014 年，我国进出口总值 26.43 万亿元人民币，比 2013 年增长 2.3%。其中，出口 14.39 万亿元，增长 4.9%；进口 12.04 万亿元，下降 0.6%；贸易顺差 2.35 万亿元，扩大 45.9%。按美元计价，2014 年，我国进出口、出口和进口分别增长 3.4%、6.1%和 0.4%，贸易顺差 3825 亿美元。

2. 成数

成数是将对比基数抽象为 10 计算出来的相对指标，以整数表示。例如，粮食产量增加一成，即增长 1/10，成数是对十分数的一种习惯叫法。

3. 百分数

百分数是将对比基数抽象为 100 计算出来的相对指标，是计算相对指标时最常用的一种表现形式。当两个数字对比时，其分子数值和分母数值较为接近时，通常采用百分数，以符号“%”表示。例如，内蒙古全区生产总值“十一五”期间年均增长 17.6%。又如，人社部在 2011 年 1 月 25 日的新闻发布会上表示，截至 2010 年 12 月底，应届高校毕业生就业率达到 90.7%，较上一年度的 87%提高了 3 个百分点，即提高了 3%。

4. 千分数

千分数是将对比基数抽象为 1000 计算出来的相对指标。当两个数字对比时，其分子数值较分母数值小很多时，宜用千分数表示。例如，2009 年我国出生人口为 1615 万人，出生率为 12.13‰；死亡人口 943 万人，死亡率为 7.08‰；自然增长率为 5.05‰。

【相关链接 5-2】

> **“百分数”应用**
>
> 百分数是用 100 做分母的分数，在数学中用“%”来表示，在文章中一般都写作“百分之多少”。百分数与倍数不同，它既可以表示数量的增加，也可以表示数量的减少。运

用百分数时，也要注意概念的精准。如比过去增长20%，即过去为100，现在是120；比过去降低20%，即过去是100，现在是80；降低到原来的20%，即原来是100，现在是20。运用百分数时，还要注意有些数最多只能达到100%，如产品合格率、种子发芽率等；有些百分数只能小于100%，如粮食出粉率等；有些百分数却可以超过100%，如产品产量计划完成情况等。

四、相对指标的计算

由于统计研究的目的和任务的不同，可以采用不同的两个相互联系的指标数值进行对比，即对比的基础不同，对比基础不同形成的指标内涵和作用也不同，从而形成不同的相对指标。一般相对指标可以分为 6 种，即结构相对指标、比例相对指标、比较相对指标、动态相对指标、强度相对指标和计划完成程度相对指标等。

(一)结构相对指标

研究社会经济现象总体时，不仅要掌握其总量，还要揭示总体内部的组成，亦即要对总体内部的结构进行数量分析，这就需要计算结构相对指标。

1. 结构相对指标的概念

结构相对指标是应用分组的方法，将总体区分成不同性质的各部分，以各部分的单位数与总体单位数进行对比，或以各部分的标志总量与总体标志总量对比而求得比例或比率，来反映总体内部组成状况的一种综合指标。

2. 结构相对指标的计算

结构相对指标的计算公式为

$$结构相对指标=\frac{总体部分数值}{总体全部数}\times100\%$$

结构相对指标一般用百分数表示，各组比例总和等于100%或1。

3. 结构相对指标的作用

结构相对指标是统计分析中常用的指标，其作用主要有以下几个。

(1) 可以反映总体的性质和内部结构特征。例如，根据第一次全国经济普查成果，全国企业法人单位中，按照登记注册类型分组，可以得到，国有企业数量占单位数的5.5%，集体企业占10.5%，私营企业占61.0%，其他有限责任公司占10.6%，股份有限公司占1.9%，港澳台商投资企业占2.3%，外商投资企业占2.4%，其他形式投资占5.8%。

据统计，2004 年末，我国第二、第三产业 325.0 万家企业法人单位的实收资本总额为 18.1 万亿元。其构成如表 5-1 所示。

表 5-1　企业实收资本构成情况(2004 年 12 月 31 日)

资本类型	实收资本额/万亿元	比例/%
国家投入	8.7	48.1
集体投入	1.4	7.7
个人投入	5.1	28.2
港澳台投入	1.3	7.2
外商投入	1.6	8.8
总计	18.1	100.0

(资料来源：根据 2005 年 12 月发布的第一次全国经济普查数据)

根据第一次全国经济普查数据分析，企业实收资本构成中，国家投入最多，占比近 50%；而私营企业虽然数量较多，但资本实力有限。

又如，2010 年 11 月 1 日零时为标准时点的第六次全国人口普查数据显示，人口普查登记的全国人口为 1 339 724 852 人，其中男性人口占 51.27%，女性人口占 48.73%。以上数据显示了我国人口性别构成的基本特征，有利于相关部门分析性别比例是否合理，并以此制订出控制性别构成的相关办法。

(2) 不同时期结构相对指标的变化，可以反映事物发展趋势。例如，我国国内生产总值构成变化情况如表 5-2 所示。

表 5-2　2004—2008 年我国国内生产总值构成情况　　单位：%

产业构成	2004 年	2005 年	2006 年	2007 年
第一产业	13.4	12.2	11.1	11.3
第二产业	46.2	47.7	48.5	48.6
第三产业	40.4	40.1	40.4	40.1

(资料来源：中国统计摘要. 中国统计出版社，2009. P21)

上述资料表明 2004—2008 年我国国内生产总值结构变化的过程，通过资料可以看出我国第一、第二产业占国内生产总值的比例呈现平稳下降的趋势，而第三产业占国内生产总值的比例呈现逐步上升的趋势，这是伴随经济发展、工业化程度提高和社会进步而产生的必然结果。

(3) 能够反映对人、财、物的利用程度以及生产经营效果的好坏。例如，工业企业对成本构成进行分析，有利于发现成本项目中的薄弱环节，以便采取改进措施，降低成本。又如，企业中的工时利用率、设备利用率等可以反映企业人、财、物的利用状况；产品合格率、废品率、优良品率、商品损耗率等可以表明企业的经营效果情况。

(4) 有助于分清主次，确定工作重点。库存物资管理中的 ABC 分析法就是利用结构相对指标确定物资管理重点的方法，该方法是根据物资品种和供应金额之间的不均衡性，将物资划分为 A、B、C 三类。品种数少而占用资金数额大的物资材料，实行重点管理，加强控制；品种数多但占用资金数额小的物资材料，实行一般管理，从而加强物资管理的一种方法。A 类物资品种最少，约占企业全部物资的 10%，而占用的资金达到 70%；B 类物资品种约占 20%，资金占用约 20%；C 类物资品种最多，大约为 70%，资金占用却很少，仅为 10%。因此，最重要的是 A 类物资，品种数虽然不多，但是在物资供应总额中却占有相当大的比例，对产品的成本、企业经济效益影响最大，在保证生产需要中意义也最大，是库存管理工作的重点。

(二)比例相对指标

比例相对指标能够表明社会经济现象内部的比例关系，揭示总体不同部分之间的发展变化和协调平衡状况。

1. 比例相对指标的概念

比例相对指标是利用分组的方法，将总体区分成不同性质的各部分，以同一总体中某一部分数值与另一部分数值静态对比而得出的综合指标。

2. 比例相对指标的计算

$$\text{比例相对指标}=\frac{\text{总体中某一部分数值}}{\text{总体中另一部分数值}}$$

比例相对指标的数值可以用百分数表示，也可以用一比几或者几比几的形式表示。

【例 5-1】第五次人口普查结果表明，我国大陆 31 个省、自治区、直辖市和现役军人的人口中，男性为 65 355 万人，女性为 61 228 万人，则男、女性别比就为比例相对指标。

$$\text{男、女性别比}=\frac{\text{男性人数}}{\text{女性人数}}=\frac{65\,355}{61\,228}=106.74:100$$

【例 5-2】我国 2008 年末从业人员为 77 480 万人，其中，第一产业为 30 654 万人，第二产业为 21 109 万人，第三产业为 25 717 万人，则 3 个产业从业人员人数比例可以表示为 40∶27∶33，也可以表示为 100∶69∶84。

比例相对指标对于国民经济宏观调控具有重要意义，利用比例相对指标可以分析研究国民经济的平衡比例关系，保持国民经济稳定、协调发展。国民经济中客观存在着各种各样的比例关系。例如，物质生产和非物质生产部门的比例关系；社会再生产中生产、流通、分配的比例关系；积累与消费的比例关系；农业、轻工业、重工业比例关系；工业、农业、商业、建筑业、货物运输业等各部门之间的比例关系，从而调整不合理的比例，促使社会主义市场经济稳步、协调发展。

(三)比较相对指标

1. 比较相对指标的概念

比较相对指标是将同类总体在同一时间不同空间的指标数值作静态对比而得出的综合指标，表明同类事物在不同空间条件下的差异程度或相对状态。

2. 比较相对指标的计算

$$比较相对指标=\frac{某条件下某类指标数值}{另一条件下同类指标数值}\times100\%$$

比较相对指标可以用百分数、倍数和系数表示。在计算中，分子和分母现象所属统计指标的含义、口径、计算方法和计算单位必须保持一致。

【例 5-3】2010 年甲、乙两家企业同时生产一种性能相同的产品，甲企业工人劳动生产率为 19 307 元/人 · 年，乙企业工人劳动生产率为 27 994 元/人 · 年，则

$$甲乙企业劳动生产率比较相对指标=\frac{甲企业劳动生产率}{乙企业劳动生产率}\times100\%=\frac{19\,307}{27\,994}\times100\%=68.97\%$$

计算结果表明，甲企业劳动生产率比乙企业低 31.03%。

【例 5-4】世界银行数据库资料表明，2007 年中国人口密度为 141 人/平方千米，加拿大为 4 人/平方千米，美国为 33 人/平方千米，则中国人口密度为加拿大的 35.25 倍，即 141/4=35.25，同时，中国人口密度为美国的 4.27 倍，即 141/33=4.27。

比较相对指标可以是绝对数对比，也可以是相对数或平均数对比。既可用于不同国家、行业、地区、单位比较，也可以用于先进与落后的比较。在经济管理工作中广泛应用比较相对指标，通过比较相对指标的计算可以反映事物在不同地区、不同部门、不同单位或不同个人之间的差距，从而为提高国家、企业或个人的管理水平提供依据。

(四)动态相对指标

1. 动态相对指标的概念

动态相对指标是指某一指标不同时间上的数值对比而得到的相对数。它表明现象在时间上发展变动的程度，并据以推测现象变化的趋势。

2. 动态相对指标的计算

$$动态相对指标=\frac{报告期指标数值}{基期指标数值}\times100\%$$

动态相对指标一般用百分数或倍数表示，也称其为发展速度。通常，作为比较标准的

时期称为基期，把用来与基期对比的时期称为报告期。

【例 5-5】2010 年我国国内生产总值为 397 983 亿元，2009 年为 335 353 亿元，将 2009 年作为基期，2010 年为报告期，则

$$动态相对指标=\frac{2010年指标值}{2009年指标值}\times100\%$$

$$=\frac{397\,983}{335\,353}\times100\%=118.68\%$$

该数据说明，在 2009 年基础上 2010 年国内生产总值的发展速度，2010 年比 2009 年增长 18.68%。如果考虑物价变动因素，按照不变价格计算，此动态相对指标需要进行调整。

【相关链接 5-3】

“番”与“倍”的区别

增加一倍，就是增加 100%，翻一番，也是增加 100%。除了一倍与一番相当外，两倍与两番以上的数字含义就不同了。而且数字越大，差距越大。如增加两倍，就是增加 200%；翻两番就是 400%(一番是二，两番是四，三番就是八)，所以说翻两番就是 400%，就是增加了 300%。“番”是按照几何级数计算的，“倍”是按照算术级数计算的。

(五)强度相对指标

分析不同事物之间的数量关系，需要计算强度相对指标。

1. 强度相对指标的概念

强度相对指标是由两个性质不同，但有一定联系的总量指标对比而得到的综合指标，用来表明现象的强度、密度和普遍程度。

2. 强度相对指标的计算

$$强度相对指标=\frac{某一总量指标数值}{另一有联系而性质不同的总量指标数值}$$

强度相对指标一般有两种表示方法：一种用复名数表示，如人口密度；另一种是用百分数或千分数表示，如产值利润率、人口自然增长率、流通费用率等。

【例 5-6】2010 年第六次人口普查结果显示我国全国总人口为 1 339 724 852 人，则

$$我国人口密度=\frac{人口总数}{土地面积}$$

$$=\frac{1\,339\,724\,852人}{960万平方千米}=139.55(人/平方千米)$$

3. 强度相对指标的正逆指标

强度相对指标是两个有联系的不同事物总量指标数值的对比，因此，分子和分母可以互换，这就使有些强度相对指标有正指标和逆指标两种。

$$商业网点密度(正指标)=\frac{零售商业机构数(个)}{地区人口数(千人)}$$

$$商业网点密度(逆指标)=\frac{地区人口数(千人)}{零售商业机构数(个)}$$

【例 5-7】某城市人口 200 万人，有零售商业机构 1 万个，则

$$商业网点密度(正指标)=\frac{零售商业机构数(个)}{地区人口数(千人)}=\frac{10\ 000个}{2\ 000\ 000人}=5\ 个/千人$$

$$商业网点密度(逆指标)=\frac{地区人口数(千人)}{零售商业机构数(个)}=\frac{2\ 000\ 000人}{10\ 000个}=200\ 人/个$$

正指标的数值越大，表示零售商业网点密度也越大；逆指标的数值越大，表示零售商业网点密度越小。正指标是从正方向说明现象的密度，逆指标是从反向说明现象的密度。在实际统计工作中，一般选择其中一个指标进行计算。

4. 强度相对指标的作用

(1) 说明一个国家、地区、部门的经济实力或为社会服务的能力。如大国与小国，若从总量指标进行比较是不合理的，也不便于分析，而用强度相对指标进行比较，则可以提高其可比性。

(2) 反映和考核社会经济效益。例如，流通费用率、资金利润率等是两个不同现象的数量对比的强度相对指标，这些经济指标的数值大小反映着企业管理工作的好坏。

(3) 为编制计划和长远规划提供参考依据。例如，在研究移民计划时，各地人口密度指标就是一个很重要的参考资料。

(六)计划完成程度相对指标

1. 计划完成程度相对指标的概念

计划完成程度相对指标是社会经济现象在某时期内实际完成数值与计划任务数值对比的结果，表示预期的实现程度。它主要用来检查、监督计划执行情况的相对指标。通常用

百分数表示。

2. 计划完成程度相对指标的计算

$$计划完成程度相对指标=\frac{实际完成数}{计划任务数}\times100\%$$

由于计划完成程度相对指标在实际应用中可以表现为总量指标、相对指标、平均指标等多种形式，因此在具体计算中要根据实际情况采用不同的方法。

(1) 根据总量指标计算计划完成程度相对指标。

在经济管理中有些指标值是用总量指标表示的，在计算计划完成程度相对指标时可以直接用基本公式计算。

【例 5-8】某企业 2012 年计划完成工业增加值 200 万元，实际完成 220 万元，则该企业的计划完成程度相对指标$=\frac{实际完成数}{计划任务数}\times100\%$

$$=\frac{220}{200}\times100\%=110\%$$

计算结果表明，该企业完成了计划的 110%，也可以说该企业超额完成 10%。

【例 5-9】某企业 2011 年 9 月份产品计划产量 1500 件，实际完成 1710 件，则该企业的计划完成程度相对指标$=\frac{实际完成数}{计划任务数}\times100\%$

$$=\frac{1710}{1500}\times100\%=114\%$$

计算结果表明，该企业超额 14%完成产量计划，实际产量比计划产量增加了 210 件。

(2) 根据相对指标计算计划完成程度相对指标。在实际工作中，有些计划任务数是以本年计划数比上年实际数提高或降低多少的相对数表示的。例如，劳动生产率计划降低 10%，成本计划降低 8%，原材料利用率降低 5%等。这类计划是以比某个基期数增减百分比的形式给出的，这种情况下计算计划完成程度相对指标的公式可以变形为

$$计划完成程度相对指标=\frac{1\pm实际增加率}{1\pm计划增加率}\times100\%$$

【例 5-10】某企业 2010 年计划单位成本比上年度降低 6%，实际降低 7.6%，则计划完成程度相对指标$=\frac{1\pm实际增加率}{1\pm计划增加率}\times100\%$

$$=\frac{1-7.6\%}{1-6\%}\times100\%=98.3\%$$

计算结果表明，成本降低率比计划多完成 1.7%。

【例 5-11】某企业去年计划盈利 1000 万元，实际盈利 1060 万元；计划劳动生产率提高

10%，实际提高 32%；计划单位成本比去年降低 5%，实际降低 3%。试分别计算该企业去年盈利、劳动生产率和单位成本的计划完成程度相对指标。

解：盈利计划完成程度相对指标$=\dfrac{\text{实际完成数}}{\text{计划任务数}}\times 100\%$

$$=\frac{1060}{1000}\times 100\%=106\%$$

劳动生产率计划完成相对数$=\dfrac{1\pm\text{实际增加率}}{1\pm\text{计划增加率}}\times 100\%$

$$=\frac{1+32\%}{1+10\%}\times 100\%=120\%$$

单位成本计划完成相对数$=\dfrac{1\pm\text{实际增加率}}{1\pm\text{计划增加率}}\times 100\%$

$$=\frac{1-3\%}{1-5\%}\times 100\%=102.11\%$$

(3) 根据平均指标计算计划完成程度相对指标。

在实际工作中，有些计划任务数是以平均数的形式表示的，如人均收入、平均工资、人均产量等。这种情况下计算计划完成程度相对指标的公式可以变形为

$$\text{计划完成程度相对指标}=\frac{\text{实际平均数}}{\text{计划平均数}}\times 100\%$$

【例 5-12】某企业 2010 年 4 月份生产某产品，计划每人每日平均产量为 50 件，实际每人每日平均产量为 60 件，则

$$\text{该企业劳动生产率计划完成程度相对指标}=\frac{\text{实际平均数}}{\text{计划平均数}}\times 100\%$$

$$=\frac{60}{50}\times 100\%=120\%$$

计算结果表明，该企业实际劳动生产率超额 20%完成了计划任务。

【例 5-13】某企业计划提高员工收入，计划平均收入达到 3000 元/月，结果员工实际平均收入只达到了 2700 元/月，则

$$\text{该企业员工平均收入计划完成程度相对指标}=\frac{\text{实际完成数}}{\text{计划任务数}}\times 100\%$$

$$=\frac{2700}{3000}\times 100\%=90\%$$

计算结果表明，该企业员工平均收入只完成了计划任务的 90%。

3. 计算和应用计划完成程度相对指标时应注意的问题

(1) 实际完成数值和计划数值的指标含义、计算范围、口径、方法、计量单位以及时间长度等都要求一致。时期一致主要包括两个方面：一方面是指计划期有多长，要用该段时

期内的实际完成数与计划数进行对比；另一方面是指在检查计划完成进度时，也可以采用计划期内某一段时期的累计完成数与累计计划数进行对比。

(2) 计算计划完成程度相对指标时分子、分母不能互换，即不能用计划数比实际数。因为计划数总是用来衡量计划完成情况的标准，所以分子总是实际完成数，而分母总是计划指标数。

(3) 指标性质决定计划完成程度相对指标在何种情况下表示完成计划。对于正指标，其数值大于 100%表示超额完成计划，小于 100%表示未完成计划；对于逆指标，其数值大于 100%表示未完成计划，小于 100%表示超额完成计划。

4. 计划执行进度的考核

如果实际完成数所包含的时期只是计划期的一部分，这种情况被称为计划执行进度，它不是在计划期末，而是在计划执行的过程中进行计算的。一般适用于检查计划的执行进度和计划执行的均衡性。其计算公式为

$$计划执行进度=\frac{累计完成数}{全期计划数}\times 100\%$$

上式中的累计完成数是指从年初至报告期止实际完成的累计总量，全期计划数是指全年的计划任务数。

【例 5-14】某企业 2010 年产值情况如表 5-3 所示。

表 5-3 某企业 2010 年产值资料

企业名称	全年计划总产值/万元	实际完成总产值/万元		
		1 季度	2 季度	3 季度
甲企业	6000	1200	1500	2000

请计算该企业前三季度的计划执行进度情况。

解：$$计划执行进度=\frac{前三季度累计完成数}{全期计划数}\times 100\%$$

$$=\frac{1200+1500+2000}{6000}\times 100\%=\frac{4700}{6000}\times 100\%=78.3\%$$

计算结果表明，该企业截至第三季度，全年的时间已经过去了 $\frac{3}{4}$，即 75%，则产值也应该完成全年计划产值的 75%。从计算结果看，该公司前 3 个季度已经完成了全年计划产值的 78.3%，因此，该企业前 3 个季度超额完成计划产值 3.3%。

5. 中长期计划完成程度相对指标的计算方法

计划完成程度相对指标不仅可以检查分析部门或企业制定的年度或季度计划执行情况，而且可以检查分析国民经济发展中长期(5 年或更长时期)的计划执行情况。

国民经济发展的中长期计划，依经济现象的性质不同，在下达计划时有两种情况。

① 规定计划期末应达到的水平。例如，国民生产总值、人均收入等指标一般是逐年递增的，因而在下达计划时，只需要规定计划期末年应达到的水平就可以了。

② 规定计划期应达到的总规模。例如，基本建设投资总额、新增生产能力等指标，每年的实际完成量是不均衡的，因此，在制定计划时就只能规定整个计划期内应达到的总规模。

在检查中长期计划的执行情况时，由于计划的下达方式不同，因而检查分析的方法也有所不同。主要有水平法和累计法两种。

6. 计划完成程度相对指标的作用

计划完成程度相对指标的作用主要有：①可以准确地说明各项计划指标的完成程度，为搞好经营管理提供依据；②可以反映计划执行进度，以便及时发现问题，提出措施，推动经济建设的良好发展；③可以反映经济计划执行中的薄弱环节，鼓励执行计划的落后者向先进者看齐，为组织新的平衡提供依据。

五、正确运用相对指标的原则

(一)可比性原则

相对指标是两个有关的指标数值之比，对比结果的正确性直接取决于两个指标数值的可比性。可比性主要指对比的两个指标(即分子与分母)在经济内容上要具有内在联系，在总体范围、时间、空间、指标口径上要求一致或相适应。另外，还要注意计算方法、计算价格的可比。例如，工业总产值是按照工厂法计算，还是按照部门法或国民经济法计算；是采用同一不变价格，还是不同的不变价格，或者是现行价格计算等方面，在不同空间和时间的对比中要取得一致。如果不一致时，必须进行调整和换算。这样的对比才能符合统计分析研究的要求，对比的结果才能正确反映社会经济现象的实质。

(二)相对指标与总量指标结合运用原则

相对指标虽然可以有效地反映事物的联系和对比关系，但同时却把现象的绝对水平抽象化了，掩盖了现象间绝对量的差别。因此，为了全面分析问题，运用相对数时必须与计算相对数所依据的绝对水平联系起来考察，要看到相对数背后所隐藏的总量指标数值，这样才能使我们对客观事物正确认识。例如，某企业提高全体员工的工资水平，工资调整按

照向一线工人倾斜的原则进行，一线工人平均工资增长50%，管理人员平均工资增长20%。初看此调整方案可能认为工资调整方案对一线工人有利，但一线工人人均工资2000元左右，管理人员人均工资10 000元左右，那么工资调整后一线工人工资增长1000元，而管理人员工资增长2000元。可以看出相对指标具有较强的迷惑性，只有将相对指标和绝对指标结合运用才能做出正确的分析。

(三)多种相对指标结合运用原则

为了全面、深入地说明现象及其发展过程的规律性，应该根据统计研究的目的，综合应用各种相对指标。各种相对指标的具体作用不同，从不同侧面来说明所研究的问题，将几种相对指标结合起来运用可以比较、分析现象变动中的相互关系，更好地阐明现象之间的发展变化情况。由此可见，综合运用结构相对指标、比较相对指标、动态相对指标等多种相对指标，有助于剖析事物变化中的相对关系及其后果。例如，在研究企业的经营效果时，不仅要看总产值、产品产量、销售收入、利税总额等总量指标，还要结合企业的投入，观察产值利税率、资金利税率等相对指标，客观反映企业的经营效益。同时，还需要将这些指标与企业的计划任务相比较，检查企业计划的执行情况；利用动态相对指标，将当期指标数值与企业过去的同类指标数值进行纵向对比，可以总结经验和成绩，寻找事物发展变化的规律；通过计算各个比较相对指标，能够实现与其他同类企业的横向对比，发现自己的差距和不足，及时制定计划和措施，迎头赶上。

六、相对指标的应用条件

相对指标从多个方面深刻说明社会经济现象总体的构成结构、比例、发展速度、联系程度等。因而，运用相对指标对社会经济现象进行对比分析是统计中最常用的分析方法。正确应用相对指标必须符合以下条件。

(一)正确选择比较标准

相对指标的比较标准是指相对指标的分母数值，它是对比的依据和标准。选择不同的比较标准所反映和说明的问题也不同。例如，据报道，我国原油产量由1978年的1.04亿吨增长到2009年的约1.894亿吨。从位居世界第8位上升到世界第4位，这说明我国原油生产发展势头良好。但同时我国还是世界第二大原油需求国，国内产量依然不足。俄罗斯的原油年产量为4.96亿吨，我国原油产量与之相比差距很大。

比较标准的选择一般因研究目的和任务的不同而不同，选择比较标准时要注意以下几点。

1. 对比基数的大小影响发展速度

基数小的数量，常常比基数大的数量的发展速度快得多。例如，我国 1985 年钢产量为 4679 万吨，若以 1949 年的 15.8 万吨为基数，则年平均增长 17.1%，若以 1984 年的 4379 万吨为基数，则年平均增长 7.6%。显然，两者由于对比基数不同，使得年平均增长速度差异很大。

2. 要选择具有特点的时期作为基期

在进行动态对比时，要选择能够反映具有一定特点的历史阶段作为比较标准。如以 1978 年为基期，能够反映改革开放以来我国迅速发展、人民生活水平提高的情况。

3. 要选择经济与社会发展比较稳定的时期作为基期

在进行长期对比时，要选择经济与社会发展比较稳定的时期作为比较标准。这样计算得到的数据更准确，统计分析的效果会更好。

(二)严格保持相对指标的可比性

相对指标是由两个有联系的指标数值对比而来，因此，这两个指标数值是否具有可比性非常重要。在实际工作中，影响相对指标可比性的因素很多，常常表现在以下几个方面。

1. 进行对比的两个指标口径范围不同不能进行对比

当指标口径范围不同时不能进行对比。例如，第三产业产值和我国的社会总产值不能进行对比，因为两个指标的口径范围不同，我国社会总产值的统计口径是物质生产部门的生产总值；第三产业的统计口径既包括物质生产部门，又包括非物质生产部门。

2. 进行对比的两个指标经济内容不同不能进行对比

当指标经济内容不同时不能进行对比。例如，我国口径的国民收入和西方口径的国民收入，其反映的经济内容就有很大不同，不能直接进行对比。

第三节　平 均 指 标

统计对大量社会经济现象数量方面进行研究，反映其基本特征和规律性，平均指标是统计分析和一般经济分析中广泛应用的一种统计指标，在统计学中占有非常重要的地位。

一、平均指标的概念

平均指标也称为统计平均数，它是说明同质总体各单位某一数量标志在具体时间、地点、条件下达到一般水平的综合指标。平均指标通过平均，将总体各单位数量标志的表现差异抽象化，用一个数值说明总体的一般水平。

二、平均指标的特点

由于平均指标是反映各总体单位一般水平、抽象概括总体数量特征的指标。因此，平均指标具有以下特点。

(一)同质性

平均指标只能就同类现象计算，也就是计算平均指标的各单位必须具有同类性质，这是计算平均指标的基本前提。如果把不同类现象混同起来计算平均指标，就会掩盖现象间本质的差别，所得到的结论必然不符合客观实际的真实情况。

(二)抽象性

平均指标把各个数量标志的差异数值进行抽象，概括地反映这一数量标志在具体时间、地点、条件下达到的一般水平。

(三)代表性

平均指标以一般水平代表总体各单位数量标志的具体表现，反映总体某一数量标志的典型水平或代表性水平。

三、平均指标的作用

(一)反映现象总体的一般水平和变量值分布的集中趋势

社会经济现象总体中各单位某一标志表现不同，但有一定规律，一般很小或很大的数值出现次数较少，而靠近平均指标的次数较多，围绕平均指标两边的标志值出现次数最多，这说明总体分布是两边向中间集中，中心是平均指标，因此，平均指标可以说明总体的一般水平和变量值分布的集中趋势。

(二)用来分析现象之间的依存关系

运用统计分组来研究现象之间的依存关系是统计分析的一种重要方法，而在统计分组中其结果标志要求计算为相对指标或平均指标，但这种关系经常表现为平均指标，所以，平均指标在研究现象相互关系中起着重要的作用。例如，想要了解人的收入与受教育程度之间的关系，就可以将人按照受教育程度分组，分别计算各组的平均收入水平，由此就可以清晰地观察出受教育程度与收入之间的联系。

(三)用来比较同一对象在不同时间或空间的发展水平

平均指标用于同类现象在不同时间的对比，可以反映现象在时间上发展变化的规律性。例如，将职工的平均工资按照时间先后顺序排列进行对比，这样就可以明显看出职工收入水平不断增长的趋势。

平均指标用于同类现象在不同空间的对比，可以反映现象在空间上的高低水平。例如，比较生产同类产品的几个不同企业的平均单位产品成本水平，就可以反映企业经营管理水平的高低，以便找出差距，不断提高经营管理水平。

(四)用来进行统计推断

平均指标是统计推断的一个重要统计量，是进行统计推断的基础。

四、平均指标的计算

平均指标按照计算和确定的方法的不同，可以分为算术平均数、调和平均数、几何平均数、众数和中位数。前 3 种平均数是根据总体各单位的标志值计算得到的平均数，称为数值平均数。众数和中位数是根据指标值在分配数列中的位置确定的，称为位置平均数。

(一)算术平均数

1. 算术平均数的定义

算术平均数是总体单位某一数量标志值之和除以总体单位数。算术平均数是分析社会经济现象一般水平和典型特征的最基本指标，是统计中计算平均数最常用的方法。算术平均数常用$\bar{x}$来表示。

2. 算术平均数的计算

算术平均数的基本计算公式为

$$\bar{x}=\frac{\text{总体单位某一数量标志值之和}}{\text{总体单位数}}$$

式中要求各标志值必须是同质的，即总体标志总量与总体单位总量必须来自于同一总体，分子和分母的范围必须是一致的，这也是算术平均数和强度相对指标的区别。由于所掌握

的资料的不同，算术平均数的计算又分为简单算术平均数和加权算术平均数。

(1) 简单算术平均数。

当所给资料未进行分组时，应采用简单算术平均数计算。其计算公式为

$$\bar{x}=\frac{x_1+x_2+\cdots+x_n}{n}=\frac{\sum x}{n}$$

式中，$\bar{x}$ 为算术平均数；x_i 为各单位的标志值；n 为总体单位数。

【例 5-15】某销售小组有 5 个人，某天该小组 5 人的销售额分别为 520 元、600 元、480 元、750 元、440 元。试计算平均每人日销售额。

解： $\bar{x}=\frac{\sum x}{n}=\frac{520+600+480+750+440}{5}=558(\text{元})$

计算结果表明，该销售小组平均每人日销售额为 558 元。

(2) 加权算术平均数。

当所给资料为分组资料时，应采用加权算术平均数计算。其计算公式为

$$\bar{x}=\frac{x_1f_1+x_2f_2+\cdots+x_nf_n}{f_1+f_2+\cdots+f_n}=\frac{\sum xf}{\sum f}$$

式中，$\bar{x}$ 为算术平均数；x_i 为各单位的标志值；n 为权数。

【例 5-16】某车间各组产量和工人数资料如表 5-4 所示。试计算该车间平均每人产量。

表 5-4　某车间某月产量情况

组　别	人均产量 x/件	工人人数 f/人	各组总产量 xf/件
一组	120	8	960
二组	100	42	4200
三组	90	30	2700
合计	—	80	7860

解： $\bar{x}=\frac{\sum xf}{\sum f}=\frac{7860}{80}=98.25(\text{件})$

计算结果表明，该车间平均每人产量为 98.25 件。

【例 5-17】某公司 20 个连锁店的销售资料如表 5-5 所示。试计算该公司各个连锁店的平均销售额。

表 5-5　某公司销售资料

销售额/万元	组中值 x	商店个数 f/个	xf
20 以下	15	1	15

续表

销售额/万元	组中值 x	商店个数 f/个	xf
20～30	25	5	125
30～40	35	9	315
40～50	45	3	135
50 以上	55	2	110
合计	—	20	700

解：$\bar{x}=\dfrac{\sum xf}{\sum f}=\dfrac{700}{20}=35$(万元)

计算结果表明，该公司各个连锁店的平均销售额为 35 万元。

【例 5-18】某班学生年龄分布情况如表 5-6 所示。试计算该班学生的平均年龄。

表 5-6　某班学生年龄资料

年龄 x/岁	频率 $f/\sum f$/%
19	10
20	48
21	36
22	6
合计	100

解：$\bar{x}=\dfrac{\sum xf}{\sum f}=\sum x\dfrac{f}{\sum f}$

$=19\times0.1+20\times0.48+21\times0.36+22\times0.06=20.38$(岁)

计算结果表明，该班学生的平均年龄为 20.38 岁。

3. 算术平均数的性质

算术平均数具有一些重要的数学性质，这些数学性质在实际工作中有着广泛的应用，同时也体现了算术平均数的统计思想。

(1) 各标志值与算术平均数的离差(标志值减去平均数之差)之和等于零。

对于未分组资料，有

$$\sum(x-\bar{x})=0$$

对于分组资料，有

$$\sum(x-\bar{x})f=0$$

这一性质说明算术平均数是一组数据的重心，它是将各个数据的差异抽象掉之后用来代表变量的一般水平，说明一组数据分布中心位置的代表值。

(2) 各标志值与算术平均数的离差平方和最小。

对于未分组资料，有$\sum(x-\bar{x})^2$最小。

对于分组资料，有$\sum(x-\bar{x})^2 f$最小。

这一性质说明，若以离差平方衡量各个变量值与数据分布中心的差异，算术平均数作数据一般水平和中心位置的代表值最理想，因为从全部数据来看，算术平均数最接近所有的变量值。

【相关链接 5-4】

利用 Excel 计算算术平均数

下面以计算某班上学期期末考试各科平均成绩为例，说明利用 Excel 计算算术平均数的步骤。

方法一:

第一步，打开 Excel，输入全班每位同学各科考试成绩。

第二步，选择(单击)“工具”下拉菜单。

第三步，选择(单击)“数据分析”命令。

第四步，从弹出的“分析工具”对话框中选择(单击)“描述统计”选项并单击“确定”按钮。

第五步，在对话框中“输入区域”框内输入要计算的单元格区域(如果包括字段行，则须选中“标志位于第一行”复选框。若分组方式为逐行，则该复选框选定标志位于第一列)；在“输出选项”列表框中选择输出区域；选择“汇总统计”选项(该选项给出全部描述统计量)；单击“确定”按钮。

方法二:

第一步，打开 Excel，输入全班每位同学各科考试成绩。

第二步，在适当的单元格内输入计算公式(以一行记录一名学生的各科成绩为列，假设第一行依次为姓名及各考试科目名称，最后一名学生第一科的成绩所在单元格为 B45，则可以在 B46 单元格输入计算公式“: average(b2: b45)”)，然后按 Enter 键；或者在适当的单元格内插入函数(选择“插入”下拉菜单，然后选择“函数”命令，接下来从弹出的对话框左边的函数类别中选择“统计”，再从对话框右边的函数名中选择“average ”函数，最后单击“确定”按钮)。

第三步，选定第二步计算结果所在单元格，复制其他考试科目的平均成绩。

(二)调和平均数

1. 调和平均数的概念

调和平均数也称为倒数平均数，是指变量值的倒数的算术平均数的倒数。

2. 调和平均数的计算

根据所给资料的不同，调和平均数可以分为简单调和平均数和加权调和平均数。调和平均数一般用 H 表示。

(1) 简单调和平均数。当所给资料未进行分组时，应采用简单调和平均数计算。其计算公式为

$$H=\frac{n}{\sum\frac{1}{x}}$$

【例 5-19】某农副产品交易市场的土豆单价为：早晨 2.2 元/kg，中午 2.5 元/kg，晚上 2.0 元/kg。某人在早、中、晚各买了 10 元钱的土豆。试计算该人所购买的土豆的平均单价是多少？

解：$$H=\frac{n}{\sum\frac{1}{x}}=\frac{10+10+10}{\frac{10}{2.2}+\frac{10}{2.5}+\frac{10}{2.0}}=2.215(\text{元}/\text{kg})$$

计算结果表明，该人所购买的土豆的平均单价为 2.215 元/kg。

(2) 加权调和平均数。当所给资料为分组资料时，应采用加权调和平均数计算。其计算公式为

$$H=\frac{\sum m}{\sum\frac{m}{x}}$$

【例 5-20】某车间产品产量资料如表 5-7 所示。试计算该车间的人均产量。

表 5-7　某车间各组产量情况表

组　别	人均产量 x/件	产量 m/件
一组	120	960
二组	100	4200
三组	90	2700
合计	—	7860

解：人均产量为

$$H=\frac{\sum m}{\sum \frac{m}{x}}=\frac{7860}{\frac{960}{120}+\frac{4200}{100}+\frac{2700}{90}}=98.25(\text{件})$$

计算结果表明，该车间各组人均产量为 98.25 件。

【例 5-21】某公司下属有 3 个部门，各部门的利润资料如表 5-8 所示。试计算该公司各部门的平均利润率。

表 5-8　某公司 3 个部门的销售情况表

部　门	销售利润率 x/%	利润额 m/万元
A	12	120
B	10	200
C	7	105
合计	—	425

解：人均产量为

$$H=\frac{\sum m}{\sum \frac{m}{x}}=\frac{425}{\frac{120}{0.12}+\frac{200}{0.1}+\frac{105}{0.07}}=9.44\%$$

计算结果表明，该企业各部门的平均利润率为 9.44%。

3. 调和平均数的特点

(1) 调和平均数易受极端值的影响，且受极小值的影响比受极大值的影响更大。

(2) 如果数列中有一个标志值等于零，就无法计算调和平均数。

(三)几何平均数

1. 几何平均数的概念

几何平均数也称为对数平均数，它是若干项变量值连乘积开其项数次方的算术根。当所掌握的变量值本身是比率的形式，而且各比率的乘积等于总的比率，这时计算平均指标时就需要计算几何平均数。几何平均数常用 $\overline{X}_G$ 表示。

2. 几何平均数的计算

根据所给资料的不同，几何平均数可以分为简单几何平均数和加权几何平均数。

(1) 简单几何平均数。当所给资料未进行分组时，应采用简单几何平均数计算。简单几何平均数是将 n 项变量值连乘，然后对其开 n 次方根。它是几何平均数的常用形式，其计算公式为

$$\overline{X}_G=\sqrt[n]{X_1X_2X_3\cdots X_n}=\sqrt[n]{\prod_{i=1}^{n}x_i}$$

式中，$\overline{X}_G$为几何平均数；X_1、X_2、…、X_n为各标志值(即变量值)；n为标志值的个数。

【例 5-22】某流水线共有 5 道工序，各工序产品的合格率分别为 95%、92%、90%、85%、80%。试计算该流水线各工序的平均合格率水平。

解：$\overline{X}_G=\sqrt[n]{X_1X_2X_3\cdots X_n}=\sqrt[n]{\prod X}$

$=\sqrt[5]{95\%\times 92\%\times 90\%\times 85\%\times 80\%}$

$=88.24\%$

即该流水线各工序生产产品的平均合格率为 88.24%。

(2) 加权几何平均数。

当所给资料是分组资料时，即某些变量值重复出现时，应采用加权几何平均数计算，其计算公式为

$$\overline{X}_G=\sqrt[\sum f]{X_1^{f_1}X_2^{f_2}X_3^{f_3}\cdots X_n^{f_n}}=\sqrt[\sum f]{\prod X^f}$$

式中，$\overline{X}_G$为几何平均数；X_1、X_2、…、X_n为各个标志值(即变量值)；f为权数。

【例 5-23】某笔资金存入银行 10 年，这 10 年的银行利率如表 5-9 所示，按照复利计算利息。试计算银行的年平均利率水平。

表 5-9　银行利率表

银行利率 x/%	年数 f /次数
3	1
5	2
6	4
7	3
合计	10

解：$\overline{X}_G=\sqrt[\sum f]{X_1^{f_1}X_2^{f_2}X_3^{f_3}\cdots X_n^{f_n}}=\sqrt[\sum f]{\prod X^f}$

$=\sqrt[10]{0.03^1\times 0.05^2\times 0.06^4\times 0.07^3}$

$=105.79\%$

即该笔资金存入银行这 10 年的平均每年利率为 105.79%。

【例 5-24】某笔资金投入股市 20 年，这 20 年的收益率如表 5-10 所示。试计算这笔资金的年平均收益率。

表 5-10　各年收益率表

各年收益率 x/%	年数 f/次数
3	1

续表

各年收益率 x/%	年数 f/次数
7	4
16	11
20	4
合计	20

解：$\overline{X}_G=\sqrt[\sum f]{X_1^{f_1}X_2^{f_2}X_3^{f_3}\cdots X_n^{f_n}}=\sqrt[\sum f]{\prod X^f}$

$=\sqrt[20]{0.03^1\times0.07^4\times0.16^{11}\times0.2^4}$

$=114.45\%$

即该笔资金投入股市这20年的平均每年收益率为114.45%。

3. 几何平均数的特点

几何平均数具有以下特点：①如果数列中有一个标志值等于零或负值，计算出来的几何平均数就会成为负数或虚数；②几何平均数受极端值的影响较小；③适用于反映特定现象的平均水平，即现象的总标志值不是各单位标志值的总和，而是各单位标志值的连乘积。这类社会经济现象要采用几何平均数计算一般水平。

(四)众数

1. 众数的概念

众数是总体中出现次数最多的标志值，它能够直观地说明客观现象分配中的集中趋势。一般用 M_0 表示。众数一般用于反映分布数据的集中趋势。

2. 众数的计算

由于所给资料不同，众数的计算方法也有所不同。

(1) 未分组资料或单项式分组资料计算众数。观察次数，找到出现次数最多的变量值，就是该组资料的众数。

例如，某次数学考试，某宿舍6名同学的成绩分别为70、75、75、80、82、90，则75分出现了两次，出现的次数最多，因此，该宿舍数学成绩的众数是75分。

又如，如果有两个或两个以上个数出现次数都是最多的，那么这几个数都是这组数据的众数，如1、2、2、3、3、4的众数是2和3。

再如，如果所有数据出现的次数都一样，那么这组数据没有众数，如1、2、3、4、5没有众数。

【例5-25】某服装企业8月份销售的女式服装规格和销售量如表5-11所示，试求该企业

销售服装规格的众数。

表 5-11　某服装企业 8 月份女装销售情况表

服装规格	销售量/件
S	344
M	892
L	683
XL	421
XXL	125
合计	2465

解：该企业服装中销售量最多的是 892 件，该次数对应的变量值是 M，因此，该企业服装规格的众数是 M 号。

(2) 组距式分组资料计算众数。组距式分组资料计算众数的步骤：①观察分配次数，寻找次数最多的组，即众数所在组；②应用比例插值法推算众数的近似值。

计算公式为

下限公式

$$M_0=L+\frac{\Delta_1}{\Delta_1+\Delta_2}\times d$$

上限公式

$$M_0=U-\frac{\Delta_2}{\Delta_1+\Delta_2}\times d$$

式中：M_0 为众数；L 为众数所在组下限；U 为众数所在组上限；Δ_1 为众数所在组次数与前一组次数之差；Δ_2 为众数所在组次数与后一组次数之差；d 为众数所在组的组距。

【例 5-26】在某市抽取 100 家企业，按其利润分组，结果见表 5-12。试计算这 100 家企业利润额的众数。

表 5-12　某市企业按利润分组情况表

利润额/万元	企业数/家
200～300	11
300～400	18
400～500	33
500～600	25
600 以上	13
合计	100

解：观察分配次数，次数最多的是33，对应的组为400～500这一组，即为众数所在组。

L=400　　U=500　　d=500−400=100

Δ_1=33−18=15　　Δ_2=33−25=8

利用下限公式：$M_0=L+\frac{\Delta_1}{\Delta_1+\Delta_2}d=400+\frac{15}{15+8}\times100=465.22$

利用上限公式：$M_0=U-\frac{\Delta_2}{\Delta_1+\Delta_2}d=500-\frac{8}{15+8}\times100=465.22$

计算结果说明，该市这100家企业利润额的众数是465.22万元。在计算众数的过程中，无论是采用上限公式还是下限公式得到的结果都是相同的。

3. 众数的特点

(1) 众数是一个位置平均数，它只考虑总体分布中最频繁出现的变量值，而不受极端值和开口组数列的影响，从而增强了众数的代表性。

(2) 当分配数列中没有明显的集中趋势，即没有任何一组的次数占多数，而是近似于均匀分布时，则该分配数列无众数；当分配数列是异距分组时，众数的位置也不好确定。

(3) 缺乏敏感性。这是由于众数的计算只利用了众数组的数据信息，不像数值平均数那样利用了全部数据信息。

(五)中位数

1. 中位数的定义

中位数是指将总体中各单位标志值按照大小顺序排列，处于中间位置的标志值即为中位数。中位数一般用M_e表示。中位数把全部标志值分为两部分，一部分比中位数小，另一部分比中位数大。由于中位数由处于中间位置决定，因此中位数的大小不受极端值影响，也属于位置平均数。

2. 中位数的计算

确定中位数必须先将总体各单位的标志值按照大小顺序排列。依据资料不同，中位数的计算方法也有多种。

(1) 未分组资料计算中位数。首先必须将标志值按照大小排序，然后按照下列公式确定中位数的位置，即

$$中位数位置=\frac{n+1}{2}$$

式中：n为总体单位数。如果n为奇数，则居于中间位置的那个标志值就是中位数。

【例5-27】有5名工人生产某种产品，8小时生产该产品的件数按照标志值大小排序如

下：20、23、26、29、30。

$$中位数位置=\frac{n+1}{2}=\frac{5+1}{2}=3$$

这表明第三位工人日产 26 件产品即为中位数，所以 $M_e=26$

如果总体单位数为偶数，则位于中间位置的两个变量值的算术平均数即为中位数。

【例 5-28】某小组有 6 名学生，身高排序为 1.62、1.65、1.66、1.73、1.78、1.80m

$$中位数位置=\frac{n+1}{2}=\frac{6+1}{2}=3.5$$

则第三位学生和第四位学生都位于中间位置，因此第三位学生的身高 1.66m 和第四位学生身高 1.73m 的算术平均数为中位数

$$中位数=\frac{1.66+1.73}{2}=1.695$$

即 6 名学生身高的中位数为 1.695m，$M_e=1.695$m

(2) 单项式分组资料计算中位数。单项式分组资料确定中位数的步骤：①求出中位数位置$=\frac{\sum f}{2}$($\sum f$ 为总体单位数之和)；②计算各组的累计次数(向上累计次数或向下累计次数)；③根据中位数位置找出中位数。

【例 5-29】某企业工人日产零件情况如表 5-13 所示，请计算工人日产零件中位数。

表 5-13　某企业工人日产量资料

按日产零件数分组/件	工人数/人	向上累计次数	向下累计次数
26	3	3	80
31	10	13	77
32	14	27	67
34	27	54	53
36	18	72	26
41	8	80	8
合计	80	—	—

$$中位数位置=\frac{\sum f}{2}=\frac{80}{2}=40$$

这说明中位数的位置在累计次数 40 的那一组里(从向上累计次数或向下累计次数中都可以看出)，该组所对应的指标值即为中位数，所以 $M_e=34$ 件。

(3) 组距式分组资料计算中位数。组距式分组资料确定中位数的步骤：①求出中位数位置$=\frac{\sum f}{2}$($\sum f$ 为总体单位数之和)；②按照上限公式或下限公式确定中位数。

下限公式为

$$M_e=L+\frac{\frac{\sum f}{2}-S_{m-1}}{f_m}\times d$$

上限公式为

$$M_e=U-\frac{\frac{\sum f}{2}-S_{m+1}}{f_m}\times d$$

式中：M_e 为中位数；L 为中位数所在组下限；U 为中位数所在组上限；S_{m-1} 为中位数所在组以前各组累计次数；S_{m+1} 为中位数所在组以后各组累计次数；d 为中位数所在组的组距；f_m 为中位数所在组的次数。

【例 5-30】某企业工人日产量资料见表 5-14，试计算该企业工人日产量的中位数。

表 5-14　某企业按工人日产量分组情况表

按日产零件数分组/件	工人数/人	向上累计次数	向下累计次数
60 以下	10	10	164
60～70	19	29	154
70～80	50	79	135
80～90	36	115	85
90～100	27	142	49
100～110	14	156	22
110 以上	8	164	8
合计	164	—	—

解：中位数位置 $=\frac{\sum f}{2}=\frac{164}{2}=82$

这说明该组距数列中的第 82 位工人的日产量是中位数，从累计次数中可以看到，第 82 位工人在第四组中，即中位数在 80～90 组距这组中。利用公式计算中位数。

L=80，U=90，d=90−80=10，$\sum f$ =164，f_m=36，S_{m-1}=10+19+50=79，S_{m+1}=27+14+8=49。

下限公式：$M_e=L+\frac{\frac{\sum f}{2}-S_{m-1}}{f_m}\times d=80+\frac{\frac{164}{2}-79}{36}\times 10=80.83$

上限公式：$M_e=U-\frac{\frac{\sum f}{2}-S_{m+1}}{f_m}\times d=90-\frac{\frac{164}{2}-49}{36}\times 10=80.83$

计算结果说明，工人日产量中位数为 80.83 件，无论利用上限公式还是下限公式都可以得到相同的结果。

3. 中位数的特点

(1) 中位数也是位置平均数。中位数是以它在所有标志值中所处的位置确定的全体单位标志值的代表值，不受分布数列的极大值或极小值的影响，具有稳定性。对于某些不能用数字测定的现象，可以用中位数反映一般水平。

(2) 各单位标志值与中位数离差的绝对值之和最小。利用中位数的这一性质，可以解决一些实际问题。例如，要在一条街上设一个居民生活燃料供应站，使该站到各个用户的距离总和为最短。

(3) 对某些不具有数学特点或不能用数字测定的现象，可以用中位数求其一般水平。例如，印染厂对某种颜色按不同深浅排列后，可以求出其中位数色泽。

(4) 缺乏敏感性。由于计算中位数只利用了中位数组和邻近组的数据信息，不像数值平均数那样利用了全部数据信息，因此缺乏敏感性。

【案例 5-1】

纽约州是穷州吗？

纽约州是不是个穷州？纽约州的个人平均收入在美国全部 50 个州中位居第四，和它的富邻居康涅狄格州及新泽西州一起名列前茅。但是康涅狄格州和新泽西州的住户中位收入分别居全国的第七名和第二名，纽约州却排名在第 29 名，比全国平均的中位收入低许多。这是怎么回事？这只不过是平均数不同于中位数的另一个例子。纽约州有许多收入非常高的居民，把平均收入水平提高了许多，但是它的贫困户比例比新泽西州和康涅狄格州都要高，使得住户中位收入偏低。纽约州并不是很有钱——它只是同时拥有非常有钱和非常贫困的居民这两种极端的一个州。

(资料来源：戴维·S.穆尔.统计学的世界[M].北京：中信出版社，2003)

五、正确运用平均指标的原则

平均指标在统计分析中应用非常广泛，要使各种平均指标充分发挥作用，应用时需遵守以下原则。

(一)平均指标只能用于同质总体

现象总体的同质性是指被研究总体的各单位在某一标志上具有相同的性质。只有在同质总体中，总体单位才具有共同的特征，才可以通过计算平均数指标反映其总体的一般水

平；否则，计算的平均数就会把现象的本质差异掩盖起来，不能起到说明事物性质及其规律性的作用。

(二)用组平均数补充说明总平均数

总平均数虽然是根据同质总体计算的，但它只保证了总体各单位在某一方面的性质相同，而其他一些性质仍然存在着重要的差别，由于这些差别的影响，总平均数不能充分显示总体的特征。还应该计算各组的平均数来补充说明总平均数，以便更好地反映总体的内部结构对总平均数的影响。

(三)用分配数列补充说明平均数

平均数将总体各单位数量标志的差异抽象掉了，只说明了现象的共性，即现象的一般水平，这就掩盖了总体各单位的差异及其分配情况。为了比较深入地说明问题，在利用平均数对社会经济现象进行分析时，还应该结合原来的分配数列，分析平均指标在原来分配数列中所处的位置以及各单位标志值在平均数上下的分配情况。

(四)以具体单位变动补充说明总平均变动

总平均变动说明现象变动的一般趋势，它体现了一定范围内社会经济现象的共性，但同时掩盖了社会经济现象的个性，并不显示个别单位的突出问题。因此，为了加强平均指标对现象的认识作用，往往还需要以具体单位的变动来补充说明总平均变动，特别是以先进和落后的典型事实补充平均指标的不足。例如，社会平均富裕程度并不能抹煞个别贫困户的存在，还需要加以具体分析。

【案例 5-2】

Barens 医院的统计应用

华盛顿大学医疗中心的 Barens 医院建于 1914 年，是为圣路易斯及其邻近地区的居民提供医疗服务的主要医院，当时该医院被公认为美国最好的医院之一。Barens 医院有一个收容计划，用以帮助身患绝症的人及其家人提高生活质量。负责收容工作的小组包括一名主治医师、一名助理医师、护士长、家庭护士、临床护士、家庭健康服务人员、社会工作者、牧师、营养师、经过培训的志愿者以及提供必要的其他辅助服务的专业人员。通过收容工作组的共同努力，家人及其家庭会获得必要的指导和支持，以帮助他们克服由于疾病、隔离和死亡而带来的紧张情绪。

在收容工作组的协作和管理上，采用每月报告和季度总结来帮助小组成员回顾过去的服务。工作数据的统计成为管理方制定方案和执行方案的基础。

比如，他们收集了有关病人被工作组收容的时间数据。一个含有67个病人记录的样本表明，病人被收容的时间在1～185天内变化。频数分布的使用对于概括总结收容天数的数据也是很有用的。此外，平均数是35.7天，中位数是17天，众数是1天，同时该样本也被用于提供有关收容时间数据的有价值的信息。对以上数据进行解释，表明平均数即对病人的平均收容时间是35.7天，也就是1个月多一点。而中位数则表明半数病人的收容时间在17天以下，半数病人的收容时间在17天以上。众数是发生频数最多的数据值，众数为1天表明许多病人仅仅被收容了短短的1天。

有关该收容计划的其他统计汇总还包括住院费金额、病人在家时间与在医院时间的对比、痊愈出院的病人数目、病人在家死亡和在医院死亡的数目。这些汇总结果将根据病人的年龄和医疗普及程度的不同进行分析。总之，统计学为收容服务提供了有价值的信息。

(资料来源：http://taihang.hebau.edu.cn/jingpinke/wangluojiaoxue/jingpinkejian/anli.htm)

第四节　标志变异指标

平均指标反映了数据聚集的中心所在，但是数据的差异是必然存在的，因此不仅需要研究数据的集中趋势和一般水平，还需要测度数据的离散程度，即差异情况。通过标志变异指标可以测定数据的差异情况。

一、标志变异指标的概念

标志变异指标又称为标志变动指标，它是综合反映社会经济现象总体各单位标志值及其分布差异程度的指标。标志变异指标反映了数据分布特征的另一重要指标，它反映的是各变量值远离中心值的程度，即反映数列中各标志值的变动范围或离散程度。

二、标志变异指标的作用

(一)反映平均指标的代表性

平均指标反映了数据的一般水平和集中趋势，其代表性如何取决于数据之间的差异程度。这种关系表现为：标志变异指标越大，平均指标的代表性越小；反之，标志变异指标越小，平均指标的代表性就越大。

(二)反映变量的稳定性和均衡性

在社会经济生活中，经常需要静态地研究某一现象个体之间差异程度，即数据是否稳

定；动态地研究某一现象发展变化是否剧烈，即数据发展是否均衡。标志变异指标能够反映变量的稳定性和均衡性。通常可以用于进行产品质量控制和投资的风险衡量。

三、标志变异指标的种类和计算

常用的标志变异指标有全距、平均差、标准差、离散系数等。

(一)全距

1. 全距的定义

全距又称为极差，是指总体各单位标志值中的最大值与最小值之差。用于说明标志值变动范围的大小，通常用 R 表示。

2. 全距的计算

$$R=X_{\max}-X_{\min}$$

全距可以说明总体中标志值变动的范围。全距越大，说明总体中标志值变动的范围越大，从而说明总体各单位标志值的差异程度大；全距越小，说明总体中标志值变动的范围越小，从而说明总体各单位标志值的差异程度小。

【例 5-31】某车间有甲、乙两个生产小组，每组各 6 名工人，每人日产量如下：

甲组：20　23　25　26　26　30;

乙组：14　18　25　29　30　34。

通过计算可知，甲、乙两组的平均日产量均为 25 件，但两个小组日产量的离散程度不一样。分别计算两个小组的全距。

$R_{甲}=X_{\max}-X_{\min}=30-20=10$

$R_{乙}=X_{\max}-X_{\min}=34-14=20$

计算结果表明，$R_{甲}<R_{乙}$，说明甲组总体各单位标志值的差异程度小，甲组平均日产量的代表性好。

3. 全距的特点

全距测定标志变异程度的优点是计算方便、易于理解。但由于全距取决于总体中两个极端数值的大小，而没有反映中间各指标值的差异，所以，全距指标较粗略，不能全面反映总体各单位标志值的变异程度。在工业生产中，全距常被用来检查产品质量的稳定性和进行质量控制。

(二)平均差

1. 平均差的概念

平均差是指总体各单位标志值同其算术平均数离差绝对值的算术平均数。平均差能够综合反映总体中各单位标志值变动的影响。平均差越大，则说明各标志值分布越分散，标志变动度越大，平均指标的代表性越小；平均差越小，则说明各标志值分布越集中，标志变动度越小，平均指标的代表性越大。平均差一般用 A·D 表示。

2. 平均差的计算

根据掌握的资料不同，平均差的计算也不相同，主要有以下几种方法。

(1) 简单平均法。当所给资料未进行分组时，应采用简单平均法计算平均差。其计算公式为

$$A\cdot D=\frac{\sum\left|x-\overline{X}\right|}{n}$$

【例 5-32】某车间有两个小组，每组都有 6 个工人，各人日产量分别为：第一组：20、40、60、80、100、120；第二组：67、68、69、71、72、73(表 5-15)。试计算各组的平均差。

表 5-15　各组日产量及平均差资料

第一组			第二组		
日产量 x/件	离差 $x-\overline{X}$	离差绝对值 $\lvert x-\overline{X}\rvert$	日产量 x/件	离差 $x-\overline{X}$	离差绝对值 $\lvert x-\overline{X}\rvert$
20	−50	50	67	−3	3
40	−30	30	68	−2	2
60	10	10	69	−1	1
80	10	10	71	1	1
100	30	30	72	2	2
120	50	50	73	3	3
合计	—	180	合计	—	12

解：$\overline{X_1}=\frac{\sum x}{n}=\frac{20+40+60+80+100+120}{6}=70$(件)

$$\overline{X_2}=\frac{\sum x}{n}=\frac{67+68+69+71+72+73}{6}=70\text{(件)}$$

$$A\cdot D_1=\frac{\sum\left|x-\overline{X}_1\right|}{n}=\frac{180}{6}=30\text{(件)}$$

$$A\cdot D_2=\frac{\sum\left|x-\overline{X}_2\right|}{n}=\frac{12}{6}=2\text{(件)}$$

计算结果表明，两组工人的平均日产量相等，但$A\cdot D_1>A\cdot D_2$，因此，第一组的平均日产量的代表性小于第二组平均日产量的代表性，也就是说，第二组平均日产量的代表性好些。

(2) 加权平均法。当所给资料为分组资料时，应采用加权平均法计算平均差。其计算公式为

$$A\cdot D=\frac{\sum\left|x-\overline{X}\right|f}{\sum f}$$

【例 5-33】某班学生统计学成绩如表 5-16 所示，试计算该班成绩的平均差。

表 5-16　某班学生统计成绩及平均差计算表

成绩/分	学生人数 f/人	组中值 x	xf	$\lvert x-\overline{X}\rvert$	$\lvert x-\overline{X}\rvert f$
60 分以下	2	55	110	25	50
60～70	4	65	260	15	60
70～80	18	75	1350	5	90
80～90	19	85	1615	5	95
90～100	7	95	665	15	105
合计	50	—	4000	—	400

解：$X=\frac{\sum xf}{\sum f}=\frac{4000}{50}=80\text{(分)}$

$$A\cdot D=\frac{\sum\left|x-\overline{X}\right|f}{\sum f}=\frac{400}{50}=8\text{(分)}$$

计算结果表明，该班成绩的平均差为 8 分。

(三)标准差

1. 标准差的概念

标准差也称为均方差，是指总体所有各单位标志值与其算术平均数离差平方的算术平均数的算术平方根。标准差是测定标志变异指标最常用的指标。标准差的意义与平均差基本相同，也表示各标志值对算术平均数的平均距离，所不同的只是在数学处理上有所区别。平均差是用绝对值消除各标志值与算术平均数离差的正负问题，而标准差是用平方的方法消除各标志值与算术平均数离差的正负问题。标准差不仅具有平均差的优点，而且更符合数学计算的要求。标准差一般用σ表示。标准差的平方称为方差，是各个数据与其算术平均

数的离差平方的算术平均数。

标准差越大，则说明各标志值分布越分散，标志变动度越大，平均指标的代表性越小；标准差越小，则说明各标志值分布越集中，标志变动度越小，平均指标的代表性越大。

2. 标准差的计算

根据掌握的资料不同，标准差的计算也不相同，主要有以下几种方法。

(1) 简单平均法。当所给资料未进行分组时，应采用简单平均法计算标准差。其计算公式为

$$\sigma=\sqrt{\frac{\sum(x-\overline{X})^2}{n}}$$

【例 5-34】某小组共有 6 人，英语考试成绩分别为 46、62、65、76、78、87(表 5-17)。试计算该小组的成绩标准差。

表 5-17 考试成绩及标准差资料

考试成绩 x/分	离差 $x-\overline{X}$	$(x-\overline{X})^2$
46	−23	529
62	−7	49
65	−4	16
76	7	49
78	9	81
87	18	324
合计	—	1048

解：$\overline{X}=\frac{\sum x}{n}=\frac{46+62+65+76+78+87}{6}=69$ (分)

$$\sigma=\sqrt{\frac{\sum(x-\overline{X})^2}{n}}=\sqrt{\frac{1048}{6}}=13.229\text{ (分)}$$

计算结果表明，该组英语成绩的标准差为 13.229 分。

(2) 加权平均法。当所给资料为分组资料时，应采用加权平均法计算标准差。其计算公式为

$$\sigma=\sqrt{\frac{\sum(x-\overline{X})^2 f}{\sum f}}$$

【例 5-35】某班学生统计学成绩如表 5-18 所示，试计算该班成绩的标准差。

表 5-18 某班学生统计成绩及标准差计算表

成绩/分	人数 f/人	组中值 x	xf	$x-\overline{X}$	$(x-\overline{X})^2$	$(x-\overline{X})^2f$
60 分以下	2	55	110	−25	625	1250
60～70	4	65	260	−15	225	900
70～80	18	75	1350	−5	25	450
80～90	19	85	1615	5	25	475
90～100	7	95	665	15	225	1575
合计	50	—	4000	—	—	4650

解：$\overline{X}=\dfrac{\sum xf}{\sum f}=\dfrac{4000}{50}=80\,(\text{分})$

$$\sigma=\sqrt{\frac{\sum(x-\overline{X})^2 f}{\sum f}}=\sqrt{\frac{4650}{50}}=9.64\,(\text{分})$$

计算结果表明，该班统计学成绩的标准差为 9.64 分。

3. 标准差的特点

方差和标准差是根据全部数据计算的，它们反映了每个数据与其平均值相比平均相差的数值，因此它能够准确反映出数据的离散程度。方差和标准差是实际应用中应用最广泛的标志变异指标。

(四)离散系数

以上标志变异指标都是反映数据离散程度的绝对值，其数值单位与原变量值相同。这些标志变异指标的数值大小不仅受总体各单位标志值离散程度的影响，而且还受到标志值本身水平高低的影响。因此，在对比分析中，不宜直接用上述各种标志变异指标来比较不同水平数列之间的标志离散程度，必须用反映标志变异程度的相对指标来比较，即利用离散系数进行比较。

1. 离散系数的概念

离散系数又称为标志变异系数，是指标志变异绝对水平指标与其相应平均指标对比的结果，是用来测定变量值离散程度的相对数指标。在实际应用中，离散系数越大，说明总体标志值差异越大，总体越离散，平均指标的代表性越低；离散系数越小，说明总体标志值差异越小，总体越集中，平均指标的代表性越高。离散系数常用υ表示，最常用的离散系数主要有平均差系数和标准差系数。

2. 离散系数的计算

(1) 平均差系数。平均差系数是平均差与总体算术平均数对比而得到的相对数，一般用百分数表示。其计算公式为

$$\upsilon_{A\cdot D}=\frac{A\cdot D}{\overline{X}}\times 100\%$$

平均差反映了总体各标志值离散的绝对水平，其计量单位与标志值的计量单位相同，而且是有名数。其值大小不仅与离差有关，而且与计量单位有关，不便于不同水平的同类现象，特别是不同类现象进行对比。因此，需要将平均差与平均数对比，以便反映离散的相对程度。平均差系数越大，说明总体标志值差异越大，总体越离散，平均指标的代表性越低；平均差系数越小，说明总体标志值差异越小，总体越集中，平均指标的代表性越高。

【例 5-36】某地区工薪人员的月平均收入为 2000 元，平均差为 400 元，个体工商者的月平均工资为 5000 元，平均差为 500 元。从绝对水平(平均差)看，工薪人员收入差异小于个体工商者收入差异。但是二者的离散相对程度通过计算平均差系数可以反映出来，即

工薪人员收入平均差系数：$\upsilon_{A\cdot D}=\frac{A\cdot D}{\overline{X}}\times 100\%=\frac{400}{2000}\times 100\%=20\%$

个体工商者收入平均差系数：$\upsilon_{A\cdot D}=\frac{A\cdot D}{\overline{X}}\times 100\%=\frac{500}{5000}\times 100\%=10\%$

计算结果表明，工薪人员收入平均差系数大于个体工商者收入平均差系数，则个体工商者的平均收入水平的代表性更好。

(2) 标准差系数。标准差系数与平均差系数的意义相同，也是反映总体中各标志值离散程度的相对指标，标准差系数常用于比较不同水平的同类现象或不同类型现象平均数的代表性的大小。其计算公式为

$$V_{\sigma}=\frac{\sigma}{\overline{X}}\times 100\%$$

标准差系数越大，说明总体标志值差异越大，总体越离散，平均指标的代表性越低；标准差系数越小，说明总体标志值差异越小，总体越集中，平均指标的代表性越高。

【例 5-37】甲、乙两班学生的统计学考试成绩如下：甲班平均 85 分，标准差为 10 分；乙班平均 72 分，标准差为 9 分。试比较两个班平均分的代表性。

解： 甲班标准差系数：$V_{\sigma_{甲}}=\frac{\sigma_{甲}}{\overline{X}_{甲}}\times 100\%=\frac{10}{85}\times 100\%=11.76\%$

乙班标准差系数：$V_{\sigma_{乙}}=\frac{\sigma_{乙}}{\overline{X}_{乙}}\times 100\%=\frac{9}{72}\times 100\%=12.5\%$

计算结果表明，甲班标准差系数小于乙班标准差系数，则甲班学生统计学考试成绩的离散程度小，平均分的代表性更好。

课 后 练 习

一、单项选择题

1. 下列指标属于结构相对数的是(　　)。

A. 资金利润率

B. 2010 年我国钢产量为美国的 58.6%

C. 工人的出勤率

D. 2010 年国民生产总值为 2009 年的 103.9%

2. 根据样本数据 3、5、12、10、8、22 计算的中位数是(　　)。

A. 9　　B. 10　　C. 12　　D. 11

3. 根据样本数据 3、5、12、10、8、22 计算的标准差是(　　)。

A. 45.2　　B. 6.72　　C. 6.13　　D. 17.94

4. 当变量值中有一项为零时，不能计算(　　)。

A. 算术平均数　　B. 中位数　　C. 几何平均数　　D. 调和平均数

5. 两组数据的均值不等，但标准差相等，则(　　)。

A. 均值小，差异程度大　　B. 均值大，差异程度大

C. 两组数据的差异程度相同　　D. 无法判断

6. 某企业 2011 年的利润计划规定比 2010 年增长 4%，实际增长 6%，则利润计划完成情况相对指标为(　　)。

A. 101.92%　　B. 150.00%　　C. 66.67%　　D. 98.11%

7. 某企业 2000 年完成产值 200 万元，2001 年计划增长 10%，实际完成 231 万元，则产值超额完成计划(　　)。

A. 115.5%　　B. 5.5%　　C. 15.5%　　D. 5%

8. 权数对算术平均数的影响作用实质上取决于(　　)。

A. 各组单位数占总体单位数比例的大小

B. 各组标志值占总体标志值总量比例的大小

C. 标志值本身的大小

D. 标志值次数的多少

9. 下列标志变异指标中易受极端值影响的是(　　)。

A. 全距　　B. 平均差　　C. 标准差　　D. 标准差系数

10. 某地区有10万人，共有80个医院，平均每个医院要服务1250人，这个指标是(　　)。

A. 平均指标　　B. 强度相对指标

C. 总量指标　　D. 发展水平指标

二、多项选择题

1. 综合指标包括(　　)。

A. 总量指标　　B. 相对指标　　C. 平均指标　　D. 变异指标

2. 总量指标的计量单位主要有(　　)。

A. 统计单位　　B. 实物单位　　C. 价值单位　　D. 劳动单位

3. 相对指标主要有(　　)。

A. 结构相对指标　　B. 强度相对指标

C. 比较相对指标　　D. 比例相对指标

4. 平均指标主要有(　　)。

A. 算术平均数　　B. 调和平均数　　C. 中位数　　D. 众数

5. 属于位置平均数的是(　　)。

A. 算术平均数　　B. 调和平均数　　C. 中位数　　D. 众数

6. 标志变异指标主要有(　　)。

A. 全距　　B. 标准差　　C. 平均差　　D. 离散系数

三、简答题

1. 总量指标具有哪些作用？
2. 时点指标具有哪些特点？
3. 相对指标主要有哪几种？
4. 正确应用相对指标应遵循哪些原则？
5. 平均指标具有哪些作用？

四、计算题

1. 某企业 2011 年的劳动生产率计划规定比上年提高 8%，实际执行结果比上年提高 10%。问劳动生产率计划完成程度是多少？

2. 某企业按计划规定，第一季度的单位产品成本比去年同期降低 10%，实际执行结果是单位产品成本较去年同期降低 8%。问该企业第一季度产品单位成本计划的完成程度。

3. 某企业产值计划完成 103%，比去年增长 5%。试问计划规定比去年增长多少？

4. 某地区 2010—2011 年生产总值资料如表 5-19 所示。

表 5-19　某地区 2010—2011 年生产总值资料　　单位：亿元

	2010 年	2011 年
生产总值	36 405	44 470
其中：第一产业	8157	8679
第二产业	13 801	17 472
第三产业	14 447	18 319

根据上述资料:

(1) 计算 2010 年和 2011 年第一产业、第二产业、第三产业的结构相对指标和比例相对指标。

(2) 计算该地区生产总值、第一产业、第二产业、第三产业增加值的动态相对指标及增长百分数。

5. 某企业 2011 年 12 月工人工资资料如表 5-20 所示，请计算其工人平均工资。

表 5-20　某企业 2011 年 12 月工人工资资料

按工资金额分组/元	工人数/人
400～500	30
500～600	40
600～700	100
700～800	170
800～900	220
900～1000	90
1000～1100	50
合计	700

6. 2011 年某月某企业工人劳动生产率资料如表 5-21 所示，请计算该企业工人平均劳动生产率。

表 5-21　2011 年某月某企业工人劳动生产率资料

按工人劳动生产率分组/(件/人)	工人数/人
50～60	300
60～70	200
70～80	140
80～90	60
合计	700

7. 某公司 2011 年某产品的单位成本资料如表 5-22 所示，请计算该公司 2011 年该产品的平均单位成本。

表 5-22　某公司 2011 年某产品的单位成本资料

单位成本/元	各组产量占总产量的比例/%
200～220	40
220～240	45
240～260	15
合计	100

8. 某商品在 3 个农村贸易集市上的单位价格和贸易额如表 5-23 所示。试计算该商品的市场平均价格。

表 5-23　某商品在 3 个农贸市场的单位价格和贸易额

市　场	价格/(元/斤)	贸易额/元
甲	1.00	30 000
乙	1.50	30 000
丙	1.40	35 000
合计	—	95 000

9. 某种商品在两个地区销售情况如表 5-24 所示。请分别计算甲、乙两个地区该商品的平均价格。

表 5-24　某商品在两地区销售情况

商品等级	每件单价/元	甲地区销售额/元	乙地区销售额/元
甲级	1.3	13 000	20 000
乙级	1.2	24 000	10 000
丙级	1.1	11 000	15 000
合计	—	48 000	40 000

10. 某居民有一笔存款拟存入银行 10 年，按照复利计算，前 4 年的年利率为 11%，后 6 年的年利率为 7%。请计算该笔银行存款的平均年利率。

11. 某企业工人完成产量定额资料如表 5-25 所示。请分别计算各月的众数和中位数。

表 5-25　某企业工人完成产量定额资料

工人按完成产量定额分组/%	工人数/人	
	7 月份	8 月份
90%以下	8	4
90～100	12	8
100～110	42	88
110～120	54	98
120～130	60	56
130～140	38	20
140～150	46	6
合计	260	280

12. 某地区水稻收获量资料如表 5-26 所示。

表 5-26　某地区水稻收获量资料

水稻收获量/(kg/亩)	耕地面积/亩
150～175	18
175～200	32
200～225	53
225～250	69
250～275	84
275～300	133
300～325	119
325～350	56
350～375	22
375～400	10
400～425	4
合计	600

要求：

(1) 计算中位数和众数。

(2) 计算算术平均数。

(3) 计算全距、平均差和标准差。

13. 某车间有两个小组，每组都有 7 个工人，各人日产量资料如下：

第一组：20，40，60，70，80，100，120；

第二组：67，68，69，70，71，72，73。

这两个组每人平均日产量件数都是70件。试计算工人日产量的变异指标:

(1) 全距。

(2) 平均差。

(3) 标准差，并比较哪一组的平均数代表性大。

14. 某公司工作人员工资资料如表5-27所示。

表5-27 某公司工作人员工资资料

工资分组/元	工作人员数/人
2000～2500	10
2500～3000	20
3000～3500	110
3500～4000	90
4000～4500	15
4500～5000	5
合计	250

要求:

(1) 计算算术平均数。

(2) 计算全距、平均差、标准差。

(3) 计算平均差系数、标准差系数。

(4) 计算中位数、众数。

实训案例

计算机辅助教学方法是否会使完成课程的时间差异缩小

一种空军电子学引导性教程利用一种个人化教学系统，每位学生观看讲座录像带，然后给予程式化的教材。每位学生独立地钻研教材直至其完成训练并通过考试。我们关心的问题是每位学生完成其训练计划的这一部分的不同速度。有些学生能够相对较快地完成程式化教材，而有些学生花在教材上的时间较长并且需要另外的时间来完成课程。在整个集体共同进行其他方面的训练之前，进行得较快的学生等待较慢的学生完成引导性教程。

一种建议的代替系统涉及使用计算机辅助教学。在这种方法中，所有学生观看相同的讲座录像带，然后每位学生被指派到一个计算机终端以接受进一步训练。在教程自我训练部分的整个过程中，由计算机指导学生独立工作。为对建议和当前的教学方法进行比较，一个由122名学生组成的班级被随机地指派采用这两种方法之一。一组61名学生使用当前

程式化教材，另一组 61 名学生使用计算机辅助方法。每位学生用在学习上的时间被记录在表 5-28、表 5-29 中。

表 5-28　当前训练方法完成教程时间资料

76	76	77	74	76	74	74	77	72	78	73	78	75
80	79	72	69	79	72	70	70	81	76	78	72	82
72	73	71	70	77	78	73	79	82	65	77	79	73
76	81	69	75	75	77	79	76	78	76	76	73	77
84	74	74	69	79	66	70	74	72				

表 5-29　建议的计算机辅助方法完成教程的时间

74	75	77	78	74	80	73	73	78	76	76	74	77
69	76	75	72	75	72	76	72	77	73	77	69	77
75	76	74	77	75	78	72	77	78	78	76	75	76
76	75	76	80	77	76	75	73	77	77	77	79	75
75	72	82	76	76	74	72	78	71				

思考题：

1. 利用适当的描述性统计，将每种方法的训练时间资料汇总。你能观察到什么异同？
2. 评价两种训练方法总体平均值之间的差异。
3. 计算每种训练方法的标准差和方差。
4. 关于两种训练方法之间的额差异，能够得出什么结论？你有什么建议？

第六章　时 间 数 列

【教学导图】

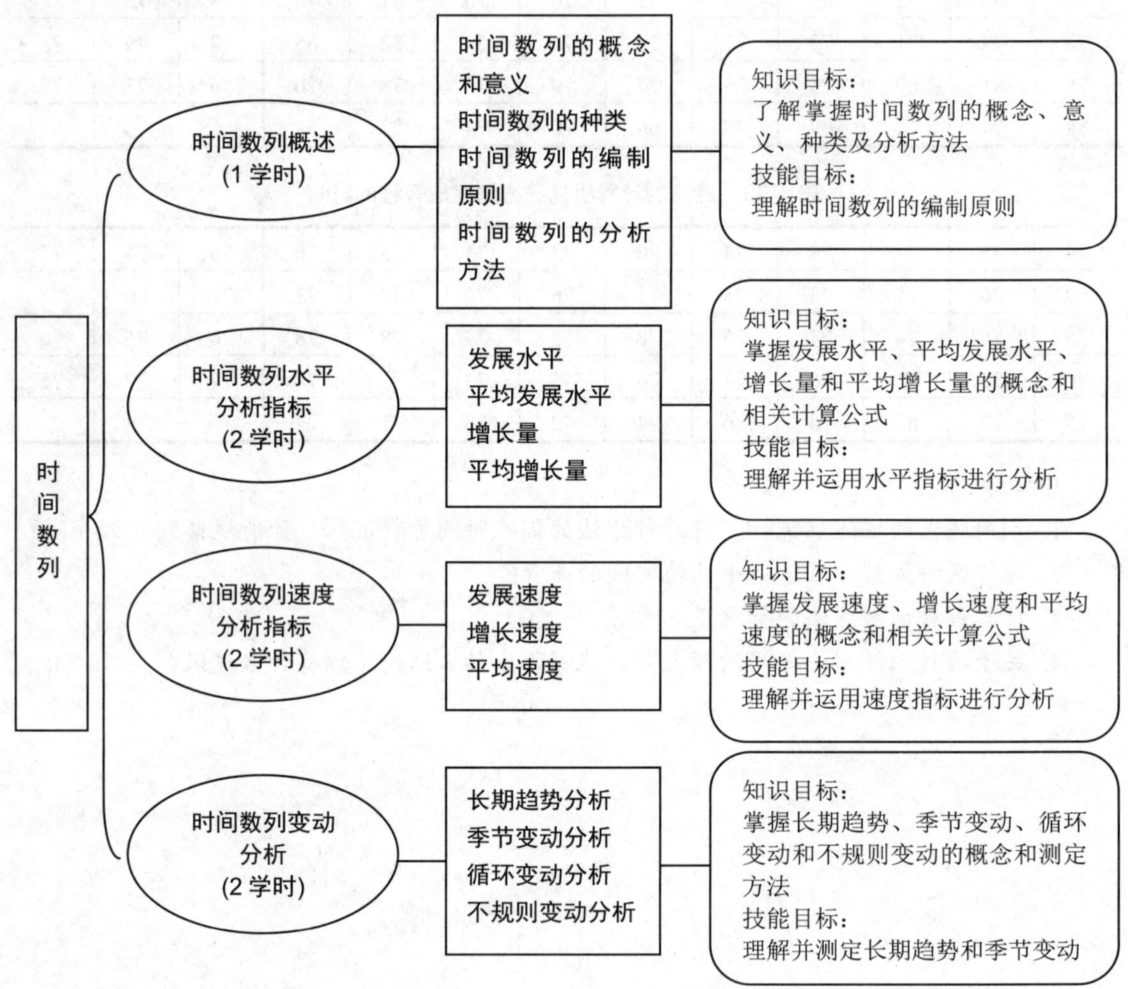

【导入案例】

2015 年以来政府出台了一系列的房地产相关政策，使得房地产行业出现了回暖迹象。一二线城市的房价也在不断上涨，尤其是深圳的上涨幅度很大。以下是 2015 年 1—7 月份全国房地产的开发和销售情况。

1. 房地产开发投资完成情况

2015 年 1—7 月份，全国房地产开发投资完成 52 562 亿元，同比名义增长 4.3%，增速比 1—6 月份回落 0.3 个百分点。其中，住宅投资为 35 380 亿元，增长 3.0%，增速提高 0.2 个百分点，住宅投资占房地产开发投资的比例为 67.3%。

2. 商品房销售和待售情况

1—7 月份，商品房销售面积为 59 914 万平方米，同比增长 6.1%，增速比 1—6 月份提高 2.2 个百分点。其中，住宅销售面积增长 6.9%，办公楼销售面积下降 0.4%，商业营业用房销售面积增长 2.3%。商品房销售额为 41 171 亿元，增长 13.4%，增速提高 3.4 个百分点。其中，住宅销售额增长 16.8%，办公楼销售额增长 2.1%，商业营业用房销售额下降 1.9%。

1—7 月份，东部地区商品房销售面积为 28 710 万平方米，同比增长 8.6%，增速比 1—6 月份提高 2.7 个百分点；销售额为 25 146 亿元，增长 19.6%，增速提高 4.3 个百分点。中部地区商品房销售面积为 15 698 万平方米，增长 3.3%，增速提高 2 个百分点；销售额为 8057 亿元，增长 5.8%，增速提高 2.7 个百分点。西部地区商品房销售面积为 15 506 万平方米，增长 4.4%，增速提高 1.3 个百分点；销售额为 7968 亿元，增长 3.8%，增速提高 1.3 个百分点。

7 月末，商品房待售面积为 66 259 万平方米，比 6 月末增加 521 万平方米。

3. 房地产开发企业到位资金情况

1—7 月份，房地产开发企业到位资金为 69 301 亿元，同比增长 0.5%，增速比 1—6 月份提高 0.4 个百分点。其中，国内贷款为 12 515 亿元，同比下降 4.5%；利用外资 185 亿元，同比下降 24.5%；自筹资金为 27 761 亿元，同比下降 1.1%；其他资金为 28 840 亿元，同比增长 4.7%。在其他资金中，定金及预收款为 16 965 亿元，同比增长 2.4%；个人按揭贷款为 8608 亿元，同比增长 12.5%。

4. 房地产开发景气指数

7 月份，房地产开发景气指数(简称“国房景气指数”)为 93.03，比上月提高 0.4%。

针对上述报告，对我国房地产行业的运行情况如何看待呢？同时，报告中出现了“同比增长”、“同比下降”、“增速回落”等类似名词，又如何来理解呢？通过对本章时间数列内容的学习就能够理解，并可以分析很多诸如此类的问题。

第一节　时间数列概述

统计分析作为统计工作过程的最后阶段，它通过对一系列统计指标的分析，从而揭示社会经济现象的内在本质和规律。但是，仅仅通过总量指标、相对指标、平均指标和标志变异指标进行静态分析远远不能满足社会不断发展的要求，也不能全面地反映社会经济现象的发展变化过程。因此，统计分析不仅要从社会经济现象的相互联系中进行静态分析，而且还要从它在不同时间上的运动、变化和发展的全过程加以动态分析，即时间数列分析。

一、时间数列的概念和意义

时间数列又称为动态数列或时间序列，是指把反映某一现象的同一指标在不同时间上的数值，按时间的先后顺序排列所形成的一个动态数列。表 6-1 所示为我国 2005—2011 年若干经济指标形成的时间数列。

表 6-1　我国 2005—2011 年若干经济指标的时间数列表

年　份	国内生产总值/亿元	第三产业占 GDP 的比重/%	年末总人口/万人	职工平均货币工资/元
2005	184 937.4	40.5	130 756	18 200
2006	216 314.4	40.9	131 448	20 856
2007	265 810.3	41.9	132 129	24 721
2008	314 045.4	41.8	132 802	28 898
2009	340 506.9	43.0	133 474	32 244
2010	401 512.8	43.2	134 091	36 539
2011	471 563.7	43.4	134 735	41 799

从表 6-1 可以看出，时间数列由两个基本要素构成：一是现象所属的时间；二是该现象在不同时间所对应的统计指标数值。现象所属的时间可以是年份、季度、月份或其他任何时间形式，统计指标数值可以是绝对数、相对数或平均数。

编制时间数列的主要目的是开展一系列的动态分析，对于了解现象过去的活动过程、评价当前状况和预测未来的趋势具有相当重要的意义。首先，可以从现象的量变过程中反映其发展方向、程度和趋势，研究其质的变化的规律性。例如，表 6-1 中我国 2005—2011 年国内生产总值的时间数列反映了我国国内生产总值随着时间的推移呈现出不断增长的趋势；其次，可以对某些社会经济现象进行趋势预测；再次，可以对不同国家或地区间的相同时间数列进行对比分析。

二、时间数列的种类

时间数列由时间和统计指标两个基本要素构成，因此时间数列的分类实际上和统计指标的分类是一致的。也就是说，时间数列按其统计指标的表现形式不同，可分为总量指标时间数列、相对指标时间数列和平均指标时间数列 3 种类型。其中，总量指标时间数列是最基本的时间数列，而相对指标时间数列和平均指标时间数列是派生的时间数列。

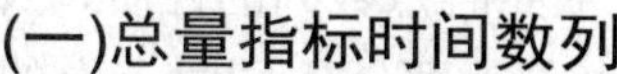

(一)总量指标时间数列

总量指标时间数列又称绝对数时间数列，是指将反映现象总规模、总水平的某一总量指标在不同时间上的指标数值按时间先后顺序排列所形成的数列。总量指标时间数列是计算相对指标和平均指标，进行各种时间数列分析的基础。

根据总量指标数值的时间特点不同，总量指标时间数列可分为时期数列和时点数列。例如，表 6-1 中的“国内生产总值”时间数列就是时期数列，“年末总人口”时间数列就是时点数列。

1. 时期数列

时期数列是由时期总量指标编制而成的时间数列。在时期数列中，每一个指标值都反映了某社会经济现象在一定时期内发展过程的累计总量，如总产值、总产量等。时期数列主要有以下 3 个方面的特点。

(1) 时期数列中的每个指标值都是可以相加的。由于时期数列中的每一个指标数值都是反映在一段时期内发展的总量，所以相加之后的指标数值就表明现象在更长时期内发展过程的累计总量。例如，我国全年的国内生产总值是一年内每个月国内生产总值相加的结果，而各月份的国内生产总值又是月份内每天的国内生产总值之和。

(2) 时期数列中的每个指标数值大小与其所属的时期长短有直接关系。由于时期数列具有可加性，所以其所属时期越长，指标值越大；反之，则越小。

(3) 时期数列中的指标值是通过连续登记的方式取得的。在时期数列中，各指标值反映现象在一定时期内的发展结果，因而必须逐一登记该时期内现象所发生的数量变化，并进行累计，才能得到真实、准确的指标数值。

2. 时点数列

时点数列是由时点总量指标编制而成的时间数列。在时点数列中，每一个指标值都反映了某社会经济现象在一定时点(时刻)上达到的发展水平，如年末人口数、库存量、存款余额等。时点数列主要有以下 3 个方面的特点。

(1) 时点数列中的不同时点指标值不可以相加。由于时点数列中的每一个指标数值都是反映在某一个时点或时刻的瞬间状态与水平，不同时点上的指标数值相加结果无法说明其属于的特定时点，没有实际意义。

(2) 时点数列中的每个指标数值大小与其时点间隔长短没有直接关系。在时点数列中，两个相邻指标值所属时点的差距称为时点间隔。时点数列不具有可加性，时点间隔的长短对指标数值的大小没有直接影响，如年末人口数未必比某月末人口数大。

(3) 时点数列中的指标值是通过间断登记的方式取得的。依照时点数列的性质，只要在某一时点进行统计，取得的资料就反映该现象在该时点上的数量水平。不同时点上的资料用来反映现象的发展过程，无需对两个时点间现象所发生的数量变化进行逐一登记。

(二)相对指标时间数列

相对指标时间数列又称相对数时间数列，是指一系列相对指标在不同时间上的指标数值按时间先后顺序排列所形成的数列，用来反映社会经济现象之间数量对比关系的发展变化过程及其规律。例如，表 6-1 中的“第三产业占 GDP 比例”这一相对指标所形成的时间数列就是相对指标时间数列。由于相对指标数值的对比基数不同，所以各指标值之间不具有可加性。

(三)平均指标时间数列

平均指标时间数列又称平均数时间数列，是指一系列同类平均指标在不同时间上的指标数值按时间先后顺序排列所形成的数列，用来反映社会经济现象一般水平的发展过程及其变动趋势。例如，表 6-1 中的“职工平均货币工资”这一平均指标所形成的时间数列就是平均指标时间数列。平均指标时间数列中的各指标值也不能相加，相加结果毫无实际的经济意义。

三、时间数列的编制原则

编制时间数列的目的是要通过对数列中一系列的指标数值进行比较分析，来研究社会经济现象的发展变化过程及其规律。因而，保证数列中各指标值的可比性是编制时间数列的基本原则。可比性就是要求各指标数值所属时间、总体范围、经济内容、计算方法、计算价格和计量单位等保持一致。具体来说，时间数列的编制应遵循以下原则。

1. 各指标数值所属时间长度要一致

对时期数列而言，由于各指标数值的大小与所属时期长短直接相关，因此各指标数值所属时期长短应一致；否则不便于对比分析。例如，一年的销售额与一个月的销售额就不能比较。对于时点数列，虽然指标数值与时点间隔无明显关系，但为了更好地反映现象的发展变化状况，两时点之间的间隔也应尽可能相等。

2. 各指标数值的总体范围要一致

各指标数值的总体范围，即其所属空间，是指时间数列指标值所包括的地区范围、隶属关系范围等。无论是时期数列还是时点数列，指标值的大小都与总体范围有关。如果随

着时间的推移，现象的总体范围发生了变化，那么在变化发生前后，指标的计算范围不同，指标值就不能直接对比。只有经过适当调整并保持了总体范围的一致性，进行动态比较分析才有意义。

3. 各指标数值的经济内容要一致

指标的经济内容是由其理论内涵决定的，随着社会经济条件的变化，同一名称的指标，其经济内容可能会发生变化。编制时间数列时不注意这一问题，对经济内容已发生变化的指标值不加以区分和调整，就可能导致错误的分析结论。例如，1993 年以前的产品成本是指产品的完全成本，而 1993 年以后仅指产品的制造成本。

4. 各指标数值的计算方法要一致

对于指标名称、总体范围、经济内容都相同的指标，计算方法不同也会导致数值差异，如按生产法、支出法计算的国内生产总值其结果就有很大差别。因此，同一时间数列中，各个时期、时点指标值的计算方法要统一。如果某个时期的计算方法作了重大改变，则应在发布资料中注明，以便在动态分析时进行调整。

5. 各指标数值的计算价格和计量单位要一致

统计指标的计算价格种类很多，有现行价格和不变价格之分。不变价格为了适应客观经济条件的变化也在不断调整，形成了多个时期的不变价格，编制时间数列遇到前后时期所用的计算价格不同，就需要进行调整，使其统一。对于实物指标的时间数列，则要求各指标数值的计量单位要保持一致；否则也要进行调整。

四、时间数列的分析方法

时间数列分析最常用的方法有两种：一种是指标分析法；另一种是构成因素分析法。

1. 指标分析法

指标分析法是指通过计算一系列的时间数列分析指标，包括水平分析指标和速度分析指标，进而来揭示现象的发展状况和发展变化程度。其中，时间数列水平分析指标由发展水平、平均发展水平、增长量和平均增长量组成，时间数列速度分析指标由发展速度、平均发展速度、增长速度和平均增长速度组成。

2. 构成因素分析法

构成因素分析法是指将时间数列看作主要由长期趋势、季节变动、循环变动和不规则变动 4 种因素构成，通过对其影响因素的分解分析，揭示现象随时间变化而演变的规律。

同时，假定现象今后的发展趋势遵循此规律，从而对现象的未来发展做出预测。

时间数列的以上两种分析方法，各有不同的特点和作用，各揭示不同的问题和状况，进行动态分析时应根据研究目的和任务，分别采用或综合应用。

第二节　时间数列水平分析指标

一、发展水平

发展水平是指时间数列中各时间上所对应的指标数值的统称，它反映了某种社会经济现象在一定时期内或时点上所达到的规模或水平。通常情况下，用符号 a_i 表示发展水平，即 $a_1,a_2,a_3,\cdots,a_n$ 就是各时期内或各时点上对应的发展水平。

发展水平一般是时期或时点总量指标，如国内生产总值、年末总人口等；也可以是平均指标，如产品单位成本、职工平均工资等；还可以是相对指标，如人均 GDP、企业计划完成程度等。

在时间数列中，由于发展水平所处的位置不同，有最初发展水平、最末发展水平和中间发展水平，如表 6-2 所示。最初发展水平是指处于时间数列中第一期的指标数值，它表示事物发展的原有基础，用符号 a_0 表示；最末发展水平是指处于最后一期的指标数值，用符号 a_n 表示；其余在最初发展水平和最末发展水平之间的各期指标数值称为中间发展水平，分别用符号 $a_1,a_2,a_3,\cdots,a_{n-1}$ 表示。

表 6-2　我国 2005—2011 年人均 GDP 的时间数列表

年份	2005	2006	2007	2008	2009	2010	2011
人均 GDP /(元/人)	14 143.7	16 456.3	20 117.5	23 647.6	25 511.1	29 943.3	34 999.3

最初发展水平 a_0　　中间发展水平 $a_1,a_2,a_3,\cdots,a_{n-1}$　　最末发展水平 a_n

在时间数列分析中，通常将两个时期的发展水平进行对比。将所要研究时期的指标水平称为报告期水平，将作为比较的基础时期的指标数值称为基期水平。

对发展水平的文字说明，通常用“增加到或增加为”、“降低到或降低为”来表达，它们与“增加了”、“降低了”有很大的本质区别。例如，从表 6-2 中可以看出，2005 年我国人均 GDP 为 14 143.7 元/人，2011 年增加到 34 999.3 元/人。

二、平均发展水平

平均发展水平是将不同时间的发展水平加以平均而得到的平均数，又称为序时平均数或动态平均数。在时间数列分析中，用序时平均数这一指标分析社会经济现象的动态变化有很重要的作用：①可以反映社会经济现象在一段时间内所达到的一般水平，并对其做出概括性的说明；②可以消除现象在短期内波动的影响，便于观察现象的发展趋势和规律；③还可以对不同单位、不同地区或国家等在某一段时间的某一现象的一般水平进行对比。

【相关链接 6-1】

序时平均数与静态平均数的联系与区别

序时平均数与静态平均数都是将现象的个体抽象化，用来反映现象的一般水平，但两者之间却有区别，主要表现在以下 3 个方面。

(1) 计算依据不同。序时平均数是根据时间数列进行计算，而静态平均数则是根据变量数列计算的。

(2) 计算方式不同。序时平均数是通过不同时间上的指标数值进行的平均，而静态平均数则是根据同一时期总体标志总量与总体单位总量对比求得。

(3) 作用不同。序时平均数说明某一现象在不同时间上的一般水平，而静态平均数从静态上说明总体某个数量标志的一般水平。

序时平均数可以根据各种时间数列进行计算。由于时间数列的种类不同、时间数列中的指标性质不同，计算方法也就不尽相同。因此，计算平均发展水平的基本思路首先要判断时间数列的类型，其次根据不同的类型选择具体的计算公式。

(一)总量指标时间数列的序时平均数

总量指标时间数列序时平均数的计算是最基本的，是计算相对指标和平均指标时间数列序时平均数的基础。总量指标时间数列有时期数列和时点数列之分，则其序时平均数的计算方法也有所区别。

1. 时期数列的序时平均数

时期数列中的各指标值具有可加性，其计算序时平均数的方法比较简单，常用简单算术平均法将各时期指标数值的总和除以时期项数，具体计算公式为

$$\bar{a}=\frac{a_1+a_2+a_3+\cdots+a_n}{n}=\frac{\sum_{i=1}^{n}a_i}{n} \tag{6-1}$$

式中：$\bar{a}$为序时平均数；a_i为各时期的发展水平；n为时期项数即指标数值的个数。

【例 6-1】某商场 2012 年各月销售额的动态资料见表 6-3，计算该商场各季度及全年的月平均销售额。

表 6-3　某商场 2012 年各月销售额

月　份	销售额/万元	月　份	销售额/万元
1	200	7	250
2	190	8	270
3	210	9	290
4	150	10	320
5	170	11	330
6	190	12	340

解：第一季度月平均销售额：$\bar{a}_1=\frac{200+190+210}{3}=200(\text{万元})$

第二季度月平均销售额：$\bar{a}_2=\frac{150+170+190}{3}=170(\text{万元})$

第三季度月平均销售额：$\bar{a}_3=\frac{250+270+290}{3}=270(\text{万元})$

第四季度月平均销售额：$\bar{a}_4=\frac{320+330+340}{3}=330(\text{万元})$

全年的月平均销售额：

$$\bar{a}=\frac{200+190+210+150+170+190+250+270+290+320+330+340}{12}$$

$=242.5(\text{万元})$

由计算可知，各季度及全年的月平均销售额分别为 200 万元、170 万元、270 万元、330 万元、242.5 万元。第三、第四季度的月平均销售额要高于第一、第二季度及全年的月平均销售额。

2. 时点数列的序时平均数

要想准确计算时点数列的序时平均数，就必须掌握每一个时点现象的数据资料，但实际上显然是不可能的。在社会经济活动中，一般把一天看作一个时点，即以“天”作为最小时点单位。因此便有“连续时点数列”和“间断时点数列”之分。对于逐日排列的时点

数列视为连续时点数列，而对于间隔较长时间(月、季度或年)进行登记排列得到的时点数列则为间断时点数列。连续时点数列和间断时点数列根据登记方式的不同，都会出现间隔相等和间隔不相等的情形。根据时点数列登记的时间单位与登记方式的不同，其序时平均数的计算方法也不同。

(1) 连续时点数列计算序时平均数。连续时点数列均以“天”为登记的时间单位，但其有两种登记方式，分别形成间隔相等的连续时点数列和间隔不相等的连续时点数列。

第一种时点数列的资料是逐日登记且逐日排列的，形成间隔相等的连续时点数列。其序时平均数的计算采用简单算术平均法，即以各时点指标之和除以时点项数，具体计算式为

$$\bar{a}=\frac{a_1+a_2+a_3+\cdots+a_n}{n}=\frac{\sum_{i=1}^{n}a_i}{n} \tag{6-2}$$

式中：$\bar{a}$为序时平均数；a_i为各时点的发展水平；n为时点项数即指标数值的个数。

【例 6-2】某专业学生某星期中的星期一至星期五出勤人数资料见表 6-4。计算该专业学生该星期 5 天的平均每天出勤人数。

表 6-4　某专业学生某星期每天的出勤人数

时间	星期一	星期二	星期三	星期四	星期五
人数/人	240	244	242	249	250

解：平均出勤人数：$\bar{a}=\frac{\sum a}{n}=\frac{240+244+242+249+250}{5}=245$(人)

由计算可知，该专业学生该星期 5 天的平均每天出勤人数为 245 人。

第二种时点数列资料登记的时间单位仍是一天，但实际上只在指标数值发生变动时才记录一次，这样形成间隔不相等的连续时点数列。其序时平均数的计算采用加权算术平均数的方法，权数是每一指标值的持续天数，具体计算式为

$$\bar{a}=\frac{a_1f_1+a_2f_2+a_3f_3+\cdots+a_nf_n}{f_1+f_2+f_3+\cdots+f_n}=\frac{\sum_{i=1}^{n}a_if_i}{\sum_{i=1}^{n}f_i} \tag{6-3}$$

式中：$\bar{a}$为序时平均数；a_i为各时点的发展水平；f_i为每一指标值的持续天数，即各时点的间隔长度。

【例 6-3】某种商品 5 月份的库存量资料见表 6-5，计算 5 月份该商品的平均日库存量。

表 6-5　某商品 5 月份的库存量

时间/日	1—4	5—10	11—20	21—26	27—31
库存量/台	50	55	40	37	30

解：平均日库存量：

$$\bar{a}=\frac{\sum_{i=1}^{n}a_i f_i}{\sum_{i=1}^{n}f_i}=\frac{50\times4+55\times6+40\times10+37\times6+30\times5}{4+6+10+6+5}=\frac{1302}{31}=42(\text{台})$$

由计算可知，5 月份该商品的平均日库存量为 42 台。

(2) 间断时点数列计算序时平均数。间断时点数列并不是逐日登记排列，而是以间隔较长的“月、季度或年”为登记的时间单位。但由于登记方式不同，也分别形成了间隔相等的间断时点数列和间隔不相等的间断时点数列。

第一种是每隔一定的时间登记，且每次登记的时间间隔相等，形成间隔相等的间断时点数列。其序时平均数的计算，可以先采用简单算术平均法依次将相邻两个时点指标值相加除以 2，得到两时点之间的序时平均数；然后再将这些序时平均数进行简单算术平均，即可求出整个间断时点数列的序时平均数，具体计算公式为

$$\bar{a}=\frac{\frac{a_1+a_2}{2}+\frac{a_2+a_3}{2}+\cdots+\frac{a_{n-1}+a_n}{2}}{n-1}$$

$$=\frac{\frac{a_1}{2}+a_2+\cdots+a_{n-1}+\frac{a_n}{2}}{n-1} \qquad (6\text{-}4)$$

式中：$\bar{a}$ 为序时平均数；a_i 为各时点的发展水平；n 为时点数列的项数。

该公式形式上表现为首末两项指标值折半，因此该方法又称为“首末折半法”，适用于间隔相等的间断时点数列计算序时平均数。在这种情况下，可以假定所研究现象在两个相邻时点之间的变动是均匀的，但实际上并不完全如此，所以此种方法计算出的序时平均数只能是近似值。由于间隔时间越短误差越小，所以为了使序时平均数能基本反映实际情况，时点数列的间隔不宜过长。

【例 6-4】某工厂 2013 年第四季度各月末的工人人数资料见表 6-6，计算第四季度月平均工人人数。

表 6-6　某工厂 2013 年第四季度各月末工人人数

日期	9 月末	10 月末	11 月末	12 月末
工人人数/人	1000	1200	1200	1400

解法一：计算第四季度月平均工人人数，首先需要计算第四季度中(10、11、12月)每个月的平均工人人数，然后再对各月平均数计算出整个季度的月平均数。由于未能掌握各月内每天的工人数资料，因此只能假定各月内每天工人数的变动是均匀的，即各月的平均工人人数就可以用该月的月初数(可类似看成上月的月末数)加月末数除以2进行简单算术平均。

10月的平均工人人数$=\frac{1000+1200}{2}=1100$(人)

11月的平均工人人数$=\frac{1200+1200}{2}=1200$(人)

12月的平均工人人数$=\frac{1200+1400}{2}=1300$(人)

第四季度的月平均工人人数$=\frac{1100+1200+1300}{3}=1200$(人)

解法二：为简化计算过程，可直接采用首末折半法公式进行计算：

$$\bar{a}=\frac{\frac{1000+1200}{2}+\frac{1200+1200}{2}+\frac{1200+1400}{2}}{3}$$

$$=\frac{\frac{1000}{2}+1200+1200+\frac{1400}{2}}{3}=1200(\text{人})$$

由计算可知，该工厂第四季度的月平均工人人数为1200人。

第二种是登记的时间间隔不相等，形成间隔不相等的间断时点数列。其序时平均数的计算可以采用“两次平均”的思想，即第一次的平均计算与间隔相等的间断时点数列相同，第二次平均计算应以各时点的间隔长度为权数进行加权算术平均，具体计算公式为

$$\bar{a}=\frac{\frac{a_1+a_2}{2}\cdot f_1+\frac{a_2+a_3}{2}\cdot f_2+\cdots+\frac{a_{n-1}+a_n}{2}\cdot f_{n-1}}{f_1+f_2+f_3+\cdots+f_{n-1}}=\frac{\sum_{i=1}^{n}\bar{a}_i f_i}{\sum_{i=1}^{n}f_i} \tag{6-5}$$

式中：$\bar{a}$为序时平均数；$\overline{a_i}$为各时点间隔期内的平均水平；f_i为各时点的间隔长度。

【例6-5】某商场2013年的商品库存额资料见表6-7，计算该商场2013年的月平均库存额。

表6-7　某商场2013年的商品库存额

日期	1月1日	3月1日	7月1日	12月31日
商品库存额/万元	320	300	350	400

解：月平均库存额：

$$\bar{a}=\frac{\sum_{i=1}^{n}\bar{a}_i f_i}{\sum_{i=1}^{n}f_i}=\frac{\frac{320+300}{2}\times2+\frac{300+350}{2}\times4+\frac{350+400}{2}\times6}{2+4+6}$$

$$=\frac{4170}{12}=347.5(\text{万元})$$

由计算可知，该商场2013年的月平均库存额为347.5万元。

(二)相对指标时间数列和平均指标时间数列的序时平均数

由于相对指标时间数列和平均指标时间数列是由两个具有相互联系的总量指标时间数列对比形成的，因此相对指标和平均指标的时间数列不能与总量指标时间数列一样进行直接计算序时平均数，而是要先分别计算出分子、分母两个总量指标时间数列的序时平均数，然后再进行对比，就求得了相对指标时间数列和平均指标时间数列的序时平均数。其计算公式为

$$\bar{c}=\frac{\bar{a}}{\bar{b}} \tag{6-6}$$

式中：$\bar{a}$ 为分子数列的序时平均数；$\bar{b}$ 为分母数列的序时平均数；$\bar{c}$ 为相对指标时间数列和平均指标时间数列的序时平均数。

构成分子、分母数列的是总量指标时间数列。其中，分子、分母数列可以都是时期数列，也可以都是时点数列，还可以一个是时期数列，另一个是时点数列。

【例6-6】某企业总产值和职工人数资料见表6-8，计算该企业的年平均劳动生产率。

表6-8　某企业的总产值和职工人数

年份	2006	2007	2008	2009	2010	2011	2012
总产值/万元	620	760	780	800	880	920	1 020
年末职工人数/人	580	684	680	714	714	746	780
劳动生产率/(元/人)	10 689	11 111	11 470	11 204	12 324	12 332	13 076

劳动生产率是通过总产值与年末职工人数相除求商得到的一个相对指标，如表6-8所示，劳动生产率是以2006—2012年形成的数列为相对指标时间数列。相对指标时间数列计算序时平均数，不能直接计算，必须由分子、分母数列分别计算序时平均数进行对比求得。因此，分子数列是总产值这一总量指标形成的时期数列，分母数列是年末职工人数这一总量指标形成的时点数列，分别对其计算序时平均数，然后对比就可以得到年平均劳动生产率。

同时，需要注意的是，总产值数列和年末职工人数数列在计算序时平均数时要注意时间口径的一致性。根据资料，对于年末职工人数数列只能计算2007—2012年这6年的序时

平均数。虽然总产值数列可以计算2006—2012年这7年的序时平均数，但为了保持时间口径的可比性，它也只能对2007—2012年这6年的序时平均数进行计算比较。因此，劳动生产率这一相对指标时间数列也就只能计算出2007—2012年这6年的序时平均数。

解：年平均总产值：$\bar{a}=\frac{760+780+800+880+920+1020}{6}=\frac{5160}{6}=860$ (万元)

年平均职工人数：

$$\bar{b}=\frac{\frac{580}{2}+684+680+714+714+746+\frac{780}{2}}{6}=\frac{4218}{6}=703(\text{人})$$

年平均劳动生产率：$\bar{c}=\frac{\bar{a}}{\bar{b}}=\frac{8\,600\,000}{703}=12\,233.29$ (元/人)

由计算可知，该企业2007—2012年年平均劳动生产率为12 233.29元/人。

三、增长量

增长量是指时间数列中两个不同时期的发展水平之差，反映社会经济现象报告期发展水平比基期发展水平增加或减少的绝对数量，即

$$\text{增长量}=\text{报告期发展水平}-\text{基期发展水平} \quad (6\text{-}7)$$

在增长量的计算中，由于报告期发展水平可以大于基期发展水平，也可以等于或小于基期发展水平，所以增长量可以是正值，也可以是零或负值，它们分别表示正增长、零增长或负增长。

增长量根据所采用的基期不同，分为逐期增长量和累计增长量。

1. 逐期增长量

逐期增长量是时间数列中报告期发展水平与其前一期发展水平之差，以报告期的前一期为基期，说明报告期发展水平比其前一期发展水平增加或减少的绝对数量，即

$$\begin{aligned}\text{逐期增长量}&=\text{报告期发展水平}-\text{报告期的前一期发展水平}\\&=a_i-a_{i-1}\end{aligned} \quad (6\text{-}8)$$

在实际工作中，为了消除由于季节变动因素对社会经济现象的影响，增长量还存在一种特殊的逐期增长量——年距增长量。通常情况下，利用历年各月(季)的资料编制的时间数列中，由报告年份的某月(季)发展水平减去上一年同月(季)的发展水平，则得到年距增长量，其比较基期为报告期上一年的同月(季)。

2. 累计增长量

累计增长量是时间数列中报告期发展水平与某一固定基期发展水平之差，其基期是固

定不变的，说明报告期发展水平比某一固定基期发展水平增加或减少的绝对数量，即

$$\begin{aligned}\text{累计增长量} &= \text{报告期发展水平} - \text{某一固定基期发展水平}\\ &= a_i - a_0\end{aligned} \tag{6-9}$$

3. 逐期增长量与累计增长量之间的关系

(1) 各逐期增长量之和等于相应时期的累计增长量，即

$$(a_1 - a_0) + (a_2 - a_1) + \cdots + (a_n - a_{n-1}) = a_n - a_0 \tag{6-10}$$

(2) 相邻两个时期的累计增长量之差等于相应时期的逐期增长量，即

$$(a_n - a_0) - (a_{n-1} - a_0) = a_n - a_{n-1} \tag{6-11}$$

四、平均增长量

平均增长量是指时间数列中各逐期增长量的序时平均数，说明某社会经济现象在一段时期内平均每期增加或减少的绝对数量。它可以根据逐期增长量进行简单算术平均，也可以根据累计增长量加以计算，因为各逐期增长量的和等于相应时期的累计增长量。其具体计算公式为

$$\text{平均增长量} = \frac{\sum_{i=1}^{n}(a_i - a_{i-1})}{n} = \frac{a_n - a_0}{n} \tag{6-12}$$

式中，n 为逐期增长量的个数。

【例 6-7】某企业 2007—2013 年某产品产量的时间数列资料见表 6-9，说明逐期增长量与累计增长量之间的关系，并计算平均增长量。

表 6-9　某企业 2007—2013 年某产品产量

年份		2007	2008	2009	2010	2011	2012	2013
产量/万吨		22	21	19	25	28	26	30
增长量	逐期增长量	—	−1	−2	6	3	−2	4
	累计增长量	—	−1	−3	3	6	4	8

通过表 6-9 可以比较直观地看出逐期增长量与累计增长量之间的换算关系。例如，2008—2010 年的逐期增长量之和(-1+(-2)+6=3)就等于 2010 年以 2007 年为固定基期的累计增长量，均为 3 万吨；2013 年的累计增长量与相邻期 2012 年的累计增长量的差(8-4=4)就等于 2013 年的逐期增长量，均为 4 万吨。

解：其中，a_0=22，a_1=21，a_2=19，a_3=25，a_4=28，a_5=26，a_6=30，n=6。

$$\text{平均增长量}=\frac{\sum_{i=1}^{n}(a_i-a_{i-1})}{n}=\frac{(-1)+(-2)+6+3+(-2)+4}{6}=1.33\,(\text{万吨})$$

或 $$\text{平均增长量}=\frac{a_n-a_0}{n}=\frac{a_6-a_0}{6}=\frac{30-22}{6}=1.33\,(\text{万吨})$$

由计算可知，该时期产品产量的平均增长量为 1.33 万吨。

第三节 时间数列速度分析指标

一、发展速度

发展速度是根据报告期发展水平与基期发展水平对比而得到的相对数，反映社会经济现象在一定时期内的发展方向和程度，即

$$\text{发展速度}=\frac{\text{报告期发展水平}}{\text{基期发展水平}} \tag{6-13}$$

发展速度一般用百分数形式表示，有时也采用倍数形式表示，说明报告期水平已发展到基期水平的百分之几或若干倍。若发展速度大于百分之百或大于 1，则表示为上升速度；若发展速度小于百分之百或小于 1，则表示为下降速度。

发展速度根据所采用的基期不同，分为环比发展速度和定基发展速度。

1. 环比发展速度

环比发展速度是时间数列中报告期发展水平与其前一期发展水平之比，以报告期前一期为基期，说明某种社会经济现象的逐期发展方向和程度，即

$$\text{环比发展速度}=\frac{a_i}{a_{i-1}} \quad i=1,2,\cdots,n \tag{6-14}$$

在实际工作中，往往存在具有季节变化的一些社会经济现象。为了消除季节变动因素的影响，可以计算一种特殊的环比发展速度——年距发展速度，用以说明本期发展水平相比于去年同期发展水平变化的方向和程度，即年距发展速度=某月(季)发展水平/上一年同月(季)的发展水平。

例如，某地区 2013 年第一节度钢产量为 3000 万吨，2012 年第一季度钢产量为 2400 万吨，则：

$$\text{年距发展速度}=\frac{3000}{2400}=125\%$$

这说明 2013 年第一季度钢产量已达到上年同期产量水平的 125%。

2. 定基发展速度

定基发展速度是时间数列中报告期发展水平与某一固定基期发展水平之比，其基期是固定不变的，说明某种社会经济现象在较长时期内总的发展方向和程度，也称为总速度，即

$$定基发展速度=\frac{a_i}{a_0} \quad i=1,2,\cdots,n \tag{6-15}$$

3. 环比发展速度与定基发展速度之间的关系

相应时期的环比发展速度用 $\frac{a_1}{a_0},\frac{a_2}{a_1},\frac{a_3}{a_2},\cdots,\frac{a_n}{a_{n-1}}$ 的算式进行计算，而相应时期的定基发展速度用 $\frac{a_1}{a_0},\frac{a_2}{a_0},\frac{a_3}{a_0},\cdots,\frac{a_n}{a_0}$ 的算式进行计算。通过观察可知，环比发展速度和定基发展速度之间存在着一定的数量推算关系。

(1) 各环比发展速度的连乘积等于相应时期的定基发展速度，即

$$\frac{a_1}{a_0}\times\frac{a_2}{a_1}\times\frac{a_3}{a_2}\times\cdots\times\frac{a_n}{a_{n-1}}=\frac{a_n}{a_0} \tag{6-16}$$

(2) 相邻两个定基发展速度之比等于相应时期的环比发展速度，即

$$\frac{a_i}{a_0}\div\frac{a_{i-1}}{a_0}=\frac{a_i}{a_{i-1}} \tag{6-17}$$

【例 6-8】某企业 2008—2013 年营业额的时间数列资料见表 6-10，说明环比发展速度与定基发展速度之间的关系。

表 6-10　某企业 2008—2013 年的营业额

年份		2008	2009	2010	2011	2012	2013
营业额/万元		185	198	236	240	235	254
发展速度/%	环比发展速度	—	107.03	119.20	101.69	97.92	108.09
	定基发展速度	100	107.03	127.57	129.73	127.03	137.31

解： 通过表 6-10，可以分析出环比发展速度与定基发展速度之间的数量关系。例如，2009—2013 年环比发展速度的连乘积等于 2013 年的定基发展速度，即

107.03%×119.2%×101.69%×97.92%×108.09%=137.31%；

2013 年与 2012 年相邻两期的定基发展速度之比等于 2013 年的环比发展速度，即

137.31%÷127.03%=108.09%。

二、增长速度

增长速度是根据增长量与基期发展水平对比而得到的相对数，反映社会经济现象的增

长程度，一般用百分数或倍数形式表示，说明报告期水平比基期水平增加百分之几或若干倍。增长速度既可以根据增长量计算，也可以根据发展速度求得，即

$$\begin{aligned}增长速度&=\frac{增长量}{基期发展水平}\\&=\frac{报告期发展水平-基期发展水平}{基期发展水平}\\&=\frac{报告期发展水平}{基期发展水平}-1\\&=发展速度-1\end{aligned} \tag{6-18}$$

增长速度虽然等于发展速度减 1，但各自说明的问题是不同的，发展速度表明报告期水平比基期发展到多少，而增长速度表明报告期水平比基期增长了多少。当发展速度大于 1 时，增长速度为正值，表明现象的增长程度；当发展速度小于 1 时，增长速度为负值，表明现象的降低程度。

增长速度根据所采用的基期不同，分为环比增长速度和定基增长速度。

1. 环比增长速度

环比增长速度是逐期增长量与前一期发展水平之比，以报告期的前一期为基期，说明某种社会经济现象逐期增长的方向和程度，即

$$环比增长速度=\frac{a_i-a_{i-1}}{a_{i-1}}=\frac{a_i}{a_{i-1}}-1 \quad i=1,2,\cdots,n \tag{6-19}$$

从公式中可以看出，环比增长速度可以根据逐期增长量与前一期发展水平之比计算，也可以根据环比发展速度减 1 求得。为了消除季节变动因素的影响，还可以计算年距增长速度这一特殊的环比增长速度，用以说明年距增长量相比于去年同期发展水平增长的方向和程度，即

$$年距增长速度=\frac{年距增长量}{上一年同月(季)的发展水平}=年距发展速度-1$$

2. 定基增长速度

定基增长速度是累计增长量与某一固定基期发展水平之比，其基期是固定不变的，说明某种社会经济现象在较长时期内总的增长方向和程度。定基增长速度可以根据累计增长量计算，也可以根据定基发展速度求得，即

$$定基增长速度=\frac{a_i-a_0}{a_0}=\frac{a_i}{a_0}-1 \quad i=1,2,\cdots,n \tag{6-20}$$

3. 环比增长速度与定基增长速度之间的关系

环比增长速度与定基增长速度之间不能直接换算。因为各环比增长速度的连乘积并不等于定基增长速度；同时，相邻两个定基增长速度之比也并不等于相应时期的环比增长速度，即

$$\left(\frac{a_1}{a_0}-1\right)\times\left(\frac{a_2}{a_1}-1\right)\times\left(\frac{a_3}{a_2}-1\right)\times\cdots\times\left(\frac{a_n}{a_{n-1}}-1\right)\neq\left(\frac{a_n}{a_0}-1\right) \tag{6-21}$$

当由环比增长速度推算定基增长速度时，首先需要将各环比增长速度加 1 还原成环比发展速度，然后再将各环比发展速度进行连乘积得到相应时期的定基发展速度，最后用定基发展速度减 1 就能推算出该时期的定基增长速度。当由定基增长速度推算环比增长速度时，首先需要将相邻两期的定基增长速度分别加 1 还原成其定基发展速度，然后再将相邻两个定基发展速度对比得到相应时期的环比发展速度，最后用环比发展速度减 1 就推算出该时期的环比增长速度。

【相关链接 6-2】

增长 1%的绝对值

速度是一个相对值，它与对比的基数值的大小有很大的关系，大的速度背后，其隐含的增长绝对值有可能很小；小的速度背后，其隐含的增长绝对值有可能很大。也就是说，由于对比的基点不同，可能会造成速度数值上的较大差异，进而会出现高速度掩盖低增长的虚假现象。为了求得一个具有可比性的指标，进一步反映增长速度的实际效果，需将速度指标与水平指标结合起来，通常计算增长 1%的绝对值指标，深入分析环比增长速度和逐期增长量之间的关系，进而弥补速度分析中的局限性。

$$\begin{aligned}\text{增长 1\%的绝对值}&=\frac{\text{逐期增长量}}{\text{环比增长速度}\times 100}\\&=\frac{\text{前一期水平}}{100}\end{aligned}$$

即

$$\frac{a_i-a_{i-1}}{\left(\dfrac{a_i}{a_{i-1}}-1\right)\times 100}=\frac{a_i-a_{i-1}}{\dfrac{a_i-a_{i-1}}{a_{i-1}}\times 100}=\frac{a_{i-1}}{100}$$

增长 1%的绝对值这一指标不仅可以用于比较同一现象不同时期增长速度的经济意义，还可以用于比较不同国家、不同地区和不同单位之间同一现象增长速度所隐含的不同经济意义，对正确处理和评价速度与效益的关系是颇有好处的。例如，假定生产条件基本相同的甲企业、乙企业，其 2011 年与 2012 年的利润额及增长速度资料如表 6-11

所示。

表 6-11 甲、乙企业的利润额及增长速度

年 份	甲企业		乙企业	
	利润额/万元	环比增长速度/%	利润额/万元	环比增长速度/%
2011	500	—	60	—
2012	600	20	84	40

通过表 6-11 可以看出，乙企业的利润增长速度(40%)比甲企业(20%)高出 1 倍，如果就此得出乙企业的生产经营业绩比甲企业好得多，这样的结论明显是不切合实际的。因此，需要将利润额的绝对值也进行比较，将速度指标和水平指标结合起来分析，计算各自增长 1%的绝对值指标。

甲企业：增长 1%的绝对值=前一期水平/100=500/100=5(万元)

乙企业：增长 1%的绝对值=前一期水平/100=60/100=0.6(万元)

因此上述计算结果表示，甲企业的利润每增长 1%，增加的利润额是 5 万元；而乙企业的利润每增长 1%，增加的利润额是 0.6 万元，甲企业远高于乙企业。这就说明甲企业的生产经营业绩更好。

三、平均速度

平均速度就是速度指标的序时平均数。速度指标有发展速度和增长速度，则平均发展速度和平均增长速度则统称为平均速度指标。

平均发展速度是指时间数列中各个环比发展速度的序时平均数，表明某一社会经济现象在一个较长时期内逐期平均发展变化的程度；而平均增长速度，是指时间数列中各个环比增长速度的序时平均数，表明某一社会经济现象在一个较长时期内逐期平均增长变化的程度。

但是，从计算平均速度的方法来看，平均增长速度并不能根据各期环比增长速度直接计算，而是先计算平均发展速度，然后通过平均发展速度与平均增长速度之间的关系来计算平均增长速度，即

$$平均增长速度=平均发展速度-1 \tag{6-22}$$

因此，所谓平均发展速度和平均增长速度这两个平均速度指标的计算，实际上就是指平均发展速度的计算。在实际统计工作中，平均发展速度的计算方法有两种，即水平法和累计法，其之间的具体计算和应用都各不相同。

1. 水平法

水平法又称为几何平均法，是根据各期的环比发展速度采用几何平均法计算出来的。水平法的基本出发点是从数列的最初发展水平a_0开始，如果各个时期都以平均发展速度$\overline{x}$的环比发展速度向前发展，经过n期后应达到最末发展水平a_n，即$a_0\overline{x}^n=a_n$。式中，$\overline{x}$为平均发展速度。因此，平均发展速度的计算式为

$$\overline{x}=\sqrt[n]{\frac{a_n}{a_0}} \tag{6-23}$$

由这一公式变形，可得平均发展速度根据各期环比发展速度进行的“几何平均”的水平法计算公式。因为$\frac{a_n}{a_0}$为定基发展速度，而各环比发展速度的连乘积正好等于相应时期的定基发展速度，则平均发展速度又可表示为

$$\overline{x}=\sqrt[n]{\frac{a_1}{a_0}\times\frac{a_2}{a_1}\times\frac{a_3}{a_2}\times\cdots\times\frac{a_n}{a_{n-1}}} \tag{6-24}$$

由此可知，平均发展速度可以根据最初发展水平、最末发展水平得到的定基发展速度计算，也可以根据各时期的环比发展速度来计算。一般情况下，平均发展速度用百分数表示，但有些偏小的指标也可采用千分数，如人口平均出生率、死亡率等。

【例 6-9】根据第五次、第六次人口普查资料，我国内地人口 2000 年第五次普查时为 126 583 万人，2010 年第六次人口普查时为 133 972 万人。试求两次人口普查之间我国人口年平均增长速度。

解：根据已知，a_0=126 583，a_n=133 972，n=10，则

平均发展速度 $\overline{x}=\sqrt[n]{\frac{a_n}{a_0}}=\sqrt[10]{\frac{133\,972}{126\,583}}=1.005\,689$

平均增长速度=平均发展速度−1=(1.005 689−1)×1000‰=5.689‰

【例 6-10】如果以 2010 年第六次人口普查数为基数，其后每年以 5.689‰速度递增。试求到 2020 年我国内地人口将达到的水平。

解：根据已知，a_0=133 972，$\overline{x}$=1.005 689，n=10，则

$a_n=a_0\overline{x}^n$=133 972×1.005 689^{10}=141 792(万人)

因此，按照 5.689‰速度递增，到 2020 年我国内地人口将达到 141 792 万人，超过 14 亿。

【例 6-11】如果要求在 2020 年底，把我国人口控制在 14 亿人以内，以 2010 年人口普查数为基数，10 年内我国人口平均增长速度应控制在什么水平？

解：根据已知，a_0=133 972，a_n=140 000，n=10，则

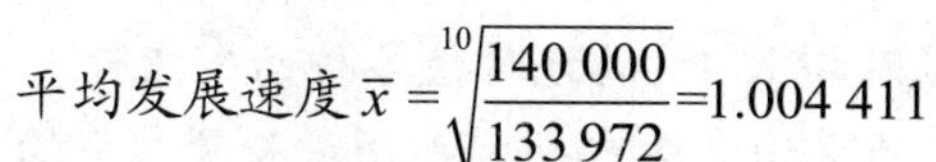

平均发展速度 $\bar{x}=\sqrt[10]{\dfrac{140\,000}{133\,972}}=1.004\,411$

平均增长速度=(1.004 411−1)×1000‰=4.411‰

因此，从 2010 年开始我国人口平均增长速度应控制在 4.411‰以内，才能保证 2020 年人口不超过 14 亿人。

2. 累计法

累计法又称为方程法，是通过解高次方程的方法计算的。这种方法的基本出发点是从数列的最初发展水平 a_0 开始，各个时期按平均发展速度 $\bar{x}$ 计算相应发展水平，计算的各期发展水平累计之和应与各期实际发展水平的总和相等。因此，计算时应先列出方程式，再求解得出平均发展速度。

设 $\bar{x}$ 为平均发展速度，按平均发展速度计算各期对应的发展水平为

第一期：$a_1=a_0\bar{x}$。

第二期：$a_2=a_0\bar{x}\cdot\bar{x}=a_0\bar{x}^2$。

第三期：$a_3=a_0\bar{x}^2\cdot\bar{x}=a_0\bar{x}^3$。

⋮

第 n 期：$a_n=a_0\bar{x}^{n-1}\cdot\bar{x}=a_0\bar{x}^n$。

将上列各式整理后，即

$$a_1+a_2+a_3+\cdots+a_n=a_0\bar{x}+a_0\bar{x}^2+a_0\bar{x}^3+\cdots+a_0\bar{x}^n$$

$$\sum_{i=1}^{n}a_i=a_0(\bar{x}+\bar{x}^2+\bar{x}^3+\cdots+\bar{x}^n)$$

$$(\bar{x}+\bar{x}^2+\bar{x}^3+\cdots+\bar{x}^n)=\frac{\sum_{i=1}^{n}a_i}{a_0} \tag{6-25}$$

解这个高次方程，其正根即为平均发展速度。但是，解这个高次方程非常麻烦。因此，在实际工作中，通常利用已经编好的《平均增长速度查对表》来计算。

由此可见，用累计法或方程法来计算平均发展速度，侧重于考察中长期计划各期水平的总和，即计划期内的累计总和。这种方法适用于计算基本建设投资额、新增固定资产额、住宅建筑面积、造林面积等指标的平均发展速度。

【例 6-12】某商场 2009—2013 年的商品零售总额资料如表 6-12 所示。

表 6-12　某商场 2009—2013 年的商品零售总额

年份	2009	2010	2011	2012	2013
零售总额/万元	642	756	843	915	1160

要求：(1) 计算增长量、发展速度、增长速度及增长1%的绝对值各种动态指标。

(2) 计算该商场2010—2013年商品零售总额的平均发展水平、平均增长量、平均发展速度及平均增长速度。

解：(1) 商场的商品零售总额是总量指标，形成的时间数列即为总量指标时间数列。由于各动态指标所采用的基期不同，各种动态指标的种类也不尽相同。根据其各自的特点与计算方法，具体计算结果如表6-13所示。

表6-13　商品零售总额时间数列的动态指标计算结果

年份		2009	2010	2011	2012	2013
发展水平/万元		642	756	843	915	1160
增长量/万元	逐期增长量	—	114	87	72	245
	累计增长量	—	114	201	273	518
发展速度/%	环比发展速度	—	117.76	111.51	108.54	126.78
	定基发展速度	100	117.76	131.31	142.52	180.69
增长速度/%	环比增长速度	—	17.76	11.51	8.54	26.78
	定基增长速度	—	17.76	31.31	42.52	80.69
增长1%的绝对值/万元		—	6.42	7.56	8.43	9.15

(2) 商场的商品零售总额是总量指标中的时期指标，所形成的数列是时期数列。因此，该商场2010—2013年商品零售总额的平均发展水平为

$$\bar{a}=\frac{a_1+a_2+a_3+\cdots+a_n}{n}=\frac{\sum_{i=1}^{n}a_i}{n}=\frac{756+843+915+1160}{4}=\frac{3674}{4}=918.5\text{(万元)}$$

该商场2010—2013年商品零售总额的平均增长量为

$$\text{平均增长量}=\frac{\sum_{i=1}^{n}(a_i-a_{i-1})}{n}=\frac{a_n-a_0}{n}=\frac{518}{4}=129.5\text{(万元)}$$

该商场2010—2013年商品零售总额的平均发展速度和平均增长速度为

$$\text{平均发展速度}\ \bar{x}=\sqrt[n]{\frac{a_n}{a_0}}=\sqrt[n]{\frac{a_1}{a_0}\times\frac{a_2}{a_1}\times\cdots\times\frac{a_n}{a_{n-1}}}=\sqrt[4]{\frac{1160}{642}}\times100\%=115.94\%$$

平均增长速度=平均发展速度-1=115.94%-1=15.94%

第四节　时间数列变动分析

时间数列各项发展水平的变化是由许多错综复杂的因素共同作用的结果。有些因素属于基本因素，对事物的发展起决定性作用，影响事物在一段较长时间内呈现出一定的趋向，沿着一个方向(上升或下降)发展；有些因素属于偶然的或非基本的因素，对事物的发展只起局部的非决定性作用，影响时间数列的各期发展水平出现短期不规则的波动；还有些因素属于季节性因素，影响时间数列以一年为周期的季节性波动。为了研究社会经济现象发展变化的规律和趋势，并以此为依据来预测未来，就需要将这些影响时间数列的各种因素加以分解并分别进行测定。在具体分析中，可按影响因素性质的不同加以分类，一般将时间数列的总变动分解为长期趋势(T)、季节变动(S)、循环变动(C)和不规则变动(I)4 种主要因素。

若设 Y 为时间数列的各项数值，则上述 4 种主要因素对时间数列的影响可用下面两个数学模型来表示，即

$$\begin{aligned}&\text{加法模型：}Y=T+S+C+I,\\&\text{乘法模型：}Y=T\times S\times C\times I\end{aligned}\tag{6-26}$$

其中，加法模型假定 4 种因素相互独立。但是，最常用的是乘法模型。其假设 4 个因素是由不同的原因形成的，且相互依存，因此它们对事物的影响是相互的，时间数列的各个数值表现为各种因素的乘积。利用乘法模型可以将 4 个因素很容易地从时间数列中分离出来，因而乘法模型在时间数列分析中受到广泛应用。

一、长期趋势分析

(一)长期趋势的含义和作用

长期趋势是指社会经济现象在相当长的时期内，受某种稳定性因素影响所呈现的长期持续上升或下降的趋势，也可以表现为只围绕某一常数值而无明显增减变化的水平趋势。例如，各国的经济发展由于人口增加、技术进步以及财富积累等因素的影响，大部分都呈现出向上增长的趋势。

分析时间数列的长期趋势，其主要作用体现在以下 3 个方面：①描述社会经济现象在较长时期内发展变化的基本状态，以便进一步研究其发展变化的规律；②可以预测事物未来发展的方向和情况；③测定长期趋势，为研究季节变动时消除长期趋势的影响提供依据。

(二)长期趋势的测定方法

长期趋势的测定是对时间数列的修匀，修匀的基本目的就是消除影响事物变化的非基

本因素。长期趋势测定的方法很多，常用的有时距扩大法、移动平均法和数学模型法。

1. 时距扩大法

时距扩大法是长期趋势测定中最原始、最简便的方法。它是把原来时间数列中的时间长度(时距)扩大，得出较长时距的资料，用以消除由于时距较短，受偶然因素影响所引起的波动或不均匀状况。经过对原始时间数列的时距扩大修匀，可以整理出新的能明显表示现象发展趋势的时间数列。

时距扩大法分为时距扩大总数法和时距扩大平均数法。其中，时距扩大总数法适用于时期数列，是把原来时间数列中所包含的各个时间间隔内的资料数值加以合并，得出较长时距的资料。时距扩大平均数法适用于时期数列、时点数列、相对指标时间数列和平均指标时间数列，是把原来时间数列中所包含的各个时间间隔内的资料数值加以平均，得出较长时距的资料。

运用时距扩大法时，首先要求所扩大各个时期的时距应保持一致，这样相应的发展水平才具有可比性，才可以相互比较地看出现象的变动趋势。其次，时距扩大的大小取决于现象自身的特点。对于呈现周期性波动的时间数列，扩大的时距应与波动的周期相吻合，而对于一般的时间数列，则要逐步地扩大时距使时距适中，以能够显示趋势变动的方向为宜。如果扩大时距不够，就不能消除现象变动中的偶然因素，如果时距过长，整理后的新时间数列指标较少，则会掩盖现象发展的具体趋势。

【例 6-13】某工业企业 2010—2013 年各季度产品的产量和季初库存量资料见表 6-14，且 2014 年年初的产品库存量为 12 万吨。

表 6-14　某工业企业 2010—2013 年各季度产品的产量和季初库存量　　单位：万吨

年份	2010				2011				2012				2013			
季度	1	2	3	4	1	2	3	4	1	2	3	4	1	2	3	4
产量	26	36	10	16	28	36	12	20	32	44	16	24	38	50	30	34
季初库存量	4	10	10	5	6	10	10	8	8	12	10	5	10	12	10	10

解: 从表 6-14 可以看出，该企业 2010—2013 年各季度产品的产量由于受多种因素影响，各季度之间有波动，发展变化趋势并不明显。同样，库存量的长期趋势也并不显著。为了消除各季度的波动，则扩大以年为时距，采用时距扩大法测定产量与库存量时间数列的长期趋势。

由于产量形成的时间数列是时期数列，既可以采用时距扩大总数法，也可以采用时距扩大平均数法。而库存量形成的时间数列是时点数列，只能采用时距扩大平均数法。如果将按季度形成的时间数列的时距扩大为年度，则可整理出新的时间数列，如表 6-15 所示，用来反映该企业产品产量和库存量的长期趋势。

表 6-15　某工业企业 2010—2013 年产品总产量、季平均产量和季平均库存量

年份	2010	2011	2012	2013
总产量/万吨	88	96	116	152
季平均产量/万吨	22	24	29	38
季平均库存量/万吨	7.50	8.75	9.00	10.75

从时距扩大为年度形成的新时间数列可以明显地看出，该企业产品产量和库存量都呈现出明显的上升趋势。

2. 移动平均法

移动平均法实质上是时距扩大法的改良。该方法的基本思想是，通过扩大原时间数列的时间间隔，并按一定的间隔长度逐期移动，分别计算出一系列移动平均数，这些平均数形成的新时间数列对原时间数列的波动起到了一定的修匀目的，削弱了原时间数列中短期偶然因素的影响，从而呈现出现象发展的变动趋势。该方法可以用来分析预测销售情况、库存、股价或其他趋势。该方法又可分为简单移动平均法和加权移动平均法两种。

(1) 简单移动平均法。它是直接用简单算术平均数作为移动平均趋势值的一种方法。设时间间隔长度为 K，则移动平均数数列可以写成

$$\overline{Y_i}=\frac{Y_i+Y_{i+1}+\cdots+Y_{i+k-1}}{K} \tag{6-27}$$

式中：$\overline{Y_i}$ 为移动平均趋势值；Y_i 为各时期发展水平；K 为大于 1 小于 n 的正整数。

(2) 加权移动平均法。它是在简单移动平均法的基础上给近期数据以较大的权数，给远期数据以较小的权数，计算加权移动平均数作为下一期的移动平均趋势值的一种方法，即

$$\overline{Y_i}=\frac{Y_i f_i+Y_{i+1}f_{i+1}+\cdots+Y_{i+k-1}f_{i+k-1}}{f_i+f_{i+1}+\cdots+f_{i+k-1}} \tag{6-28}$$

【例 6-14】某公司 2012 年各月的销售额资料见表 6-16，采用移动平均法测定该企业销售额的发展变动趋势。

表 6-16　某公司 2012 年各月的销售额

月份	1	2	3	4	5	6	7	8	9	10	11	12
销售额/万元	28	30	35	31	36	38	46	48	44	49	51	65

解：从表 6-16 可以看出，该企业 2012 年各月销售额有波动，因此可以通过移动平均法，形成的新时间数列对原时间数列的波动起到了一定的修匀目的，并削弱了原时间数列中短期偶然因素的影响，从而呈现出现象发展的变动趋势。

如果采用简单移动平均法，当 K=3 时，$\overline{Y_1}=\frac{Y_1+Y_2+Y_3}{3}=\frac{28+30+35}{3}=31$，其余同理类推。当 K=5 时，$\overline{Y_1}=\frac{Y_1+Y_2+Y_3+Y_4+Y_5}{5}=\frac{28+30+35+31+36}{5}=32$，其余同理类推。具体结果如表 6-17 所示。

如果采用加权移动平均法，当 K=3 时，趋势值 $\overline{Y_1}=\frac{Y_1\times1+Y_2\times2+Y_3\times3}{1+2+3}=\frac{28\times1+30\times2+35\times3}{1+2+3}=32.17$，其余类推；当 K=5 时，$\overline{Y_1}=\frac{Y_1\times1+Y_2\times2+Y_3\times3+Y_4\times4+Y_5\times5}{1+2+3+4+5}=\frac{28\times1+30\times2+35\times3+31\times4+36\times5}{15}=33.13$，其余以此类推。

表 6-17　某公司 2012 年各月销售额的移动平均数计算表

月　份	销售额/万元	3 项移动平均数(K=3)	5 项移动平均数(K=5)
1	28	—	—
2	30	31	—
3	35	32	32.0
4	31	34	34.0
5	36	35	37.2
6	38	40	39.8
7	46	44	42.4
8	48	46	45.0
9	44	47	47.6
10	49	48	51.4
11	51	55	—
12	65	—	—

从表 6-17 所示的移动平均数计算表可以看出，不论是 3 项移动平均(K=3)还是 5 项移动平均(K=5)，该企业 2012 年各月销售额都呈现出明显的上升趋势。

通过上述分析发现，应用移动平均法测定长期趋势时需注意以下几个问题。

(1) 移动间隔的长度应适中。从表 6-17 不难看出，移动平均所得到的新数列要比原时间数列匀滑，并且 5 项移动平均数数列又要比 3 项移动平均数数列匀滑。因此，为了更好地消除不规则波动以达到修匀的目的，可以适当增加移动步长。移动步长越大，所得趋势值越少(如 3 项移动平均得 10 个趋势值，5 项移动平均得 8 个趋势值)，个别指标值的影响作用就越弱，移动平均数数列所表现的趋势就越明显，但移动间隔过长，有时会脱离现象发展的真实趋势；若移动间隔越短，个别指标值的影响作用就越大，有时又不能完全消除数

列中由于短期偶然因素的影响，从而看不出现象发展的变动趋势。一般来说，如果现象发展具有一定的周期性，应以周期长度为移动间隔的长度，如时间数列是季度资料，则应采用 4 项移动平均。

(2) 应把移动平均后的趋势值放在各移动项的中间位置。比如，3 项移动平均所得的趋势值应放在第二项所对应的位置上，5 项移动平均的趋势值应放在第三项所对应的位置上，其余以此类推。因此，若时间间隔长度 K 为奇数时，很容易找到其趋势值的对应位置，即一次移动可得趋势值，如表 6-17 所示的 3 项移动平均和 5 项移动平均。若 K 为偶数时，其所得趋势值的中间位置不唯一，存在两个，则需将第一次得到的移动平均再做一次二项移动平均，才能得到最后的趋势值，因此该趋势值也叫作移正趋势值。

若 K=4 时，采用简单移动平均法，则趋势值

$$\overline{Y}_1=\frac{Y_1+Y_2+Y_3+Y_4}{4}=\frac{28+30+35+31}{4}=31$$

$$\overline{Y}_2=\frac{Y_2+Y_3+Y_4+Y_5}{4}=\frac{30+35+31+36}{4}=33$$

则移正趋势值

$$\overline{Y}=\frac{\overline{Y}_1+\overline{Y}_2}{2}=\frac{31+33}{2}=32$$

具体的 4 项移动平均如表 6-18 所示。

表 6-18　某公司 2012 年各月销售额的 4 项移动平均数计算表

月　份	销售额/万元	4 项移动平均数(K=4)	移正趋势值
1	28	—	—
2	30	—	—
3	35	31.00	32.00
4	31	33.00	34.00
5	36	35.00	37.38
6	38	37.75	38.88
7	46	42.00	43.00
8	48	44.00	45.38
9	44	46.75	47.38
10	49	48.00	50.13
11	51	52.25	—
12	65	—	—

3. 数学模型法

数学模型法就是根据时间数列发展形态的特点，选择一种合适的数学方程式，进而以

自变量 t 代表时间因素，因变量 y 代表数列水平，然后依据此方程式来分析长期趋势的方法。用数学模型法测定长期趋势，关键在于两个方面。

(1) 要科学地选择模型。

时间模型有直线形和曲线形，而每一种都有很多具体的形式。因此，在建立模型之前要判断趋势的形态，其基本结论如下。

① 如果时间数列的逐期增长量相对稳定，则其趋势线近似于一条直线，表示为 $y = a + bt$ 。

② 如果时间数列的逐期增长量呈现等量递增或递减的态势，则其趋势线近似于一条抛物线，表示为 $y = a + bt + ct^2$ 。

③ 如果时间数列的各期环比增长速度大体相等或相对稳定，则其趋势线近似于一条指数曲线，表示为 $y = ab^t$ 。

抛物线、指数曲线等都属于曲线模型。在社会经济现象的客观现实中，有很多都是按照曲线的轨迹演进，但是曲线又是由很多直线连接而成的，因此，研究直线模型是研究各种曲线模型的基础。

(2) 要准确地确定模型中的参数。

求解模型，实际上就是确定模型中的待定系数，即参数。从数学角度上来看，最理想的方法就是“最小二乘法”，也叫“最小平方法”。

选择直线模型来分析长期趋势，假设拟合的直线趋势方程为

$$y_e = a + bt \tag{6-29}$$

式中：y_e 为数列实际水平 y 的估计值或趋势值；t 为时间变量因素；a、b 为两个待定系数，分别表示趋势线在 y 轴上的截距和斜率。

运用最小二乘法，使原数列各实际值与趋势值的离差平方和为最小，即 $\sum_{i=1}^{n}(y_i - y_e)^2$ 为最小值，则可得到参数 a、b 。其计算公式为

$$a = \frac{\sum_{i=1}^{n} y_i - b\sum_{i=1}^{n} t_i}{n}$$

$$b = \frac{n\sum_{i=1}^{n} t_i y_i - \sum_{i=1}^{n} t_i \sum_{i=1}^{n} y_i}{n\sum_{i=1}^{n} t_i^2 - \left(\sum_{i=1}^{n} t_i\right)^2} \tag{6-30}$$

为了简化计算，可用坐标移位的方法，使得 $\sum_{i=1}^{n} t = 0$ 。具体的操作办法为：当时间数列的项数为奇数时，可取中间一项的时间序号等于零，即 $t=0$，中间以前的时间序号 t 为负值，

依次为-1、-2、-3，…，中间以后的时间序号t为正值，依次为1、2、3、…；当时间数列的项数为偶数时，无唯一的中间项，则中间以前的时间序号t为负值，依次取为-1、-3、-5、…、中间以后的时间序号t为正值，依次取为1、3、5、…。若按照上述规则取值，最终使得模型中的$\sum_{i=1}^{n} t=0$，则a、b参数的计算公式可简化为

$$a=\frac{\sum_{i=1}^{n} y_i}{n}$$

$$b=\frac{\sum_{i=1}^{n} t_i y_i}{\sum_{i=1}^{n} t_i^2} \tag{6-31}$$

由简化公式计算的直线趋势方程和标准方程组所求出的方程实际上是同一条直线，所不同的只是原点的改变，但原点改变后的趋势值和改变前的趋势值一定是相等的。

【例 6-15】某地区 2007—2013 年的粮食总产量资料见表 6-19。

表 6-19　某地区 2007—2013 年的粮食总产量资料

年　份	t	总产量 y/万吨	ty	t^2	预测趋势值 y_e
2007	−3	215	−645	9	214.02
2008	−2	231	−462	4	230.06
2009	−1	246	−246	1	246.1
2010	0	260	0	0	262.14
2011	1	276	276	1	278.18
2012	2	295	590	4	294.22
2013	3	312	936	9	310.26
合计	0	1835	449	28	1834.98

从 2007—2013 年的粮食总产量数据来看，各期的逐期增长量相对比较稳定，因此可以选择直线模型测定长期趋势并进行预测。

解：将表 6-19 中计算数据代入公式，可得

$$a=\frac{\sum_{i=1}^{n} y_i}{n}=\frac{1835}{7}=262.14$$

$$b=\frac{\sum_{i=1}^{n}t_i y_i}{\sum_{i=1}^{n}t_i^2}=\frac{449}{28}=16.04$$

则所拟合的直线趋势方程为 y_e=262.14+16.04t 。

将各年的时间序号 t 代入方程，可得到各期的预测趋势值 y_e，具体见表 6-19，发现各期数列的实际水平与其预测趋势值的差距很小，则拟合的直线模型符合现象发展的规律。

如果预测该地区 2014 年的粮食总产量，可将 t=4 代入方程，得到

y_e=262.14+16.04×4=326.3 (万吨)

二、季节变动分析

1. 季节变动的概念和特点

季节变动是指某些社会经济现象由于受自然现象、社会条件及人们的消费习惯等因素的影响，在一年之内或更短的时间内，随着季节更换而引起的一种有规律的周期性变动。在现实生活中，季节变动是一种较为普遍的现象。例如，许多农副产品的产量都因季节更替而有淡、旺季之分；商业经营中时令商品的销售量也随着气候的变化而形成有规律的变动。

季节变动具有以下 3 个方面的特点：一是季节变动按照一定的周期进行，是一种有规律的变动；二是季节变动每年重复进行；三是每个周期变动的强度大体相同。研究季节变动的目的在于了解季节变动对人们经济生活的影响，以便更好地组织生产和安排生活。分析季节变动，还可以根据季节变动规律，配合适当的季节变动模型，结合长期趋势，进行经济预测，计划未来行动。同时，季节变动是各种周期性变动中很重要的其中一种，分析季节变动的原理和方法也是分析其他周期性变动的基础。

2. 季节变动的测定方法

分析和测定季节变动最常用的方法是同期平均法。同期平均法就是现象不存在长期趋势或长期趋势不明显的情况下，在同月(季)内“平均”，而在不同月(季)之间“移动”的一种方法。“平均”是为了消除非季节因素的影响，而“移动”则是为了测定季节因素的影响程度，主要通过季节比率这一指标进行季节变动程度分析的重要指标。

采用同期平均法测定季节变动，其具体步骤如下。

(1) 计算各年同月(季)的平均水平，目的是为了消除非季节因素的影响。由于同样是旺季或淡季，有些年份的旺季更旺或淡季更淡，这就是非季节的因素影响。假设不存在长期趋势情况下，则通过平均就可以将这些因素相互抵消。

(2) 计算各年同月(季)的平均水平的平均水平，即各年同月(季)的平均水平时间数列的

序时平均数，也称为总平均月份(季)水平，目的是计算季节比率。

(3) 计算季节比率。季节比率是各年同月(季)的平均水平与总平均月份(季)水平对比所得，一般用百分数表示，表示季节变动的程度。其计算公式为

$$\text{季节比率}=\frac{\text{同月(季)平均水平}}{\text{总平均月份(季)水平}}\times 100\% \tag{6-32}$$

通过同期平均法对季节比率指标的计算，可以观察和分析某种社会经济现象季节变动的规律性，季节比率越高，说明其越是"旺季"；反之，说明是"淡季"。

【例 6-16】某商场 2009—2012 年各月份的空调销售量资料见表 6-20。试分析该商场空调销售量的季节变动情况。

表 6-20　某商场 2009—2012 年各月份的空调销售量

月份	各年销售量/台				同月合计/台	同月平均/台	季节比率/%
	2009 (1)	2010 (2)	2011 (3)	2012 (4)	(5)=(1)+(2) +(3)+(4)	(6)=(5)/4	(7)=(6)/29.67
1	10	9	12	9	40	10	33.70
2	19	15	12	10	56	14	47.19
3	20	24	20	36	100	25	84.28
4	24	24	18	14	80	20	67.41
5	32	36	36	32	136	34	114.59
6	42	45	46	43	176	44	148.30
7	41	48	57	30	176	44	148.30
8	88	82	88	86	344	86	289.86
9	30	28	26	28	112	28	94.37
10	22	19	22	21	84	21	70.78
11	16	17	17	18	68	17	57.30
12	8	13	16	15	52	13	43.82
合计	352	360	370	342	1424	356	1200
平均	29.33	30.00	30.83	28.50	118.67	29.67	100

解：分析季节变动，采用同期平均法，具体过程如下。

第一步，计算同月的平均水平。

1 月份的平均数=(10+9+12+9)/4=10(台)，其余各月的参见表 6-20。

第二步，计算同月平均水平的平均数，即总平均月份水平。

总平均月份水平=356/12=29.67(台)

第三步，计算季节比率。1 月份的季节比率=10/29.67×100%=33.7%，其余各月的季节比

率参见表 6-20。

第四步，用季节比率进行预测。通常假定按照过去资料测定的季节变动模型能够适用于未来，来预测以后各年不同月(季)的发展趋势和状况，即

各月(季)的预测值=上年各月(季)的平均水平×各月(季)的季节比率

因此，根据 2012 年各月的空调销售量平均水平 28.5 台，可以预测 2013 年各月的空调销售量，则

1 月份的销售量=28.5×33.7%=10(台)

3 月份的销售量=28.5×84.28%=24(台)

8 月份的销售量=28.5×289.86%=83(台)

2013 年其余月份的预测销售量以此类推计算。

通过上述季节比率的计算，各月份季节比率组成了新的时间数列，可以看出该商场空调销售的季节变动趋势，即 12、1、2 月为销售淡季，5—8 月份为销售旺季，尤其是 8 月份，其季节比率达到了 289.86%，比平均销售水平高出了近两倍。

同期平均法计算简便，容易掌握，但季节比率的计算不够精确。一是由于假定不考虑长期趋势的影响；二是季节比率的高低受各年数值大小的影响，数值大的年份，对季节比率的影响较大；反之，影响较小。

三、循环变动分析

循环变动是在整个时间数列中，某些以年度为计量单位的条件下，以若干年为周期进行的周而复始的上下波动。在社会经济生活中，循环波动是大量存在的，但最为典型的还应该是国民经济的循环波动。

循环变动不同于长期趋势，它所表现的并不是朝着某一单一方向持续上升或下降，而是涨落相间的波浪式发展。循环变动也不同于季节变动，季节变动一般是以 1 年、1 季或 1 月等为周期，它们都在 1 年以内且可以预见，而循环变动没有固定的循环周期，一般在数年以上，并且也没有固定的变动期限或规律，很难事先预知；季节变动在各年的变动强度大致相同，无明显差异，而循环变动在不同时期的振幅有明显的差异，其产生的机制在经济过程的内部。

循环变动有剩余法、直接法、循环平均法等多种测定方法，但常用的方法是剩余法。剩余法的基本原理是：先从影响时间数列的基本因素中，通过分解法逐步消除长期趋势和季节变动，然后再用移动平均法消除不规则变动，剩余部分则大致能反映循环变动。

(1) 测定时间数列的长期趋势 T 与季节变动 S。

(2) 从时间数列中剔除长期趋势值 T 与季节变动 S，求得 $C×I$，即

$$C \times I=\frac{T \times S \times C \times I}{T \times S}=\frac{Y}{T \times S} \tag{6-33}$$

(3) 对 $C \times I$ 进行移动平均，消除 I，最后得到循环变动 C。

测定循环变动、掌握变动规律对于人们认识事物、控制和克服其产生的影响具有重要的意义。我国统计工作中近年新开展的宏观经济调控、预警系统的研究，就是为这一目的建立的。通过对宏观经济发展状况进行监测，可以及时发现经济波动的趋势，以便采取反波动的措施。

四、不规则变动分析

不规则变动是指客观现象由于突发事件或偶然因素引起的无周期性的波动，也称为随机变动。不规则变动包括由于突发的自然灾害、意外事故或重大政治事件所引起的剧烈变动，也包括大量随机因素干扰造成的起伏波动，是时间数列中无法由长期趋势、季节变动和循环变动揭示的变动因素。

课 后 练 习

一、单项选择题

1. 时间数列与变量数列(　　)。

   A. 都是根据时间顺序排列的

   B. 都是根据变量值大小排列的

   C. 前者是根据时间顺序排列的，后者是根据变量值大小排列的

   D. 前者是根据变量值大小排列的，后者是根据时间顺序排列的

2. 时间数列中，数值大小与时间长短有直接关系的是(　　)。

   A. 平均指标时间数列　　B. 时期数列

   C. 时点数列　　D. 相对指标时间数列

3. 发展速度属于(　　)。

   A. 比例相对指标　　B. 比较相对指标

   C. 强度相对指标　　D. 动态相对指标

4. 某车间 2013 年各月月初工人数资料见表 6-21，则该车间上半年的平均人数为(　　)。

表 6-21　某车间 2013 年各月月初工人数

月份	1	2	3	4	5	6	7
月初人数/人	280	284	280	300	302	304	320

A. 296 人　　B. 292 人　　C. 295 人　　D. 300 人

5. 某企业的科技投入，2013 年比 2008 年增长了 62.9%，则该企业 2009—2013 年间科技投入的平均发展速度为(　　)。

A. $\sqrt[5]{62.9\%}$　　B. $\sqrt[5]{162.9\%}$　　C. $\sqrt[6]{62.9\%}$　　D. $\sqrt[6]{162.9\%}$

6. 累计增长量与相应的各逐期增长量之间的关系表现为(　　)。

A. 相加关系　　B. 相减关系　　C. 相乘关系　　D. 以上都不对

7. 时间数列的构成要素是(　　)。

A. 变量和次数　　B. 时间和指标数值

C. 时间和次数　　D. 主词和宾词

8. 若无季节变动，季节比率应为(　　)。

A. 0　　B. 100%　　C. 小于 100%　　D. 大于 100%

9. 间隔相等的间断时点数列计算序时平均数应采用(　　)。

A. 水平法　　B. 首末折半法　　C. 加权平均法　　D. 累计法

10. 已知环比增长速度分别为 5%、12%、9%，则相应时期的定基增长速度为(　　)。

A. (5%×12%×9%)−100%　　B. 5%×12%×9%

C. (105%×112%×109%)−100%　　D. 105%×112%×109%

11. 某企业生产某种商品，其产量每年比上一年增加 6 万吨，则该产品的环比增长速度(　　)。

A. 年年下降　　B. 年年增长　　C. 年年保持不变　　D. 无法做结论

12. 工人劳动生产率时间数列是(　　)。

A. 绝对数时间数列　　B. 静态平均数时间数列

C. 序时平均数时间数列　　D. 相对数时间数列

13. 计算平均发展水平，不可以采用的计算公式是(　　)。

A. $\bar{c}=\dfrac{\bar{a}}{b}$

B. $\bar{a}=\dfrac{\dfrac{a_1+a_2}{2}+\dfrac{a_2+a_3}{2}+\cdots+\dfrac{a_{n-1}+a_n}{2}}{n-1}$

C. $\bar{a}=\dfrac{a_n-a_0}{n}$

D. $\bar{a}=\dfrac{a_1f_1+a_2f_2+a_3f_3+\cdots+a_nf_n}{f_1+f_2+f_3+\cdots+f_n}=\dfrac{\sum\limits_{i=1}^{n}a_if_i}{\sum\limits_{i=1}^{n}f_i}$

14. 某工人 2013 年的工资总额比 2011 年增长了 16%，2012 年比 2011 年增长了 9%，则 2013 年相比 2012 年增长了(　　)。

A. 6.8%　　B. 6.4%　　C. 7.7%　　D. 8.4%

二、多项选择题

1. 长期趋势的测定方法有(　　)。

A. 同期平均法　　B. 移动平均法　　C. 数学模型法　　D. 时距扩大法

2. 根据时间数列中不同时期发展水平所求的平均数称为(　　)。

A. 平均发展水平　　B. 平均发展速度

C. 序时平均数　　D. 算术平均数

3. 时间数列中的派生数列是(　　)。

A. 时期数列　　B. 时点数列

C. 相对指标时间数列　　D. 平均指标时间数列

4. 为保证时间数列中各个指标数值的可比性，在编制时要注意(　　)。

A. 所属时间一致　　B. 经济内容一致

C. 总体范围一致　　D. 计算方法、计算价格和计量单位一致

5. 下列属于时点数列的是(　　)。

A. 历年旅客周转量　　B. 某银行储户存款余额

C. 历年商品销售量　　D. 历年年末某工厂的设备台数

6. 下列属于由两个时期数列对比构成的相对数或平均数时间数列的是(　　)。

A. 产品产量计划完成程度的时间数列

B. 某企业部门人员构成的时间数列

C. 某种商品销售额所占比重的时间数列

D. 产值利润率的时间数列

7. 累计增长量与逐期增长量之间，(　　)。

A. 前者基期水平不变，后者基期水平总在变化

B. 各逐期增长量之和等于相应时期的累计增长量

C. 相邻两个逐期增长量之差等于相应时期的累计增长量

D. 根据逐期增长量和累计增长量都可以计算平均增长量

8. 定基发展速度与环比发展速度之间的关系是(　　)。

A. 两者都属于速度指标

B. 相邻两个定基发展速度之比等于相应时期的环比发展速度

C. 环比发展速度的连乘积等于相应时期的定基发展速度

D. 定基发展速度的连乘积等于相应时期的环比发展速度

9. 采用水平法计算平均发展速度公式是(　　)。

A. $\bar{x}=\sqrt[n]{\frac{a_1}{a_0}\times\frac{a_2}{a_1}\times\frac{a_3}{a_2}\times\cdots\times\frac{a_n}{a_{n-1}}}$　　B. $\bar{x}=\sqrt[n]{\frac{a_n}{a_0}}$

C. $\bar{x}=\sqrt[n]{\frac{a_n}{a_1}}$　　D. $\bar{x}=\frac{\sum x}{n}$

10. 下列计算公式中，正确的是(　　)。

A. 增长速度=增长量/基期水平　　B. 增长速度=增长量/报告期水平

C. 增长速度=发展速度-1　　D. 平均增长速度=平均发展速度-1

三、简答题

1. 时间数列的构成要素和编制原则是什么?
2. 时期数列和时点数列是什么？分别具有什么特点?
3. 时间数列分析指标中的平均发展水平指标的计算方法是什么?
4. 什么是环比发展速度？什么是定基发展速度？它们之间的关系是什么?
5. 什么是增长量？什么是增长速度？它们之间的关系是什么?
6. 什么是平均速度？计算平均速度的方法有哪些?
7. 长期趋势的测定方法有哪些？分别采用的基本思想是什么?
8. 季节变动测定的常用方法是什么？其具体的步骤有哪些?

四、计算题

1. 某自行车车库 4 月 1 日有自行车 320 辆，4 月 6 日调出 70 辆，4 月 18 日进货 120 辆，4 月 26 日调出 80 辆，直至月末再未发生变动，则该车库 4 月份的平均库存自行车为多少辆?

2. 某银行 2012 年部分月份的现金库存额资料见表 6-22。试说明该时间数列的类型，并计算该银行 2012 年第一季度、第二季度和上半年的平均现金库存额。

表 6-22　某银行 2012 年部分月份的现金库存额　　单位：万元

日期	1月1日	2月1日	3月1日	4月1日	5月1日	6月1日	7月1日
库存额	500	480	450	520	550	600	580

3. 某种股票 2013 年各统计时点的收盘价见表 6-23，试计算该股票 2013 年的平均价格。

表 6-23　某种股票 2013 年各统计时点的收盘价

时间	1月1日	3月1日	7月1日	10月1日	12月31日
收盘价/元	15.2	14.2	17.6	16.3	15.8

4. 2008—2013 年各年底某企业职工人数和工程技术人员数资料见表 6-24。试计算 2008—2013 年工程技术人员占全部职工人数的平均比例。

表 6-24 2008—2013 年各年底某企业职工人数和工程技术人员数

年份	2008	2009	2010	2011	2012	2013
职工总人数/人	1000	1020	1085	1120	1218	1425
工程技术人员数/人	50	50	52	60	78	82

5. 某企业 2008—2013 年产品产量资料见表 6-25。试将增长量、发展速度、增长速度和增长 1%的绝对值指标的计算结果填入表中，并计算 2009—2013 年的平均增长量、平均发展速度和平均增长速度。

表 6-25 某企业 2008—2013 年产品产量资料

年份		2008	2009	2010	2011	2012	2013
产品产量/万吨		500	600	800	900	1100	1200
增长量/万吨	逐期增长量						
	累计增长量						
发展速度/%	环比发展速度						
	定基发展速度						
增长速度/%	环比增长速度						
	定基增长速度						
增长 1%的绝对值							

实 训 案 例

一、某企业 2009 —2013 年的相关资料(如表 6-26 所示)

表 6-26 某企业 2009—2013 年的相关资料

年份	2009	2010	2011	2012	2013
产品产量/万件	300	345	368	392	450
产品销售量计划完成程度/%	108	112	99	126	102
年末职工人数/人	496	502	500	528	543
职工平均货币工资/元	1654	1800	1986	2265	2598
利润额/万元	582	600	600	620	685

思考题：

1. 上述时间数列中，哪些是总量指标时间数列？
2. 上述时间数列中，哪些是相对指标时间数列？
3. 上述时间数列中，哪些是平均指标时间数列？
4. 总量指标时间数列中，哪些是时期数列？哪些是时点数列？

二、某公司 2008—2012 年的销售额资料(如表 6-27 所示)

表 6-27　某公司 2008—2012 年的销售额资料

年份	销售额/万元	增长量/万元		发展速度/%		增长速度/%		增长 1%的绝对值
		逐期	累计	环比	定基	环比	定基	
2008		—	—	—	—	—	—	—
2009							28.9	
2010					147.7			
2011				100.74				16.54
2012		3241						

思考题：

1. 运用各指标之间的相互关系，确定表中未填入的指标数值。
2. 根据各指标数值，计算年平均发展速度和平均增长速度。
3. 对该企业的销售现状加以分析，并进行预测。

三、某企业 2012 年各月份的营业额资料(如表 6-28 所示)

表 6-28　某企业 2012 年各月份的营业额　　单位：万元

月份	1	2	3	4	5	6	7	8	9	10	11	12
营业额	67	56	65	70	74	72	74	80	88	86	95	111

思考题：

1. 利用时距扩大法测定该企业营业额的长期趋势。
2. 运用 3 项移动平均法测定该企业营业额的长期趋势。
3. 对该企业的营业额的长期趋势做简要分析。

四、某地区对某产品进行出口，2009—2012 年各季度的出口额资料(如表 6-29 所示)

表 6-29　某地区对某产品 2009—2012 年各季度的出口额　　单位：万元

季度＼年份	2009	2010	2011	2012
1	16	28	45	50
2	2	4.3	7.1	5.1
3	4	6.7	14.2	16.8
4	51	77.5	105	114

思考题：

1. 计算该地区产品出口额的季节比率。
2. 对该地区产品出口额的季节变动加以简要分析。

第七章　统 计 指 数

【教学导图】

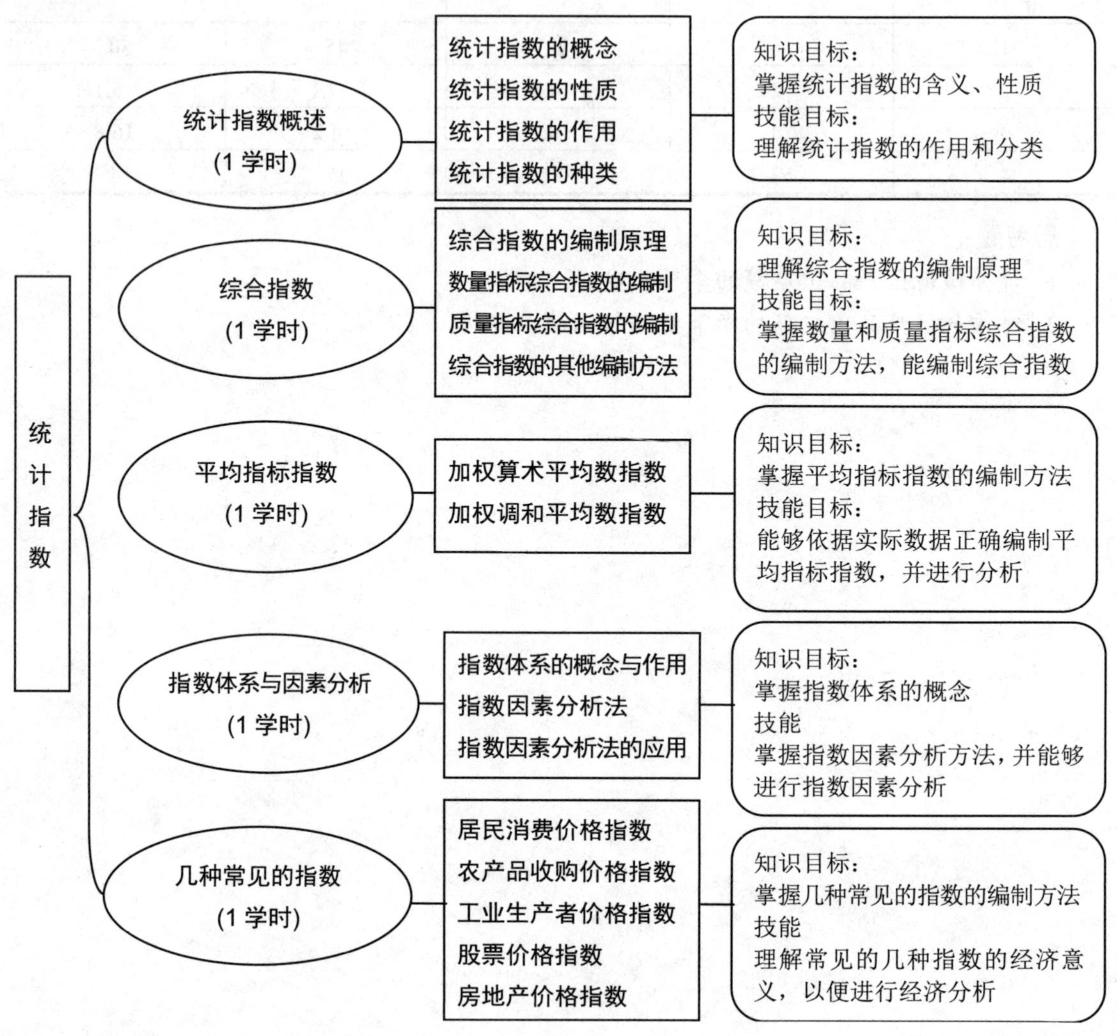

【导入案例】

2015 年 7 月份钢铁行业 PMI 点评

核心观点：中采 PMI 大幅回升；钢市复苏仍需等待。

2015 年 7 月中采钢铁行业 PMI 大幅回升至 41.0%，环比上升 3.6 个百分点。从分项指标来看，生产指数、新订单指数、新出口订单指数均大幅上升，产成品库存指数降幅明显，原材料库存指数小幅下降。2015 年 7 月河北钢铁行业 PMI 持续下降至 40.7%，环比下降 1.4 个百分点。7 月钢市需求整体疲弱，8 月行业基本面难有明显改善。

2015 年 7 月，钢铁行业下游需求整体疲弱，天气炎热、暴雨频发弱化钢需。进入 8 月，淡季效应持续，下游开工率或将维持弱势，钢市供需矛盾预计难有显著缓解，行业基本面恐难有明显改善。

第一节　统计指数概述

一、统计指数的概念

统计指数在社会经济中应用非常广泛，随着指数的应用范围不断扩大，其含义和内容也随之发生了变化。从内容上看，指数由单纯反映一种现象的相对变动，发展到反映多种现象的综合变动；从对比的场合上看，指数由单纯的不同时间的对比分析，发展到不同空间的对比分析等。因此，指数有广义和狭义之分。从广义上说，指数是泛指社会经济现象总体在时间上或空间上的数量变动的相对数，如动态相对数、比较相对数、计划完成程度相对数都可以称为指数。从狭义上说，指数是指用来反映不能直接相加的复杂社会经济现象总体在数量上综合变动情况的相对数。复杂社会经济现象总体是指那些由于各个部分的不同性质而在研究其数量特征时不能直接进行加总或直接对比的总体。例如，不能将 5000 吨钢材和 100 台机床直接相加，也不能直接将钢材和机床的单位成本和价格进行对比。因此，要解决这种复杂社会经济总体各要素相加的问题，就要编制统计指数综合反映它们的变动情况。例如，商品零售价格指数，是说明全部零售商品价格变动的相对数；工业产品产量指数，是说明一定范围内全部工业产品实物量总变动的相对数等。本章所述的指数主要是指狭义概念的指数。

【相关链接 7-1】

指数的产生

指数的编制是从物价的变动产生的，1675 年，英国经济学家伏亨(Rice Vaughan)在其所著的《铸货币及其货币铸造论》一书中，为了测定当时劳资双方对于货币交换的比例，采用谷物、家畜、鱼类、布帛与皮革等样品，以 1352 年为基础，将 1650 年的价格与之作比较。这是价格指数的首创。到了 1707 年，英国主教佛里特伍德出于和伏亨同样的目

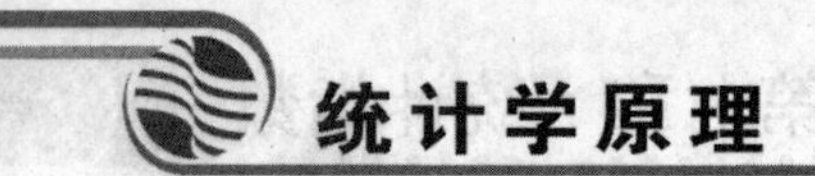

的，为了计算货币交换价值，将1440—1480年间5英镑所购买上例物品的数量加以比较，以研究数百年间这些物品价格的变动。这实际上都是个体指数比较的问题。

18世纪中叶，由于金银大量流入欧洲，欧洲的物价飞涨，引起社会不安，于是产生了反映物价变动的要求，这就是物价指数产生的根源。1764年，意大利贵族卡里在其《铸币金属的价值与比例》一书中，用1750年的粮食、葡萄酒和植物油三类消费品的价格与1500年同样的三种商品的价格对比，再将计算出来的百分数相加除以3，这就是简单算术平均指数法。

二、统计指数的性质

1. 相对性

指数是社会经济现象综合数量在不同场合下对比形成的相对数，它可以度量一个变量在不同时间或不同空间的对比变化。例如，国家统计局2011年1月20日发布数据显示，2010年居民消费价格指数同比上涨3.3%，其中城市上涨3.2%，农村上涨3.6%。分类别来看，食品涨幅最大，达到7.2%；交通和通信则下降0.4%。

2. 综合性

狭义指数是反映一组变量在不同场合下的综合变动情况。具体而言，不同场合大致可以分为不同时间、不同地区、不同事物或种类等。例如，股票价格指数是综合反映所有上市公司股票交易的价格变动情况，而不是某一家上市公司股票价格的变动。

3. 平均性

由于各个个体的变动参差不齐，指数所反映的总体变动只能是一种平均意义上的变动，即表示各个个体变动的一般程度。

4. 代表性

指数是不同场合有关基础上综合数量的比较，按理在计算指数的范围内。但是由于每一现象的有关数据值往往太多，数不胜数，不可能全部进行计算，通常编制指数时只能选择其中若干种作为计算的依据。因此，指数是一种代表性数据。

三、统计指数的作用

统计指数是一种重要的统计方法，在经济分析中有着广泛的应用，统计指数主要具有以下作用。

1. 综合反映社会经济现象总变动方向和变动幅度

统计指数就是将不能直接相加的多种要素汇总为可以对比的总体数量进行分析，以求得其变动的方向和程度。例如，各种股票价格涨跌幅度和成交量都不同，不能直接相加，统计指数的首要任务就是将不能直接相加的社会经济现象过渡到可以加总并进行对比，从而反映复杂社会经济现象的总体变动方向及其变动幅度。

2. 分析现象总变动中各因素变动的影响方向和影响程度

在社会经济现象中有许多现象是复杂现象，其变动受许多因素的影响。利用指数体系理论可以测定复杂社会经济现象总体变动中各构成因素的变动对现象总变动的影响情况，并对经济现象变化做出综合评价。例如，影响利润总额变化的因素有产品产量、产品销售量、产品成本、产品销售价格等，编制产品产量指数、产品销售量指数、产品成本指数和产品销售价格指数，并分别对它们进行测定可以综合评价利润总额的变动情况。

3. 反映复杂现象长期内变动趋势

编制一系列反映同类现象变动情况的指数形成指数数列，可以反映事物发展变化趋势。这种方法特别适合于对比分析有联系而性质又不同的动态数列之间的变动关系，因为用指数的变动进行比较，可以解决不同性质数列之间不能对比的问题。

4. 对复杂社会经济现象进行综合评价和测定

随着指数分析方法在实际应用中的不断发展，运用指数还可以对多指标的变动进行综合测评。许多经济现象都需要用多指标构成的指标体系进行系统的描述和多角度的分析，为了在数量上对多个指标的变动程度和差异程度进行综合的测定和评判，也常常运用指数，如宏观经济景气指数、综合国力指数、企业竞争力指数等。

四、统计指数的种类

由于研究目的和编制方法不同，统计指数的种类很多。其中主要的分类有以下几种。

(一)按照所反映的对象范围不同分类

指数按对象范围可以分为个体指数和总指数。

1. 个体指数

个体指数是说明个别事物数量变动的相对数。如某一种商品价格相对变动水平就是个

体指数。个体指数就是同一种现象报告期指标数值与基期指标数值对比而得到的发展速度指标。

2. 总指数

总指数是说明多种事物数量总和变动的相对数，如居民消费价格指数、股票价格指数、工业产品产量指数等。

(二)按照经济指标性质不同分类

指数按经济指标性质可以分为数量指标指数和质量指标指数。

1. 数量指标指数

数量指标指数是表明总体在规模水平上变动的指数，它能够综合反映数量指标的变动方向和程度，如产品产量指数、职工人数指数、商品销售量指数等。

2. 质量指标指数

质量指标指数是表明总体质量、内涵变动情况的指数，它能够综合反映生产经营工作质量变动情况，如产品成本指数、劳动生产率指数、销售价格指数等。

(三)按照对比内容不同分类

指数按对比内容可以分为静态指数和动态指数。

1. 静态指数

静态指数是指同类现象在相同时间不同空间(地区、部门和单位等)进行对比的结果，它反映现象在不同空间的差异程度。

2. 动态指数

动态指数是指不同时期的同类经济变量值进行对比的结果，它反映现象在时间上的变化过程和程度。

第二节　综 合 指 数

总指数包括综合指数和平均指数两种基本形式，综合指数是将指数化指标加总之后进行对比的结果；平均指数则是对个体指数进行平均的结果。

一、综合指数的编制原理

综合指数是反映复杂总体的综合变动情况的，如何将不能直接进行加总或直接对比的总体进行转化是关键。因此，综合指数的编制原理如下。

1. 引入同度量因素对复杂总体进行综合

在分析复杂社会经济现象综合变动时，不同度量单位的事物不能直接相加，但有时又需要将它们作为一个总体来研究，必须将它们加总起来，这时就需要引入同度量因素。同度量因素是由不能直接相加的指标过渡到可以相加的因素。例如，要研究销售价格总指数，由于商品的单价不能直接相加而无法计算，这时就需要用销售量将单价过渡为销售额，而销售额可以直接相加；同样要研究销售量总指数，由于商品的实物量计量单位不同，不能直接相加而无法计算，这时就需要用单价将销售量过渡为销售额，而销售额可以直接相加。这种假设是从它们的经济联系得来的，即

$$商品销售额=商品销售量\times商品销售价格$$

这样就可以将不能直接加总的研究对象，通过加入同度量因素，使之过渡到能够加总综合的评价指标。在考察数量指标变动时，可以用质量指标作为同度量因素；在考察质量指标变动时，可以用数量指标作为同度量因素。

2. 固定同度量因素的时期

所引入的同度量因素也有不同时期的指标值可供选用，这时就要求将同度量因素固定在同一时期的水平上，以便消除同度量因素的影响，从而单纯测定所研究现象的变动方向和程度。例如，要研究商品销售量的变动方向和程度，需要引入商品销售价格作为同度量因素，将不能直接相加和对比的商品销售量过渡为销售额，以便进行相加对比。而作为同度量因素的商品销售价格有基期价格和报告期价格，这两个价格水平可能发生变动，如果将这两个时期的销售额进行对比，所得到的结果就不仅受到商品销售量变动影响，同时还受到商品销售价格变动影响。为了消除商品销售价格变动所产生的影响，就必须将商品销售价格固定在同一个时期，这样商品销售额对比的结果就只反映商品销售量变动方向和程度。

二、数量指标综合指数的编制

(一)数量指标个体指数的编制

数量指标个体指数就是某一种社会经济现象报告期数量指标值与基期数量指标值对比的结果，表明简单社会经济现象的变动方向和程度。数量指标个体指数一般用K_q表示，其

计算公式为

$$K_q=\frac{q_1}{q_0}$$

式中：K_q 为数量指标个体指数；q_1 为报告期数量指标值；q_0 为基期数量指标值。

【例 7-1】某超市 3 种商品销售量和相应的商品销售价格资料如表 7-1 所示。试分别计算这 3 种商品的数量指标个体指数。

表 7-1　某超市 3 种商品销售量和商品销售价格资料

商品名称	计量单位	销售量		销售价格/元	
		基期 q_0	报告期 q_1	基期 P_0	报告期 P_1
甲	件	480	600	25	25
乙	千克	500	600	40	36
丙	米	200	180	50	70

解：$K_{q甲}=\frac{q_1}{q_0}=\frac{600}{480}=125\%$

$K_{q乙}=\frac{q_1}{q_0}=\frac{600}{500}=120\%$

$K_{q丙}=\frac{q_1}{q_0}=\frac{180}{200}=90\%$

计算结果表明，甲商品的销售量增加了 25%，乙商品的销售量增加了 20%，丙商品的销售量减少了 10%。

(二)数量指标综合指数的编制

1. 数量指标综合指数的概念

数量指标综合指数就是复杂社会经济现象数量变动的相对数，表明复杂社会经济现象的变动方向和程度。数量指标综合指数一般用 $\overline{K_q}$ 表示。

2. 在编制数量指标综合指数时要注意的问题

(1) 引入质量指标作为同度量因素。

(2) 同度量因素一般采用基期水平。

(3) 计算出数量指标综合指数。

3. 数量指标综合指数的计算

数量指标综合指数的计算式为

$$\overline{K_q}=\frac{\sum q_1P_0}{\sum q_0P_0}$$

式中：$\overline{K_q}$ 为数量指标综合指数；q_1 为报告期数量指标值；q_0 为基期数量指标值；P_0 为基期质量指标值，即同度量因素。

【例 7-2】某超市 3 种商品销售量和相应的商品销售价格资料如表 7-2 所示。试计算该超市 3 种商品的数量指标综合指数。

表 7-2 某超市 3 种商品销售量和商品销售价格资料

商品名称	计量单位	销售量		销售价格		销售额/元			
		q_0	q_1	P_0	P_1	q_0P_0	q_1P_1	q_1P_0	q_0P_1
甲	件	480	600	25	25	12 000	15 000	15 000	12 000
乙	千克	500	600	40	36	20 000	21 600	24 000	18 000
丙	米	200	180	50	70	10 000	12 600	9 000	14 000
合计		—	—	—	—	42 000	49 200	48 000	44 000

解：$\overline{K_q}=\frac{\sum q_1P_0}{\sum q_0P_0}=\frac{48\ 000}{42\ 000}=114.29\%$

$$\sum q_1P_0-\sum q_0P_0=48\ 000-42\ 000=6000(\text{元})$$

计算结果表明，该超市商品销售量综合指数为 114.29%。

通过该计算结果可以说明，该超市这 3 种商品的销售量的综合变动方向和程度，即该超市这 3 种商品的销售量增长了 14.29%，由于销售量增长使该超市这 3 种商品的销售额增加了 6000 元。

三、质量指标综合指数的编制

(一)质量指标个体指数的编制

质量指标个体指数就是某一种社会经济现象报告期质量指标值与基期质量指标值对比的结果，表明简单社会经济现象的变动方向和程度。质量指标个体指数一般用 K_P 表示，其计算公式为

$$K_P=\frac{P_1}{P_0}$$

式中：K_P 为质量指标个体指数；P_1 为报告期质量指标值；P_0 为基期质量指标值。

【例 7-3】某超市 3 种商品销售量和相应的商品销售价格资料如表 7-3 所示。试分别计算这 3 种商品的质量指标个体指数。

表 7-3　某超市 3 种商品销售量和商品销售价格资料

商品名称	计量单位	销售量		销售价格/元	
		基期 q_0	报告期 q_1	基期 P_0	报告期 P_1
甲	件	480	600	25	25
乙	千克	500	600	40	36
丙	米	200	180	50	70

解：$K_{P甲}=\dfrac{P_1}{P_0}=\dfrac{25}{25}=100\%$

$$K_{P乙}=\frac{P_1}{P_0}=\frac{36}{40}=90\%$$

$$K_{P丙}=\frac{P_1}{P_0}=\frac{70}{50}=140\%$$

计算结果表明，甲商品的销售价格保持不变，乙商品的销售价格降低了 10%，丙商品的销售价格提高了 40%。

(二)质量指标综合指数的编制

1. 质量指标综合指数的概念

质量指标综合指数就是复杂社会经济现象总体质量、内涵变动的相对数，表明复杂社会经济现象生产经营工作质量的变动方向和程度。质量指标综合指数一般用$\overline{K_P}$表示。

2. 在编制质量指标综合指数时要注意的问题

(1) 引入数量指标作为同度量因素。

(2) 同度量因素一般采用报告期水平。

(3) 计算出质量指标综合指数。

3. 质量指标综合指数的计算

质量指标综合指数的计算式为

$$\overline{K_P}=\frac{\sum P_1q_1}{\sum P_0q_1}$$

式中，$\overline{K_P}$为质量指标综合指数；P_1为报告期质量指标值；P_0为基期质量指标值；q_1为报告期数量指标值，即同度量因素。

【例 7-4】某超市 3 种商品销售量和相应的商品销售价格资料如表 7-4 所示。试计算该超市 3 种商品的质量指标综合指数。

表 7-4　某超市 3 种商品销售量和商品销售价格资料

商品名称	计量单位	销售量		销售价格		销售额/元			
		q_0	q_1	P_0	P_1	$q_0 P_0$	$q_1 P_1$	$q_1 P_0$	$q_0 P_1$
甲	件	480	600	25	25	12 000	15 000	15 000	12 000
乙	千克	500	600	40	36	20 000	21 600	24 000	18 000
丙	米	200	180	50	70	10 000	12 600	9 000	14 000
合计		—	—	—	—	42 000	49 200	48 000	44 000

解： $\overline{K_P}=\dfrac{\sum P_1q_1}{\sum P_0q_1}=\dfrac{49\ 200}{48\ 000}=102.5\%$

$\sum P_1q_1-\sum P_0q_1=49\ 200-48\ 000=1200(元)$

计算结果表明，该超市商品销售价格综合指数为 102.5%。

通过该计算结果可以说明，该超市这 3 种商品的销售价格的综合变动方向和程度，即该超市这 3 种商品的销售价格平均增长了 2.5%，由于销售价格增长使该超市这 3 种商品的销售额增加了 1200 元。

四、综合指数的其他编制方法

在统计实践中，根据不同的目的和任务，还可以采用其他方法编制综合指数。其中，常用的编制综合指数的方法还有拉氏指数、派氏指数、理想公式等。

1. 拉氏指数

拉氏指数是德国经济学家拉斯贝尔于 1864 年首先提出的，称为拉斯贝尔公式，他主张不论是数量指标指数还是质量指标指数，在选用同度量因素时都采用基期水平。其计算式为

拉氏数量指标综合指数，即

$$\overline{K_L}=\frac{\sum q_1P_0}{\sum q_0P_0}$$

拉氏质量指标综合指数，即

$$\overline{K_L}=\frac{\sum P_1q_0}{\sum P_0q_0}$$

2. 派氏指数

派氏指数是德国经济学家派许于 1874 年首创的，称为派许公式，他主张不论是数量指

标指数还是质量指标指数，在选用同度量因素时都采用报告期水平。其计算公式为

派氏数量指标综合指数，即

$$\overline{K_P}=\frac{\sum q_1P_1}{\sum q_0P_1}$$

派氏质量指标综合指数，即

$$\overline{K_P}=\frac{\sum P_1q_1}{\sum P_0q_1}$$

【例 7-5】某公司两种产品的销售价格和销售数量的资料如表 7-5 所示，试分别采用拉氏指数和派氏指数方法计算该公司两种产品的销售数量综合指数和销售价格综合指数。

表 7-5　某公司两种产品销售量和商品销售价格资料

商品名称	计量单位	销售量		销售价格		销售额/万元			
		q_0	q_1	P_0	P_1	q_0P_0	q_1P_1	q_1P_0	q_0P_1
甲	件	1000	1100	1000	1050	100	115.5	110	105
乙	千克	8000	8500	500	530	400	450.5	425	424
合计		—	—	—	—	500	566	535	529

解：拉氏数量指标综合指数：$\overline{K_L}=\frac{\sum q_1P_0}{\sum q_0P_0}=\frac{535}{500}=1.07$

拉氏质量指标综合指数：$\overline{K_L}=\frac{\sum P_1q_0}{\sum P_0q_0}=\frac{529}{500}=1.058$

派氏数量指标综合指数：$\overline{K_P}=\frac{\sum q_1P_1}{\sum q_0P_1}=\frac{566}{529}=1.0699$

派氏质量指标综合指数：$\overline{K_P}=\frac{\sum P_1q_1}{\sum P_0q_1}=\frac{566}{535}=1.0579$

3. 理想公式

理想公式是由美国统计学家费暄提出来的，费暄的理想公式是拉氏指数和派氏指数的几何平均数。其计算公式为

数量指标综合指数，即

$$\overline{K_q}=\sqrt{\frac{\sum q_1P_0}{\sum q_0P_0}\times\frac{\sum q_1P_1}{\sum q_0P_1}}$$

质量指标综合指数，即

$$\overline{K_P}=\sqrt{\frac{\sum P_1q_0}{\sum P_0q_0}\times\frac{\sum P_1q_1}{\sum P_0q_1}}$$

理想公式常用于一些国际对比中，应用较多。

【例 7-6】某企业生产甲、乙、丙 3 种产品，其产品产量和产品成本资料如表 7-6 所示。试计算该企业 3 种产品的产品产量综合指数和产品成本综合指数。

表 7-6　某企业生产 3 种产品产量和产品成本资料

产品名称	计量单位	产量		产品成本		总成本/万元			
		q_0	q_1	P_0	P_1	q_0P_0	q_1P_1	q_1P_0	q_0P_1
甲	万件	20	24	8	6	160	144	192	120
乙	万吨	8	11	10	8	80	88	110	64
丙	万套	4	6	20	17	80	102	120	68
合计		—	—	—	—	320	334	422	252

解：产品产量综合指数：$\overline{K_q}=\frac{\sum q_1P_0}{\sum q_0P_0}=\frac{422}{320}$=131.875%

$$\sum q_1P_0-\sum q_0P_0=422-320=102(\text{万元})$$

产品成本综合指数：$\overline{K_p}=\frac{\sum P_1q_1}{\sum P_0q_1}=\frac{334}{422}$=75.19%

$$\sum P_1q_1-\sum P_0q_1=334-422=-88(\text{万元})$$

通过该计算结果可以说明，该企业生产这 3 种产品的产品产量增长了 31.875%，由于产量增长使该企业的总成本增加了 102 万元；产品成本下降了 20.85%，由于产品成本下降而使企业的总成本减少了 88 万元。

第三节　平均指标指数

综合指数法的最大优点在于不仅可以反映复杂社会经济现象总体的变动方向和程度，而且可以准确、定量地说明现象变动所产生的实际经济效果。但是，运用综合指数法编制总指数，要求掌握全面的原始资料；否则无法进行编制。有时资料不全时可以采用平均指标指数编制总指数。平均指标指数是指以个体指数为基础采取平均指标形式编制的总指数。

一、加权算术平均数指数

将综合指数变形可以得到加权算术平均数指数，其计算式为

数量指标指数，即

$$\overline{K_q}=\frac{\sum q_1P_0}{\sum q_0P_0}=\frac{\sum \frac{q_1}{q_0}\times q_0P_0}{\sum q_0P_0}=\frac{\sum K_q\times q_0P_0}{\sum q_0P_0}$$

质量指标指数，即

$$\overline{K_P}=\frac{\sum P_1q_1}{\sum P_0q_1}=\frac{\sum \frac{p_1}{p_0}\times q_1P_0}{\sum q_1P_0}=\frac{\sum K_p\times q_1P_0}{\sum q_1P_0}$$

在实际应用中由于 q_1P_0 的资料很难取得，因此，一般不用加权算术平均数指数方法计算质量指标指数。

【例 7-7】某商场 3 种商品的销售情况如表 7-7 所示。试计算该商场 3 种商品的销售量综合指数。

表 7-7　某商场 3 种商品销售情况表

商品名称	计量单位	基期销售额 q_0 P_0/万元	销售量个体指数 K_q/%
甲	件	10	102.0
乙	台	8	105.0
丙	公斤	12	110.0
合计	—	30	—

解：$\overline{K_q}=\frac{\sum K_q\times q_0P_0}{\sum q_0P_0}=\frac{1.02\times10+1.05\times8+1.1\times12}{30}=106\%$

$$(\sum K_q\times q_0P_0)-\sum q_0P_0=(1.02\times10+1.05\times8+1.1\times12)-30=1.8(\text{万元})$$

计算结果表明，该商场 3 种商品销售量增长了 6%，由于销售量增长使销售额增加了 1.8 万元。

二、加权调和平均数指数

将综合指数变形可以得到加权调和平均数指数，其计算式为

数量指标指数，即

$$\overline{K_q}=\frac{\sum q_1P_0}{\sum q_0P_0}=\frac{\sum q_1P_0}{\sum \frac{q_0}{q_1}\times q_1P_0}=\frac{\sum q_1P_0}{\sum \frac{1}{K_q}\times q_1P_0}$$

质量指标指数，即

$$\overline{K_P}=\frac{\sum P_1q_1}{\sum P_0q_1}=\frac{\sum q_1P_1}{\sum\frac{P_0}{P_1}\times q_1P_1}=\frac{\sum q_1P_1}{\sum\frac{1}{K_P}\times q_1P_1}$$

在实际应用中由于 q_1P_0 的资料很难取得，因此，一般不用加权调和平均数指数方法计算数量指标指数。

【例 7-8】某商场 3 种商品的销售情况如表 7-8 所示。试计算该商场 3 种商品的销售价格综合指数。

表 7-8　某商场 3 种商品销售情况表

商品名称	计量单位	报告期销售额 q_1P_1/万元	价格个体指数 K_P/%
甲	件	15	105.0
乙	台	10	102.0
丙	公斤	16	108.0
合计	—	41	—

解：$\overline{K_P}=\dfrac{\sum q_1P_1}{\sum\frac{1}{K_P}\times q_1P_1}=\dfrac{41}{\frac{1}{1.05}\times15+\frac{1}{1.02}\times10+\frac{1}{1.08}\times16}=105.4\%$

$$\sum q_1P_1-\sum\frac{1}{K_P}\times q_1P_1=41-\left(\frac{1}{1.05}\times15+\frac{1}{1.02}\times10+\frac{1}{1.08}\times16\right)=41-38.9=2.1(\text{万元})$$

计算结果表明，该商场 3 种商品销售价格总体上涨了 5.4%，由于销售价格上涨使销售额增加了 2.1 万元。

第四节　指数体系与因素分析

一、指数体系的概念与作用

在经济分析中，一个指数通常只能说明某一方面的问题，而实践中往往需要将多个指数结合起来加以运用，这就要求建立相应的指数体系。

(一)指数体系的概念

指数体系有广义和狭义之分。

1. 广义的指数体系

广义的指数体系是泛指由若干个内容上相互关联的指数所构成的体系。由于现象之间的联系是多种多样的，因此，指数间相互联系的形式也是多种多样的。而且根据研究问题的需要，构成指数体系的指数可多可少。例如，工业品批发价格指数、农产品收购价格指数、消费品零售价格指数等构成了“市场物价指数体系”；工业产品质量指数、工业劳动生产率指数、工业消耗指数、工业成本指数、工业品出厂价格指数、工业销售指数、产品库存指数等构成了“工业经济指数体系”等。

2. 狭义的指数体系

狭义的指数体系是指有一定经济联系的若干指数构成的严密的数量关系式。例如，有

商品销售额指数=商品销售价格指数×商品销售量指数

产品产值指数=产品价格指数×产品产量指数

总成本指数=单位成本指数×产品产量指数

从上述3组指数间数量对等关系的相应指数所形成的指数体系可以看到，指数体系要能够具有类似上述的数量对等关系，至少要由3个指数构成。本节所讨论的是狭义的指数体系。

这种指数体系一般保持两个对等关系：①若干因素指数的乘积等于总变动指数；②若干因素对总变动指标的影响之和等于总变动指标的实际增减额。以商品销售额指数体系为例，有

商品销售额指数=商品销售价格指数×商品销售量指数

$$\frac{\sum P_1q_1}{\sum P_0q_0}=\frac{\sum P_1q_1}{\sum P_0q_1}\times\frac{\sum P_0q_1}{\sum P_0q_0}$$

商品销售额实际增减额=商品销售价格变动的影响额+商品销售量变动的影响额

$$\sum P_1q_1-\sum P_0q_0=(\sum P_1q_1-\sum P_0q_1)+(\sum P_0q_1-\sum P_0q_0)$$

在上述指数体系中，商品销售额指数是反映总体变动的指数，而商品销售价格指数和商品销售量指数是商品销售额指数的两个因素指数。它们分别反映商品销售额变动中，受商品销售价格变动的影响程度以及受商品销售量变动的影响程度。

(二)指数体系的作用

1. 进行因素分析

可以对社会经济现象进行因素分析，即分析现象总体总量指标的变动及受各种因素变动的影响方向和影响程度，从而深刻揭示总体变动的原因。如通过编制销售量指数和销售价格指数，分析销售量和销售价格对销售额的影响方向和影响程度。

2. 进行指数推算

利用各指数之间的联系进行指数间的相互推算，即根据已知的指数推算未知的指数，

如知道销售额指数和销售价格指数可以推算销售量指数。

(三)建立指数体系的基本要求

1. 确定现象的各种影响因素以及它们之间存在的必然联系

指数体系中指数之间的数量关系，反映了客观社会经济现象与其影响因素之间的内在联系。因此，首先要建立反映指数体系的关系式。

2. 确定数量指标指数、质量指标指数及其相互关系

无论是含有两个因素的指数体系还是含有 3 个以上因素的指数体系，影响因素总是由数量指标指数与质量指标指数构成的，它们的顺次乘积必须有实际经济含义。例如，产量指数乘以原材料单耗指数构成原材料消耗总指数，单耗指数乘以原材料价格指数构成单位产品原材料成本指数。

3. 区分各指数内的指数化因素和同度量因素

在指数体系的影响因素中，均含有指数化因素和同度量因素。每一个因素指数中只有一个是指数化因素，其余都是同度量因素。例如，原材料费用额指数中计算原材料单耗影响时，原材料单耗为指数化因素，产品产量和原材料价格均为同度量因素。指数化因素和同度量因素的区分应与同度量因素所固定的时期联系起来。

二、指数因素分析法

(一)指数因素分析法的概念

指数因素分析法是利用指数体系理论，从数量方面分析现象总变动中各因素变动的影响方向、程度和效果的一种分析方法。事物、现象是普遍联系和相互作用的。一种现象的变动往往会引起其他一些现象的变动，而它本身的变动却又是另一些现象变动的结果。事物、现象间的这种普遍联系、相互作用的关系是因素分析的客观基础。因素分析法就是要从数量上分析研究对象的变动中，分别受各个因素影响的方向、程度及绝对量。

(二)指数因素分析法的种类

指数因素分析法可以从不同的角度分为若干种。

1. 按照分析时所包含的因素的多少分类

按照分析时所包含的因素的多少其可以分为两因素分析和多因素分析。

(1) 两因素分析仅对两个因素的变动情况进行分析，它是因素分析的基础方法，如销售

价格和销售量对销售额的影响分析。

(2) 多因素分析是对研究对象中包含有三个及三个以上因素变动的影响分析。例如，原材料支出额受产品产量、原材料单耗、原材料单价因素影响的分析；销售利润额受销售量、销售价格、利润率因素影响的分析。

2. 按照分析指标表现形式的不同分类

按照分析指标表现形式的不同其可以分为总量指标因素分析和平均指标因素分析。

(1) 总量指标因素分析是指分析对象的表现形式是总量指标。例如，产值受产量和出厂价格因素影响的分析；原材料支出额受产品产量、原材料单耗、原材料单价因素影响的分析。这里的产值和原材料支出额都是总量指标。

(2) 平均指标因素分析是指分析对象的表现形式是平均指标。如同一单位不同时期职工平均工资受各类职工工资水平和职工工人数构成变动因素影响的分析。

(三)指数因素分析的步骤

1. 确定要分析的对象及影响因素

要从研究的目的和任务出发，依据有关科学理论的知识确定。对同一现象可以从多种不同的角度进行影响因素分析。例如，对产品生产总量变动的分析，即可以从劳动角度分析，确定劳动量和劳动生产率两个影响因素；也看可以从物的要素角度，确定设备投入量和设备利用效率两个影响因素；可以确定两个因素，也可以确定多个因素。如何确定影响因素，关键取决于分析的目的、任务和分析对象的性质。

2. 确定分析所采用的对象指标和因素指标并列出其关系式

对象和因素都可以有多种指标表现形式。例如，以产品产量作为分析对象指标，劳动量用职工人数反映。这样，分析对象指标和影响因素指标及其关系式为

$$产品产量=劳动生产率\times职工人数$$

选择指标的要求是，对象指标必须等于各因素指标的连乘积。因素指标的个数，可以是两个也可以是多个，依据分析的目的、要求决定。

3. 根据指标关系式建立分析指数体系及相应的绝对增减量关系式

指数体系中因素指数的个数与因素指标的个数是相对应的，因素指数按照综合指数选择同度量因素时期的一般原则编制，即数量指标指数选择基期质量指标作为同度量因素；质量指标指数选择报告期数量指标作为同度量因素。绝对量关系式是根据指数体系中对应的各指数的分子与分母之差建立的。例如，有

$$商品销售额指数=商品销售价格指数\times商品销售量指数$$

$$\frac{\sum P_1q_1}{\sum P_0q_0}=\frac{\sum P_1q_1}{\sum P_0q_1}\times\frac{\sum P_0q_1}{\sum P_0q_0}$$

商品销售额实际增减额=商品销售价格变动的影响额+商品销售量变动的影响额

$$\sum P_1q_1-\sum P_0q_0=(\sum P_1q_1-\sum P_0q_1)+(\sum P_0q_1-\sum P_0q_0)$$

4. 进行计算分析

应用实际资料，根据指数体系及绝对量关系式，依次分析每一个因素变动对对象变动影响的相对程度及绝对数量，每一个因素的影响是根据相应的因素指数公式及对应的绝对量关系式计算的。

三、指数因素分析法的应用

由于分析对象及分析目的、任务的多样性，指数因素分析法在实际应用中的形式也是多种多样的。

(一)总量指标因素分析

总量指标的变动往往是由数量因素指标和质量因素指标变动共同作用的结果。如前述商品销售额中，商品销售量为数量因素指标，商品销售价格为质量因素指标，它们共同作用影响着总量指标的变动方向和变动程度。

1. 总量指标两因素分析

总量指标两因素分析，就是根据编制综合指数的一般原理，分别编制数量指标因素指数和质量指标因素指数，建立指数体系，以此来分析总量指标变动中各个因素指标的变动关系。

【例 7-9】某商场 3 种商品销售量和相应的商品销售价格资料如表 7-9 所示。试对该商场的销售额变动情况进行分析。

表 7-9　某商场 3 种商品销售量和商品销售价格资料

商品名称	计量单位	销售量		销售价格		销售额/元			
		q_0	q_1	P_0	P_1	q_0P_0	q_1P_1	q_1P_0	q_0P_1
甲	米	600	480	25	25	15 000	12 000	12 000	15 000
乙	件	810	920	40	36	32 400	33 120	36 800	29 160
丙	千克	600	600	50	60	30 000	36 000	30 000	36 000
合计		—	—	—	—	77 400	81 120	78 800	80 160

解： 商品销售额指数=商品销售量指数×商品销售价格指数

(1) 销售额的变动分析。

相对数分析：销售额指数$=\frac{\sum P_1q_1}{\sum P_0q_0}=\frac{81120}{77\,400}=104.8\%$

绝对数分析：$\sum P_1q_1-\sum P_0q_0=81120-77\,400=3720$ (元)

(2) 销售量变动影响分析。

相对数分析：销售量指数$\overline{K_q}=\frac{\sum P_0q_1}{\sum P_0q_0}=\frac{78\,800}{77\,400}=101.81\%$

绝对数分析：$\sum P_0q_1-\sum P_0q_0=78\,800-77\,400=1400$ (元)

(3) 销售价格变动影响分析。

相对数分析：销售价格指数$\overline{K_P}=\frac{\sum P_1q_1}{\sum P_0q_1}=\frac{81120}{78\,800}=102.94\%$

绝对数分析：$\sum P_1q_1-\sum P_0q_1=81120-78\,800=2320$ (元)

(4) 影响因素综合分析。

相对数分析：$\frac{\sum P_1q_1}{\sum P_0q_0}=\frac{\sum P_0q_1}{\sum P_0q_0}\times\frac{\sum P_1q_1}{\sum P_0q_1}$

$104.8\%=101.81\%\times102.94\%$

绝对数分析：$\sum P_1q_1-\sum P_0q_0=(\sum P_0q_1-\sum P_0q_0)+(\sum P_1q_1-\sum P_0q_1)$

$3720=1400+2320$

分析结果表明：由于销售量增长了1.81%，使销售额增加了1400元；由于销售价格上涨2.94%，使销售额增加了2320元。两者共同影响，使销售额增长了4.8%，共增加了3720元。

【例7-10】某省3种出口商品统计资料如表7-10所示。试对这3种出口商品出口额变动情况进行分析。

表7-10　某省3种出口商品统计资料

商品名称	计量单位	出口量		出口价格		出口额/美元			
		q_0	q_1	P_0	P_1	q_0P_0	q_1P_1	q_1P_0	q_0P_1
甲	件	1000	2000	8	7	8000	14000	16000	7000
乙	袋	3000	4000	6	5	18000	20000	24000	15000
丙	盒	5000	6000	10	9	50000	54000	60000	45000
合计		—	—	—	—	76000	88000	100000	67000

解： 商品出口额指数=商品出口量指数×商品出口价格指数

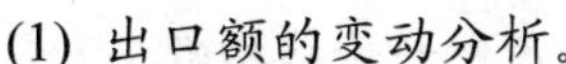

(1) 出口额的变动分析。

相对数分析：出口额指数$=\dfrac{\sum P_1q_1}{\sum P_0q_0}=\dfrac{88\,000}{76\,000}=115.79\%$

绝对数分析：$\sum P_1q_1-\sum P_0q_0=88\,000-76\,000=12\,000$(美元)

(2) 出口量变动影响分析。

相对数分析：出口量指数$\overline{K_q}=\dfrac{\sum P_0q_1}{\sum P_0q_0}=\dfrac{100\,000}{76\,000}=131.58\%$

绝对数分析：$\sum P_0q_1-\sum P_0q_0=100\,000-76\,000=24\,000$(美元)

(3) 出口价格变动影响分析。

相对数分析：出口价格指数$\overline{K_P}=\dfrac{\sum P_1q_1}{\sum P_0q_1}=\dfrac{88\,000}{100\,000}=88\%$

绝对数分析：$\sum P_1q_1-\sum P_0q_1=88\,000-100\,000=-12\,000$(美元)

(4) 影响因素综合分析。

相对数分析：$\dfrac{\sum P_1q_1}{\sum P_0q_0}=\dfrac{\sum P_0q_1}{\sum P_0q_0}\times\dfrac{\sum P_1q_1}{\sum P_0q_1}$

115.79%=131.58%×88%

绝对数分析：$\sum P_1q_1-\sum P_0q_0=(\sum P_0q_1-\sum P_0q_0)+(\sum P_1q_1-\sum P_0q_1)$

12 000=24 000+(−12 000)

分析结果表明，由于出口量增长了31.58%，使出口额增加了24 000美元；由于出口价格下降了12%，使出口额减少了12 000美元。两者共同影响，使出口额增长了15.79%，共增加了12 000美元。

2. 总量指标多因素分析

总量指标多因素分析，是指一个现象总变动受到三个或三个以上因素变动的影响，借助指数体系可以测定其中每一个因素的变动对现象总变动的影响各有多大。

【例7-11】某企业生产三种产品的原材料消耗情况如表7-11所示。试对该企业的原材料消耗额变动情况进行分析。

表7-11　某企业3种产品原材料消耗资料

产品名称	原料种类	产量		原料单耗		原料单价		原材料消耗额/万元			
		q_0	q_1	m_0	m_1	P_0	P_1	$q_0\,m_0P_0$	$q_1\,m_1P_1$	$q_1\,m_0\,P_0$	$q_1\,m_1\,P_0$
甲	A	150	200	10	9.0	100	110	15.0	19.8	20.0	18.00
乙	B	500	600	2	1.8	20	24	2.0	2.592	2.4	2.16
丙	C	300	400	5	6.0	50	40	7.5	9.6	10.0	12.00
合计		—	—			—	—	24.5	31.992	32.4	32.16

解：原材料费用总额指数=产品产量指数×原材料单耗指数×原材料价格指数

(1) 原材料费用总额变动分析。

相对数分析：原材料费用额指数=$\dfrac{\sum q_1m_1P_1}{\sum q_0m_0P_0}=\dfrac{31.992}{24.5}$=130.58%

绝对数分析：$\sum q_1m_1P_1-\sum q_0m_0P_0$=31.992－24.5=7.492 (万元)

(2) 产品产量变动影响分析。

相对数分析：产品产量指数$\overline{K_q}=\dfrac{\sum q_1m_0P_0}{\sum q_0m_0P_0}=\dfrac{32.4}{24.5}$=132.24%

绝对数分析：$\sum q_1m_0P_0-\sum q_0m_0P_0$=32.4－24.5=7.9 (万元)

(3) 原材料单耗变动影响分析。

相对数分析：原材料单耗指数$\overline{K_m}=\dfrac{\sum q_1m_1P_0}{\sum q_1m_0P_0}=\dfrac{32.16}{32.4}$=99.26%

绝对数分析：$\sum q_1m_1P_0-\sum q_1m_0P_0$=32.16－32.4=－0.24 (万元)

(4) 原材料价格变动影响分析。

相对数分析：原料价格指数$\overline{K_P}=\dfrac{\sum q_1m_1P_1}{\sum q_1m_1P_0}=\dfrac{31.992}{32.16}$=99.48%

绝对数分析：$\sum q_1m_1P_1-\sum q_1m_1P_0$=31.992－32.16=－0.168 (万元)

(5) 影响因素综合分析。

相对数分析：$$\frac{\sum q_1m_1P_1}{\sum q_0m_0P_0}=\left(\frac{\sum q_1m_0P_0}{\sum q_0m_0P_0}\right)\times\left(\frac{\sum q_1m_1P_0}{\sum q_1m_0P_0}\right)\times\left(\frac{\sum q_1m_1P_1}{\sum q_1m_1P_0}\right)$$

130.58%=132.24%×99.26%×99.48%

绝对数分析：$\sum q_1m_1P_1-\sum q_0m_0P_0$

$=(\sum q_1m_0P_0-\sum q_0m_0P_0)+(\sum q_1m_1P_0-\sum q_1m_0P_0)+(\sum q_1m_1P_1-\sum q_1m_1P_0)$

7.492=7.9+(−0.24)+(−0.168)

分析结果表明，由于产品产量增长了 32.24%，使原材料费用总额增加了 7.9 万元；由于原材料单耗降低了 0.74%，使原材料费用总额节约了 0.24 万元；由于原材料价格降低了 0.52%，使原材料费用总额节约了 0.168 万元。三个因素共同影响，使原材料费用总额增加了 30.58%，共增加了 7.492 万元。

【例 7-12】某公司经销 3 种商品的销售资料如表 7-12 所示。试对该公司的销售利税额变动情况进行分析。

表 7-12　某公司 3 种商品销售资料

商品名称	计量单位	销售量		利税率%		销售价格		销售利税额/千元			
		q_0	q_1	m_0	m_1	P_0	P_1	$q_0\ m_0P_0$	$q_1\ m_1P_1$	$q_1\ m_0\ P_0$	$q_1\ m_0P_1$
甲	千米	400	500	18	18	45	52	3240	4680	4050	4680
乙	千件	200	160	20	15	34	32	1360	768	1088	1024
丙	吨	100	120	−10	5	27	25	−270	150	−324	−300
合计		—	—			—	—	4330	5598	4814	5404

解：销售利税总额指数=销售量指数×销售价格指数×销售利税率指数

(1) 销售利税总额变动分析。

相对数分析：销售利税总额指数$=\dfrac{\sum q_1m_1P_1}{\sum q_0m_0P_0}=\dfrac{5598}{4330}=129.28\%$

绝对数分析：$\sum q_1m_1P_1-\sum q_0m_0P_0=5598-4330=1268$（千元）

(2) 销售量变动影响分析。

相对数分析：销售量指数$\overline{K_q}=\dfrac{\sum q_1m_0P_0}{\sum q_0m_0P_0}=\dfrac{4814}{4330}=111.18\%$

绝对数分析：$\sum q_1m_0P_0-\sum q_0m_0P_0=4814-4330=484$（千元）

(3) 销售利税率变动影响分析。

相对数分析：销售利税率指数$\overline{K_m}=\dfrac{\sum q_1m_0P_1}{\sum q_1m_0P_0}=\dfrac{5404}{4814}=112.26\%$

绝对数分析：$\sum q_1m_0P_1-\sum q_1m_0P_0=5404-4814=590$（千元）

(4) 销售价格变动影响分析。

相对数分析：销售价格指数$\overline{K_P}=\dfrac{\sum q_1m_1P_1}{\sum q_1m_0P_1}=\dfrac{5598}{5404}=103.59\%$

绝对数分析：$\sum q_1m_1P_1-\sum q_1m_0P_1=5598-5404=194$（千元）

(5) 影响因素综合分析。

相对数分析：$\dfrac{\sum q_1m_1P_1}{\sum q_0m_0P_0}=\left(\dfrac{\sum q_1m_0P_0}{\sum q_0m_0P_0}\right)\times\left(\dfrac{\sum q_1m_0P_1}{\sum q_1m_0P_0}\right)\times\left(\dfrac{\sum q_1m_1P_1}{\sum q_1m_0P_1}\right)$

$129.28\%=111.18\%\times112.26\%\times103.59\%$

绝对数分析：$\sum q_1m_1P_1-\sum q_0m_0P_0$

$=(\sum q_1m_0P_0-\sum q_0m_0P_0)+(\sum q_1m_0P_1-\sum q_1m_0P_0)+(\sum q_1m_1P_1-\sum q_1m_0P_1)$

$$1268=484+590+194$$

分析结果表明，由于销售量增长了 11.18%，使销售利税总额增加了 484 千元；由于销售利税率增长了 12.26%，使销售利税总额增加了 590 千元；由于销售价格上涨了 3.59%，使销售利税总额增加了 194 千元。三个因素共同影响，使销售利税总额增加了 29.28%，共增加了 1268 千元。

(二)平均指标因素分析

在平均指标因素分析中，将各组平均水平视为质量因素，将各组单位数占总体单位数的比例视为数量因素。考察平均指标的变动，仍然按照编制综合指数的一般原理进行编制。

【例 7-13】某企业职工月工资资料如表 7-13 所示。试对该企业的职工平均工资变动情况进行分析。

表 7-13　某企业月工资资料

工人类别	月工资额/元		职工人数/人		工资总额/元		
	X_0	X_1	f_0	f_1	X_0f_0	X_1f_1	X_0f_1
工种 A	1000	1100	48	40	48 000	44 000	40 000
工种 B	1100	1250	50	60	55 000	75 000	66 000
工种 C	1200	1400	80	80	96 000	112 000	96 000
合计	—	—	178	180	199 000	231 000	202 000

解：(1) 用企业平均工资指数来说明平均工资变动情况。

报告期平均工资 $\overline{X_1}=\dfrac{\sum x_1f_1}{\sum f_1}=\dfrac{231\,000}{180}=1283.33\text{ (元)}$

基期平均工资 $\overline{X_0}=\dfrac{\sum x_0f_0}{\sum f_0}=\dfrac{199\,000}{178}=1117.98\text{ (元)}$

平均工资指数 $\overline{K_x}=\dfrac{\overline{X_1}}{\overline{X_0}}=\dfrac{1283.33}{1117.98}=114.79\%$

$\overline{X_1}-\overline{X_0}=1283.33-1117.98=165.35(\text{元})$

(2) 职工结构变动对企业平均工资的影响分析。

$$\text{结构影响指数}=\frac{\dfrac{\sum X_0f_1}{\sum f_1}}{\dfrac{\sum X_0f_0}{\sum f_0}}=\frac{\dfrac{202\,000}{180}}{\dfrac{199\,000}{178}}=100.38\%$$

$$\frac{\sum X_0 f_1}{\sum f_1}-\frac{\sum X_0 f_0}{\sum f_0}=\frac{202\,000}{180}-\frac{199\,000}{178}=4.24\ (元)$$

(3) 工种工资水平的变动对企业平均工资的影响分析。

$$固定构成指数=\frac{\dfrac{\sum X_1 f_1}{\sum f_1}}{\dfrac{\sum X_0 f_1}{\sum f_1}}=\frac{\dfrac{231\,000}{180}}{\dfrac{202\,000}{180}}=114.36\%$$

$$\frac{\sum X_1 f_1}{\sum f_1}-\frac{\sum X_0 f_1}{\sum f_1}=\frac{231\,000}{180}-\frac{202\,000}{180}=161.11\ (元)$$

(4) 影响因素综合分析。

$$\frac{\dfrac{\sum X_1 f_1}{\sum f_1}}{\dfrac{\sum X_0 f_0}{\sum f_0}}=\frac{\dfrac{\sum X_0 f_1}{\sum f_1}}{\dfrac{\sum X_0 f_0}{\sum f_0}}\times\frac{\dfrac{\sum X_1 f_1}{\sum f_1}}{\dfrac{\sum X_0 f_1}{\sum f_1}}$$

114.79%=100.38%×114.36%

$$\frac{\sum X_1 f_1}{\sum f_1}-\frac{\sum X_0 f_0}{\sum f_0}=\left(\frac{\sum X_0 f_1}{\sum f_1}-\frac{\sum X_0 f_0}{\sum f_0}\right)+\left(\frac{\sum X_1 f_1}{\sum f_1}-\frac{\sum X_0 f_1}{\sum f_1}\right)$$

165.35=4.24+161.11

分析结果表明，报告期职工企业平均工资比基期上升了 14.79%，是工人结构变动使企业平均工资上升 0.38%及各组工资水平提高使企业平均工资上升 14.36%两个因素共同作用的结果；结构变动使企业平均工资上升了 4.24 元，每组平均工资提高使企业平均工资上升了 161.11 元，两个因素共同作用导致企业平均工资增加 165.35 元。

【例 7-14】某公司有甲、乙两个生产车间，生产 A 产品，其相关资料见表 7-14。试对该公司的平均成本变动情况进行分析。

表 7-14　某企业月工资资料

车间名称	单位成本/(元/件)		产量/件		成本总额/元		
	X_0	X_1	f_0	f_1	$X_0 f_0$	$X_1 f_1$	$X_0 f_1$
甲车间	10	8	400	1200	4000	9600	12 000
乙车间	12	14	600	800	7200	11 200	9600
合计	—	—	1000	2000	11 200	20 800	21 600

解： (1) 用公司平均成本指数来说明平均成本变动情况。

报告期平均成本$\overline{X_1}=\dfrac{\sum X_1 f_1}{\sum f_1}=\dfrac{208\,00}{2000}=10.4$（元）

基期平均成本$\overline{X_0}=\dfrac{\sum X_0 f_0}{\sum f_0}=\dfrac{112\,00}{1000}=11.2$（元）

平均成本指数$\overline{K_x}=\dfrac{\overline{X_1}}{\overline{X_0}}=\dfrac{10.4}{11.2}=92.86\%$

$\overline{X_1}-\overline{X_0}=10.4-11.2=-0.8$（元）

(2) 产量结构变动对企业平均成本的影响分析。

$$\text{结构影响指数}=\frac{\dfrac{\sum X_0 f_1}{\sum f_1}}{\dfrac{\sum X_0 f_0}{\sum f_0}}=\frac{\dfrac{21\,600}{2000}}{\dfrac{11\,200}{1000}}=96.43\%$$

$$\frac{\sum X_0 f_1}{\sum f_1}-\frac{\sum X_0 f_0}{\sum f_0}=\frac{216\,000}{2000}-\frac{112\,000}{1000}=-0.4\text{（元）}$$

(3) 单位成本的变动对企业平均成本的影响分析。

$$\text{固定构成指数}=\frac{\dfrac{\sum X_1 f_1}{\sum f_1}}{\dfrac{\sum X_0 f_1}{\sum f_1}}=\frac{\dfrac{20\,800}{2000}}{\dfrac{21\,600}{2000}}=96.3\%$$

$$\frac{\sum X_1 f_1}{\sum f_1}-\frac{\sum X_0 f_1}{\sum f_1}=\frac{20\,800}{2000}-\frac{21\,600}{2000}=-0.4\text{（元）}$$

(4) 影响因素综合分析。

$$\frac{\dfrac{\sum X_1 f_1}{\sum f_1}}{\dfrac{\sum X_0 f_0}{\sum f_0}}=\frac{\dfrac{\sum X_0 f_1}{\sum f_1}}{\dfrac{\sum X_0 f_0}{\sum f_0}}\times\frac{\dfrac{\sum X_1 f_1}{\sum f_1}}{\dfrac{\sum X_0 f_1}{\sum f_1}}$$

$92.86\%=96.43\%\times96.3\%$

$$\frac{\sum X_1 f_1}{\sum f_1}-\frac{\sum X_0 f_0}{\sum f_0}=\left(\frac{\sum X_0 f_1}{\sum f_1}-\frac{\sum X_0 f_0}{\sum f_0}\right)+\left(\frac{\sum X_1 f_1}{\sum f_1}-\frac{\sum X_0 f_1}{\sum f_1}\right)$$

$-0.8=-0.4+(-0.4)$

分析结果表明，报告期公司平均成本比基期下降了 7.14%，是产量结构变动使企业平均成本下降 3.57%及单位成本下降使企业平均成本下降 3.7%两个因素共同作用的结果；产量

结构变动使企业平均成本下降了 0.4 元，每车间单位成本下降使企业平均成本下降了 0.4 元，两个因素共同作用导致企业平均成本下降 0.8 元。

第五节　几种常见的指数

一、居民消费价格指数

居民消费价格是指城乡居民支付生活消费品和服务项目消费价格，是社会产品和服务项目的最终价格。居民消费价格指数(CPI)是反映一定时期内居民消费价格变动趋势和变动程度的相对数，是反映通货膨胀的重要指标。编制这一指数的目的在于全面观察居民消费价格变动对居民生活的影响，为党政领导和决策部门掌握消费价格状况，研究和制定居民消费政策、价格政策、工资政策、货币政策以及进行国民经济核算提供科学依据。

【案例 7-1】

2012 年 12 月份我国居民消费价格变动情况

2012 年 12 月份，全国居民消费价格总水平同比上涨 2.5%。其中，城市上涨 2.5%，农村上涨 2.5%；食品价格上涨 4.2%，非食品价格上涨 1.7%；消费品价格上涨 2.5%，服务项目上涨 2.5%。2012 年，全国居民消费价格总水平比上年上涨 2.6%。

12 月份，全国居民消费价格总水平环比上涨 0.8%。其中，城市上涨 0.8%，农村上涨 0.9%；食品价格上涨 2.4%，非食品价格持平；消费品价格上涨 1.1%，服务项目价格持平。

12 月份，食品价格同比上涨 4.2%，影响居民消费价格总水平同比上涨约 1.37%。其中，鲜菜价格上涨 14.8%，影响居民消费价格总水平上涨约 0.41%；水产品价格上涨 6.1%，影响居民消费价格总水平上涨约 0.15%；粮食价格上涨 4.1%，影响居民消费价格总水平上涨约 0.12%；肉禽及其制品价格上涨 1.4%，影响居民消费价格总水平上涨约 0.11%(猪肉价格下降 6.2%，影响居民消费价格总水平下降约 0.22%)；油脂价格上涨 4.5%，影响居民消费价格总水平上涨约 0.06%；鲜果价格下降 5.6%，影响居民消费价格总水平下降约 0.11%。

12 月份，食品价格环比上涨 2.4%，影响居民消费价格总水平环比上涨约 0.79%。其中，鲜菜价格上涨 17.5%，影响居民消费价格总水平上涨约 0.46%；肉禽及其制品价格上涨 2.4%，影响居民消费价格总水平上涨约 0.18%(猪肉价格上涨 3.9%，影响居民消费价格总水平上涨约 0.12%)；水产品价格上涨 2.0%，影响居民消费价格总水平上涨约 0.05%；

蛋价格上涨3.1%，影响居民消费价格总水平上涨约0.03%；鲜果价格上涨0.8%，影响居民消费价格总水平上涨约0.01%；粮食和油脂价格分别上涨0.4%和0.2%，两项合计影响居民消费价格总水平上涨约0.01%。

12月份，非食品价格环比持平。其中，烟酒及用品价格上涨0.2%，家庭设备用品及维修服务、居住价格均上涨0.1%，交通和通信、娱乐教育文化用品及服务价格均下降0.2%，衣着、医疗保健和个人用品价格均持平。

我国的居民消费价格指数是采用固定加权算术平均指数方法来编制的。计算公式为

$$\overline{K}=\frac{\sum kw}{\sum w}=\sum k\cdot\frac{w}{\sum w}$$

式中：$\overline{K}$为居民消费价格总指数；k为商品(或类)价格指数；w为权数。

年度指数的计算以上年为基数，月度指数分别计算以上年同期和上月为基期的同比和月环比两种指数。

居民消费价格指数的主要编制过程是：首先，将各种居民消费划分为八大类，①食品类；②烟酒类；③衣着类；④家庭设备用品及维修服务类；⑤医疗保健和个人用品类；⑥交通和通信类；⑦娱乐教育文化用品及服务类；⑧居住类。在这八大类下面再划分若干个中类和小类。

其次，从以上各类中选定有代表性的商品项目(含服务项目)入编指数，利用有关对比时期的价格资料分别计算个体价格指数。

再次，依据有关时期内各种商品的销售额构成确定代表品的比重权数，它不仅包括代表品本身的权数(直接权数)，而且还要包括该代表品所属的那一类商品中其他项目所具有的权数(附加权数)，以此提高入编项目对于所有消费品的一般代表性程度。

最后，按照从低到高的顺序，依次编制各小类、中类的消费价格指数和消费价格总指数。

【例7-15】以表7-15为例介绍某市居民消费价格指数的编制方法。

表7-15　某市居民消费价格指数计算表

商品类别和名称	规格等级牌号	计量单位	平均价格/元		权数	以上年为基础	
			上年同月 P_0	本月 P_1	w	指数 $K=P_1/P_0$	指数乘权数 Kw
甲	乙	丙	1	2	3	4=2/1	5=4×3
总指数					100		106.4
(1)食品类					35	114.4	40.04
①粮食					25	112.4	28.1

续表

商品类别和名称	规格等级牌号	计量单位	平均价格/元		权数	以上年为基础	
			上年同月 P_0	本月 P_1	w	指数 $K=P_1/P_0$	指数乘权数 Kw
(a)细粮					90	112.62	101.36
大米	标一	kg	3.70	4.20	75	113.5	85.12
面粉	标准	kg	3.10	3.41	25	110	27.5
(b)粗粮					10	110.38	11.04
②肉禽及制品					20	132.3	26.46
③鲜蛋					8	123.3	9.86
④水产品					6	113.9	6.83
⑤鲜菜					18	107.3	19.31
⑥鲜果					8	109.8	8.78
⑦在外用餐					15	100.26	15.04
(2)烟酒类					8	102.7	8.22
(3)衣着类					12	102.1	12.25
(4)家庭设备及维修服务类					8	102.5	8.20
(5)医疗保健和个人用品类					10	103.4	10.34
(6)交通通信					10	100.9	10.09
(7)娱乐教育文化用品及服务类					14	100.6	14.08
(8)居住类					3	106.2	3.19

解：计算步骤如下。

(1) 计算各个代表规格品的个体零售价格指数。

如大米的个体价格指数：

$$K=\frac{P_1}{P_0}=\frac{4.20}{3.70}=113.5\%$$

(2) 计算小类指数。

如细粮的价格指数：

$$K=\frac{\sum Kw}{\sum w}=\sum K\cdot\frac{w}{\sum w}=113.5\%\times0.75+110\%\times0.25=112.62\%$$

(3) 计算中类指数。

如粮食指数：

$$K=\frac{\sum Kw}{\sum w}=\sum K\cdot\frac{w}{\sum w}=112.62\%\times0.9+110.38\%\times0.1=112.4\%$$

(4) 计算大类指数。

如食品指数：

$$K=\frac{\sum Kw}{\sum w}=\sum K\cdot\frac{w}{\sum w}=112.4\%\times0.25+132.3\%\times0.2+123.3\%\times0.08+113.9\%\times0.06+$$

$$107.3\%\times0.18+109.8\%\times0.08+100.26\%\times0.15=114.4\%$$

(5) 计算总指数。

$$K=\frac{\sum Kw}{\sum w}=\sum K\cdot\frac{w}{\sum w}=114.4\%\times0.35+102.7\%\times0.08+102.1\%\times0.12+102.5\%\times0.08+$$

$$103.4\%\times0.1+100.9\%\times0.1+100.6\%\times0.14+106.2\%\times0.03=106.4\%$$

由此计算出该市某年某月居民消费价格指数为106.4%。

货币购买力指数是与居民消费价格指数有关的一个指数，是单位货币所能购买的商品或非商品性劳务服务的数量。当居民的生活费收入不变，而货币购买力提高时，居民消费水平也会提高；相反，货币购买力降低，则居民消费水平也随之降低。

$$货币购买力指数=\frac{1}{居民消费价格指数}$$

【相关链接7-2】

CPI是如何调查和生成的

1. 关于CPI包含的内容

CPI(Consumer Price Index，消费者价格指数)在我国通常被称为“居民消费价格指数”。CPI的定义决定了其所包含的统计内容，那就是居民日常消费的全部商品和服务项目。由于人力和财力的限制，不可能也没有必要采用普查的方式调查全部商品和服务项目的价格，世界各国都采用抽样调查方法进行调查。具体做法就是抽选一组一定时期内居民经常消费的，对居民生活影响相对较大的、有代表性的商品和服务项目，通过调查其价格来计算价格指数。

目前，我国用于计算CPI的商品和服务项目，由国家统计局和地方统计部门分级确定。国家统计局根据全国12万户城乡居民家庭消费支出的抽样调查资料统一确定商品和服务项目的类别，设置食品、烟酒及用品、衣着、家庭设备用品及服务、医疗保健及个人用品、交通、通信、娱乐教育文化用品及服务、居住等八大类262个基本分类，涵盖

了城市居民的全部消费内容。

我国地域辽阔，考虑到各地居民消费的传统习惯和消费水平存在一定的差异等因素，具体的代表规格品由各地确定后报国家统计局审定。规格品是指具有特定产地、规格、等级、牌号、花色等特征的具体商品。例如，粮食制品是国家统一确定的一个基本分类，各地以代表性为原则，根据当地实际情况抽选与其他地区可能不相同的地方特色粮食制品。例如，北京选择的是馒头、火烧和大饼等规格品，贵阳选择的是米粉、卷粉和宽粉等规格品。考虑到大城市、小城市和县之间人口数量的巨大差异，在 600 种调查商品和服务项目的最低要求基础上，对大城市的要求要多一些，如北京实际调查 1429 种，贵阳实际调查 647 种。如果把各地不同的规格品加总起来，全国 CPI 包括的规格品就有成千上万种。目前，美国的 CPI 分为八大类 211 个基本分类、加拿大为八大类 169 个基本分类、日本为十大类 585 个代表规格品、澳大利亚为十一大类 87 个基本分类。

2. 关于价格调查地点的选择

目前，计算我国 CPI 的价格资料来源于 31 个省(区、市)共 500 个调查市县的 5 万个商业业态、农贸市场以及医院、电影院等提供服务消费的单位，统称为价格调查点，这些调查点主要是依据经济普查获得的企业名录库以及有关部门的行政记录资料，以零售额或经营规模为标志，从高到低排队随机等距抽选出来的，同时按照各种商业业态兼顾、大小兼顾以及区域分布合理的原则进行适当调整。

由于在人口和市场建设等方面的差距，500 个市县各自抽选的调查点数量差别也比较大。大中城市要明显多一些，小城市和县就相对要少一些。例如，北京抽选了 1454 个价格调查点，其中各种商业业态 621 个，农贸市场 41 个，服务类单位 792 个；贵阳抽选了 136 个价格调查点，其中各种商业业态 68 个，农贸市场 9 个，服务类单位 59 个。

3. 关于价格的采集方法

目前，世界各国根据本国实际通常采用派人直接调查、电话调查、企业报表、网上收集等方式相结合收集计算 CPI 所需的原始价格资料。1984 年，经国务院批准，国家统计局在各地成立了直属调查队，自此以来一直采用派人直接调查方式收集原始价格资料，目前分布在 31 个省(区、市)500 个调查市县的价格调查员有 4000 人左右。

为保证源头数据的真实性和可比性，调查员必须要按照统一规范的“三定原则”，即“定人、定点、定时”开展价格调查工作。“定人”是指同一个调查员一定时期内固定调查相同的商品项目，目的是让调查员更加专业、更加全面地熟悉和了解这些商品的特征及其属性，避免因不熟悉商品而误将两种不同的商品视为同一种商品的情况发生；“定点”是指固定调查员采集价格的地方(调查点)，目的是让调查员熟悉和了解价格调查点的基本情况，便于向销售人员或其他有关人员咨询有效的价格交易信息，准确采集不同采价日同一种商品同一地点的可比价格；“定时”是指固定调查员调查价格的具体时间，保证价

格同时可比，如调查农贸市场的蔬菜价格，上一次的调查时间是上午 9 点，下一次的调查时间也必须是上午 9 点，若改为 12 时或下午其他时间，这两次的价格就不可比，调查采集的价格就不能用于计算价格指数。

目前，对于 CPI 中粮食、猪牛羊肉、蔬菜等与居民生活密切相关、价格变动相对比较频繁的食品，每 5 天调查一次价格；对于服装鞋帽、耐用消费品、交通通信工具等大部分工业产品，每月调查 2～3 次价格；对于水、电等政府定价项目，每月调查核实一次价格。

4. 关于权数资料来源

收集齐价格资料以后，就可以计算单个商品或服务项目以及 262 个基本分类的价格指数，但还不能计算类别价格指数，还需要各类别相应的权数。CPI 中的权数，是指每一类商品或服务项目的消费支出在居民全部商品和服务项目总消费支出中所占的比例。我国 CPI 的权数，主要是根据全国 12 万户城乡居民家庭各类商品和服务项目的消费支出详细比例确定的。这些资料可以在全国统计局公开编辑出版的有关年鉴中查到。现行制度规定，CPI 中的权数每 5 年调整一次，每年还要根据全国 12 万户城乡居民家庭消费支出的变动及相关资料对权数进行一次相应的调整。

受城乡差别的影响，我国城乡住户调查样本的抽选方法略有差异，但对数据质量的要求标准是完全一致的，即以省为总体，对于主要收入和支出数据，在 95%的把握度下，抽样误差控制在 3%以内。在此要求下，城镇住户调查采取对阶段、二相、随机等距方法确定样本。第一步，以省为总体确定调查市县。将省内所有市县按照职工平均工资排序，以人口累计数为辅助指标，随机起点，等距抽选调查市县。第二步，在每个调查市县确定调查户。按照市县抽居委会、居委会抽住户的方法抽选一个大样本。收集大样本住户基本情况数据，用每户人均收入排序，从中抽选一个小样本作为常规调查户，进行连续跟踪记账调查。目前，参加全国城镇住户调查汇总的全部调查市县为 476 个。

农村住户调查采取三阶段、对称等距、随机抽样方法抽取样本，即省抽县、县抽村、村抽户。首先将省内所有县按照人均收入排序，以人口累计数为辅助指标，随机起点，对称等距抽选调查县，然后采用类似抽选方法，在每个调查县抽选调查村，在每个调查村采用随机等距方法抽选调查户。目前，参加全国农村住户调查汇总的全部调查县数为 883 个。

抽选出来的全国 12 万户城乡居民家庭采取记流水账的方式，日复一日一笔一笔记录他们家庭的收入和支出数据，调查员每月上门核实、收集账本，然后进行整理、编码、录入、审核、上报。国家统计局直接采用居民家庭的记账资料，分别汇总计算城乡居民收入和消费支出数据。

5. 关于 CPI 的汇总计算方法

我国采用的汇总计算方法与其他国家基本是一样的，主要区别在于世界上大多数国

家仅仅归总计算国家一级的CPI，计算分州、分城市等分区域CPI的国家不多。我国情况相对特殊一些，既有分省的CPI，部分市县也计算CPI。基本汇总计算过程如下：

(1) 市县统计部门根据国家统计局制定的《流通和消费价格统计调查制度》，按照统一的统计标准、统计口径和计算方法要求，结合当地居民消费的实际情况计算本市县的CPI。

(2) 国家统计局各调查总队对辖区内市县统计部门计算的CPI数据进行审核确认后，按照人口和消费水平加权汇总计算本省(区、市)的CPI。

(3) 国家统计局对各省(区、市)计算的CPI数据进行审核确认后，按照人口和消费水平加权汇总计算全国的CPI。

(资料来源：庞晓林，国家统计局网站，2010年11月30日)

二、农产品收购价格指数

农产品收购价格指数是综合反映社会农产品收购者以各种形式直接收购农产品的价格水平变动趋势和程度的相对数。由此可以考察研究农产品收购价格总水平的变化情况，以及对农业生产者收入和商业部门支出的影响，作为制订和检查农产品价格政策的依据。

我国的农产品收购价格指数编制方法，是选用11大类农产品，包括276种各类主要农产品，以它们各自的计算期收购额作为权数，采用加权调和平均方法计算得到各类别的农副产品收购价格指数和农副产品收购价格总指数，其计算公式为

$$\overline{K}=\frac{\sum q_1P_1}{\sum \frac{1}{k}\cdot q_1P_1}$$

式中：$\overline{K}$为农产品收购价格总指数；k为单项农产品收购价格指数；q_1P_1为报告期各类农产品实际收购额。

【例7-16】某省农产品收购价格和收购金额如表7-16所示。计算农产品价格指数。

表7-16　某省农产品收购价格和收购金额表

类别及名称	等级规格	计量单位	平均价格/元		指数/%	报告期实际收购额/万元
			基期	报告期		
(1)粮食类					102.22	900 000
稻谷	二级	kg	1.75	1.78	101.71	600 000
小麦	中等	kg	2.60	2.66	102.31	200 000
玉米	中等	kg	2.30	2.42	105.22	100 000
(2)经济作物类					105.11	550 000

续表

类别及名称	等级规格	计量单位	平均价格/元		指数/%	报告期实际收购额/万元
			基期	报告期		
(3)木材类					104.23	230 000
(4)工业品油漆类					101.23	500 000
(5)禽畜产品类					99.36	152 000
(6)蚕丝类					101.35	120 000
(7)干鲜类					102.38	380 000
(8)干鲜菜及调味品					108.40	80 000
(9)土副产品类					105.40	31 000
(10)药材类					102.50	150 000
(11)水产品类					98.60	800 000

解：编制农产品收购价格指数的步骤如下。

(1) 计算各类代表规格品的个体指数。

如稻谷的个体价格指数：$k=\dfrac{P_1}{P_0}=\dfrac{1.78}{1.75}=101.71\%$

(2) 计算各类农产品的价格指数。

如粮食类的价格指数：

$$\overline{K}=\frac{\sum q_1P_1}{\sum\frac{1}{k}\times q_1P_1}=\frac{600\ 000+200\ 000+100\ 000}{\frac{1}{101.71\%}\times600\ 000+\frac{1}{102.31\%}\times200\ 000+\frac{1}{105.22\%}\times100\ 000}=102.22\%$$

(3) 计算农产品收购价格总指数。

$$\overline{K}=\frac{\sum q_1P_1}{\sum\frac{1}{k}\times q_1P_1}=\frac{900\ 000+550\ 000+\cdots+800\ 000}{\frac{1}{102.22\%}\times900\ 000+\frac{1}{105.11\%}\times550\ 000+\cdots+\frac{1}{98.6\%}\times800\ 000}=101.86\%$$

3 893 000−3 821 765.71=71 234.29(元)

计算结果表明，该省农产品收购价格提高了 1.86%，农民增加收入 71234.29 元。

三、工业生产者价格指数

1. 工业生产者价格指数概念

工业生产者价格指数，简称 PPI，是工业生产产品出厂价格和购进价格在某个时期内变动的相对数，反映全部工业生产者出厂和购进价格变化趋势和变动幅度。我国 PPI 是由工业生产者出厂价格指数和工业生产者购进价格指数两部分组成。

2. 编制方法

国家统计局统一编制全国和省级工业生产者价格指数。采用链式拉氏公式，编制定基工业生产者价格指数序列。对比基期 5 年调整一次，现行对比基期为 2010 年。基本流程包括确定调查产品目录、确定调查企业、确定各类调查产品代表权数、收集基础数据、计算各类 PPI。

(1) 确定调查产品目录。我国工业生产者出厂价格调查产品目录包括 39 个行业大类、191 个行业中类、525 个行业小类、1702 个基本分类的 11 000 多种工业产品；购进价格调查目录包括 900 个基本分类的 6000 多种工业产品。上述调查产品的确定，严格遵循对工业行业代表性强、对国计民生影响大、生产稳定、有发展前景等原则。

(2) 确定调查企业。对全部规模以上工业企业(即年主营业务收入 2000 万元以上的工业企业)通过主观选样和抽样相结合方式确定调查企业；对规模以下工业企业通过随机抽样方式确定调查企业。目前，全国工业生产者价格调查企业近 6 万家，分布在 430 个调查市县。

(3) 确定各类调查产品代表权数。出厂价格指数的中类、大类权数根据工业统计中分行业的销售产值资料计算，中类以下权数根据典型调查资料估算确定；购进价格指数的权数根据收入产出资料和典型调查资料估算确定。一般每 5 年更换一次，在 5 年期内各年度适当调整。

(4) 编制各类 PPI。每月编制一次，分别编制工业生产者出厂价格指数和工业生产者购进价格指数。其中，各基本分类月度环比指数，根据所属工业产品价格变动相对数，采用几何平均法计算；小类以上月度环比指数采用逐级加权平均法计算；各省(区、市)各类月度环比指数通过对辖区内所有调查企业相关数据超级汇总得出，全国各类月度环比指数通过对各省(区、市)相关指数加权汇总计算得出。由月度环比指数再分别计算各类定基、同比指数。

3. 资料来源

国家调查队系统负责 PPI 基础数据资料收集工作。由国家统计局统一选定近 6 万家调查企业；市级国家调查队向调查企业布置调查任务；各调查企业需要按月填报本企业每月 5 日和 20 日出厂、购进时点价格并报送市级调查队；企业原始资料经市级调查队、省级调查总队审核后报送国家统计局。

4. 数据公布

全国 PPI 数据由国家统计局统一对外发布，每月一次。发布内容包括工业生产者出厂价格总指数、工业生产者购进价格总指数以及各主要类别指数的环比、同比数据。

四、股票价格指数

股票是由股份公司发给投资者作为入股的凭证，持有者有权分享公司的利益，同时也要承担公司的责任和风险。股票具有“价值”，并且可以作为商品进行转让。股票“价值”决定了股票价格，但是股票价格会受到多种因素的影响而且会围绕着股票“价值”上下波动，有时这种波动幅度相当大。例如，股票的供求状况，当市场上可供投资的金融工具很少，股票的发行量也很少时，供不应求的市场状况会使股票的价格上涨，使股票的价格大大高于其“价值”；相反，如果股票的发行量较多，则其价格就会低于其“价值”，使股票的价格下降。除了供求关系以外，股票发行者经营业绩、政治经济形势等都会影响股票的价格。因此，股票价格指数综合反映股票市场价格的变动程度，它是影响投资者决策行为的重要因素，而且股票价格的波动和走向也是反映经济景气状况的敏感指标。

(一)股票价格指数的编制方法

1. 运用综合指数编制的股票指数

我国上证指数、香港恒生股票指数和美国标准普尔指数等都是采用综合指数公式编制的。其计算公式为

$$I_{\mathrm{p}}=\frac{\sum q_0P_{\mathrm{t}}}{\sum q_0P_0}$$

它是以基期的股票发行量(或流通量)为同度量因素的综合指数。q_0代表基期股票发行量(或流通量)。不同股票指数的样本范围和基期日期的选定不同。

2. 运用平均指标指数编制的股票指数

道·琼斯股票指数就是运用简单算术平均的方法来编制的。基本方法是：对编入指数的各种股票分别计算不同时间的简单平均价格，通过对比得到相应日期的股票指数。计算公式为

$$I_{\mathrm{p}}=\frac{P_{\mathrm{t}}}{P_0}$$

(二)世界上影响较大的股票价格指数

1. 道·琼斯股票价格指数

道·琼斯指数最早是在 1884 年由美国新闻出版商道·琼斯公司的创始人查尔斯·亨利·道开始编制的。其最初的道·琼斯股票价格平均指数是根据两种具有代表性的铁路公

司的股票，采用算术平均法进行计算编制而成的，发表在查尔斯·道自己编辑出版的《每日通讯》上。

自1897年起，道·琼斯股票价格平均指数开始分成工业与运输业两大类，其中工业股票价格平均指数包括12种股票，运输业平均指数则包括20种股票，并且开始在道·琼斯公司出版的《华尔街日报》上公布。在1929年，道·琼斯股票价格平均指数又增加了公共事业股票，使其所包含的股票达到65种，并一直延续至今。

现在的道·琼斯股票价格平均指数是以1928年10月1日为基期，因为这一天收盘时的道·琼斯股票价格平均数恰好约为100美元，所以就将其定为基准日。而以后股票价格同基期相比计算出的百分数，就成为各期的股票价格指数，所以，现在的股票指数普遍用点来作单位，而股票指数每一点的涨跌就是相对于基准日的涨跌百分数。

目前，道·琼斯股票价格平均指数共分为4组。

第一组，是工业股票价格平均指数。它是由30种有代表性的大工商业公司的股票组成，而随着经济发展而变大，大致可以反映美国整个工商业股票的价格水平，这也就是人们通常所引用的道·琼斯工业平均指数。平时所说的道·琼斯指数就是指道·琼斯工业股票平均价格指数，这是一种代表性强、应用范围广、作用突出的股票价格指数。

第二组，是运输业股票价格平均指数。它包括20种有代表性的运输业公司的股票，即8家铁路运输公司、8家航空公司和4家公路货运公司。

第三组，是公用事业股票价格平均指数。由代表着美国公用事业的15家煤气公司和电力公司的股票所组成。

第四组，是平均价格综合指数。它是综合前三组65中股票价格平均指数而得到的综合指数，这组综合指数显然为优等股票提供了直接的股票市场状况。

从1996年5月25日开始，还针对我国的股票市场编制了道·琼斯中国股票指数，截至1998年4月1日，沪、深两市共有88只股票作为其成分股入选，故称为道·琼斯中国88股票指数。

2. 纳斯达克股票价格指数

纳斯达克是全美证券商协会自动报价系统的英文缩写，纳斯达克是全球第一个电子化的股票市场，纳斯达克指数是由纳斯达克证券市场编制发布的。纳斯达克证券市场有限公司隶属于美国国家证券交易委员会，该协会是一个自律性的管理机构，几乎所有的美国证券经纪和交易商都是它的会员。纳斯达克证券市场创立于1971年，这一年的2月8日，纳斯达克股市开始正式交易。美国设立纳斯达克证券交易所的主要目的是在电脑软、硬件及生物工程等高科技领域，为一些崭露头角而又无法在纽约证券交易所和美国证券交易所上市的小型公司提供风险资本的支持，以推动高科技产业的迅速发展。

3. 标准—普尔混合指数

标准—普尔混合指数是1923年由美国最大的证券研究组织——标准—普尔公司编制发布的。该指数最初包括 233 种上市的工业、铁路、公用事业的普通股票，以后逐步调整为500种。其中工业股票400种、公用事业股票40种、金融机构股票40种、交通运输业股票20种。

标准—普尔公司每半小时计算并报道该公司编制的指数，发表在该公司主办的《展望》刊物上。许多报纸每天登载它的最高、最低及收盘价指数。美国著名的《商业周刊》杂志每期公布标准—普尔混合指数。

4. 伦敦金融时报指数

伦敦金融时报指数是伦敦《金融时报》工商业普通股票平均价格指数的简称，由英国《金融时报》于1935年7月1日起编制，是用以反映伦敦证券交易所行情变动的一种股票价格指数，并以该日期作为指数的基期，令基期股价指数为100，采用几何平均法进行计算。该指数最早选取在伦敦证券交易所挂牌上市的30家代表英国工业的大公司和股票为样本，是欧洲最早和最有影响力的股票价格指数。目前的金融时报指数由30种、100种、500种等各组股票价格平均数构成，范围涵盖各主要行业。

5. 上证指数

上证指数全称是上海证券交易所股票价格综合指数，简称上证综指、上证综合、沪综指或沪指。上证指数是由上海证券交易所编制并发布的一系列指数，包括上证 180 指数、上证50指数、上证综合指数、A股指数、B股指数、分类指数、债券指数、基金指数等指数系列。上证指数是反映上海证券交易所挂牌股票总体走势的统计指标。

上证指数的前身为上海静安指数，是由中国工商银行上海市分行信托投资公司静安证券业务部于1987年11月2日开始编制，于1991年7月15日公开公布，以1990年12月19 日为基期，基期值为 100，以全部的上市股票为样本，以股票发行量为权数进行编制。上证指数系列均采用派氏加权综合价格指数的计算方法计算，公式为

$$\text{本日股价指数}=\frac{\text{本日股票市价总值}}{\text{基期股票市价总值}}\times 100$$

上证指数系列从总体上和各个不同侧面反映了上海证券交易所上市证券品种价格的变动情况，可以反映不同行业的景气状况及其价格整体变动状况，从而给投资者提供不同的投资组合分析参照系，随着证券市场在国民经济中的地位日渐重要，上证指数也将逐步成为观察中国经济运行的“晴雨表”。

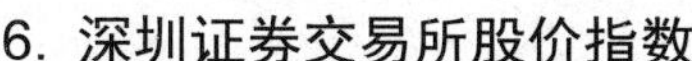

6. 深圳证券交易所股价指数

深圳证券交易所股价指数有深证综合指数和深证成分股指数。

(1) 深证综合指数。

深证综合指数是以在深圳证券交易所上市的所有股票为对象编制的指数，1991 年 4 月 3 日为指数的基日，1991 年 4 月 4 日公布。该股票指数的计算方法基本与上证指数相同，其样本为所有在深圳证券交易所挂牌上市的股票，权数为股票的总股本。该指数以所有上市股票为样本股，当有新股上市时，在其上市第二天纳入成分股，当某一股票暂停买卖时，则将其剔除于计算。若采样的股本结构有所变动，则改用变动之日为新基期，并以新基数计算，同时用连锁的方法将计算得到的指数追溯原有基期日，以维持指数的连续性。

(2) 深证成分股指数。

深证成分股指数是以 1994 年 7 月 20 日为基日，基日指数定为 1000，于 1995 年 1 月 23 日开始发布。深证成分股指数采用流通量为权数，计算公式同深证综合指数。深证成分股指数是从上市公司中挑选出 40 家具有代表性的成分股计算，成分股选择一般原则是：①有一定上市交易日期；②有一定上市规模；③交易活跃。此外，结合考虑公司股份的市盈率，公司的行业代表性，地区、板块代表性，公司的财务状况、管理素质等。

【相关链接 7-3】

股票市场的新闻报道

经常出现在报纸、电台和电视上有关股票市场的新闻报道：

新华网纽约 8 月 15 日电，国际市场原油价格再攀新高使投资者忽略了其他方面的利好消息。5 日纽约股市道·琼斯指数下跌 160 多点，为今年初以来第二大日跌幅。尽管当天美国不乏利好消息，如美国劳工部公布的上周新申领失业救济金人数减少 1.1 万，但是这些消息无法抵消油价持续走高给股市带来的负面影响。道·琼斯 30 种工业股票平均价格指数下跌 163.48 点，终盘收于 9963.03 点；标准普尔 500 种股票指数下降 17.93 点，收于 1080.70 点；以技术股为主的纳斯达克综合指数下降 33.43 点，以 1821.63 点报收。

五、房地产价格指数

房地产价格指数是反映房屋销售、租赁和土地交易过程中房地产价格水平变动趋势和变动程度的相对数。它是房屋销售价格指数、房屋租赁价格指数和土地交易价格指数的统称。

1. 房屋销售价格指数

房屋销售价格指数是反映商品房、公有房屋和私有房屋各大类房屋的销售价格的变动情况。其中，商品房细分为经济适用房、普通住房、高档公寓等各类住宅，以及商业用房、写字楼等非住宅。在房屋销售价格指数的计算中，小类指数是以报告期的销售收入作为计算权数，大类指数和总指数是以上一年全市各类房屋的销售额作为权数，采用加权算术平均的方法计算出来的。

2. 房屋租赁价格指数

房屋租赁价格指数是反映住宅、办公用房、商业用房、厂房、仓库的租赁价格变动情况。房屋租赁价格指数的计算与房屋销售价格指数的计算相同，小类指数是以报告期的租赁收入作为计算权数，大类和总指数是以上一年全市各类房屋的租赁额作为权数，采用加权算术平均的方法计算出来的。

3. 土地交易价格指数

土地交易价格指数是反映房地产开发商或其他建设单位，为了取得土地使用权而实际支付价格的变动情况。土地交易价格指数主要分类为住宅用地、工业用地、商业用地、旅游用地等，它是以上一年各类用地的成交额作为权数，采用加权算术平均的方法计算出来的。

房地产价格指数采用重点调查与典型调查相结合的方法取得被调查项目的价格资料，然后采用由下到上逐级汇总的方法编制而成。

课后练习

一、单项选择题

1. 按照指数的性质不同，指数可以分为(　　)。

A. 个体指数和总指数　　B. 简单指数和加权指数

C. 数量指标指数和质量指标指数　　D. 动态指数和静态指数

2. 总指数的编制形式有(　　)。

A. 算术平均数指数和调和平均数指数　　B. 个体指数和综合指数

C. 综合指数和平均指数　　D. 定基指数和环比指数

3. 按照个体价格指数和报告期销售额计算的价格指数是(　　)。

A. 综合指数　　B. 平均指标指数

C. 加权算术平均指数　　D. 加权调和平均指数

4. 用加权平均法求总指数时，所需要的资料(　　)。

A. 必须是全面资料

B. 必须是非全面资料

C. 既可以是全面资料，也可以是非全面资料

D. 个体指数可以用全面调查资料，权数一定用非全面资料

5. 综合指数一般是(　　)。

A. 简单指数　　B. 加权指数　　C. 静态指数　　D. 平均指数

6. 平均指标指数中的平均指标通常是(　　)。

A. 简单调和平均数　　B. 简单算术平均数

C. 加权调和平均数　　D. 加权算术平均数

7. 数量指标指数的同度量因素一般固定在(　　)。

A. 基期　　B. 报告期

C. 基期和报告期都可以　　D. 基期和报告期的平均

8. 某商店在价格不变条件下，报告期销售量比基期增加 10%，那么报告期商品销售额比基期增加(　　)。

A. 1%　　B. 5%　　C. 10%　　D. 3%

9. 在物价上涨后，同样多的人民币少购买商品 20%，则物价指数为(　　)。

A. 25%　　B. 80%　　C. 115%　　D. 125%

10. 某种产品报告期与基期比较产量增长 26%，单位成本下降 32%，则生产费用支出总额为基期的(　　)。

A. 166.32%　　B. 85.68%　　C. 185%　　D. 54%

二、多项选择题

1. 统计指数的性质主要有(　　)。

A. 相对性　　B. 综合性　　C. 平均性　　D. 代表性

2. 按照经济指标性质不同，可以分为(　　)。

A. 数量指标指数　　B. 质量指标指数　　C. 个体指数　　D. 综合指数

3. 按照对比内容不同，可以分为(　　)。

A. 数量指标指数　　B. 质量指标指数　　C. 静态指数　　D. 动态指数

三、简答题

1. 统计指数的作用主要有哪些？

2. 建立指数体系的基本要求有哪些？

3. 什么是指数因素分析法？

4. 简述指数因素分析的步骤。

四、计算题

1. 某企业生产 3 种产品，产品的产值和产量的资料如表 7-17 所示，请计算 3 种产品产量总指数，并说明由于产量增加使企业增加的产值。

表 7-17　某企业 3 种产品产值和产量资料

产　品	实际产值/万元		2011 年比 2010 年产量增长/%
	2010 年	2011 年	
甲	400	600	5
乙	800	900	10
丙	700	850	8

2. 某商场经销 3 种商品，销售资料如表 7-18 所示。

表 7-18　某商场 3 种商品销售资料

商　品	计量单位	销售量		价格/元	
		基期 q_0	报告期 q_1	基期 P_0	报告期 P_1
甲	公斤	8000	8800	10.0	10.5
乙	件	2000	2500	8.0	9.0
丙	盒	10 000	10 500	6.0	6.5

要求：

(1) 销售额指数和销售额增减额。

(2) 销售量总指数和由于销售量变动对销售额产生的影响。

(3) 价格总指数和由于价格变动对销售额产生的影响。

(4) 说明三者的变动关系。

3. 某企业职工人数和工资总额资料如表 7-19 所示。

表 7-19　某企业职工人数和工资总额资料

指　标	2010 年	2011 年
工资总额/万元	500	567
职工人数/人	1000	1050
平均工资/(元/人)	5000	5400

要求：对该企业单位工资总额变动进行因素分析。

实 训 案 例

一、2011年6月份居民消费价格变动情况

2011年6月份，全国居民消费价格总水平同比上涨6.4%。其中，城市上涨6.2%，农村上涨7.0%；食品价格上涨14.4%，非食品价格上涨3.0%；消费品价格上涨7.4%，服务项目价格上涨4.0%。2011年，全国居民消费价格总水平环比上涨0.3%。其中，城市上涨0.2%，农村上涨0.4%；食品价格上涨0.9%，非食品价格持平；消费品价格上涨0.4%，服务项目价格持平。

1. 各类商品价格同比变动情况

食品类价格同比上涨14.4%，影响居民消费价格总水平同比上涨约4.26%。其中，粮食价格上涨12.4%，影响居民消费价格总水平上涨约0.34%；肉禽及其制品价格上涨32.3%，影响居民消费价格总水平上涨约1.94%(猪肉价格上涨57.1%，影响居民消费价格总水平下降约1.37%)；鲜蛋价格上涨23.3%，影响价格总水平上涨0.16%；水产品价格上涨13.9%，影响价格总水平上涨约0.32%；鲜菜价格上涨7.3%，影响价格总水平上涨0.18%；鲜果价格上涨9.8%，影响价格总水平上涨约0.19%。

烟酒类价格同比上涨2.7%。其中，烟草价格上涨0.3%，酒类价格上涨6.6%。

衣着类价格同比上涨2.1%。其中，服装价格上涨2.3%，鞋类价格上涨0.5%。

家庭设备用品及维修服务类价格同比上涨2.5%。其中，耐用消费品价格上涨0.5%，家庭服务及加工维修服务价格上涨11.4%。

医疗保健及个人用品类价格同比上涨3.4%。其中，西药价格下降0.5%，中药材及中成药价格上涨12.4%，医疗保健服务价格上涨0.6%。

交通及通信类价格同比上涨0.9%。其中，交通工具价格下降1.0%，车用燃料及零配件价格上涨14.7%，车辆使用及维修价格上涨4.2%，城市间交通费价格上涨2.9%，市区公用交通费价格上涨2.6%，通信工具价格下降12.9%。

娱乐教育文化用品及服务类价格同比上涨0.6%。其中，教育价格上涨1.6%，文娱费价格上涨1.9%，旅游价格上涨4.6%，文娱用耐用消费品及服务价格下降6.4%。

居住类价格同比上涨6.2%。其中，水、电、燃料价格上涨4.1%，建房及装修材料价格上涨5.4%，住房租金价格上涨5.9%。

据测算，在6月份6.4%的涨幅中，去年价格上涨的翘尾因素约为3.7%，今年新涨价因素约为2.7%。

2. 各类商品环比价格变动情况

6 月份，食品价格环比上涨 0.9%，影响居民消费价格总水平环比上涨约 0.28%(5 月份食品价格环比则下降 0.3%，影响价格总水平环比下降约 0.08%)。其中，肉禽及其制品价格环比上涨 6.3%，涨幅比 5 月份扩大 4.7%，猪肉价格环比上涨 11.4%，涨幅比 5 月份扩大 8.8%；水产品价格环比上涨 2.0%，涨幅比 5 月份扩大 1.5%；鲜蛋价格环比上涨 4.6%，涨幅比 5 月份回落 0.5%。上述三类食品价格上涨共同影响价格总水平环比上涨约 0.52%，其中猪肉环比价格上涨影响价格总水平环比上涨约 0.36%。

6 月份，鲜菜、鲜果价格环比继续下降，降幅分别为 0.8%和 13.5%，共同影响价格总水平环比下降约 0.33%，与 5 月份持平。

6 月份，非食品价格与上月持平，减缓了居民消费价格总水平的上涨(5 月份非食品价格环比上涨 0.2%，影响价格总水平环比上涨约 0.16%)。其中，烟酒、家庭设备用品及维修服务、医疗保健和个人用品三类价格环比分别上涨 0.2%、0.2%和 0.3%，衣着、交通和通信、居住等三类价格环比分别下降 0.2%、0.1%和 0.1%。

(资料来源：国家统计局，http: //www.ce.cn/macro/more/201107/09/t20110709_22531720.shtml)

要求：依据以上资料，分析 2011 年 6 月份居民消费状况。

二、先达机床厂原材料消耗统计分析

先达机床厂 2012 年的财务报表反映出的信息，即销售收入 8214 万元，比上年 7713 万元增长 6.5%；利润总额 356 万元，比上年 445 万元下降 20%，绝对值减少 89 万元。2012 年度机床产量比上年增长 5%，钢材消耗总量比上年增长 27.3%，产品销售成本比上年增长 21.4%。以上资料显示，成本增长幅度大于销售收入增长幅度，钢材消耗总量的增长幅度大于产品产量增长幅度。有可能是原材料消耗过大，增加了成本，导致利润下降。为了弄清楚利润下降的真实原因，信息部进行了原材料消耗的专题分析。

原材料消耗总量的增加不能一概认为不合理，要具体情况具体分析，为了分清原材料合理消耗和不合理消耗，收集钢材消耗总量资料如表 7-20 所示。

表 7-20　钢材消耗总量资料

项　目	单位	2012 年实际	2011 年实际	增加量	增长比例
机床产品产量	台	420	400	20	5.0
机床产品净重总量	t	1344	1200	144	12.0
钢材消耗总量	t	2037	1600	437	27.3
工艺性消耗	t	1617	1400	217	15.5
其中：工艺损耗	t	273	200	73	36.5
非工艺性消耗	t	420	200	220	110.0

续表

项　目	单位	2012年实际	2011年实际	增加量	增长比例
其中：废品损耗	t	100.8	40	60.8	152.0
废品损耗率	%	4.95	2.5	2.45	98.0

钢材消耗产量=产量×单位产品材料消耗量

=产量×(单位产品净重量+单位产品工艺损耗量+单位产品非工艺性损耗量

所以，2012年度钢材消耗总量增加437吨的原因如下。

(1) 产量变动与单耗变动分析。

由于产量增加而多消耗钢材80吨，即

$$(420-400)\times1600\div400=80(\text{吨})$$

由于单耗增加而多耗钢材357吨，即

$$420\times(2037\div420-1600\div400)=357(\text{吨})$$

由于两者共同影响，使钢材消耗增加437吨，即

$$80+357=437(\text{吨})$$

(2) 从单位产品材料消耗的内容分析。

由于单位产品净重增加而多消耗钢材84吨，即

$$420\times(1344\div420-1200\div400)=84(\text{吨})$$

由于单位产品工艺损耗量增加而多消耗钢材63吨，即

$$420\times(273\div420-200\div400)=63(\text{吨})$$

由于单位产品非工艺性损耗量增加而多消耗钢材210吨，即

$$420\times(420\div420-200\div400)=210(\text{吨})$$

三个原因共同影响钢材消耗增加357吨，即

$$84+63+210=357(\text{吨})$$

以上分析说明，钢材消耗总量增加，主要是因为存在严重浪费现象，仅工艺损耗和非工艺损耗两项就比上年增加273吨，占钢材消耗总量增加数的62.47%，价值82万元，占利润减少额89万元的92.1%。

思考题：

1. 先达机床厂原材料消耗分析应用的是什么方法？
2. 如何对影响原材料消耗的因素进行分解？同度量因素固定在哪一期？
3. 分析该企业主要存在哪些问题？应采取哪些措施？

第八章 抽样推断

【教学导图】

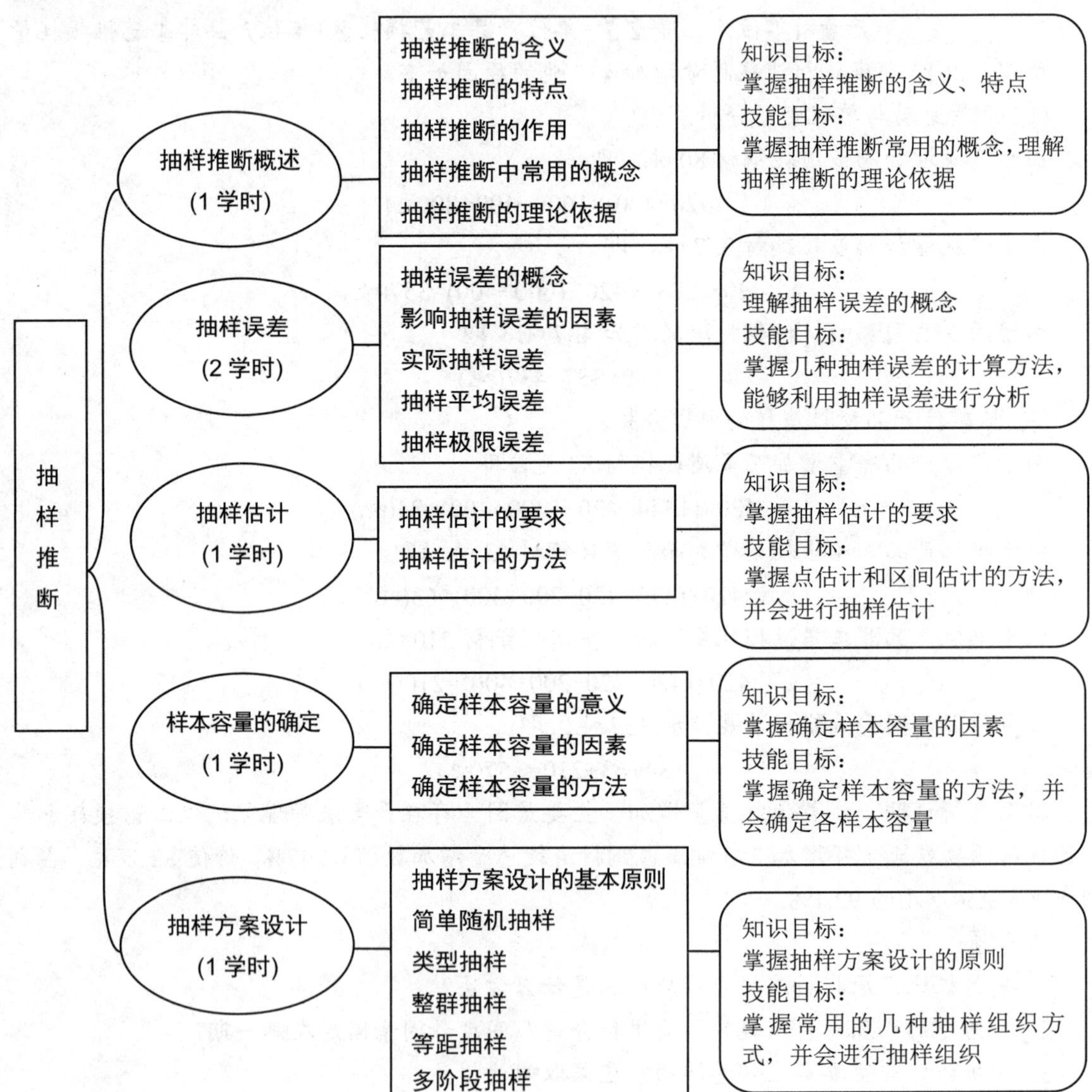

【导入案例】

大学生每天花多少时间上网

某大学经济管理学院为了解学生每天上网的时间，在全院1500名学生中采取不重复抽样方法随机抽取36人，调查他们每天上网的时间，得到以下数据(单位：小时)：3.3、3.1、6.2、5.8、2.3、4.1、5.4、4.5、3.2、4.4、2.0、5.4、2.6、6.4、1.8、3.5、5.7、2.3、2.1、1.9、1.2、5.1、4.3、4.2、3.6、0.8、1.5、4.7、1.4、1.2、2.9、3.5、2.4、0.5、3.6、2.5。依据以上数据计算，样本的平均上网时间为3.317小时，标准差为1.609小时。根据这些数据资料，该如何推断全院学生每天的平均上网时间？每天上网时间超过4小时的学生比例应该是多少？本章将对这些问题进行阐述。

第一节　抽样推断概述

一、抽样推断的含义

抽样推断也称为统计推断，即按照随机原则从总体中抽取部分单位构成样本，在一定的可靠程度下，根据样本的数量特征对总体的数量特征进行推断的统计方法。例如，质量检验部门抽取的样品，通过对样品的检验来判断该批产品的合格率情况；农业部门通过抽查某地区的粮食产量来预测全国的粮食产量；在产品市场占有率调查中，通过调查部分消费者对产品的支持率来推断产品市场占有率情况。抽样的目的不在于了解样本本身的数量特征，而在于借助样本的数量特征估计和检验总体的数量特征。

二、抽样推断的特点

抽样推断具有以下几个特点。

1. 抽样推断建立在随机取样的基础上

抽样推断是要通过抽样调查的方法在总体中抽取部分单位进行调查，在从总体中抽取部分单位时，必须非常客观，毫无偏见，也就是要严格按照随机原则抽取调查单位，不受调查人员任何主观意图的影响。只有严格遵循随机原则才能使被调查对象中每个单位都有同等被抽中的机会，以保证被抽中单位的次数分布类型与调查总体的分布状况接近，从而增强被抽中单位的代表性；只有遵循随机原则，才能计算抽样误差，才能使抽样误差更小，这是进行抽样推断的前提条件。

抽样推断以随机原则为前提，才能使任何一个样本变量都是随机变量，因而任何一种样本指标也是随机变量，抽样推断才有可能利用大数定律和中心极限定理等概率论原理来研究样本指标与总体指标的关系，确定优良估计的标准，为抽样设计寻求更有效的组织形式以建立科学的理论基础。

2. 抽样推断要运用概率估计方法

概率估计方法是抽样推断所特有的估计方法。样本数据和参数之间并不存在自变量和因变量的严格对应关系，因而它不能利用一定的函数关系推算总体参数，它运用归纳推理原理，即不保证由正确的前提一定能得到正确的结论，而只肯定由正确的前提得到的结论有一定程度的可靠性。概率估计从这一原理出发具体确定用样本指标推断总体指标的可靠程度的概率有多少。

3. 抽样推断存在可控性误差

抽样推断是由部分推断总体，即对一部分单位进行统计调查，在实际观察标志值的基础上，去推断总体的综合数量特征。例如，根据部分职工家庭收支，来推断全省职工家庭的消费水平。这种推断肯定会存在一定的误差，但是它与其他统计估算不同，抽样误差的范围可以事先通过有关资料加以计算，并采取必要的组织措施来控制抽样误差的范围，保证抽样推断的结果达到一定的可靠程度。

三、抽样推断的作用

抽样推断在生产实际中应用非常广泛，抽样推断的作用主要体现在以下几个方面。

1. 对无法或不必要进行全面调查的现象可采用抽样推断实现调查目的

有些社会经济现象无法或不必要进行全面调查，但又需要了解其全面数量情况，可以运用抽样推断的方法取得数量特征。例如，灯泡的耐用时间检验、汽车轮胎的里程检验、电视机的抗震能力检验等产品质量检验，不能为了鉴定产品质量而毁坏全部产品，只能采用抽样推断的方法，以样本资料推断了解该批次产品的质量状况。还有些现象总体过大，单位过于分散，进行全面调查实际上是不可能的。例如，检验水库的鱼苗数量、森林的木材积蓄量等，也必须采用抽样推断的方法。

2. 抽样推断能够节省人力、费用和时间且比较灵活

抽样推断是从总体中抽取部分样本进行调查，用样本的数量特征对总体的数量特征进行推断。由于抽取的样本单位比总体单位少得多，因而既能节约人力、费用和时间，又能较快地得到调查的结果，这对许多工作都很有利。例如，农产量全面调查的统计数字要等

收割完毕以后一段时间才能够得到，而抽样调查的数字在收获的同时就可以得到，一般能早得到两个月左右，这对于安排农产品的收购、储存、运输等都非常有利。

3. 抽样推断可以用于工业生产过程中的质量控制

抽样推断不但广泛用于生产结果的核算和估计中，而且也有效地应用于对成批或大量连续生产的工业产品在生产过程中进行质量控制，检查生产过程是否正常，及时提供有关信息，便于采取措施，预防废品的产生，保证生产质量稳定。

4. 抽样推断的资料可以修正和补充全面调查资料

全面调查由于范围广、工作量大、参加人员多，往往容易发生登记性误差和计算性误差。因此，在全面调查之后进行抽样复查，即抽取一部分单位重新调查一次，将这些单位两次调查的结果进行对照比较，根据复查结果计算差错率，并以此为依据检查和修正全面调查的结果，可以提高全面调查的质量，进一步提高全面调查结果的准确性。例如，在我国第五次人口普查中就使用了长表和短表两种调查表，短表的调查项目少，人人都要登记，长表在短表的基础上增加了很多项目，只供抽取出来的一小部分人口登记。这就是在普查的同时进行抽样调查，这样不仅保证了基本资料全面、准确，而且利用有限的时间和经费使调查内容更深入、更详尽。

5. 抽样推断可以对某种总体的假设进行检验以判断其真伪并做出正确决策

利用抽样推断可以对某种总体的假设进行检验。例如，新工艺、新技术的改革，新医疗方法的使用等，是否能够收到明显的效果，需要对未知或完全不知道的总体做出一些假设，然后利用抽样推断法，根据实验的材料对所作假设进行检验，做出判断。

四、抽样推断中常用的基本概念

(一)全及总体和抽样总体

1. 全及总体

全及总体是指根据一定目的所确定的研究事物或现象的全体。全及总体是由具有某种共同性质的许多单位组成，因此，全及总体也就是具有同一性质的许多单位的集合体。例如，要研究某地区居民的生活水平，则该地区全体居民即构成全及总体；要研究某乡粮食亩产水平，则该乡的全部粮食播种面积即是全及总体。

全及总体按其各单位标志的性质不同，可以分为变量总体和属性总体两大类。构成变量总体的各个单位可以用一定的数量标志加以计量。例如，研究居民的收入水平，每户居民的收入就是它的数量标志，反映各户的数量特征。但有些标志不可以计量，只能用一定

的文字加以描述。例如，要研究企业生产设备的运行情况，这时只能用“正常”和“不正常”等文字作为品质标志来描述各台设备的属性特征，这种用文字描述特性的总体被称为属性总体。区分变量总体和属性总体很重要，因为总体不同，认识总体的方法也有所不同。变量总体又可以分为无限总体和有限总体两类。

全及总体的单位数通常用大写的英文字母 N 表示。作为全及总体，单位数 N 即使有限，但一般很大，如人口总体、粮食产量总体、全国钢产量总体等。对于无限总体的认识只能采用抽样的方法，而对于有限总体的认识，理论上虽然可以应用全面调查方法来收集资料，但实际上往往由于不可能或不经济而常常借助抽样的方法来认识有限总体。

2. 抽样总体

抽样总体也称为样本，是从全及总体中随机抽取出来，代表全及总体部分单位的集合体。如果全及总体称为母集，那么样本总体就称为子集。一个样本所包含的单位数称为样本容量，一般用小写英文字母 n 表示。例如，从 10000 件产品中抽取 50 件，调查其产品的性能和质量，样本容量就为 50 件。样本容量在抽样设计中是非常重要的，因为样本容量大可以提高样本的准确度，但会增加耗费；样本容量小，会降低抽样的准确度，但可以减少耗费。因此，如何科学、恰当地规定合理的样本容量，是要十分慎重考虑的问题。对于全及总体 N 来说，n 是个很小的数，它可以是 N 的几十分之一、几百分之一、几千分之一、几万分之一。一般来说，样本单位数达到或超过 30 个($n \geqslant 30$)称为大样本，当样本单位数在 30 以下($n<30$)称为小样本。抽样推断一般采用大样本。样本总体的单位数相对全及总体的单位数是很少的，以很小的样本来推断很大的总体，是抽样推断的重要特点。

(二)全及指标和抽样指标

1. 全及指标

全及指标是根据全及总体各个单位的标志值或标志特征计算的，反映总体某种属性的综合指标。不同性质的总体需要计算不同的全及指标，常用的全及指标有总体平均数、总体成数、总体标准差和总体方差。由于总体是唯一确定的，根据全及总体计算的全及指标也是唯一确定的。

(1) 总体平均数。对于变量总体，由于各单位的标志可以用数量来表示，所以可以计算总体平均数，用 $\overline{X}$ 表示。

对于未分组总体，有

$$\overline{X}=\frac{\sum X}{N}$$

对于分组总体，有

$$\overline{X}=\frac{\sum Xf}{\sum f}$$

(2) 总体成数。对于属性总体，由于各单位的标志不可以用数量来表示，只能用一定的文字来描述，所以，就计算其总体成数。用 P 表示，它说明总体中具有某种标志的单位数在总体中所占的比例。

假设总体 N 个单位中，有 N_1 个单位具有某种属性，N_0 个单位不具有某种属性，$N_1+N_0=N$，P 为总体中具有某种属性的单位数所占的比例，Q 为不具有某种属性的单位数所占的比例，则全及成数为

$$P=\frac{N_1}{N}$$

$$Q=\frac{N_0}{N}=\frac{N-N_1}{N}=1-P$$

【例 8-1】某企业本月生产 1000 件产品，其中，合格品为 950 件，则合格品率 $P=\frac{N_1}{N}=\frac{950}{1000}=95\%$，这里的合格品率即是总体成数，不合格品率 $Q=1-95\%=5\%$。

(3) 总体方差和总体标准差。总体方差和总体标准差都是测量总体标志值分散程度的指标。

对于未分组总体，有

$$方差\ \sigma^2=\frac{\sum(X-\overline{X})^2}{N}$$

$$标准差\ \sigma=\sqrt{\frac{\sum(X-\overline{X})^2}{N}}$$

对于分组总体，有

$$方差\ \sigma^2=\frac{\sum(X-\overline{X})^2 f}{\sum f}$$

$$标准差\ \sigma=\sqrt{\frac{\sum(X-\overline{X})^2 f}{\sum f}}$$

如果是属性总体，则

$$方差\ \sigma^2=P(1-P)$$

$$标准差\ \sigma=\sqrt{P(1-P)}$$

2. 抽样指标

抽样指标是由抽样总体各个标志值或标志特征计算的综合指标。由于抽样总体数值随

抽样总体的不同而不同，因而它本身也是随机变量。抽样指标主要有样本平均数、样本成数、样本方差和样本标准差等。

(1) 样本平均数。样本平均数是根据样本各单位的标志值计算的平均数，用$\bar{x}$表示。

对于未分组总体，有

$$\bar{x}=\frac{\sum x}{n}$$

对于分组总体，有

$$\bar{x}=\frac{\sum xf}{\sum f}$$

(2) 样本成数。样本成数是指在抽样总体中，具有某种研究标志的单位数占抽样总体的比例。用 p 表示，它说明样本中具有某种标志的单位数在样本中所占的比例。

假设样本 n 个单位中，有 n_1 个单位具有某种属性，n_0 个单位不具有某种属性，$n_1+n_0=n$，p 为样本中具有某种属性的单位数所占的比例，q 为不具有某种属性的单位数所占的比例，则样本成数为

$$p=\frac{n_1}{n}$$

$$q=\frac{n_0}{n}=\frac{n-n_1}{n}=1-p$$

【例 8-2】某企业本月生产 1000 件产品，从中抽取 50 件产品进行检验，其中合格品为 49 件，则合格品率 $p=\frac{n_1}{n}=\frac{49}{50}=98\%$，这里的合格品率即是样本成数，不合格品率 $q=1-98\%=2\%$。

(3) 样本方差和样本标准差。样本方差和样本标准差都是测量样本标志值分散程度的指标。

对于未分组总体，有

$$方差\ s^2=\frac{\sum(x-\bar{x})^2}{n}$$

$$标准差\ s=\sqrt{\frac{\sum(x-\bar{x})^2}{n}}$$

对于分组总体，有

$$方差\ s^2=\frac{\sum(x-\bar{x})^2 f}{\sum f}$$

$$标准差\ s=\sqrt{\frac{\sum(x-\bar{x})^2 f}{\sum f}}$$

如果是属性总体，则

$$方差\ s^2=p(1-p)$$

$$标准差\ s=\sqrt{p(1-p)}$$

全及指标是客观存在的数值，但在抽样调查中，它们是未知的，是需要推断的数值；抽样指标在抽样推断中是能够计算出来的。抽样推断的目的之一就是用计算出来的样本指标去推断未知的全及指标，其推断过程如图 8-1 所示。

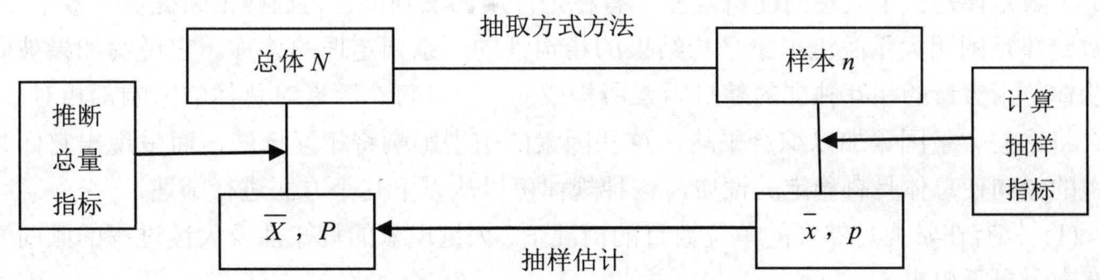

图 8-1　统计抽样过程示意图

(三)重置抽样与不重置抽样

1. 重置抽样

重置抽样是指从全及总体 N 个单位中随机抽取一个样本单位，抽中的单位经过登记其有关标志表现后又放回总体中，重新参加下一次的抽选；再从全及总体 N 中随机抽取第二个样本单位，记录其有关标志表现后，也将它放回全及总体中，以此类推，直到抽选 n 个样本单位。这样从总体中每抽取一个样本单位后，将它再放回总体中，使它在下一次抽样中仍然有被抽取的机会。重置抽样在抽样过程中，总体单位数始终保持不变，各单位被抽中的概率也完全相同。

2. 不重置抽样

不重置抽样是指从全及总体 N 个单位中随机抽取一个样本单位，抽中的单位登记其有关标志表现后不再放回总体中，不再参加下一次的抽选；再从总体 N-1 个单位中随机抽选第二个样本单位，记录了该单位有关标志表现后，也不放回总体中，以此类推，直到抽选 n 个样本单位。因此，不重置抽样在总体中每抽取一个样本单位后，就不将其再放回总体，因而任何单位一经抽出，就不会有再被抽中的可能性，在抽样的过程中，总体单位数是逐渐减少的。

重置抽样和不重置抽样有 3 个方面的区别，即样本的可能数目不同、抽样误差的计算公式不同、抽样误差的大小不同。

五、抽样推断的理论依据

抽样推断的理论是依据概率论的基本原理，并以大数定律和中心极限定理为基础。

1. 大数定律

大数定律是关于大量的随机现象具有稳定性质的法则，它为抽样推断提供了数学依据。大数定律是阐明大量随机现象平均结果的稳定性的一系列定理的总称。它说明如果被研究的总体是由大量的相互独立的随机因素所构成的，而且每个因素对总体的影响都相对很小，那么将这些大量因素加以综合平均，这些因素的个别影响将相互抵消，而呈现出它们共同作用的倾向使总体具有稳定的性质。这种规律可以从以下几个方面进行阐述。

(1) 只有在掌握足够多的单位数目的情况下，大量现象的规律性及大量过程的倾向性才能够充分显示出来。

(2) 现象总体的规律性通常是以平均数的形式表现出来的。

(3) 所研究的现象总体包含的单位越多，平均数也就越能够正确地反映出这些现象的规律性。

(4) 各个单位的共同倾向决定着平均数的水平。各单位对平均数的离差会由于综合汇总的结果而相互抵消，并趋于消失。

例如，观察个别或少数家庭的婴儿出生情况，发现有的家庭生男孩，有的家庭生女孩，没有一定的规律性。但是，通过大量的观察就会发现，男婴和女婴占婴儿总数的比例基本会趋于 50%。

大数定律证明，如果随机变量总体存在着有限的平均数和方差，则对于充分大的抽样单位 n，能以几乎趋近于 1 的概率来期望样本平均数与总体平均数的绝对离差为任意小，即对于任意的正数 ε，则有

$$\lim_{n\to\infty} P(|\bar{x}-\mu|<\varepsilon)=1$$

式中：$\bar{x}$ 为抽样平均数；μ 为总体平均数；n 为抽样单位数。

这从理论上揭示了样本和总体之间的内在联系，即随着抽样单位数 n 的增加，抽样平均数 $\bar{x}$ 有趋近总体平均数 μ 的趋势，或者说，抽样平均数 $\bar{x}$ 在概率上收敛于总体平均数 μ。大数定律论证了抽样平均数趋近于总体平均数的趋势，这为抽样推断提供了重要的依据。

大数定律揭示了大量随机变量的平均结果，抽样平均数趋近于总体平均数，但是，抽样平均数和总体平均数之间的离差究竟有多大？离差不超过一定范围的概率是多少？离差呈怎样的分布？大数定律并没有给出这方面的信息，这些问题需要利用中心极限定理来解决。

【相关链接 8-1】

贝努里

概率论历史上第一个极限定理属于贝努里(也译作贝努利，伯努利)，后人称为“大数定律”，是概率论中讨论随机变量序列的算术平均数向常数收敛的定律。概率论与数理统计学的基本定律之一，又称为弱大数理论。

1654 年 12 月 27 日，雅各布·贝努里出生于巴塞尔，毕业于巴塞尔大学，1671 年 17 岁时获艺术硕士学位。这里的艺术指“自由艺术”，包括算术、几何学、天文学、数理音乐和文法、修辞、雄辩术共七大门类。遵照父亲的愿望，他于 1676 年他 22 岁时又取得了神学硕士学位。然而，他也违背父亲的意愿，自学了数学和天文学。1676 年，他到日内瓦做家庭教师。从 1677 年起，他开始在那里写内容丰富的《沉思录》。

1678 年和 1681 年，雅各布·贝努里两次外出旅游学习，到过法国、荷兰、英国和德国，接触和交往了许德、玻意耳、胡克、惠更斯等科学家，写有关于彗星理论(1682 年)、重力理论(1683 年)方面的科技文章。1687 年，贝努里在《教师学报》上发表数学论文《用两相互垂直的直线将三角形的面积四等分的方法》，同年他成为巴塞尔大学的数学教授，直至 1705 年 8 月 16 日逝世。

1699 年，雅各布·贝努里当选为巴黎科学院院外院士；1701 年被柏林科学协会(后为柏林科学院)接纳为会员。许多数学成果与雅各布的名字相联系，如悬链线问题(1690 年)、曲率半径公式(1694 年)、贝努里双纽线(1694 年)、贝努里微分方程(1695 年)、等周问题(1700 年)等。

贝努里对数学最重大的贡献是在概率论研究方面。他从 1685 年起发表关于赌博游戏中输赢次数问题的论文，后来写成巨著《推测术》，这本书在他去世后 8 年即 1713 年才得以出版，这是概率论的第一本专著。

(资料来源：http://baike.baidu.com/view/21250.html?tp=3_00)

2. 中心极限定理

中心极限定理是指在一定条件下，大量独立随机变量的平均数是以正态分布为极限的定理。中心极限定理是一系列定理，其中最基本的一个定理表述为：假设从均值为μ，方差为σ^2的任意一个总体中随机抽取容量为 n 的样本，当 n 充分大时，样本均值$\bar{x}$的抽样分布近似服从正态分布 $N(\mu, \sigma^2/n)$。应用中心极限定理时，要求 n 充分大，那么多大才能称为充分大呢？这与总体的分布形状相关。一般来说，总体分布越接近于正态分布，所需要的 n 就越小；总体偏离正态分布越远，则所需要的 n 就越大。然而在实际应用中，总体的分布未知，此时，通常要求 $n\geqslant30$。

中心极限定理的结论对于抽样推断是十分重要的，因为在社会经济现象中变量和分布是普遍存在的。例如，城市用电量是千家万户用电量的总和，因此，城市用电量分布可以视为各户用电量总和的分布。又如，产品标准规格的偏差是由很多独立的因素综合形成的，因此，产品规格离差的分布可以视为很多独立因素之和的分布。根据中心极限定理，有理由相信，这些分布都趋近于正态分布。也就是说，在现实生活中，一个随机变量服从于正态分布不是很多，但是，多个随机变量和的分布趋近于正态分布则是普遍存在的。抽样平均数也是一种随机变量和的分布，因此，在抽样单位数 n 充分大的条件下，抽样平均数也趋近于正态分布，这为抽样误差的概率估计提供了一个极为有效且方便的条件。

第二节　抽 样 误 差

抽样推断就是以样本的实际资料为依据，计算出一定的样本指标，并用以对总体的相同指标作出数量上的估计和判断。要掌握推断结果的可接受程度，就必须要了解抽样误差理论。

一、抽样误差的概念

抽样误差是指样本指标和所要估计的总体指标之间数量上的差值。例如，某地区棉花的实际单产是 1185 公斤/公顷，抽样调查得到的单产数据是 1107 公斤/公顷，则样本指标与总体指标之间的差值为 78 公斤/公顷，这就是抽样误差。抽样误差的大小能够说明抽样指标估计总体指标是否可行，抽样效果是否理想等调查性问题。

根据误差来源的不同，误差一般分为两类，即登记性误差和代表性误差。

(1) 登记性误差是指在调查时对样本各单位进行观察、测量、登记的过程中出现的差错及汇总样本、计算样本指标等工作产生的误差。登记性误差是任何一种统计调查都可以产生的。但登记性误差可以通过提高调查人员的工作素质、复核等方法避免。

(2) 代表性误差是指用样本指标推断相应的总体指标时，因为样本结构与总体结构的不同，致使样本不能代表总体而产生的误差。代表性误差包括系统性误差和随机性误差两种。系统性误差是指由于非随机性因素引起的样本代表性不足而产生的误差，表现为样本估计值系统性偏高或偏低，故也称偏差。代表性误差是无法计算出来的，但在抽取样本时可以严格遵循随机性原则而避免。随机性误差是指由于随机性抽样引起的样本结构不同于总体结构而产生的样本估计值与总体指标值之间的差异。通常所说的抽样误差就是指随机性误差。

登记性误差和系统性误差是人为的，在抽样调查过程中应尽量避免；而随机性误差是抽样调查本身所固有的，是不可避免的，但可以利用大数定律事先计算，并通过抽样设计

程序加以控制。

二、影响抽样误差的因素

1. 样本单位数的多少

由于总体内各单位之间总存在着差异，在其他条件不变的情况下，根据大数定律和抽样推断的一致性要求，抽样误差的大小与样本容量成反方向变化。抽样单位数越多，抽样误差就越小；反之，抽样单位数越少，则抽样误差就越大。这是因为随着样本单位数的扩大，样本的结构就越能反映总体的结构，样本指标就越能代替总体相应的数量特征。

2. 总体各单位标志值的差异程度

在其他条件不变的情况下，抽样误差的大小与总体单位标志值的差异程度成正比。总体内各单位标志的差异程度越小，或总体的标准差越小，在其他条件给定的情况下，则抽样误差就越小；反之，总体标志变异程度越大，抽样误差就越大。

3. 抽样方法

抽样方法不同，抽样误差也就不同。在同一总体和相同样本容量的要求下，不重置抽样比重置抽样所产生误差要小一些。这是因为：在重置抽样时，同一个样本内同一个单位被抽中多次的可能性是存在的，它就降低了样本对总体的代表性；而不重置抽样，一个单位被抽中二次及以上的可能性是不存在的，这样的样本能更接近地反映总体的结构，故所产生的抽样误差也要比前者小。

4. 抽样的组织形式

抽样调查可以选用不同的组织形式，如简单随机抽样、等距抽样、类型抽样和整群抽样等。在样本容量相同的情况下，不同的抽样组织形式会有不同的抽样误差。这是因为组织形式不同，所抽出的样本对总体的代表性也是不同的，所以产生的抽样误差也就不同。抽样的组织形式不同，对取得样本的难易程度也不同，要根据总体分布的特征来选择不同的组织形式。

三、实际抽样误差

实际抽样误差是指样本估计值与总体参数之间的离差。实际抽样调查中，由于总体参数是未知的，因此，实际抽样误差是无法计算的。

由于样本是随机抽取的，样本统计量是随样本不同而不同的随机变量，因此，实际抽样误差也是随样本不同而不同的随机变量，它可正可负、可大可小。但就某个既定的抽样方案而言，样本统计量的所有可能取值总有一定的分布规律，它们与总体参数的离差即抽样误差也就有一定的规律可循。抽样误差可以计算和控制，并不是指某次具体抽样的实际抽样误差，而是指从所有可能样本来考察的抽样平均误差和抽样极限误差。

四、抽样平均误差

(一)抽样平均误差的概念

一个总体可能抽取很多个样本，因此样本指标就有不同的数值，它们与总体指标的抽样误差也就有所不同。抽样平均误差就是反映抽样误差一般水平的指标，通常用样本平均数的标准差来表示。按照其定义可以表示为

$$\mu_{\bar{x}}=\sqrt{\frac{\sum(\bar{x}-\mu)^2}{M}}$$

$$\mu_p=\sqrt{\frac{\sum(p-P)^2}{M}}$$

式中：$\mu_{\bar{x}}$ 为抽样平均数的抽样平均误差，μ_p 为抽样成数的抽样平均误差；M 为全部可能的样本数目；μ为总体平均数。事实上，由于在现实抽样中不知道总体平均数和总体成数，不可能也没有必要找出所有可能的样本并计算它们的平均值，所以无法按照上式计算抽样平均误差，只能根据概率论和数理统计的有关理论来推导其计算公式。

抽样平均误差反映了所有可能样本的估计值与相应总体参数的平均误差程度，可以衡量样本对总体的代表性大小。抽样平均误差越小，则样本估计量的分布就越集中在总体参数的附近。一般来说，样本估计值与总体参数之间的抽样误差越小，样本对总体的代表性越大。

(二)抽样平均误差的计算

由于抽样方法不同，而且抽样指标有抽样平均数和抽样成数之分。因此，它们的抽样平均误差的计算也就不一样。下面分别介绍抽样平均误差的计算方法。

1. 抽样平均数的抽样平均误差的计算

(1) 重置抽样条件下，抽样平均数的抽样平均误差的计算，即

$$\mu_{\bar{x}}=\frac{\sigma}{\sqrt{n}}$$

从上式可以看出，抽样平均误差和总体标志变动度的大小成正比，和样本单位的平方根成反比。

【例 8-3】有 4 个工人，每人每月产量分别为 40、50、60、70 件，随机地从其中抽取 2

人，试计算平均加工零件数，用以代表 4 人总体的平均产量水平。

如采用重置抽样方法，则所有可能样本以及平均产量资料见表 8-1。

表 8-1 重置抽样工人平均产量资料

序 号	样本变量 x		样本平均数 $\bar{x}$	平均数离差 $[\bar{x}-E(\bar{x})]$	离差平方 $[\bar{x}-E(\bar{x})]^2$
	(1)	(2)			
1	40	40	40	−15	225
2	40	50	45	−10	100
3	40	60	50	−5	25
4	40	70	55	0	0
5	50	40	45	−10	100
6	50	50	50	−5	25
7	50	60	55	0	0
8	50	70	60	5	25
9	60	40	50	−5	25
10	60	50	55	0	0
11	60	60	60	5	25
12	60	70	65	10	100
13	70	40	55	0	0
14	70	50	60	5	25
15	70	60	65	10	100
16	70	70	70	15	225
合计	—	—	880	—	1000

解：①按照抽样平均误差的定义计算如下。

样本平均数的平均数 $E(\bar{x})=\dfrac{\sum\bar{x}}{\text{样本可能数目}}=\dfrac{880}{16}=55$ (件)

抽样平均误差 $\mu_{\bar{x}}=\sqrt{\dfrac{\sum[\bar{x}-E(\bar{x})]^2}{M}}=\sqrt{\dfrac{1000}{16}}=7.91$ (件)

②按照抽样平均误差的计算公式计算如下。

总体平均产量 $\bar{x}=\dfrac{\sum x}{N}=\dfrac{220}{4}=55$ (件)

标准差 $\sigma=\sqrt{\dfrac{\sum(x-\bar{x})^2}{N}}=\sqrt{\dfrac{500}{4}}=11.18$ (件)

抽样平均误差 $\mu_{\bar{x}}=\frac{\sigma}{\sqrt{n}}=\frac{11.18}{\sqrt{2}}=7.91$(件)

两种计算方法的计算结果是相同的，抽样平均数的平均数等于全及平均数，即 $\sum_{\bar{x}}=\bar{x}=55$ 件；抽样平均误差的标准差等于总体标准差的 $\frac{1}{\sqrt{n}}$，$\mu_{\bar{x}}=\frac{\sigma}{\sqrt{n}}$

两种计算方法的计算结果都是 7.91 件。

(2) 不重置抽样条件下，抽样平均数的抽样平均误差的计算，即

$$\mu_{\bar{x}}=\sqrt{\frac{\sigma^2}{n}\left(\frac{N-n}{N-1}\right)}\approx\sqrt{\frac{\sigma^2}{n}\left(1-\frac{n}{N}\right)}$$

不重置抽样的抽样平均误差公式比重置抽样的抽样平均误差公式多了一个系数 $\sqrt{\frac{N-n}{N-1}}$，这个系数称为不重置抽样修正系数。当 N 很大，即 $N\geqslant30$ 时，$\sqrt{\frac{N-n}{N-1}}\approx\sqrt{1-\frac{n}{N}}$。

【例 8-4】仍以例 8-3 为例，有 4 个工人，每人每月产量分别为 40、50、60、70 件，现用不重复抽样的方法，随机从其中抽取 2 人。试计算平均加工零件数，用以代表 4 人总体的平均产量水平。

如采用不重置抽样方法，则所有可能样本以及平均产量资料见表 8-2。

表 8-2　不重置抽样平均产量资料

序　号	样本变量 x		样本平均数 $\bar{x}$	平均数离差 $[\bar{x}-E(\bar{x})]$	离差平方 $[\bar{x}-E(\bar{x})]^2$
	(1)	(2)			
1	40	50	45	−10	100
2	40	60	50	−5	25
3	40	70	55	0	0
4	50	40	45	−10	100
5	50	60	55	0	0
6	50	70	60	5	25
7	60	40	50	−5	25
8	60	50	55	0	0
9	60	70	65	10	100
10	70	40	55	0	0
11	70	50	60	5	25
12	70	60	65	10	100
合计	—	—	660	—	500

解：①按照抽样平均误差的定义计算如下。

样本平均数的平均数 $\sum(\bar{x})=\dfrac{\sum\bar{x}}{\text{样本可能数目}}=\dfrac{660}{12}=55$ (件)

抽样平均误差 $\mu_{\bar{x}}=\sqrt{\dfrac{\sum[\bar{x}-E(\bar{x})]^2}{M}}=\sqrt{\dfrac{500}{12}}=6.45$ (件)

② 按照抽样平均误差的计算公式计算如下。

总体平均产量 $\bar{X}=\dfrac{\sum X}{N}=\dfrac{220}{4}=55$ (件)

标准差 $\sigma=\sqrt{\dfrac{\sum(X-\bar{X})^2}{N}}=\sqrt{\dfrac{500}{4}}=11.18$ (件)

抽样平均误差 $\mu_{\bar{x}}=\sqrt{\dfrac{\sigma^2}{n}\left(\dfrac{N-n}{N-1}\right)}=\sqrt{\dfrac{11.18^2}{2}\times\left(\dfrac{4-2}{4-1}\right)}=6.45$ (件)

同样两种计算方法的计算结果是相同的，同时也看到不重复抽样的抽样平均误差(6.45 件)小于重置抽样的抽样平均误差(7.91 件)。

2. 抽样成数的抽样平均误差的计算

抽样成数的抽样平均误差只需要将全及成数的标准差平方代替公式中的全及平均数的标准差平方，就可以得到抽样成数的平均误差公式。

(1) 重置抽样条件下，抽样成数的抽样平均误差的计算，即

$$\mu_p=\sqrt{\frac{P(1-P)}{n}}$$

(2) 不重置抽样条件下，抽样成数的抽样平均误差的计算，即

$$\mu_p=\sqrt{\frac{P(1-P)}{n}\left(\frac{N-n}{N-1}\right)}\approx\sqrt{\frac{P(1-P)}{n}\left(1-\frac{n}{N}\right)}$$

需要说明的是，在计算抽样平均误差时，要使用全及总体方差 σ^2 和 $P(1-P)$，但是在抽样调查的实践中，这两个指标一般都是未知的，通常用以下 4 种方法解决。

① 用过去调查所得到的资料。可以用全面调查的资料，也可以用抽样调查的资料。如果有几个不同的总体方差资料，则应该用数值较大的。

② 用样本方差的资料代替总体方差。概率论的研究从理论上作了证明，样本方差可以相当接近于总体方差。这是实际工作中经常使用一种方法，但它只能在调查之后计算。

③ 用小规模调查资料。如果既没有过去的资料，又需要在调查之前就估计出抽样误差，在迫不得已时，可以在大规模调查之前，组织一次小规模的实验性调查。

④ 用估计的材料。例如，在农产量抽样调查中用农产量预计估产的资料，根据预计估

产的资料计算出总体方差。

3. 抽样平均误差的计算实例

【例 8-5】某灯泡厂对 10 000 个产品进行使用寿命检验，随机抽取 2%样本进行测试，所得资料如表 8-3 所示。

表 8-3 抽样产品使用寿命资料表

使用时间/小时	抽样检查产品数/个
900 以下	2
900～950	4
950～1000	11
1000～1050	71
1050～1100	84
1100～1150	18
1150～1200	7
1200 以上	3
合 计	200

按照质量规定，电灯泡使用寿命在 1000 小时以上者为合格品，请按照以上资料计算抽样平均误差。

解：电灯泡平均使用时间 $\overline{X}=1057$(小时)

电灯泡合格率 $P=91.5\%$

电灯泡平均使用时间标准差 $\sigma=53.63$(小时)

电灯泡使用时间抽样平均误差：

重复抽样 $\mu_{\bar{x}}=\sqrt{\dfrac{\sigma^2}{n}}=\sqrt{\dfrac{53.63^2}{200}}=\pm 3.7922$(小时)

不重复抽样 $\mu_{\bar{x}}=\sqrt{\dfrac{\sigma^2}{n}\left(1-\dfrac{n}{N}\right)}=\sqrt{\dfrac{53.63^2}{200}\times\left(1-\dfrac{200}{10\,000}\right)}=\pm 3.7541$(小时)

电灯泡合格率的抽样平均误差：

重置抽样 $\mu_p=\sqrt{\dfrac{P(1-P)}{n}}=\sqrt{\dfrac{0.915\times(1-0.915)}{200}}=\pm 1.952\%$

不重复抽样 $\mu_p=\sqrt{\dfrac{P(1-P)}{n}\left(1-\dfrac{n}{N}\right)}=\sqrt{\dfrac{0.915\times(1-0.915)}{200}\times\left(1-\dfrac{200}{10\,000}\right)}=\pm 1.952\%$

【例 8-6】某地区为了解职工家庭的收入情况，从本地区 3000 户家庭中，按照不重置抽样的方法抽取 300 户职工家庭进行调查，调查结果如表 8-4 所示。

表 8-4　某地区职工家庭收入情况及计算资料

每户月收入	调查户数 f/户	组中值 x	X^2	x^2f	xf
1600 以下	40	1200	1 440 000	57 600 000	48 000
1600～2400	80	2000	4 000 000	32 000 0000	160 000
2400～3200	120	2800	7 840 000	940 800 000	336 000
3200～4000	50	3600	12 960 000	648 000 000	180 000
4000 以上	10	4400	19 360 000	193 600 000	44 000
合计	300	—	—	2 160 000 000	768 000

(1) 若用这 300 户家庭的月收入资料推算该地区 3000 户家庭月收入情况，则抽样平均误差为多少？

(2) 若又从抽样资料可知，月平均收入在 3200 元以上的户数的比例为 20%，则月收入在 3200 元以上的成数抽样平均误差为多少？

解： $s^2=\dfrac{\sum(x-\bar{x})^2 f}{\sum f}=\dfrac{193\,920\,000}{300}=646400$

(1) 平均数的抽样平均误差：$\mu_{\bar{x}}=\sqrt{\dfrac{\sigma^2}{n}\left(1-\dfrac{n}{N}\right)}=\sqrt{\dfrac{646\,400^2}{300}\times\left(1-\dfrac{300}{3000}\right)}=44.04$(元)

(2) 月平均收入在 3200 元以上的户数的比例为 20%，即 p=20%

用样本成数替代总体成数，则计算成数的抽样平均误差为

$$\mu_p=\sqrt{\frac{P(1-P)}{n}\left(1-\frac{n}{N}\right)}=\sqrt{\frac{0.2\times0.8}{300}\times\left(1-\frac{300}{3000}\right)}=2.19\%$$

【例 8-7】某乳制品生产企业日产高温灭菌包装纯牛奶 50000 盒，按照正常生产经验，平均每盒纯牛奶净含量的标准差为 4 毫升，产品合格率为 98%。现从中随机抽取 100 盒进行检验，平均每盒纯牛奶的净含量为 250.7 毫升，产品合格率为 99%。按照重置抽样和不重置抽样两种方法计算抽样平均误差。

解： 已知 N=50000 盒，σ=4 毫升，P=98%，n=100 盒，x=250.7 毫升，p=99%

(1) 平均每盒纯牛奶净含量的抽样平均误差。

重置抽样情况下：$\mu_{\bar{x}}=\sqrt{\dfrac{\sigma^2}{n}}=\sqrt{\dfrac{4^2}{100}}=0.4$(毫升)

不重复抽样情况下：

$$\mu_{\bar{x}}=\sqrt{\frac{\sigma^2}{n}\left(1-\frac{n}{N}\right)}=\sqrt{\frac{4^2}{100}\times\left(1-\frac{100}{50\,000}\right)}=0.399\,6\text{(毫升)}$$

(2) 产品合格率的抽样平均误差。

重置抽样情况下：

$$\mu_p=\sqrt{\frac{P(1-P)}{n}}=\sqrt{\frac{98\%\times(1-98\%)}{100}}=1.4\%$$

不重置抽样情况下：

$$\mu_p=\sqrt{\frac{P(1-P)}{n}\left(1-\frac{n}{N}\right)}=\sqrt{\frac{0.98\times0.02}{100}\times\left(1-\frac{100}{50\,000}\right)}=1.399\%$$

五、抽样极限误差

1. 抽样极限误差的概念

以样本的抽样指标来估计总体指标，要达到完全准确，没有误差几乎是不可能的。所以，在估计总体指标的同时，就必须考虑估计误差的大小。不希望误差太大，误差越大，样本的价值就越小，但也不是误差越小越好，因为减少抽样误差势必要增加样本数量，这样会增加很多调查费用。一般来说，在做抽样估计时，应该根据所研究对象的变异程度以及分析的任务和要求确定可以允许的抽样误差范围，在这个范围内的数字都是有效的，这种允许的误差范围称为抽样极限误差。

抽样极限误差又称为置信区间和抽样允许误差范围，是指在一定的把握程度下保证样本指标与总体指标之间的抽样误差不超过某一给定的最大可能范围，一般记作“$\varDelta$”。作为样本的随机变量——抽样指标值是围绕以未知的唯一确定的全及指标值为中心上下波动的，它与全及指标值可能会产生正或负离差，这些离差均是抽样指标的随机变量，因而难以避免，只能将其控制在预先要求的误差范围内。

2. 抽样极限误差的计算

假设 $\varDelta_{\bar{x}}$ 和 $\varDelta_p$ 分别表示抽样平均数与抽样成数的抽样极限误差，则有

$$\varDelta_{\bar{x}}=\left|\bar{x}-\bar{X}\right|$$

$$\varDelta_p=\left|p-P\right|$$

将以上等式经过变换，可以得到下列不等式，即

$$\bar{X}-\varDelta_{\bar{x}}\leqslant\bar{x}\leqslant\bar{X}+\varDelta_{\bar{x}}$$

$$P-\varDelta_p\leqslant p\leqslant P+\varDelta_p$$

由于 $\varDelta_{\bar{x}}$ 和 $\varDelta_p$ 是预先给定的抽样方案中所允许的误差范围，所以利用 $\varDelta_{\bar{x}}$ 和 $\varDelta_p$ 可以反过来估计未知的全及指标的取值可能范围，即

$$\bar{x}-\varDelta_{\bar{x}}\leqslant\bar{X}\leqslant\bar{x}+\varDelta_{\bar{x}}$$

$$p-\varDelta_p\leqslant P\leqslant p+\varDelta_p$$

基于理论的要求，抽样极限误差通常需要以抽样平均误差 $\mu_{\bar{x}}$ 或 μ_p 为标准单位来衡量，即 $\Delta_{\bar{x}}=t\mu_{\bar{x}}$ 或 $\Delta_p=t\mu_p$，这种形式表示允许的极限误差为抽样平均误差的若干倍。这一值与样本估计值落入该允许误差范围内的概率有关，因此 t 也称为概率度。

由中心极限定理可以知道，样本抽样平均数服从正态分布，应用正态分布曲线，将概率度 t 和抽样误差范围 Δ 联系起来，便可以得到抽样推断全及指标在一定范围内的概率保证程度。在统计抽样推断中常用的有表 8-5 所列的几个。

表 8-5　概率度与概率对照表

概率度 t	误差范围 Δ	概率 $F(t)$
0.5	0.5μ	0.3829
1.00	1.00μ	0.6827
1.50	1.50μ	0.8664
1.96	1.96μ	0.9500
2.00	2.00μ	0.9545
3.00	3.00μ	0.9973

第三节　抽样估计

一、抽样估计的要求

抽样调查的目的是用样本指标去推断总体指标，由于存在抽样平均误差，这种推断不可能是精确的，问题在于对这个误差的大小要有一个科学的判断。一般来说，用抽样指标估计总体指标应该有三个要求，满足这三个要求就可以认为是合理的估计或优良的估计。

1. 无偏性

无偏性是指样本估计量的数学期望等于其估计的总体参数，即

$$E(\bar{x})=\bar{X}$$

也就是说，虽然每个可能样本的抽样指标不一定等于未知的全及指标，但从所有可能样本来看，估计值的均值会等于总体参数，即抽样指标的估计平均来说是没有偏差的。

2. 一致性

一致性是指随着样本容量的增大，统计量的值越来越接近总体参数的真实值。也就是说，虽然随机抽选可能样本的抽样指标和未知指标之间存在一定的误差，但要求抽样指标在一定范围内能够代表全及指标。当抽选样本的单位数目充分大时，抽样指标也充分地靠

近总体指标。即随着样本的单位数 n 的无限增大，抽样指标和未知的总体指标之间的绝对离差为任意小的可能性也趋于必然性。

3. 有效性

有效性是指无偏估计量中方差最小的估计量。无偏估计量只考虑估计值的平均结果是否等于估计参数的实际值，而没有考虑估计的每个可能值及其次数分布与待估计参数真实值之间离差的大小和分散程度。在实际工作中，不仅希望估计值是无偏的，更希望这些估计值的离差尽可能地小。

二、抽样估计的方法

抽样估计的方法主要有两种，即点估计和区间估计。

1. 点估计

点估计也称定值估计，它是用抽样得到的样本指标作为总体指标的估计量，并以样本指标的实际值直接作为总体未知参数的估计值的一种推断方法。即总体平均数的点估计是样本平均数，总体成数的点估计就是样本成数。

例如，对一批某型号的 10 000 只电子元件进行耐用时间检查，随机抽取 100 只，测试的平均耐用时间为 1055 小时，合格率为 91%，推断说 10 000 只电子元件的平均耐用时间为 1055 小时，全部电子元件的合格率也是 91%。

点估计的方法简单易行，一般不用考虑抽样误差，因此只适用于抽样准确程度要求不严格的情况。

2. 区间估计

区间估计就是根据样本估计量以一定可靠程度推断总体参数所在的区间范围，即根据样本指标和抽样平均误差推断总体指标的可能范围。在区间估计中，将总体参数所在的区间称为置信区间，将描述所在区间的可靠程度的概率叫作置信度。

根据抽样推断原理，来自总体中的容量为 n 的样本，在置信度一定的情况下，总体参数的区间估计的计算步骤如下。

(1) 计算样本指标。即依据样本计算其平均数($\bar{x}$)或成数(p)、样本平均数的抽样平均误差($\mu_{\bar{x}}$)或样本成数的抽样平均误差(μ_p)。

(2) 确定把握程度。即依据推断要求确定置信度，据此查表得到概率度 t，并计算极限误差 $\Delta_{\bar{x}}=t\mu_{\bar{x}}$ 或 $\Delta_p=t\mu_p$。

(3) 估计总体的置信区间。即依据样本平均数或成数和极限误差，推断总体平均数或总

体成数的可能范围($\bar{x}-\Delta_{\bar{x}}$，$\bar{x}+\Delta_{\bar{x}}$)或($p-\Delta_p$，$p+\Delta_p$)。

【例 8-8】某进出口公司出口一种茶叶，抽样检验结果及相关指标的计算数据如表 8-6 所示。试以 99.73%的概率估计这批茶叶的重量范围。

表 8-6　茶叶抽查检验资料

每包重量/g	组中值 x	包数 f/包	xf	x^2f
148～149	148.5	10	1485	220 522.5
149～150	149.5	20	2990	447 005
150～151	150.5	50	7525	1 132 512.5
151～152	151.5	20	3030	459 045
合计	—	100	15 030	2 259 085

解：(1)计算样本指标。

$$\bar{x}=\frac{\sum xf}{\sum f}=\frac{15030}{100}=150.3(\text{g})$$

$$s^2=\frac{\sum(x-\bar{x})^2 f}{\sum f}=\frac{76}{100}=\frac{2\,259\,085}{100}-150.3^2=0.76$$

$$\mu_{\bar{x}}=\sqrt{\frac{\sigma^2}{n}}=\sqrt{\frac{0.76}{100}}=0.087\,(\text{g})$$

(2) 确定把握程度，$F(t)$=0.9973，据此查表可以得到概率度 t=3

计算极限误差 $\Delta_{\bar{x}}=t\mu_{\bar{x}}=3\times0.087=0.261(\text{g})$

(3) 估计总体的置信区间为：($\bar{x}-\Delta_{\bar{x}}$，$\bar{x}+\Delta_{\bar{x}}$)，即(150.039,150.561)。

计算结果表明，有 99.73%的可靠程度认为该批茶叶的重量在 150.039～150.561g 之间。

【例 8-9】对一批产品按照不重置抽样方法抽取 200 件进行检验，发现有废品 8 件，又知样本容量 n 为总量 N 的 1/30。当概率为 95%时，估计这批产品中废品率的区间范围。

解：(1)计算样本指标。

已知 n=200，n_1=8，$\frac{n}{N}=\frac{1}{30}$，则

$$P=\frac{n_1}{n}=\frac{8}{200}=4\%=0.04$$

$$p(1-p)=0.04\times(1-0.04)=0.0384$$

$$\mu_p=\sqrt{\frac{P(1-P)}{n}\left(1-\frac{n}{N}\right)}=\sqrt{\frac{0.0384}{200}\times\left(1-\frac{1}{30}\right)}=0.0136=1.36\%$$

(2) 确定把握程度，$F(t)=0.95$，据此查表可以得到概率度 $t=1.96$

计算极限误差 $\Delta_p=t\mu_p=1.96\times0.0136=0.0267=2.67\%$

(3) 估计总体废品率的置信区间为：$(p-\Delta_p,\ p+\Delta_p)$，即(1.33%，6.67%)。

计算结果表明，有95%的可靠程度认为该批产品的废品率在1.33%～6.67%之间。

第四节　样本容量确定

一、确定样本容量的意义

抽样调查的目的是用样本资料推断总体。抽样推断的基础是样本，而样本的取得是按照随机原则从全及总体中抽取出来的一部分单位组成的集合体。在遵循随机原则的条件下，样本容量究竟应该为多少合适，这是抽样推断中一个重要的问题。在抽样调查中，样本容量越大，样本对总体的代表性越大，抽样误差就越小；样本容量越小，抽样误差就要增大。但是，抽样数目越多，抽样调查的费用也就越高，还会影响抽样调查的时效性。造成人力、物力、财力的浪费。其次，抽样推断的一个重要方面就是要求推断的结果能够满足在一定可靠性的条件下，保证抽样误差不超过事先规定的范围。而推断的可靠性要求主要是根据研究问题的性质和对抽样结果的用途的不同而确定的。当可靠性要求已经确定时，抽样误差的控制尤为重要。而抽样单位数是影响抽样误差大小的重要因素，在其他条件不变时，就可以通过增加或减少抽样单位数目的方法来控制抽样误差的大小，以达到最合适的抽样单位数满足抽样调查任务的要求。因此，抽样单位数的多少，关系到抽样推断的准确性、时效性和经济性。

二、确定样本容量的因素

在一定的抽样方式下，影响样本容量的因素主要有以下几个。

1. 总体方差

在其他条件不变的情况下，总体方差越大，即总体单位的差异程度越大，则样本容量就应该大一些；反之，总体方差越小，即总体单位的差异程度越小，则样本容量就可以小一些。

2. 置信度

置信度即总体参数值落在置信区间内的可靠程度。在其他条件不变的情况下，如果要求的置信度越高，所需要的样本容量就越大；相反，如果要求的置信度越低，所需要的样本容量就越小。

3. 允许误差

允许误差说明了估计的精度，在其他条件不变的情况下，如果要求的估计精度高，允许误差就小，那么样本容量就要大一些；如果要求的精确度不高，允许误差就可以大些，那么样本容量就可以小一些。

4. 抽样方法

在相同的条件下，重置抽样的抽样平均误差比不重置抽样的抽样平均误差大，所需要的样本容量也就不相同。重置抽样需要更大的样本容量，而不重置抽样的样本容量就可以小一些。

5. 抽样的组织方式

由于不同的抽样组织方式会有不同的抽样误差，所以，在误差要求相同的情况下，不同的抽样组织方式所需要的样本容量也就有所不同。

三、确定样本容量的方法

(一)估计总体平均数时样本容量的确定

1. 重置抽样情况下，必要的抽样单位数

由于

$$\Delta_{\bar{x}}=t\mu_{\bar{x}}=t\cdot\sqrt{\frac{\sigma^2}{n}}$$

所以

$$\Delta_{\bar{x}}^2=\frac{t^2\sigma^2}{n}$$

移项，有

$$\Delta_{\bar{x}}^2 n=t^2\sigma^2$$

则样本容量为

$$n=\frac{t^2\sigma^2}{\Delta_{\bar{x}}^2}$$

2. 不重置抽样情况下，必要的抽样单位数

由于

$$\Delta_{\bar{x}}=t\mu_{\bar{x}}=t\cdot\sqrt{\frac{\sigma^2}{n}\left(1-\frac{n}{N}\right)}$$

所以

$$\Delta_{\bar{x}}^2=t^2\frac{\sigma^2}{n}=\frac{t^2\sigma^2}{n}\left(1-\frac{n}{N}\right)$$

移项，有

$$\Delta_{\bar{x}}^2 nN=t^2\sigma^2 N-t^2\sigma^2 n$$

则样本容量为

$$n=\frac{t^2\sigma^2 N}{\Delta_{\bar{x}}^2 N+t^2\sigma^2}$$

【例 8-10】某食品生产企业要检验本月生产的 10 000 袋某产品的重量，根据以往的资料，这种产品每袋重量的标准差为 25 克。如果要求在 95.45%的置信度下，平均每袋重量的误差不超过 5 克，应该抽样多少袋产品？

解：已知 N=10 000，σ=25 克，$\Delta_{\bar{x}}$=5 克，

由于 $F(t)$=95.45% ,经查表可知 t=2

重置抽样情况下，必要的抽样单位数:

$$n=\frac{t^2\sigma^2}{\Delta_{\bar{x}}^2}=\frac{2^2\times25^2}{5^2}=100(\text{袋})$$

不重置抽样情况下，必要的抽样单位数:

$$n=\frac{t^2\sigma^2 N}{\Delta_{\bar{x}}^2 N+t^2\sigma^2}=\frac{2^2\times25^2\times10\,000}{5^2\times10\,000+2^2\times25^2}=99(\text{袋})$$

由计算结果表明，在其他条件相同的情况下，重置抽样所需要的样本容量大于不重置抽样所需要的样本容量。

(二)估计总体成数时，样本容量的确定

1. 重置抽样情况下，必要的抽样单位数

由于

$$\Delta_p=t\mu_p=t\cdot\sqrt{\frac{P(1-P)}{n}}$$

所以

$$\Delta_p^2=\frac{t^2P(1-P)}{n}$$

移项，有

$$\Delta_p^2 n=t^2 P(1-P)$$

则样本容量为

$$n=\frac{t^2 P(1-P)}{\Delta_p^2}$$

2. 不重置抽样情况下，必要的抽样单位数

由于

$$\Delta_p=t\mu_p=t\cdot\sqrt{\frac{P(1-P)}{n}\left(1-\frac{n}{N}\right)}$$

所以

$$\Delta_p^2=\frac{t^2 P(1-P)}{n}\left(1-\frac{n}{N}\right)$$

移项，有

$$\Delta_p^2 nN=t^2 P(1-P)N-t^2 P(1-P)n$$

则样本容量为

$$n=\frac{t^2 P(1-P)N}{\Delta_p^2 N+t^2 P(1-P)}$$

【例 8-11】为了检查某企业生产的 10 000 个电子产品的合格率，需要确定样本容量。根据以往的经验，合格率为 90%、91.7%。如果要求估计的允许误差不超过 0.0275，置信水平为 95.45%。求应该抽取多少个电子产品。

解：已知当 P=90%时，$P(1-P)$=0.09，当 P=91.7%时，$P(1-P)$=0.076。

应该选择 P=0.9 计算样本容量，根据置信水平=95.45%，查表 t=2。

重置抽样情况下，必要的抽样单位数为

$$n=\frac{t^2 P(1-P)}{\Delta_p^2}=\frac{2^2\times0.9\times(1-0.9)}{0.0275^2}=476.03\approx477(\text{个})$$

不重置抽样情况下，必要的抽样单位数为

$$n=\frac{t^2 P(1-P)N}{\Delta_p^2 N+t^2 P(1-P)}=\frac{2^2\times0.9\times(1-0.9)\times10\,000}{0.0275^2\times10\,000+2^2\times0.9\times(1-0.9)}=454.5\approx455(\text{个})$$

计算结果表明，重置抽样情况下应该抽取 477 个电子产品，不重置抽样情况下应该抽取 455 个电子产品。可见，在相同条件下，重置抽样比不重置抽样所要抽取的单位数更大。

第五节　抽样方案设计

一、抽样方案设计的基本原则

为了更好地进行抽样方案设计，必须掌握以下两个原则。

1. 保证实现抽样随机性的原则

随机性原则是概率抽样的基础，只有排除人们有意识地抽选样本，保证每一个个体都有被抽中的等可能性，并且每一个样本被抽中的概率是已知的，才能够应用概率论的原理对总体作出正确的判断。如果不遵守随机原则或者虽然按照随机原则抽选，但抽样后未按照规定进行调查，破坏了随机性的原则，就易于产生偏差。因此，随机性原则是抽样调查的一个重要原则。

2. 保证实现最大的抽样效果原则

抽样调查还要充分考虑到经济效益问题，就是如何以较小的费用支出取得一定准确程度的数据。因为任何一项抽样调查都是在一定费用的限制条件下进行的，抽样方案设计应该力求使调查费用最节省；因为抽样调查的内容千差万别，有些要求精度较高，而有些调查并不要求很高的精度，因而在设计调查方案时就要视情况而定。通常情况下，提高精度的要求和节省费用的要求往往是相矛盾的，因为要求抽样误差越小，就要增加抽样单位数目，相应地就要增加费用。但实际工作中并非抽样误差最小的方案就是最好的方案，因为不同的调查项目对于精度的要求往往不同。因此，在抽样方案设计时要依据调查的目的和任务要求，保证抽样效果。

二、简单随机抽样

简单随机抽样也称为纯随机抽样，它是指在总体单位均匀混合的情况下，随机逐个抽出样本的抽样形式。它是对总体不做任何处理，而直接从总体的全部单位中随机抽选样本单位。具体的做法有以下几种。

1. 直接抽选法

从调查对象中直接抽选样本，如从同类产品中随机指定若干产品进行质量检验、从全校中随机抽取若干同学进行身体素质测试等。

2. 抽签法

先给每个单位编上序号，将号码写在纸片上，掺和均匀后从中抽选，抽到哪一个单位就调查哪个单位，直到抽够预先规定的样本数量为止。这种方法简单易行，总体单位数目不多时可以使用。例如，在全班30名同学中选取5名同学参加假期社会实践活动。首先，把每位同学编上序号；其次，制作30个纸片，每个纸片上写上序号；然后，随机抽取5个纸片，纸片上序号对应的同学就是被抽中的参加假期社会实践活动的同学。

3. 随机数码表法

首先，要将全及总体中所有的单位加以编号，根据编号的位数确定选用随机数码表中若干栏的数字。然后，从任意一栏、任意一行的数字开始数，可以向任何方向数过去，碰上属于编号范围内的数字号码就定下来，作为样本单位。如果要求不重置抽样，则遇到重复的数字时就不要它，直到抽够预定的数量为止。这种办法虽然要编号，但无须做签和掺和均匀，因而也比较简单。

例如，某学校想通过抽样的方法了解学生的学习情况，首先需要对全校的学生进行编号(如按照学号进行编号)，有10 000名学生，则序号为1～10 000，保证每个编号都唯一对应一名学生。假如要抽200名学生作为样本，那么就利用统计软件生成1～10 000的200个随机数。这200个随机数即是200个编号，将这些编号对应的学生抽出来就组成了所要的样本。

简单随机抽样的方法简单，主要用于以下情况。

(1) 对调查对象的情况很少了解。

(2) 总体单位的排列没有秩序。

(3) 抽到的单位比较分散时也不影响调查工作。

简单随机抽样的误差公式为

在重置抽样条件下，有

$$\mu_{\bar{x}}=\sqrt{\frac{\sigma^2}{n}}$$

$$\mu_p=\sqrt{\frac{p(1-p)}{n}}$$

在不重置抽样条件下，有

$$\mu_{\bar{x}}=\sqrt{\frac{\sigma^2}{n}\left(1-\frac{n}{N}\right)}$$

$$\mu_p=\sqrt{\frac{p(1-p)}{n}\left(1-\frac{n}{N}\right)}$$

【相关链接 8-2】

用 Excel 抽取随机样本的操作方法

(1) 将要从中抽取样本的数据输入到 Excel 的第一列。

(2) 如果抽样的数据是文字性的，则需要给每个数据一个数字代码，并将代码输入到 Excel 中的一列，与抽样的数据相对应(如果是数值型的则可以根据原始数据进行抽样)。

(3) 选择“数据”选项卡，并单击“数据分析”按钮，然后在“数据分析”对话框中选择“抽样”选项，单击“确定”按钮。

(4) 在“抽样”对话框的“输入区域”中输入代码区域(数值型则输入数值区域即可)。在“抽样方法”中选中“随机”单选按钮。在“样本数”文本框中输入需要抽样的样本单位的个数。在“输出区域”中选择抽样结果放置的区域。单击“确定”按钮后即可得到要抽取的样本代码(数值型数据直接抽出数据)。

三、类型抽样

(一)类型抽样的概念

类型抽样又称为分层抽样，是常用的一种抽样方式，它先将总体各单位划分成若干类型组，使各组组内标志值比较接近，然后分别在各组组内按照随机原则抽取样本单位，再将所有组抽取的样本单位组成样本总体。

(二)类型抽样的特点

类型抽样的特点在于将分组法和随机原则相结合，通过分组将总体内性质比较接近的单位分在一组里，然后在每组内进行抽样，因此，提高了样本的代表性。因为样本单位是从各类型组中抽取的，样本中有各种标志值水平的单位，这样可以提高估计的精度。另外，在分层抽样方式下，除了可以对总体进行估计外，还可以对各类型的子总体进行估计。降低了影响抽样平均误差的总体方差，在总体分组的情况下，总体方差由两部分组成：一部分是组间方差，即各类型组之间标志值差异程度；另一部分是组内方差，即各组组内各单位标志值之间差异程度。在类型抽样方式下，因为从各类型组都抽取了样本单位，所以组内方差更影响抽样误差的总方差。最后，分层抽样可以按照自然区域或行政区域进行分组，使抽样组织和实施都比较方便。该方法适用于总体情况复杂、各单位之间差异较大及单位数较多的情况。

例如，某企业为了调查工人平均日均加工零件数量，将全部工人按照熟练程度分为 3 组，即熟练组、一般组、不熟练组，其中熟练组工人 2000 人，一般组工人 3000 人，不熟

练组工人 1000 人。假定要抽取 300 名工人作为样本，各组应抽取的工人数为：熟练组 100 人，一般组 150 人，不熟练组 50 人。

提高类型抽样的效果，关键在于如何进行分组。分组的原则是：从客观经济现象出发，在定性分析的基础上，尽量缩小组内方差、增加组间方差，从而降低影响抽样误差的总方差。

(三)类型抽样的方法

类型抽样具体可以分为两种方法，即等比例类型抽样和不等比例类型抽样。

1. 等比例类型抽样

等比例类型抽样，也称为类型比例抽样，是指不考虑各类型组标志变动程度，按照统一的比例来确定各类型组应该抽取的单位数。如果各类型组的规模相等或差不多的情况并不多见，但是，这种方法比较简单易行，所以在统计实践中应用得比较多。

等比例类型抽样方法，各类型组应该抽取的样本单位数的计算式为

$$n_i=\frac{N_i}{N}\cdot n$$

式中：n_i 为各类型组应抽取的样本单位数；n 为抽样单位总数；N_i 为各组总体单位数；N 为全及总体单位数。

【例 8-12】全及总体单位数 N=8000，共要抽取样本单位数 n=120，总体分成 3 个类型组，即 N_1=4000、N_2=2400、N_3=1600。现按照等比例类型抽样方法计算各类型组需要抽取的样本单位数：

$$n_1=\frac{N_1}{N}\cdot n=\frac{4000}{8000}\times 120=60$$

$$n_2=\frac{N_2}{N}\cdot n=\frac{2400}{8000}\times 120=36$$

$$n_3=\frac{N_3}{N}\cdot n=\frac{1600}{8000}\times 120=24$$

计算结果表明，应该在第一类型组中随机抽取 60 个样本，在第二类型组中随机抽取 36 个样本，在第三类型组中随机抽取 24 个样本。

2. 不等比例类型抽样

不等比例类型抽样，也称为类型适宜抽样，是指各类型组所抽选单位数，按照各类型组标志变动程度来确定，变动程度大的，多抽取样本；变动程度小的，少抽取样本，没有统一规定的比例关系。由于这种方法考虑了各类型组规模不等的因素，即大的类型组多抽取，小的类型组少抽取，这样有利于减少人为的抽样偏差，并且可以提高抽样效果，所以

在有条件的情况下应采用这种抽样方法。

不等比例类型抽样方法，各类型组应该抽取的样本单位数的计算式为

$$n_i=\frac{N_i\sigma_i}{\sum N_i\sigma_i}\cdot n$$

式中：n_i为各类型组应抽取的样本单位数；n为抽样单位总数；N_i为各组总体单位数；σ_i为各组的标准差。

【例 8-13】全及总体单位数 N=8000，共要抽取样本单位数 n=120，总体分成 3 个类型组，即 N_1=4000、N_2=2400、N_3=1600。假定各组的标准差分别为：$\sigma_1=10$，$\sigma_2=15$，$\sigma_3=30$，现按照不等比例类型抽样方法计算各类型组需要抽取的样本单位数。

则：$\sum N_i\sigma_i=4000\times10+2400\times15+1600\times30=124\,000$

$$n_1=\frac{N_1\sigma_1}{\sum N_i\sigma_i}\cdot n=\frac{4000\times10}{124\,000}\times120=38.7\approx39$$

$$n_2=\frac{N_2\sigma_2}{\sum N_i\sigma_i}\cdot n=\frac{2400\times15}{124\,000}\times120=34.8\approx35$$

$$n_3=\frac{N_3\sigma_3}{\sum N_i\sigma_i}\cdot n=\frac{1600\times30}{124\,000}\times120=46.5\approx46$$

计算结果表明，应该在第一类型组中随机抽取 39 个样本，在第二类型组中随机抽取 35 个样本，在第三类型组中随机抽取 46 个样本。

(四)类型抽样误差的计算

类型抽样误差取决于各组样本单位数的总和与各组组内方差。因此，当测定平均数指标时，计算抽样误差不是用方差σ^2，而是用各组组内方差的加权算术平均数σ_i^2。同理，在测定成数指标时，计算抽样误差也是要用各组 p_i 和 $1-p_i$ 乘积的平均数，则类型抽样的抽样误差计算公式为

在重复抽样条件下，有

$$\mu_{\bar{x}}=\sqrt{\frac{\sigma^2}{n}}$$

式中：σ_i^2为平均组方差，它是各个组的方差平均数，$\sigma_i^2=\frac{\sum\sigma_i^2N_i}{N}$或$\frac{\sum\sigma_i^2n_i}{n}$。

$$\mu_p=\sqrt{\frac{p(1-p)}{n}}$$

式中：$p(1-p)$为总体各组是非标志平均组内方差，$p(1-p)=\frac{\sum P_i(1-P_i)N_i}{N}$或$\frac{\sum p_i(1-p_i)n_i}{n}$。

在不重复抽样条件下，有

$$\mu_{\bar{x}}=\sqrt{\frac{\sigma_i^2}{n}\left(1-\frac{n}{N}\right)}$$

$$\mu_p=\sqrt{\frac{p_i(1-p_i)}{n}\left(1-\frac{n}{N}\right)}$$

在实际工作中，因为不知道全及总体各类型组内方差，所以和类型组标准差平方 σ_i^2 用各类型组的样本标准差平方代替。各类型的成数 P_i 用各类型样本成数代替。

【例 8-14】某乡共有 4000 户农户，分粮食作物区与技术作物区，现在用类型比例抽样方法分别抽 10%农户，调查农户收入情况，并计算平均每户收入及其标准差，资料见表 8-7。试推断全乡抽样平均每户收入和抽样误差。

表 8-7 全乡抽样平均数和标准差计算表

类 型	农户总户数	样本户数	抽样平均每户收入	抽样标准差
	N_i	n_i	$\bar{x}$	σ_i
粮食作物区	2500	250	3600	52
技术作物区	1500	150	5400	75
合计	4000	400	—	—

解：先求它的组内方差平均数，即

$$\sigma_i^2=\frac{\sum\sigma_i^2\cdot n_i}{n}=\frac{52^2\times250+75^2\times150}{400}=3799.375\,(\text{元})$$

$$\bar{x}=\frac{\sum x_in_i}{n}=\frac{3600\times250+5400\times150}{400}=4275\,(\text{元})$$

重复抽样条件下：

$$\mu_{\bar{x}}=\sqrt{\frac{\sigma_i^2}{n}}=\sqrt{\frac{3799.375}{400}}=3.08\,(\text{元})$$

不重复抽样条件下：

$$\mu_{\bar{x}}=\sqrt{\frac{\sigma_i^2}{n}\left(1-\frac{n}{N}\right)}=\sqrt{\frac{3799.375^2}{400}\times\left(1-\frac{400}{4000}\right)}=2.92\,(\text{元})$$

四、整群抽样

1. 整群抽样的概念

整群抽样是将总体划分为由总体单位所组成的若干群，然后以群作为抽样单位，从总体中抽取若干个群体作为样本，而对抽中的群内的所有单位进行全面调查的抽样方式。例如，若要研究某所大学的学生身高情况，组成总体的基本单位是每个学生，但抽样单位可以是由学生组成的班级。首先在该校随机抽取几个班级，然后将抽中的班级的所有学生作为样本进行全面调查。

2. 整群抽样的特点

整群抽样也是先要对总体划分为若干组，分组时将总体内性质差异大的单位分在一组里，而各组的差异较小，然后按照随机原则抽取组，所选中的组的各个单位组成样本。整群抽样的分组作用在于缩小群间差异、扩大群内差异。全及总体的方差是由群间方差和群内方差构成的，因为要对被抽中的样本群的所有总体单位进行调查，因此，影响抽样平均误差的方差是群间方差。

3. 整群抽样的抽样误差的计算

整群抽样都采用不重置抽样方法，因此，在计算抽样误差时要使用修正系数$\frac{R-r}{R-1}$，则整群抽样的抽样误差的计算公式为

$$\mu_{\bar{x}}=\sqrt{\frac{s_{\bar{x}}^{2}}{r}\left(\frac{R-r}{R-1}\right)}$$

$$\mu_{p}=\sqrt{\frac{s_{p}^{2}}{r}\left(\frac{R-r}{R-1}\right)}$$

式中：当 R 的数目较大时，两个公式中的$\frac{R-r}{R-1}$可以用$1-\frac{r}{R}$来替代。

【例 8-15】某企业生产某种灯泡，在连续生产 720 小时中，每隔 24 小时抽取 1 小时的全部产品加以检查，根据抽样资料计算结果，灯泡平均使用寿命 1200 小时，群间方差为 60 小时。计算样本平均数的抽样误差，并以 95%的可靠程度推断该批灯泡的平均使用寿命。

解：$\bar{x}$=1200 小时　　s^2=60 小时　　$F(t)$=95%，则 t=1.96

R=720　　r=720/24=30

$$\mu_{\bar{x}}=\sqrt{\frac{s_{\bar{x}}^{2}}{r}\left(\frac{R-r}{R-1}\right)}=\sqrt{\frac{60}{30}\times\left(\frac{720-30}{720-1}\right)}=1.385(\text{小时})$$

以 95%的概率估计该批灯泡的平均使用寿命为

1200±1.96×1.385=1200±2.715，即(1197.29−1202.72)

即该批灯泡的平均使用寿命为 1197.29～1202.72 小时。

五、等距抽样

(一)等距抽样的概念

等距抽样又称为机械抽样或系统抽样，它是将总体各单位按照一定的顺序排列，然后每隔相等的距离或间隔抽取一个单位，并将这些抽取的单位组成样本进行观察的一种抽样方法。具体做法如下：按照某种顺序将总体中的各个单位排列并编号，然后从某个随机位置开始每隔一定号数抽取一个单位。其中抽样间隔的计算方法是：间隔=总体单位数/样本单位数。例如，要从 500 件产品中抽取 10 件，则计算出的间隔为 50，即每间隔 50 个单位抽取一个单位作为样本。

(二)等距抽样的特点

1. 抽取方式简单、容易实施

简单随机抽样在抽样之前往往需要对每个单位进行编号，当总体单位很多时，编号和抽选就会很麻烦，而等距抽样只要确定了抽样的间隔和起点，整个样本的所有单位也就随之确定，它还可以利用现成的各种排列。此外，这种抽样方法也便于推广，易于不熟悉抽样调查的人员所掌握，也适合某些基层现场的抽样调查。例如，对某市的工业企业做调查，就可以按照相关部门的习惯顺序排列，直接利用这些顺序进行等距抽样。

2. 样本在总体中分布较为均匀

当对总体结构有一定了解时，可以利用已有的信息对总体进行排列后采用系统抽样就能够提高抽样效率。在一般情况下，等距抽样的样本单位在总体中的分布比较均匀，其抽样误差要小于简单随机抽样，因此抽取的样本可以少于简单随机抽样。等距抽样在总体数量非常大的时候经常使用。

(三)等距抽样的分类

等距抽样按照排序所依据的标志不同，可以分为按无关标志排序抽样和按有关标志排序抽样。

1. 按无关标志排序抽样

按无关标志排序抽样是指排序的标志与调查的内容无关。例如，调查职工生活水平时，把职工按照姓氏笔画排序，职工的姓氏笔画与职工生活水平之间没有必然关系。又如，对产品进行质量检查，按照产品入库顺序排序，产品质量与产品入库顺序之间也没有必然的联系。

2. 按有关标志排序抽样

按有关标志排序是指排序的标志与调查的内容有关。例如，调查职工生活水平时，将职工按照工资水平高低进行排序，职工的工资水平与职工的生活水平之间有着必然联系。对耕地的农产量进行调查，把地块按照往年平均亩产的高低进行排序。

(四)等距抽样的抽样误差的计算

按无关标志排序抽样近似于简单随机抽样，因此，一般认为可以按照简单随机不重复抽样方法计算抽样误差，即

$$\mu_{\bar{x}}=\sqrt{\frac{\sigma^2}{n}\left(1-\frac{n}{N}\right)}$$

$$\mu_p=\sqrt{\frac{p(1-p)}{n}\left(1-\frac{n}{N}\right)}$$

按有关标志排序抽样实质上可以看作一种特殊的分类抽样，不同的是分类更细致、组数更多，而在每个组之内则只抽选一个样本单位。因此，一般认为可以用类型抽样不重复抽样的误差公式计算抽样误差，即

$$\mu_{\bar{x}}=\sqrt{\frac{\overline{\sigma_i^2}}{n}\left(\frac{N_i-n_i}{N_i-1}\right)}$$

$$\mu_p=\sqrt{\frac{\overline{p(1-p)}}{n}\left(\frac{N_i-n_i}{N_i-1}\right)}$$

【例 8-16】为了推断 15 块小麦地今年的平均亩产，按照去年亩产排队情况见表 8-8。

表 8-8　某地区小麦地亩产排序表

	1					2					3				
地块序号	1	2	3	4	5	6	7	8	9	10	11	12	13	14	15
去年亩产	340	350	355	360	375	385	395	400	410	420	430	440	460	465	480
平均亩产/公斤	356					402					455				

进行半距起点等距抽选 3 块地，它们的序号为 3、8、13。经过实测各块地的平均亩产为 x_3=405 公斤，x_8=410 公斤，x_{13}=480 公斤。试以 80%的概率(t=1.28)对这 15 块地的平均亩产进行区间估计。

解：(1)计算样本平均数 $\bar{x}=\frac{405+410+480}{3}$=431.67(公斤)

(2) 计算各组组内方差。

$$\sigma_1^{\ 2}=\frac{(340-356)^2+(350-356)^2+(355-356)^2+(360-356)^2+(375-356)^2}{5}=134$$

$$\sigma_2^{\ 2}=\frac{(385-402)^2+(395-402)^2+(400-402)^2+(410-402)^2+(420-402)^2}{5}=146$$

$$\sigma_3^{\ 2}=\frac{(430-455)^2+(440-455)^2+(460-455)^2+(465-455)^2+(480-455)^2}{5}=320$$

(3) 计算平均组内方差。

$$\sigma_i^{\ 2}=\frac{134+146+320}{3}=200$$

(4) 计算抽样平均误差和极限误差。

$$\mu_{\bar{x}}=\sqrt{\frac{\sigma_i^{\ 2}}{n}}=\sqrt{\frac{200}{3}}=8.16$$

$$\Delta_{\bar{x}}=1.28\times8.16=10.45$$

$431.67-10.45\leqslant\overline{X}\leqslant431.67+10.45$，即 421.22 公斤$\leqslant\overline{X}\leqslant$442.12 公斤

计算结果表明，以 80%的概率推断平均亩产为 421.22～442.12 公斤。

六、多阶段抽样

(一)多阶段抽样的概念

在抽样调查中，由于被研究对象有时是一个很复杂的现象总体，抽选样本时很难一次就抽出被调查单位，在这种情况下，需要将样本单位的抽取划分为若干个阶段进行。

多阶段抽样就是将抽选样本的过程划分为两个或多个阶段进行，先从总体中抽取若干个大的样本单位，然后从被抽中的大样本单位中抽取较小的样本单位，以此类推，直到最后抽出最终的样本单位。例如，我国进行粮食产量调查时，就是采用多阶段抽样调查方法，先从省中抽出县，然后从选中的县中再抽取乡，从乡中抽取村，从村中抽取地块，最后从选中的地块中再抽取小面积的样本单位。

(二)多阶段抽样的作用

1. 总体很大或总体范围太大而无法直接抽取样本时，宜采用多阶段抽样

当抽样调查的面很广，没有一个包括所有总体单位的抽样框，或者总体范围太大而无法直接抽取样本时，需要采用多阶段抽样。例如，全国农产量调查和城市居民的住户调查，样本单位遍布全国各地，显然不可能直接一次抽到所需要的样本，只能分成几个阶段来逐级抽取。

2. 可以相对节约人力和物力

从一个比较大的总体中抽取一个随机样本，势必使抽到的样本单位比较分散，若要派人调查，人力和物力的支出比较大。例如，一个县要确定一些农户作为样本，用一次随机抽样的样本很可能分布在全县各个乡，调查的往返路费就比较大。如果分阶段进行，先抽 n 个乡，然后在抽中的乡中再抽取若干户，这样就可以使样本相对比较集中，因而可以节省人力和物力。

3. 可以利用现成的行政区划、组织系统作为划分各阶段的依据，为多阶段抽样调查提供方便

根据我国政治、经济、管理的特点，各级单位都需要统计数字，如果将多阶段抽样和各级部门的需要结合起来，就可以为多阶段抽样大大提供方便。

(三)多阶段抽样误差的计算

多阶段抽样所划分的抽样阶段不宜过多，一般划分为 2～3 个阶段，至多 4 个阶段。

抽样推断的组织方式完全取决于抽样推断的目的要求、抽样对象的特点和客观重要条件。凡是能够最经济、最省时而又能够满足预期精确度和可靠性要求的组织方式，便是一种好的组织方式，这也是抽样设计的最根本原则。

在多阶段抽样中，前几个阶段的抽样都类似整群抽样，每一个阶段抽样都会存在抽样误差，为提高抽样指标的代表性，各阶段抽取群数的安排和抽样方式都应该注意样本单位的均匀分布。

$$\text{抽样平均误差}=\sqrt{\sum \text{各阶段抽样平均误差}^2}$$

【例 8-17】对某学校学生每周文体活动时间进行抽样调查，该学校有 30 个班级，每班 40 名学生，现采用二阶段抽样方法，从 30 个班级中随机抽选 4 个班，并从选中的班中抽选 4 人，组成样本，样本单位资料见表 8-9。试以 95%的概率保证推断该学校每周文体活动时间的可能范围。

表 8-9　样本资料及抽样方差计算表

班　级	每周文体活动时间	样本平均数 $\overline{x_i}$	离差 $x_i-\overline{x_i}$	离差平方 $(x_i-\overline{x_i})^2$
1	9	10.25	−1.25	1.5625
	8		−2.25	5.0625
	11		0.75	0.5625
	13		2.75	7.5625

续表

班　级	每周文体活动时间	样本平均数 $\overline{x_i}$	离差 $x_i-\overline{x_i}$	离差平方 $(x_i-\overline{x_i})^2$
2	6	9.5	−3.5	12.25
	9		−0.5	0.25
	10		0.5	0.25
	13		3.5	12.25
3	8	10	−2	4
	5		−5	25
	15		5	25
	12		2	4
4	9	9.75	−0.75	0.5625
	10		0.25	0.0625
	14		4.25	18.0625
	6		−3.75	14.0625

解：(1) 各群内方差。

$$\sigma_1^2=\frac{1.5625+5.0625+0.5625+7.5625}{4}=3.6875$$

$$\sigma_2^2=\frac{12.25+0.25+0.25+12.25}{4}=6.25$$

$$\sigma_3^2=\frac{4+25+25+4}{4}=14.5$$

$$\sigma_4^2=\frac{0.5625+0.0625+18.0625+14.0625}{4}=8.1875$$

(2) 各群内方差平均数为

$$\sigma_x^2=\frac{\sum\sigma_{\overline{x_i}}^2}{r}=\frac{3.6875+6.25+14.5+8.1875}{4}=8.156\,25$$

(3) 群间方差为

$$s_x^2=\frac{\sum(\overline{x}-\overline{x}_i)^2}{r}=\frac{(10.25-9.875)^2+(9.5-9.875)^2+(10-9.875)^2+(9.75-9.875)^2}{4}=0.078\,125$$

(4) 第一阶段抽样平均误差为

$$\mu_1=\sqrt{\frac{s_{\overline{x}}^2}{r}\left(\frac{R-r}{R-1}\right)}=\sqrt{\frac{0.078\,125}{4}\times\left(\frac{30-4}{30-1}\right)}=0.1323$$

第二阶段抽样平均误差为

$$\mu_2=\sqrt{\frac{s_{\bar{x}}^{\ 2}}{r}\left(\frac{R-r}{R-1}\right)}=\sqrt{\frac{8.15625}{16}\times\left(\frac{40-4}{40-1}\right)}=0.6869$$

(5) 抽样平均误差为

$$\mu_x=\sqrt{\mu_1^{\ 2}+\mu_2^{\ 2}}=\sqrt{0.1323^2+0.6869^2}=0.6986$$

$$\Delta_x=t\mu_x=1.96\times0.6986=1.3693$$

$$9.875-1.3693\leqslant\overline{X}\leqslant9.875+1.3693$$

即 $8.5057\leqslant\overline{X}\leqslant11.2443$

计算结果表明，在95%的概率保证下，推断该校学生每周文体活动时间在8.51～11.24小时之间。

(四)多阶段抽样的实际应用——城市住户抽样调查方案实施

城市住户抽样调查内容包括居民家庭人口状况、劳动就业状况、收入状况、现金收支状况、消费水平和消费结构状况、市场价格变动对各类居民家庭的实际消费水平、消费结构、消费心理及承受能力的变化情况和影响程度、购买主要商品的数量及变化情况、耐用消费品的拥有量及变化情况、各类居民家庭之间收入消费差异情况等。调查内容不同，但其抽样框的选取和确定却基本一样。目前在我国抽样方法多采用多阶段、随机等距抽样方法。特大城市、大城市中常采用三阶段抽样，中小城市常采用两阶段抽样。

1. 调查户数和选户方法

城市住户抽样调查户数及选户方法一般如下。

(1) 根据现有辅助资料计算出市辖区非农业居民占全市居民总计的比例。

(2) 确定各区第一阶段抽选中第二阶段抽样单位——居委会数。

(3) 根据各重点调查市、县各阶层居民家庭居住分布以及调查力量的情况，确定第三阶段整群抽样的规模，即在每个抽中居委会中抽选多少居民家庭。

以A市为例，一次性调查各阶段抽选单位数见表8-10。

表8-10 A市一次性调查各阶段抽选单位数工作单

区名称	非农业居民户数	比例/%	拟抽选街道数	拟抽选居委会数	拟抽选非农业居民户数
	(1)	(2)	(3)=24×(2)	(4)=(3)×2	(5)=25×(4)
合计	550 178	100	24	48	1200
一区	124 010	22.54	5	10	250
二区	152 624	27.74	7	14	350
三区	138 141	25.11	6	12	300
四区	135 403	24.61	6	12	300

第一步，将和区非农业居民数按照表 8-10 中第(1)栏的要求分区填列，然后在表 8-10 中第(2)栏，以全市合计数为 100 计算各区非农业居民数所占比例。

第二步，根据 A 市不同阶层居民家庭居住的分布情况及该市的调查力量情况，规定从每个抽中居委会抽选 25 户居民家庭。A 市应调查 1200 户居民家庭，因此需要调查 48 个居委会。

第三步，考虑 A 市现行经常性住户调查的 300 个记账户由该市城市抽样调查队 12 名调查员负责，为了使每个调查员工作量分配均匀，本次调查每个调查员负责 4 个居委会。为了便于组织，从每个抽中街道中抽选 2 个居委会，这样共需抽选 24 个街道。

第四步，用表 8-10 中第(3)栏拟抽选街道数乘以 2 得出各区拟抽选居委会数，见表 8-10 中第(4)栏。

第五步，用 25 户乘以各区拟抽选居委会数，便得到各区应抽选非农业居民户数，见表 8-10 中第(5)栏。这样设计的目的是为了使各区抽中的街道里抽选同等数量的居委会，在抽中的居委会中抽选同等数量的居民家庭，使得调查的组织实施简单易行，同时也兼顾了各区非农业户占全市居民总计的比例，使样本分布相对合理，从而提高样本的效率。

2. 抽样框的编制和抽选

(1) 第一阶段。

① 抽样框的编制。我国城市“人口变动情况统计表”的起报单位一般是街道办事处，各区在上报统计局该区人口变动的情况中包括区各街道的资料，这个资料按照表 8-11“准备阶段使用”一栏要求将街道名称和非农业户数列出就可以成为调查第一阶段的抽样框。由于各区应抽选多少街道办事处，事先已定好，因此，是以区为单位抽选街道办事处的。一个城市有几个区，就应该分别做几个第一阶段抽样框，然后分区抽选。表 8-11 是 A 市 4 个区中的一个区，即二区各街道的情况。

表 8-11　第一阶段抽样框

序号	准备阶段使用		抽选阶段使用			
	街道名称	非农业居民户数	累计	规定范围	抽中	对抽中的街道再编号
1	街道 1	8458	8458	1～8458		
2	街道 2	7658	16 116	8459～16 116	√	1
3	街道 3	7154	23 270	16 117～23 270		
4	街道 4	1468	24 738	23 271～24 271		
5	街道 5	7005	31 743	24 272～31 743		
6	街道 6	6119	37 862	31 744～37 862	√	2

续表

序号	准备阶段使用		抽选阶段使用			
	街道名称	非农业居民户数	累计	规定范围	抽中	对抽中的街道再编号
7	街道 7	9270	47 132	37 863～47 132		
8	街道 8	7413	54 545	47 133～54 545	√	3
9	街道 9	6550	61 095	54 546～61 095		
10	街道 10	8274	69 369	61 096～69 369		
11	街道 11	7751	77 120	69 370～77 120	√	4
12	街道 12	8631	85 751	77 121～85 751		
13	街道 13	5600	91 351	85 752～91 351		
14	街道 14	6620	97 971	91 352～97 971		
15	街道 15	9123	107 094	97 972～107 094	√	5
16	街道 16	6404	113 498	107 095～113 498		
17	街道 17	10 329	123 827	113 499～123 827	√	6
18	街道 18	8596	132 423	123 828～132 423		
19	街道 19	8566	140 989	132 424～140 989		
20	街道 20	6478	147 467	140 990～147 467	√	7
21	街道 21	5157	152 624	147 468～152 624		

② 抽样方法。具体步骤以 A 市的二区为例。

第一步，计算抽样距离，即计算每隔多少户抽选一个街道办事处。

某区抽选街道办事处距离 k=某区非农业居民总户数/拟抽选街道数

已知二区非农业居民户=152 624 户

拟抽选街道数=7 个

k=152 624/7=21 803

即每隔 21 803 个非农业居民户抽选一个街道办事处。

第二步，确定起点街道办事处：k/2=21 803/2=10 901

第三步，在抽样框“规定范围”一栏找到包括 10901 个非农业居民户所在的街道办事处。

第四步，确定其余 6 个应抽中的街道办事处，它们是：

32 704=10 901+1×21 803

54 507=10 901+2×21 803

76 310=10 901+3×21 803

98 113=10 901+4×21 803

119 916=1 0901+5×21 803

141 719=10 901+6×21 803

在“规定范围”一栏中找到包括这些数字的行，并在序号一栏画圈，抽中的打“√”，并进行重新编号。各区都按照这样的方法进行。第一阶段各区抽选工作便完成了。

(2) 第二阶段。

① 抽样框的编制。第二阶段抽样单位是居委会，到抽中街道办事处索取居委会名称和各居委会居民家庭户数一览表(表 8-12)，按照表中要求登记，具体做法与第一阶段相似，便将第二阶段抽样框制作完毕。

表 8-12 第二阶段抽样框

序号	准备阶段使用		抽选阶段使用			
	居委会名称	各居委会含居民家庭数 M_i	居民家庭累计 $\sum M_i$	规定范围	抽中	对抽中的街道再编号
1	第一居委会	578	578	1～578		
2	第二居委会	795	1373	579～1373		
3	第三居委会	603	1976	1374～1976		
4	第四居委会	605	2709	1977～2709	√	1
5	第五居委会	733	3281	2710～3281		
6	第六居委会	572	4213	3282～4213		
7	第七居委会	932	4602	4214～4602		
8	第八居委会	479	5334	4603～5334		
9	第九居委会	642	5919	5335～5919		
10	第十居委会	585	6502	5920～6502		
11	第十一居委会	583	7177	6503～7177	√	2
12	第十二居委会	675	7785	7178～7785		
13	第十三居委会	608	8216	7786～8216		
14	第十四居委会	431	8670	8217～8670		
15	第十五居委会	454	9257	8671～9257		
	合计	9257	—	—		

② 抽样方法。如前所述，A 市在各抽中街道拟抽选两个居委会。仍以二区为例，在第一阶段抽选 7 个街道中，有一个街道 15 被抽中，继续以此为例，在这个街道进行第二阶段抽选工作，抽选两个居委会。

第一步，某街道抽选居委会距离 k=该街道居民家庭总户数/拟抽选居委会数

已知街道 15 居民家庭户数为 9257，拟抽选居委会为 2 个，则

k=9257/2=4628

第二步，起点 k/2=4628/2=2314，即是第一被抽中的居委会。

第二个被抽中的居委会是：2314+1×4628=6942，即是第 6942 个居民家庭所在的居委会。在表 8-12 的“规定范围”一栏中查找 2314 和 6942 所在行对应的居委会名称，在顺序号上画圈，在抽中栏打“ √ ”号，重新进行编号。其余各抽中街道都按照此方法进行。

(3) 第三阶段。无须另行编制抽样框，可以从抽中街道办事处或派出所索取抽中居委会的居民登记册，或从抽中居委会索取类似的居民户口登记卡片，作为第三阶段的抽样框，并从中抽选最终抽样单位——居民家庭，在使用中应注意，这个登记册有许多页上已盖有“注销”标记，表明整个户已经搬迁，在等距抽选时应把这种情况排除在外。仍以 A 市为例，在二区抽中的街道 15 中抽中了第四居委会，索取到第四居委会的居民户口登记册后开始进行抽选。第四居委会有居民 605 户，拟在第三阶段每个抽中的居委会中抽选 25 个居民户，因此，

抽选距离 k=605/25=24.2≈24

起点：k/2=24/2=12，即从第 12 户开始抽，每隔 24 户抽选一户，待全部抽完逐户按照要求进行登记。在所有抽中的居委会按照此方法进行，这样抽样方案实施完毕。

【案例 8-1】

人口变动情况抽样调查

中华人民共和国 20 世纪 80 年代以来所实施的一项全国规模的定期人口抽样调查。国家统计局在 1982 年人口普查的基础上，自 1982 年开始，每年调查一次，形成了一项调查制度。调查目的是为了准确、及时地掌握每年人口变动情况，并为国家检查人口政策和人口计划执行情况提供可靠的调查数据。人口变动情况抽样调查的基本方法是：以出生率作为估计样本的依据，确定把握程度为 95%，允许误差为 0.05%，样本规模约 47 万人，总概率为万分之四点五，即近似 1/2000。采取分层多阶段随机等距整群的抽样方式。先按照省(直辖市、自治区)和县、市分层，然后按照县(市)、乡(街道)、村民小组(居民小组)3 个阶段抽样。第一阶段：省抽县、市(区)。县和市分层后，分别按照地址码顺序排队，以累计的人数等距抽取 15%的县或市(区)。第二阶段：在被抽中的县、市(区)内，以相同的方法抽取 10%的乡或街道。第三阶段：在被抽中的乡或街道内，以相同方法抽选 3%的村民小组或居民小组。对被抽中的村民小组或居民小组范围内的全部家庭户进行调查。例如，1985 年中国人口变动情况的抽样调查，在大陆地区 29 个省、自治区、直辖市共抽取了 413 个县、市(区)，960 个乡(街道)，3557 个村民小组(居民小组)。

(资料来源：http://baike.baidu.com/view/544735.html?tp=0_01)

课后练习

一、单项选择题

1. 进行抽样调查时，必须遵循的原则是(　　)。

A. 准确性原则　　B. 标准化原则　　C. 随机性原则　　D. 可靠性原则

2. 抽样调查的目的在于(　　)。

A. 了解总体的基本情况　　B. 用样本指标推断总体指标

C. 对样本进行全面调查　　D. 了解样本的基本情况

3. 抽样调查所特有的误差是(　　)。

A. 由于样本的随机性而产生的误差　　B. 登记误差

C. 系统误差　　D. 都不是

4. 有 1000 箱灯泡，每箱 200 个，现随机抽取 20 箱并检查这些箱中全部灯泡，此种检查属于(　　)。

A. 纯随机抽样　　B. 类型抽样　　C. 整群抽样　　D. 等距抽样

5. 当总体单位不是很多且各单位差异较小时，宜采用(　　)。

A. 类型抽样　　B. 纯随机抽样　　C. 整群抽样　　D. 两阶段抽样

6. 在抽样调查中，抽样误差是(　　)。

A. 可以避免　　B. 可以避免且可以控制

C. 不可避免且无法控制　　D. 不可避免但可以控制

7. 在其他条件不变时，抽样单位数越多，则(　　)。

A. 系统误差越大　　B. 系统误差越小

C. 抽样误差越大　　D. 抽样误差越小

8. 某地有 2 万亩稻田，根据上年度资料得知其中平均亩产的标准差为 50kg，若以 95.45% 的概率保证平均亩产的误差不超过 10kg，应抽取(　　)亩作为样本。

A. 100　　B. 250　　C. 500　　D. 1000

9. 抽样分布是指(　　)。

A. 一个样本观察值的分布　　B. 总体中各观测值的分布

C. 样本统计量的分布　　D. 样本数量的分布

10. 从服从正态分布的总体中分别抽取容量为 4、10、20 的样本，当样本容量增大时，样本均值的标准差(　　)。

A. 增加　　B. 减少　　C. 不变　　D. 无法确定

二、多项选择题

1. 抽样推断的特点有(　　)。

A. 随机取样　　B. 概率估计方法　　C. 误差可控　　D. 分布均匀

2. 抽样误差的影响因素主要有(　　)。

A. 样本数目　　B. 抽样方法

C. 抽样组织形式　　D. 各单位标志值差异程度

3. 抽样估计的要求主要有(　　)。

A. 差异性　　B. 无偏性　　C. 一致性　　D. 有效性

4. 影响样本容量的因素主要有(　　)。

A. 总体方差　　B. 置信度　　C. 抽样方法　　D. 允许误差

5. 简单随机抽样的主要方法有(　　)。

A. 直接抽取法　　B. 抽签法　　C. 随机数码表　　D. 等距抽样

三、简答题

1. 什么是抽样推断?
2. 抽样推断具有哪些特点?
3. 抽样推断的作用有哪些?
4. 影响抽样误差的因素有哪些?
5. 抽样方案设计的基本原则有哪些?
6. 影响样本容量的因素主要有哪些?

四、计算题

1. 某地区为了了解职工家庭的收入情况，从本地区 3000 户家庭中，按不重置抽样方法抽取 300 户职工家庭进行调查，调查结果如表 8-13 所示。

表 8-13　调查结果

每户月收入/元	收入调查户数/户
400 以下	40
400～600	80
600～800	120
800～1000	50
1000 以上	10
合计	300

要求：

(1) 若用这 300 户家庭的月收入资料推算该地区 3000 户家庭月收入情况，则抽样误差为多少？

(2) 若又从抽样资料知道，月平均收入在 800 元以上的户数的比例为 20%，因此月收入在 800 元以上成数抽样平均误差为多少？

2. 对某一选区内随机抽取的 100 位选民的民意调查表明，他们中的 55%的人员支持某位候选人，求选民中支持这位候选人的比例 95%的置信区间。

3. 某食盐生产企业用自动包装机包盐，每包盐服从均值为 500g，标准差为 5g 的正态分布。某日开工后随机抽查 10 包，问样本均值在 498～502g 之间的概率是多少？

4. 某汽车制造厂为了测定某种型号汽车轮胎的使用寿命，随机抽取 36 只作为样本进行寿命测试，计算出轮胎平均寿命为 43 000km，标准差为 4120km。试以 95%的置信度推断该厂这批汽车轮胎的平均使用寿命。

实训案例

某医疗机构针对具有家族心脏病史的病人研发了一种新药，为了检验这种新药的疗效是否显著，对 16 位病人进行为期半年的观察测试，测试指标为使用该药之前和之后的体重以及甘油三酯的水平变化，数据资料如表 8-14 所示。

表 8-14　数据资料

序　号	甘油三酯水平		体重/斤	
	服药前	服药后	服药前	服药后
1	180	100	198	192
2	139	92	237	225
3	152	118	233	226
4	112	82	179	172
5	156	97	219	214
6	167	171	169	161
7	138	132	222	210
8	160	123	167	161
9	107	174	199	193
10	156	92	233	226
11	94	121	179	173

续表

序号	甘油三酯水平		体重/斤	
	服药前	服药后	服药前	服药后
12	107	150	158	154
13	145	159	157	143
14	186	101	216	206
15	112	148	257	249
16	104	130	151	140

要求：分析样本服药前后甘油三酯水平和体重之间的差异。

第九章 相关分析与回归分析

【教学导图】

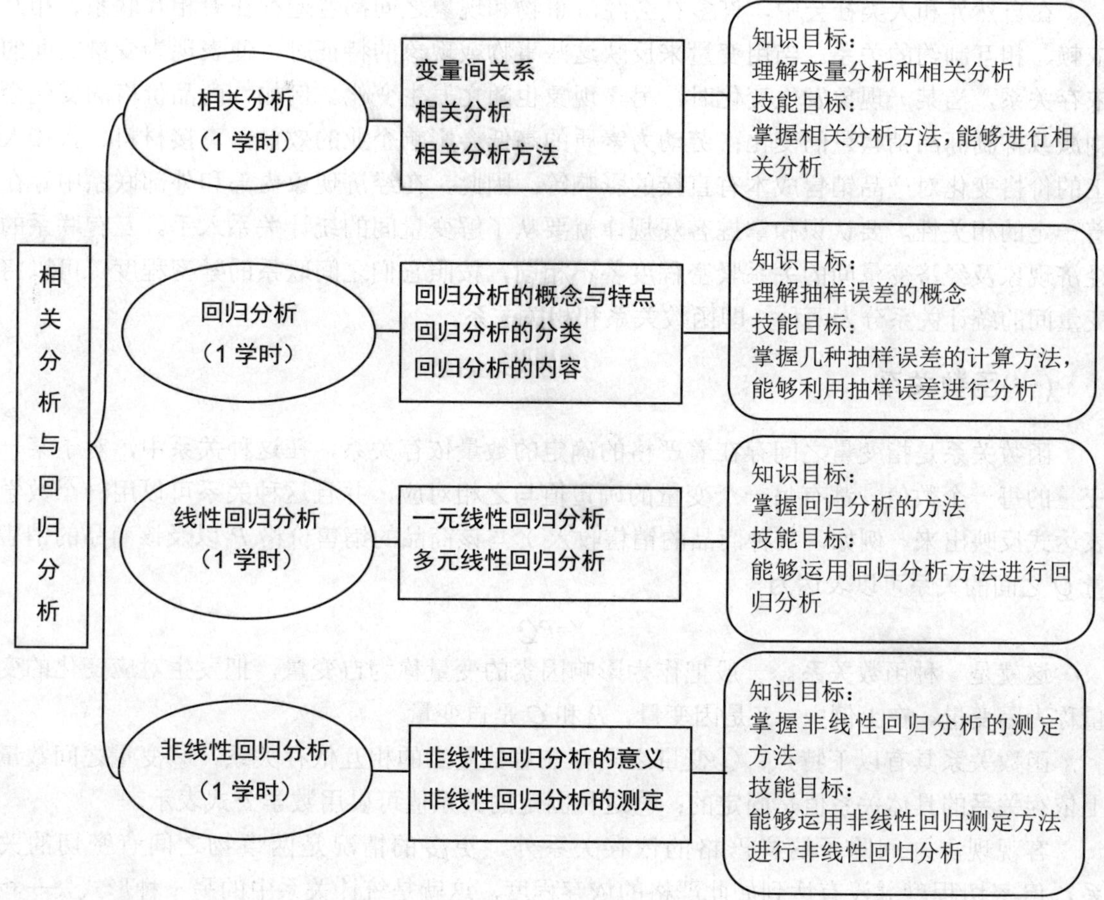

【导入案例】

在美国中西部的一个小镇，人们发现了一个不合乎逻辑的现象：地方警察局局长发现冰激凌消费量越多，犯罪率就越高。于是这个警察局局长想：为什么不在夏天这几个月限制冰激凌的消费量，以便使犯罪率下降。他的这个想法有道理吗？为什么？

第一节　相关分析

一、变量间关系

在自然界和人类社会中，许多社会经济事物和现象之间都普遍存在着相互联系、相互依赖、相互制约的关系。当用变量来反映这些事物或现象的特征时，便表现为变量之间的依存关系，当某一现象发生变化时，另一现象也随之发生变化。例如，商品价格的变化会刺激或抑制商品销售量的变化；劳动力素质的高低会影响企业的效益；直接材料、直接人工的价格变化对产品销售成本有直接的影响等。因此，在经济现象内部和外部联系中存在着一定的相关性，要认识和掌握客观规律就要从了解变量间的统计关系入手。互有联系的经济现象及经济变量间的关系紧密程度各不相同，按照它们之间联系的紧密程度，可以将变量间的统计关系分为两种，即函数关系和相关关系。

(一)函数关系

函数关系是指变量之间存在着严格的确定的数量依存关系，在这种关系中，对于某一变量的每一个数值，都有另一个变量的确定值与之相对应，并且这种关系可以用一个数学表达式反映出来。例如，某种商品的销售收入 Y 与该商品的销售价格 P 以及该商品的销售量 Q 之间的关系可以表达为

$$Y=PQ$$

这就是一种函数关系。一般把作为影响因素的变量称为自变量，把发生对应变化的变量称为因变量。在上例中，Y 是因变量，P 和 Q 是自变量。

函数关系具有以下特点：①变量之间存在着数量上的相互依存关系；②变量之间数量上依存关系的具体关系值是固定的；③这种固定的关系值可以用数学公式表示。

客观现象之间除了这样严格的依存关系外，更多的情况是两事物之间有密切的关系，但密切程度并没有达到如此严格的依存程度，这就是统计关系中的另一种形式——相关关系。

(二)相关关系

1. 相关关系的概念

相关关系是指现象之间存在着非确定性依存关系。即客观现象之间确实存在的，但数量上不是严格对应的依存关系。这类关系中，当一个或几个相互联系的变量取一定数值时，

与之相对应的变量会有若干个数值与之相对应。即当一个或一组变量每取一个值时，相应的另一个变量可能有多个不同值与之对应。例如，成本的高低与利润的多少之间有着密切的关系，但某一确定的成本与相应的利润之间却不是唯一确定的依存关系，这是因为影响利润的因素除了成本外，还有价格、供求关系、消费偏好等因素以及其他偶然因素的影响。

对于任意两个变量间的相关关系，可以用下面的形式表示，即

$$y=f(x)+\varepsilon$$

式中：ε为影响 y 的除 x 以外的其他随机因素。具有相关关系的某些现象可以表现为因果关系，即某一或若干变量的变化是引起另一变量变化的原因，它就是可以控制、给定的值，将其称为自变量。如上例中的成本是自变量；另一个变量的变化是自变量的结果，它是不确定的一组值或某种分布，将其称为因变量。如前例中的利润是因变量。

2. 相关关系的特点

相关关系具有以下特点：①变量之间确实存在着数量上的依存关系；②变量之间数量上依存关系的具体关系值难以固定；③变量之间这种不固定的关系值不能用数学公式表示。

3. 函数关系与相关关系的区别与联系

两者之间的区别：①相关关系是变量之间数量上不严格的依存关系，现象中变量关系完全对等；函数关系是变量之间数量上严格的依存关系，现象中变量关系不是对等的。②相关关系是统计学的研究范畴；函数关系是数学的研究范畴。

两者之间的联系：①呈函数关系的变量由于受观测和实验出现的偏差影响，其关系值不可能绝对确定，因而函数关系往往通过相关关系表现出来；②呈相关关系的变量之间的确切的、有规律的依存变化可能暂时还没有认识、掌握或无法控制，一旦掌握其规律性或不考虑随机因素的干扰，相关关系就趋近于函数关系。因此，相关关系通常可以用一定的函数关系表达式去近似地描述。

(三)相关关系的种类

由于客观现象之间的联系和变化是错综复杂的，因而相关关系从不同的角度可以区分为不同类型。

1. 按照相关关系涉及因素的多少，可以分为单相关、复相关和偏相关

(1) 单相关又称为一元相关，是指两个变量之间的相关关系，即仅限于一个自变量和一个因变量之间的相互依存关系。例如，居民储蓄额与收入之间的相关关系，产品成本与产量之间的相关关系等。

(2) 复相关又称多元相关，是指涉及三个或三个以上的变量之间的相关关系，即研究两

个或两个以上自变量和因变量之间的相关关系，如商品销售额与居民收入、商品价格之间的相关关系。

(3) 偏相关是指在一个变量与两个或两个以上的变量相关的条件下，当假定其他变量不变时，其中两个变量的相关关系。例如，在假定消费者收入水平不变的条件下，研究该商品的需求量与商品价格之间的相关关系即为偏相关。

2. 按照相关的表现形式不同，可以分为线性相关和非线性相关

(1) 线性相关又称为直线相关，是指当一个变量发生变动时另一个变量随之发生大致均等的变动。从图形上看，其观察点的分布近似地表现为一条直线，如人均消费水平与人均收入水平通常呈线性关系。

(2) 非线性相关也称为曲线相关，是指当一个变量发生变动时，另一个变量也随之发生变动，但这种变动不是均等的，从图形上看，其观察点的分布近似表现为一条曲线，如抛物线、指数曲线等。例如，工人加班加点在一定数量界限内产量增加，但一旦超过一定限度，产量反而可能下降，这就是一种非线性关系。

3. 按照相关变化方向的不同，可以分为正相关和负相关

(1) 正相关是指当一个变量值增加(或减少)时，另一个变量值也会随之增加(或减少)，即相关的两个变量发生同方向的变化。例如，居民可支配消费收入增加，则消费支出也增加；工人劳动生产率提高，则产品产量也随之增加。

(2) 负相关是指当一个变量值增加(或减少)时，另一个变量值反而减少(或增加)，即相关的两个变量发生反方向的变化。例如，商品流转额越大，商品流通费用越低。

4. 按照相关程度不同，可以分为完全相关、不完全相关和不相关

(1) 完全相关是指当一个变量的数量大小完全由另一个变量的数量变化所确定时，两者之间即为完全相关。例如，在价格不变的条件下，某种商品的销售总额与销售量之间是正比例函数关系，即为完全相关，此时相关关系便称为函数关系，因此说函数关系是相关关系的一个特例。

(2) 不相关又称为零相关，是指当变量之间彼此互不影响，其数量变化各自独立时，即变量之间不存在依存关系，则变量之间为不相关，如股票价格的高低与气温高低之间是不相关的。

(3) 不完全相关是指两个变量的关系介于完全相关和不相关之间。由于完全相关和不相关的数量关系是确定的或相互独立的，因此，统计学中相关分析的主要研究对象就是不完全相关。不完全相关是相关分析的主要对象，也就是一般意义上所说的相关关系。

二、相关分析

(一)相关分析的概念

相关分析是研究一个变量和另一个变量或一组变量之间的相关方向和相关密切程度的统计分析方法。

(二)相关分析的特点

(1) 在相关分析中，两个变量关系呈现对等，即在相关分析中，不必定出哪一个是自变量 X，哪一个是因变量 Y，可以根据具体情况进行统计函数的设定。

(2) 在相关分析中，由于两个变量之间的对等关系，所以 X 和 Y 均为随机变量。

(三)相关分析的种类

按照所影响变量的性质不同，可以分为可控相关分析和不可控相关分析。

(1) 可控相关分析是研究一个随机变量与另一个或一组非随机的可控变量之间的相关关系。例如，温室培植的反季节性蔬菜的产量会受到种子质量、温度、湿度、施肥量等因素的影响，这些影响因素都成为非随机可控的变量，在这里只有蔬菜是随机变量。

(2) 不可控相关分析是研究一个随机变量与另一个或一组随机变量之间的相关关系。例如，炭的价格会受到气温的影响，气温是随机不可控的变量，而炭的价格则是随机变量。

(四)相关分析的内容

相关分析是用以分析社会经济现象间的依存关系，其目的是从现象的复杂关系中消除非本质的偶然影响，从而找出现象间相互依存的形式和密切程度以及依存关系变动的规律性。这在实际工作中运用得非常广泛。相关分析的主要内容如下。

1. 确定变量之间有无相关关系以及相关的表现形式

这是相关分析中的定性分析，也是相关分析的出发点。因为确定相关关系是否存在是进行相关分析的前提，如果不存在相关关系，就不需要进行相关分析。在确认存在相关关系后，还要确定其表现形式是线性相关还是非线性相关，以便进一步进行定量分析。

2. 确定变量间相关关系的密切程度

相关分析的目的之一就是从不严格的关系中判断其关系的密切程度。判断的方法就是把自变量和因变量的数据资料编制成相关表或绘制相关图，以便对变量间的相关密切程度有一个粗略的直观认识，进而计算相关系数，使我们能够从数量上说明相关关系的密切程度。如果事物间仅仅是有关系，但关系不密切，那么也没有继续研究的必要性。

3. 确定合适的数学模型

确定了现象间确实有相关关系及密切程度，就要确定合适的数学模型，以便对变量之间的联系给予近似描述。如果现象之间的关系表现为直线相关，则采用配合直线的方法；如果现象之间的关系表现为各种曲线，则要用配合曲线的方法。使用这种方法能够找到现象之间相互依存关系的数量上的规律性。这是进行判断、推算、预测的依据。

4. 测定变量估计值的可靠程度

配合直线或配合曲线后，可以反映现象之间的变化关系，也就是说，自变量变化时，因变量就有多大变化。根据这个数量关系，可以测定因变量的估计值。把估计值与实际值对比，如果它们的差别小，说明估计得较准确；反之，说明估计得不够准确。这种因变量估计值的准确程度，通常用估计标准误差来衡量。

5. 对计算出来的相关系数进行显著性检验

通过相关系数在统计上是否显著，可以说明它能否作为两个变量间存在线性关系的依据：如果相关系数是显著的，就证明两个变量之间存在线性关系；反之，则说明两个变量之间不存在线性关系。

三、相关分析方法

(一)定性分析方法

定性分析是依据研究者的理论知识、专业知识和实践经验，对客观现象之间是否存在相关关系以及有何种相关关系做出判断。只有在定性分析的基础上，才能进一步从数量上判断现象之间相关的方向、形态以及大致的密切程度。定性分析是相关分析的重要前提。相关分析的定性分析方法主要有两种，即相关表和相关图。

1. 相关表

相关表是一种反映变量之间相关关系的统计表。相关表是直接根据现象之间的原始资料，将某一变量按照其取值的大小排列，然后将与其相关的另一变量的值对应排列形成的表格。相关表可以清晰地表明因变量与自变量之间的相关关系。相关表可以分为简单相关表和分组相关表。

(1) 简单相关表。简单相关表是资料未经分组，只将自变量的变量值按照大小顺序排列，并配合其对应的因变量值所形成的表。

【例 9-1】2012 年某地区 10 家企业的销售收入和销售利润资料，经过定性分析判断产品销售收入和销售利润之间存在相关关系，于是可以编制成简单相关表，如表 9-1 所示。

表 9-1　销售收入和销售利润的简单相关表

企业编号	销售收入 X / 万元	销售利润 Y / 万元
1	420	60
2	500	80
3	780	100
4	1100	110
5	1500	180
6	1800	220
7	2200	260
8	2500	270
9	3000	300
10	4200	400

从表 9-1 可以看出，销售收入和销售利润有同步增长的趋势，两个变量之间存在着正相关的关系。

简单表适用于总体单位数比较少的情况。

(2) 分组相关表。分组相关表是在简单相关表的基础上，将原始数据加以分组而制成的表。由于相关关系中有两个变量，因此分组相关表可以分为单变量分组相关表和双变量分组相关表两种。

单变量分组相关表是对因素变量即自变量分组并计算其次数，而对应的结果变量即因变量不分组而只计算其平均值。

【例 9-2】依据例 9-1 的资料可以编制单变量分组相关表，见表 9-2。

表 9-2　单变量分组相关表

按销售收入分组/ 万元	企业数/ 个	平均销售利润/ 万元
500 以下	1	60
500～1000	2	90
1000～1500	2	145
1500～2000	1	220

续表

按销售收入分组/ 万元	企业数/ 个	平均销售利润/ 万元
2000～2500	2	265
2500 以上	2	350

单变量分组相关表可以将简单相关表的资料简化，能够更清晰地反映出两个变量之间的相关关系。从表 9-2 可以看出，销售收入与销售利润之间存在着正相关的直线趋势。

双变量分组相关表是对自变量和因变量都进行分组而编制成的相关表，又称为棋盘式相关表。其编制程序是：首先，分别确定自变量和因变量的分组数；其次，按照两个变量的组数设计棋盘形表格；最后，计算各组次数置于相对应的方格中。

【例 9-3】依据例 9-1 的资料可以编制双变量分组相关表，见表 9-3。

表 9-3　双变量分组相关表

按销售利润分组/万元	按销售收入分组/万元						合计
	500 以下	500～1000	1000～1500	1500～2000	2000～2500	2500 以上	
300 以上						2	2
200～300				1	2		3
100～200			2				2
100 以下	1	2					3
合计	1	2	2	1	2	2	10

编制双变量分组相关表，要将自变量置于横行，其变量值从小到大、自左至右排列，因变量置于纵栏，其变量值从大到小、自上而下排列。这样排列可以供相关表与相关图取得一致形式，能够直观地看出变量之间相关的方向。

相关表是绘制相关图的基础，是相关分析进行各种计算的依据。

2. 相关图

相关图又称为散点图，它是将原始资料对应数值在平面直角坐标系中用坐标点描绘出来，以横轴代表自变量 X，纵轴代表因变量 Y，将两个变量相对应的成对数据用坐标点的形式描述出来，用来反映两个变量之间相关关系的图形。通过相关图中所有点的分布状况，可以直观地、大致地看出两个现象之间相关关系的表现形式、方向和密切程度。相关图比相关表更明显、直观地表现现象之间的相关关系，如图 9-1 所示。

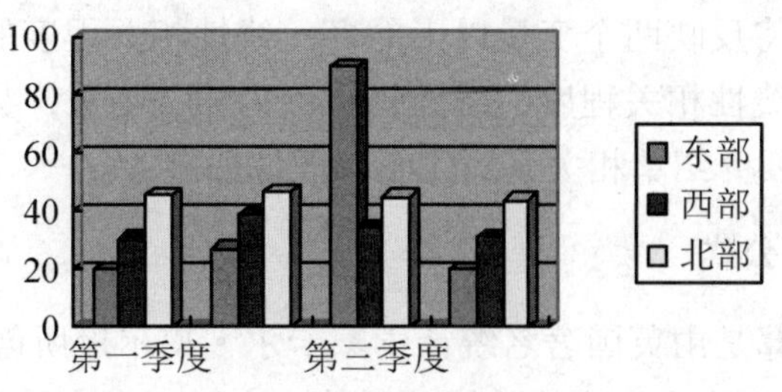

图 9-1　相关图

【例 9-4】某企业生产某产品，1—8 月份的月产量和生产费用的资料如表 9-4 所示。

表 9-4　某企业 8 个月的月产量和生产费用资料

月份	1	2	3	4	5	6	7	8
月产量 X/千吨	1.2	2.0	3.1	3.8	5.0	6.1	7.2	8.0
生产费用 Y/万元	62	86	80	110	115	132	135	160

从图 9-2 可以直观地看出，随着月产量的增加生产费用也相应增加，两者之间存在一定的正相关关系。

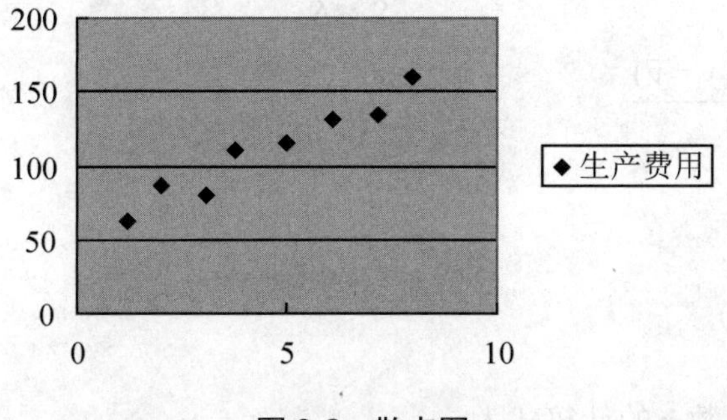

图 9-2　散点图

(二)定量分析方法——相关系数

用相关表和相关图判断现象之间的相关关系虽然很直观，但是较粗略。因为表和图并没有明确反映出现象间的相关程度到底如何。要确切、具体地说明变量间的相关程度，这就需要进行必要的定量分析，即计算相关系数。

1. 相关系数的概念

相关系数是用来反映变量之间相关关系密切程度的统计分析指标。依据相关现象之间的不同特征，其统计指标的名称也有所不同。如将反映两个变量之间线性相关程度的统计指标称为单相关系数；将反映两个变量以上的多元线性相关程度的统计指标称为复相关系数；将反映变量之间非线性相关程度的统计指标称为相关指数；另外还有偏相关系数、等级相关系数等。本节主要介绍单相关系数(以下简称相关系数)。

2. 相关系数的计算公式

相关系数的基本计算是由英国著名统计学家卡尔·皮尔逊所创的乘积动差法(简称积差法)，因此也称为皮尔逊相关系数或动差相关系数。它以两个变量与各自的平均值的离差为基础，通过两个离差相乘来反映两变量的相关程度。

若相关系数是根据总体全部数据计算的，则称为总体相关系数，记为ρ，其计算式为

$$\rho=\frac{\sigma^2{}_{XY}}{\sigma_X\cdot\sigma_Y}$$

式中：$\sigma^2{}_{XY}$为变量X和Y的协方差；σ_X为变量X的标准差；σ_Y为变量Y的标准差。

由于变量的总体协方差和标准差不容易得到，因此，总体的相关系数一般不容易测得，通常只能计算样本的相关系数，并用以估计总体的相关系数。$\sigma^2{}_{XY}$、σ_X和σ_Y的无偏估计量分别为$S^2{}_{XY}$、S_X和S_Y，即样本相关关系r的计算式为

$$r=\frac{S^2{}_{XY}}{S_X\cdot S_Y}$$

式中：$S^2{}_{XY}=\dfrac{\sum(x-\overline{x})(y-\overline{y})}{n-1}$

$$S_X=\sqrt{\frac{\sum(x-\overline{x})^2}{n-1}}$$

$$S_Y=\sqrt{\frac{\sum(y-\overline{y})^2}{n-1}}$$

所以，样本相关系数r的计算式为

$$r=\frac{\sum(x-\overline{x})(y-\overline{y})}{\sqrt{\sum(x-\overline{x})^2}\cdot\sqrt{\sum(y-\overline{y})^2}}$$

根据相关系数的定义公式可以推导得到简化公式，即

$$r=\frac{n\sum xy-\sum x\sum y}{\sqrt{n\sum x^2-(\sum x)^2}\cdot\sqrt{n\sum y^2-(\sum y)^2}}$$

【例 9-5】某公司 2004—2011 年产品产量与产品总成本的相关资料见表 9-5。试计算相关系数。

表 9-5　某企业 2004—2011 年产品产量与产品总成本资料

年　份	产品产量 x/千件	产品总成本 y/千元
2004	12	620
2005	20	860
2006	31	800
2007	38	1100
2008	50	1150
2009	61	1320
2010	72	1350
2011	80	1600

解：根据题目中的资料计算相关系数资料，见表 9-6。

表 9-6　相关系数计算表

年　份	产品产量 x	产品总成本 y	X^2	Y^2	xy
2004	12	620	144	384 400	7440
2005	20	860	400	739 600	17 200
2006	31	800	961	640 000	24 800
2007	38	1100	1444	1 210 000	41 800
2008	50	1150	2500	1 322 500	57 500
2009	61	1320	3721	1 742 400	80 520
2010	72	1350	5184	1 822 500	97 200
2011	80	1600	6400	2 560 000	128 000
合计	364	8800	20754	10 421 400	454 460

$$r=\frac{n\sum xy-\sum x\sum y}{\sqrt{n\sum x^2-(\sum x)^2}\cdot\sqrt{n\sum y^2-(\sum y)^2}}=\frac{8\times 454460-364\times 8800}{\sqrt{8\times 20\,754-364^2}\times\sqrt{8\times 10\,421\,400-8800^2}}=0.9697$$

【相关链接 9-1】

卡尔 · 皮尔逊

卡尔 · 皮尔逊(Karl Pearson，1857—1936)，英国著名的统计学家、应用数学家、生物学家，又是名副其实的历史学家、科学哲学家、伦理学家、民俗学家、人类学家、宗教学家、优生学家、弹性和工程问题专家。从儿童时代起，他就有着广阔的兴趣和爱好。从数学研究开始，先后研究过哲学和法律，进而研究生物和遗传，后集大成于统计学。他在统计学方面做出的卓越贡献是：将数学运用于遗传和进化的随机过程，首创次数分布与次数分布图，提出一系列次数曲线；推导出卡方分布，提出卡方检验；发展了生物统计学派创始人高尔登的回归与相关理论，提出了净相关、复相关、总相关、相关比等概念，发明了计算净相关、复相关的方法以及相关系数的公式；为大样本理论奠定了基础；重视个体变异性的数量表现和变异数据的处理，首次提出"标准差"及其符号"σ"。

1892 年出版的《科学入门》是皮尔逊的重要著作之一，书中明确提出了他的统计哲学思想："一切科学的同一性在于方法，而与题材无关。"他将生物统计方法提炼成为一般处理统计资料的通用方法，发展了统计方法论，开创了现代统计科学的新阶段。皮尔逊的统计思想和成就受到当时西方统计学家的推崇，使一代西方统计学家在他的影响下成长起来，因而被誉为"现代统计科学的创立者"。

3. 相关系数的性质

相关系数是一个抽象化的相对指标，其本身不表示任何经济含义，它完全是进行相关分析的一个工具。由于它不受变量值水平和计量单位的影响，便于在不同资料之间对相关程度进行比较。相关系数具有以下性质。

(1) 相关系数的取值范围。相关系数取值范围在$|r|\leqslant 1$，即$-1\leqslant r\leqslant +1$。

(2) 相关系数可以判断相关方向。根据相关系数可以判断相关的方向，即

当$-1\leqslant r<0$时，说明两变量之间存在着负相关关系。

当$0<r\leqslant 1$时，说明两变量之间存在着正相关关系。

(3) 相关系数可以判断两个变量之间相关关系的密切程度。相关系数主要用来判断两个变量之间相关关系的密切程度，即

当$|r|$的值越大，即越接近于 1，表明两变量之间的线性相关程度越高。

当$|r|$的值越小，即越接近于 0，表明两变量之间的线性相关程度越低。

当$|r|=1$，表明两变量之间为完全线性相关关系。

当$|r|=0$，表明两变量之间无线性相关关系。

(4) 依据相关系数值将相关程度分为几个等级。

当$0<|r|<0.3$时，为弱线性相关。

当$0.3\leqslant|r|<0.5$时，为低度线性相关。

当$0.5\leqslant|r|<0.8$时，为中度线性相关。

当$0.8\leqslant|r|<1$时，为高度线性相关。

4. 相关系数的显著性检验

相关系数一般是根据样本数据计算的，具有一定随机性，样本容量越小，其可信程度就越差。它能否真实地表现变量总体的相关关系受到随机因素和样本容量大小的影响，故

需要对 r 进行显著性检验。若 r 在统计上是显著的，就表明变量间存在线性相关；反之，则表明变量间不存在线性相关关系。通常采用费希尔提出的 t 分布检验来对 r 进行显著性检验，其检验具体步骤如下。

第一步，提出假设，即

$$H_0：\rho=0；H_1：\rho\neq0$$

第二步，计算检验统计量 t 值，即

$$r=\frac{|r|\cdot\sqrt{n-2}}{\sqrt{1-r^2}}$$

第三步，根据给定的显著性水平α，查 t 分布表得临界值 $t_{\alpha/2}(n-2)$。

第四步，做出判断。若$|t|\geqslant t_{\alpha/2}(n-2)$，拒绝零假设，表明变量间线性相关关系在统计上是显著的；若$|t|< t_{\alpha/2}(n-2)$，接受零假设，表明变量间线性相关关系在统计上不显著。

【例 9-6】依据例 9-5 的资料计算出产品产量与产品总成本之间的样本相关系数 r=0.9697。试问是否可以根据 5%的显著性水平认为产品产量与产品成本之间存在一定程度的线性相关关系？

解：(1)提出假设，即

$$H_0：\rho=0；H_1：\rho\neq0$$

(2) 计算检验统计量，即

$$r=\frac{|r|\cdot\sqrt{n-2}}{\sqrt{1-r^2}}=\frac{0.9697\times\sqrt{8-2}}{\sqrt{1-0.9697^2}}=9.7236$$

(3) 取显著性水平α=0.05，根据自由度 n−2=6，查 t 分布表得

$$t_{\alpha/2}(n-2)=t_{0.05}(6)=2.4469$$

(4) 做出判断。

由于 9.7236>2.4469，因此$|t|>t_{\alpha/2}(n-2)$，则拒绝 H_0，表明变量间线性相关在统计上是显著的，即该公司 2004—2011 年的产品产量与产品总成本之间的相关关系是显著的。

5. 相关分析中应注意的问题

(1) 警惕虚假相关。相关系数的数值本身并不能证明所研究现象之间是否存在因果关系，即使这个数值接近于 1 也是如此，它表明的仅仅是变量之间的相关程度。如美国小麦产量和中国婴儿出生性别比例之间并不存在相关关系，如果根据某一时期的数值计算出来的相关系数等于或接近于 1，那纯属巧合，是一种虚假相关。同样，有时根据相关系数计算公式计算出来的相关系数值等于或接近于 0，也不能表明现象之间就是零相关，因为 r 接近于 0 只能表明现象之间不存在线性相关，而不能反映现象之间是否存在非线性相关。总之，判别因果依存关系时在对现象的本质属性的分析过程中就完成的；这一分析过程应该在计

算之前就完成，否则就可能出现虚假的无意义的相关。

(2) 相关关系并不等于因果关系。相关系数只是表明两个变量间相互影响的程度和方向，它并不能说明两变量间是否具有因果关系以及何为因、何为果，即使是在相关系数非常大时，也并不意味着两变量间具有显著的因果关系。例如，根据一些人的研究，发现抽烟与学习成绩有着负相关关系，但不能由此推断抽烟导致了成绩差。因与果在很多情况下是可以互换的。如研究发现收入水平与股票的持有额之间存在正相关关系，并且可以用收入水平作为解释股票持有额的因素，但是否存在这样的情况，你赚的钱越多，买的股票也越多，而买的股票越多，赚的钱也就越多，何为因？何为果？众多周知，经济增长与人口增长相关，可是究竟是经济增长引起人口增长，还是人口增长引起经济增长？不能从相关系数中得出结论。

(3) 正确区分相关系数显著性检验与相关程度强弱的关系。相关系数显著性检验只是表示总体相关系数是否显著为零，即表示总体线性相关关系是否存在，但无法表示变量之间的相关程度的高低。观察相关系数显著性检验的统计量 t 时发现，t 值大小受样本容量和相关系数的共同影响，只要样本容量 n 足够大，就可以得到较大的 t 值，从而得到相关系数高的显著的结论，这也是前面提到的当样本量充分大时，可以把样本相关系数 r 当作总体相关系数ρ，忽略相关关系的显著性检验，而把注意力放在相关系数的判别标准上的原因。但样本容量大小并不直接影响相关程度的高低，如果两变量之间存在较弱的相关关系，不会因为样本容量的加大，而使其相关关系变强。

(4) 注意相关关系成立的相关范围。不要在相关关系据以成立的数据范围以外推论这种相关关系仍然保持。施肥，农作物长得好，在农作物缺肥时，施肥可以提高农作物的产量，但施肥太多，却可能损坏庄稼，使农作物产量下降。正相关达到某个程度，就可能变成负相关。这个道理似乎人人都明白，但在分析问题时却容易忽视。

【例 9-7】一名工业心理学家获得了 10 名工人的智商值和劳动生产率的数据，其结果如表 9-7 所示。试计算智商值与劳动生产率之间的相关系数 r，并对 r 进行显著性检验(α=0.05)。

表 9-7　智商值与劳动生产率的相关系数计算表

样本序号	智商值 x	劳动生产率 y	x^2	y^2	xy
1	110	5.2	12 100	27.04	572.00
2	120	6.0	14 400	36.00	720.00
3	130	6.3	16 900	39.69	819.00
4	126	5.7	15 876	32.49	718.20
5	122	4.8	14 884	23.04	585.60
6	121	4.2	14 641	17.64	508.20
7	103	3.0	10 609	9.00	309.00

续表

样本序号	智商值 x	劳动生产率 y	x^2	y^2	xy
8	98	2.9	9604	8.41	284.20
9	80	2.7	6400	7.29	216.00
10	97	3.2	9409	10.24	310.40
合计	1107	44.0	124 823	210.84	5042.60

解：根据以上资料，计算相关系数：

$$r=\frac{n\sum xy-\sum x\sum y}{\sqrt{n\sum x^2-(\sum x)^2}\cdot\sqrt{n\sum y^2-(\sum y)^2}}=\frac{10\times5042.6-1107\times44}{\sqrt{10\times124\,823-1107^2}\times\sqrt{10\times210.84-44^2}}=0.867$$

当 $r=0.867$，则 $0.8<r<1.0$，因此为高度相关。检验智商值和劳动生产率之间的相关系数是否显著。

提出假设：

$$H_0：\rho=0；H_1：\rho\neq0$$

计算检验统计量

$$r=\frac{|r|\cdot\sqrt{n-2}}{\sqrt{1-r^2}}=\frac{0.867\times\sqrt{10-2}}{\sqrt{1-0.867^2}}=4.921$$

取显著性水平 $\alpha=0.05$，根据自由度 $n-2=8$，查 t 分布表得

$$t_{\alpha/2}(n-2)=t_{0.05}(8)=2.306$$

做出判断。

由于 $4.921>2.306$，因此 $|t|>t_{\alpha/2}(n-2)$，则拒绝 H_0，表明样本线性相关在统计上是显著的，说明智商值与劳动生产率之间确实存在线性关系。

第二节　回 归 分 析

一、回归分析的概念及特点

(一)回归分析的概念

“回归”一词是英国生物学家高尔顿(Francis Galton，1822—1911)首先提出的。高尔顿在研究父母身高与子女身高的关系时发现，身材特别高的父母所生的孩子，其身高并非特别高，而身材特别矮的父母所生孩子的身高也并不是特别矮，子辈身高有向父辈平均身高靠拢的趋势，他把这种现象叫作“身高数值从一个极端至另一个极端的回归”。之后，高尔顿的学生皮尔生把回归的概念同数学的方法联系起来，把代表现象之间一般数量关系的统

计模型叫作回归直线或回归曲线，从而诞生了统计上著名的回归理论。

回归分析是指由一个或一组非随机变量来估计或预测某一个随机变量的观察值所建立的数学模型及所进行的统计分析。

(二)回归分析的特点

1. 变量关系不对等

回归分析中，两个变量之间的关系不对等。因此，在分析时，必须根据研究目的确定哪个是自变量，哪个是因变量。

2. 自变量是确定性变量、因变量是随机变量

回归分析中的两个变量，自变量是确定性变量，因变量是随机变量，因此，当给定自变量值时，便能估计因变量值。但是不能从某个随机的因变量值出发，反过来估计某个自变量的值。

二、回归分析的分类

1. 按照自变量的多少，可以分为一元回归和多元回归

研究一个自变量的回归分析称为一元回归，或称为简单回归；研究两个或两个以上自变量的回归分析称为多元回归，或称为复回归。

2. 按照回归的表现形式，可以分为线性回归和非线性回归

如果回归模型的因变量是自变量的一次函数形式，回归规律在图形上表现为一条直线，称为线性回归；如果回归模型的因变量是自变量的一次以上函数关系，回归模型在图形上表现为形态各异的曲线，称为非线性相关。

三、回归分析的内容

(一)拟合回归模型

在确定变量之间确实存在着相关关系的基础上，拟合一个表明变量之间依存关系的数学表达式，或称为回归模型、回归方程式，用来反映变量之间数量上的相关的规律性，并可以根据自变量的变动来预测因变量的变动。

(二)测定和控制误差

通过计算估计标准差指标，可以反映因变量估计值和准确程度，从而将误差控制在一

定范围内。

(三)显著性检验

拟合的模型用给定的自变量估计因变量是否有效，必须通过显著性检验才能做出结论。

四、相关分析与回归分析的关系

回归分析和相关分析同为统计分析中应用广泛的重要方法，而且两者关系密切。相关分析是回归分析的基础和前提，相关分析需要依靠回归分析来表现变量之间数量相关的具体形式，如果缺少了相关关系，没有从定性上说明现象之间是否具有相关关系，没有对相关关系的密切程度作出判断，就不能进行回归分析，即使勉强进行了回归分析，也没有实际意义。回归分析是相关分析的深入和继续，回归分析需要依靠相关分析来表现变量之间数量变化的相关程度，只有当变量之间存在显著相关关系时，进行回归分析寻求其相关的具体形式才有意义。仅仅说明现象之间有密切的相关关系是不够的，只有进行了回归分析，拟合了回归方程，才能表明现象数量相关的具体形式。因此，如果仅有回归分析而缺少了相关分析，将会因为缺乏必要的基础和前提而影响回归分析的可靠性；如果仅有相关分析而缺少回归分析，就会降低相关分析的意义。只有把两者结合起来，才能达到统计分析的目的。具体来说，两者之间的区别与联系如下。

(一)相关分析与回归分析的联系

1. 两者都是对客观事物数量依存关系的分析

相关分析和回归分析都是对客观事物数量依存关系的分析，在理论基础和方法上具有一致性。只有存在相关关系的变量才能够进行回归分析，相关程度越高，回归测定的结构越可靠。因此，相关系数也是判定回归效果的一个重要依据。

2. 两者的参数可以相互换算

相关系数同回归模型中参数可以相互换算，特别是多元相关和非线性相关的相关系数，必须利用回归模型才能求得。

(二)相关分析与回归分析的区别

1. 两者所研究变量的对应关系不同

在相关分析中涉及的变量不存在自变量和因变量的划分问题，不必确定变量中哪个是自变量，哪个是因变量，变量之间的关系是对等的；而在回归分析中，则必须根据研究对象的性质和研究分析的目的，对变量进行自变量和因变量的划分。因此，在回归分析中必须事先研究确定具有相关关系的变量中哪个是自变量，哪个是因变量，变量之间的关系是不对等的。

2. 两者研究的内容不同

相关分析主要是通过相关系数来测定变量之间关系的密切程度和变量变化的方向，由于变量之间是对等的，因此相关系数是唯一确定的。而回归分析却可以对具有相关关系的变量建立一个数学方程(即回归模型)来描述变量之间具体的变动关系，通过控制或给定自变量的数值来估计或预测因变量可能的数值。

第三节　线性回归分析

一、一元线性回归

(一)一元线性回归分析的特点

(1) 在两个变量之间进行回归分析时，必须根据研究的目的，具体确定哪个是自变量，哪个是因变量。

(2) 在两个现象互为依据的情况下，可以有两个回归方程——y 倚 x 回归方程和 x 倚 y 回归方程。

(3) 回归方程的主要作用在于给出自变量的数值来估计因变量的可能值。一个回归方程只能作一种推算。推算的结果表明变量之间的具体变动关系。

(二)一元线性回归方程的确定

1. 确定一元回归方程

一元回归方程的基本形式为

$$y_c=a+bx$$

式中：x 为自变量；y 为因变量；a、b 为参数。

2. 估计参数值

估计参数值的方法有很多，统计中使用最多的方法是最小二乘法，即

$$\sum(y-y_c)^2=\text{最小值}$$

通过将两个标准方程式变形可以写成

$$\begin{cases}\sum x=na+b\sum x\\ \sum xy=a\sum x+b\sum x^2\end{cases}$$

通过求解以上方程组可以解出 a、b 值

$$\begin{cases}b=\dfrac{n\sum xy-\sum x\sum y}{n\sum x^2-(\sum x)^2}\\ a=\overline{y}-b\overline{x}\end{cases}$$

3. 判定系数 r^2

判定系数 r^2 是以回归偏差占总偏差的比率来表示线性回归方程的拟合优度的评价指标，则有

$$r^2=\frac{\text{回归偏差}}{\text{总偏差}}=\frac{\sum(y_c-\overline{y})^2}{\sum(y_i-\overline{y})^2}$$

一般情况下，$0\leqslant r^2\leqslant 1$。

当 x 与 y 两变量依存关系很密切时，$r^2=1$。

当 x 与 y 两变量不存在线性依存关系时，$r^2=0$。

当 r^2 值越大，越接近于 1 时，说明 x 与 y 之间的关系越密切。

判定系数 r^2 的计算，在实际工作中，通常采用简捷的公式，即

$$r=\frac{(n\sum xy-\sum x\sum y)^2}{[n\sum x^2-(\sum x)^2]\cdot[n\sum y^2-(\sum y)^2]}$$

4. 估计标准误差

估计标准误差就是用来说明回归方程推算结果准确程度的统计分析指标，或者说是反映回归直线代表性大小的统计分析指标。

$$S_{xy}=\sqrt{\frac{\sum y^2-a\sum y-b\sum xy}{n-2}}$$

S_{xy} 值越大，就表明估计值的代表性越小，也就是相关点的离散程度越大。

S_{xy} 值越小，就表明估计值的代表性越大，也就是相关点的离散程度越小。

当 $S_{xy}=0$，就是 y_c 与 y 完全没有差异，说明估计值完全准确。

5. 线性回归方程的显著性检验

对回归系数 b 的检验就是要验证变量 x 与 y 之间是否真正存在线性关系，一般采用 t 检验，其步骤如下。

第一步，假设观测的样本是从一个没有线性关系的总体中选出的，即

$$H_0: \beta=0; \ H_1: \beta\neq 0$$

第二步，计算回归系数 b 的检验统计量 t 值，有

$$t_b=\frac{b-\beta}{S_b}$$

式中：S_b 为回归系数 b 的标准差，计算式为

$$S_b=\frac{S_{xy}}{\sqrt{\sum x^2-n(\overline{x})^2}}$$

式中：S_{xy} 为估计标准误差。

第三步，根据给定的显著水平 α 和自由度 $n-2$，查 t 分布表中相应的临界值 $t_{\alpha/2}$。

第四步，做出判断：

若 $|t_b|>t_{\alpha/2}$，则拒绝 H_0，得出 $\beta\neq 0$ 的结论，表明变量间线性相关关系在统计上是显著的。

若 $|t_b|\leqslant t_{\alpha/2}$，则接受 H_0，得出 $\beta=0$ 的结论，表明变量间线性相关关系在统计上是不显著的。

【例 9-8】某公司 8 个月产品产量与生产费用的相关资料见表 9-8。试确定其回归方程。

表 9-8 某企业 2004—2011 年产品产量与产品总成本资料

序 号	产品产量 x/千吨	生产费用 y/万元
1	1.2	62
2	2.0	86
3	3.1	80
4	3.8	110
5	5.0	115
6	6.1	132
7	7.2	135
8	8.0	160

解：根据题目中的资料计算相关系数资料，见表 9-9。

表 9-9 一元回归方程计算表

序 号	产品产量 x	生产费用 y	X^2	Y^2	xy
1	1.2	62	1.44	3844	74.40
2	2.0	86	4.00	7396	172
3	3.1	80	9.61	6400	248
4	3.8	110	14.44	12 100	418
5	5.0	115	25.00	13 225	575

续表

序　号	产品产量 x	生产费用 y	X^2	Y^2	xy
6	6.1	132	37.21	17 424	805.20
7	7.2	135	51.84	18 225	972
8	8.0	160	64.00	25 600	1280
合计	36.4	880	207.54	104 214	4544.60

假设方程为：一元回归方程的基本形式为

$$y_c=a+bx$$

求解 a、b 值，将数值代入以下方程组：

$$\begin{cases} b=\dfrac{n\sum xy-\sum x\sum y}{n\sum x^2-(\sum x)^2} \\ a=\overline{y}-b\overline{x} \end{cases}$$

得到：$b=\dfrac{n\sum xy-\sum x\sum y}{n\sum x^2-(\sum x)^2}=\dfrac{8\times4544.6-36.4\times880}{8\times207.54-36.4^2}=12.9$

代入：$a=\overline{y}-b\overline{x}=110-12.9\times4.55=51.31$

把 a、b 值代入回归方程得到：$y_c=51.31+12.9x$

计算判定系数：

$$r^2=\frac{(n\sum xy-\sum x\sum y)^2}{[n\sum x^2-(\sum x)^2]\cdot[n\sum y^2-(\sum y)^2]}=\frac{(8\times4544.6-36.4\times880)^2}{(8\times207.54-36.4^2)\times(8\times104\,214-880^2)}=0.9403$$

由于 $r^2=0.9403$，较接近于 1，因此，x、y 两变量依存关系很密切，说明拟合直线是合适的。

计算估计标准误差：

$$S_{xy}=\sqrt{\frac{\sum y^2-a\sum y-b\sum xy}{n-2}}=\sqrt{\frac{104\,214-51.31\times880-12.9\times4544.6}{8-2}}=8.59\text{(万元)}$$

显著性检验：

假设：H_0：$\beta=0$；H_1：$\beta\neq0$

计算回归系数 b 的检验统计量 t 值：

$$t_b=\frac{b-\beta}{S_b}=\frac{12.9-0}{1.3267}=9.7234$$

若取 $\alpha=0.05$，$n-2=8-2=6$，查 t 分布表得：$t_{\alpha/2}=2.447$

$|t_b|>t_{\alpha/2}=2.447$，表明回归系数 $b=0$ 的可能性小于 0.05，即 5%，因而拒绝 H_0，得出 $\beta\neq0$ 的结论，说明回归系数是显著的，在相关系数检验的基础上进一步证明了产品产量和生

产费用之间存在线性关系，产量是影响生产费用的显著因素。

二、多元线性回归

一元线性回归分析研究的是某一因变量与一个自变量之间的关系。实际生活中，客观现象非常复杂，现象之间的联系方式和性质各不相同。影响因变量变化的自变量往往不止一个，而是多个。如果仅仅进行一元回归分析，不一定能够取得满意的结果，因此，有必要把一个因变量与多个自变量联系起来进行研究分析。在线性相关条件下，研究两个或两个以上自变量对一个因变量的数量变化关系，称为多元线性回归分析。多元线性回归分析的基本原理与一元线性回归分析相同，只是涉及的变量多一些，计算复杂一些。

(一)多元线性回归方程

为了便于理解，这里介绍二元线性回归方程，即以一个因变量 y 与两个自变量 x_1 和 x_2 形成的线性回归，其回归方程式为

$$y_c=a+b_1x_1+b_2x_2$$

式中：y_c 为因变量估计值；x_1、x_2 为两个自变量；a、b_1、b_2 为 3 个参数。

确定 a、b_1、b_2 这 3 个参数值也要用最小平方法，使 $\sum(y-y_c)^2$ 为最小值。由此得到 a、b_1、b_2 这 3 个参数值的求解方程为

$$\begin{cases}\sum y=na+b_1\sum x_1+b_2\sum x_2\\ \sum x_1y=a\sum x_1+b_1\sum x_1^{\ 2}+b_2\sum x_1x_2\\ \sum x_2y=a\sum x_2+b_1\sum x_1x_2+b_2\sum x_2^{\ 2}\end{cases}$$

解此方程组，可以得到 a、b_1、b_2 这 3 个参数值，则二元回归方程就可以建立。

(二)多元线性回归方程的应用实例

【例 9-9】某快递公司开始用投递行驶距离一个变量来估计员工的工作时间，建立了一元回归方程，得出判定系数 r^2 只有 66.4%，这表明投递行驶距离这一个因素只能对工作时间的变动做出 66.4%的解释，结果并不令人满意，说明还有别的重要因素被忽视了，经过分析，认为员工承担的业务次数可能对工作时间有影响，于是，引进了业务次数作为第二变量，建立二元回归方程。相关资料见表 9-10。

表 9-10　某公司员工工作时间与行驶距离和业务次数资料表

员工编号	工作时间 y/小时	行驶距离 x_1/公里	业务次数 x_2/次
1	9.3	100	4
2	4.8	50	3
3	8.9	100	4
4	6.5	100	2
5	4.2	50	2
6	6.2	80	2
7	7.4	75	3
8	6.0	65	4
9	7.6	90	3
10	6.1	90	2
合计	67	800	29

解：(1)根据以上资料计算有关数据：

$\sum y=67$，$\sum x_1=800$，$\sum x_2=29$，$\sum x_1^2=67450$，$\sum x_2^2=91$，

$\sum x_1x_2=2345$，$\sum x_1y=5594$，$\sum x_2y=202.2$

(2) 将有关数据代入方程。

$$\sum y=na+b_1\sum x_1+b_2\sum x_2$$

$$\sum x_1y=a\sum x_1+b_1\sum x_1^2+b_2\sum x_1x_2$$

$$\sum x_2y=a\sum x_2+b_1\sum x_1x_2+b_2\sum x_2^2$$

得到：$67=10a+800b_1+29b_2$

$5594=800a+67\,450b_1+2345b_2$

$202.2=29a+2345b_1+91b_2$

(3) 解联立方程组，得：

$a=-0.868$，$b_1=0.061$，$b_2=0.9234$

(4) 二元线性回归方程为：$y_c=-0.868+0.061x_1+0.9234x_2$

第四节　非线性回归分析

在实际工作中，有时两个变量之间相关关系并非存在线性关系，而是呈现如抛物线、指数曲线、双曲线等各种各样的非线性关系。此时，需要应用适当形式的曲线回归方程来

描述变量之间的关系，这种为观察数据拟合曲线回归方程所进行的分析，称为非线性回归分析。

一、非线性回归分析的意义

(一)确定非线性函数的具体形式

与线性回归分析的情况不同，非线性回归函数有多种多样的具体形式。需要根据所要研究问题的性质并结合实际的观测值做出恰当的选择。

(二)估计函数中的参数

非线性回归分析最常用的方法仍然是最小二乘法。但需要根据函数的不同类型做适当的处理。

二、非线性回归方程的测定

在多数情况下，非线性回归问题可以通过变量的变换，将其转化为线性回归问题，然后再应用线性回归分析方法来解决非线性回归问题。

(一)对于可线性化的曲线函数类型进行回归分析的基本步骤

(1) 将 x 和 y 进行变量转换。

(2) 对新变量进行线性回归分析——建立线性回归方程并进行显著性检验和区间估计。

(3) 将新变量还原为原变量，由新变量的线性回归方程和置信区间得出原变量的曲线回归方程和置信区间。

(4) 计算非线性回归方程的拟合度。曲线拟合得好坏，取决于 $\sum(y-y_c)^2$ 与 $\sum(y-\overline{y})^2$ 的比例的大小。若这个比例小，说明所配合曲线拟合程度高；反之则低。把数量 1 与这个比值之差定义为曲线回归的相关指数，用 R 表示，该值只能取正值。其计算公式为

$$R=\sqrt{1-\frac{\sum(y-y_c)^2}{\sum(y-\overline{y})^2}}=\sqrt{1-\frac{Q}{l_{yy}}}$$

相关指数 R 的大小表明了回归曲线拟合度的高低，或者说表明了曲线回归方程估测的可靠程度的高低。

(5) 根据所拟合的回归方程进行预测。

还有一种情况是找不到已知的函数曲线较接近实测点的分布趋势，这时可以利用多项式回归，通过逐渐增加多项式的高次项来拟合，直到满意为止。

(二)常见的几种非线性回归方程

1. 抛物线

抛物线方程的一般形式为

$$y_c=a+bx+cx^2$$

按照最小二乘法，确定 a、b、c 这 3 个参数的值的计算公式为

$$\begin{cases}\sum y=na+b\sum x+c\sum x^2\\ \sum xy=a\sum x+b\sum x^2+c\sum x^3\\ \sum x^2y=a\sum x^2+b\sum x^3+c\sum x^4\end{cases}$$

求解方程组，可以得到参数 a、b、c 的数值，曲线方程就可以确定。

2. 双曲线函数

双曲线函数方程的一般形式为

$$y_c=a+b\cdot\frac{1}{x}$$

若令 $y'=\frac{1}{y}$，$x'=\frac{1}{x}$，则可以将双曲线函数直线化为

$$y'=a+bx'$$

3. 幂函数

幂函数方程的一般形式为

$$y=ax^b \quad a>0$$

若对幂函数 $y=ax^b$ 两端同时求自然对数，得到

$$\ln y=\ln a+b\ln x$$

并令 $y'=\ln y$，$a'=\ln a$，$x'=\ln x$，则可以将幂函数直线化为

$$y'=a'+bx'$$

4. 指数函数

指数函数方程的一般形式为

$$y=ae^{bx} \quad a>0$$

若对指数函数 $y=ae^{bx}$ 两边求自然对数，可以得

$$\ln y=\ln a+bx$$

并令 $y'=\ln y$，$a'=\ln a$，则可以将其直线化为

$$y'=a'+bx$$

【例 9-10】某公司职工工龄与年平均工资的关系如表 9-11 所示，若年平均工资对工龄的回归方程为二次抛物线形，试确定回归方程，并预测当工龄为 15 年的平均工资。

表 9-11 某公司职工工资和平均工资相关表

职工工龄 x	2	3	4	5	6	7	8	9	10	11
年平均工资 y	5.6	8	10.4	12.8	15.3	17.8	19.9	21.4	22.4	23.2

解：求解抛物线回归模型的计算数据如表 9-12 所示。

表 9-12 计算数据

序号	x	y	x^2	x^3	x^4	xy	x^2y
1	2	5.6	4	8	16	11.2	22.4
2	3	8	9	27	81	24	72
3	4	10.4	16	64	256	41.6	166.4
4	5	12.8	25	125	625	64	320
5	6	15.3	36	216	1296	91.8	550.8
6	7	17.8	49	343	2401	124.6	872.2
7	8	19.9	64	512	4096	159.2	1273.6
8	9	21.4	81	729	6561	192.6	1733.4
9	10	22.4	100	1000	10 000	224	2240
10	11	23.2	121	1331	14 641	255.2	2807.2
合计	65	156.8	505	4355	39 973	1188.2	10 058

由于职工平均工资对工龄的回归方程为抛物线形，则其方程式的一般型为

$$y_c=a+bx+cx^2$$

按照最小二乘法，则 a、b、c 这 3 个参数符合公式

$$\begin{cases}\sum y=na+b\sum x+c\sum x^2\\ \sum xy=a\sum x+b\sum x^2+c\sum x^3\\ \sum x^2y=a\sum x^2+b\sum x^3+c\sum x^4\end{cases}$$

将以上数值代入方程中可以得到

$$\begin{cases}156.8=10a+65b+505c\\ 1188.2=65a+505b+4355c\\ 10\,058=505a+4355b+39973c\end{cases}$$

解上述方程组可以得到

$$\begin{cases} a=-1.33 \\ b=3.46 \\ c=-0.11 \end{cases}$$

所以职工平均工资与工龄间的回归方程为

$$y=-1.33+3.46x-0.11x^2$$

当工龄为 15 年时，年平均工资为

$$y_{15}=-1.33+3.46\times 15-0.11\times 15^2=25.82(\text{万元})$$

课 后 练 习

一、单项选择题

1. 从变量之间相关的方向可以分为(　　)。
   A. 线性相关与非线性相关　　B. 正相关和负相关
   C. 单相关与复相关　　D. 完全相关和不完全相关
2. 当所有观察值 y 都落在回归直线 $y_c=a+bx$ 上时，则 x 与 y 之间的相关系数(　　)。
   A. $r=1$　　B. $-1<r<0$　　C. $r=1$ 或 $r=-1$　　D. $0<r<1$
3. 相关系数 $r=0$，说明两个变量之间(　　)。
   A. 相关程度很低　　B. 不存在任何相关关系
   C. 完全负相关　　D. 不存在直线相关关系
4. 在回归方程 $y_c=a+bx$ 中，回归系数 b 表示(　　)。
   A. 当 $x=0$ 时 y 的期望值　　B. x 变动一个单位时 y 的变动总额
   C. y 变动一个单位时 x 的平均变动量　　D. x 变动一个单位时 y 的平均变动量
5. 相关系数的取值范围是(　　)。
   A. $-1<r\leqslant 1$　　B. $-1\leqslant r\leqslant 1$　　C. $-1<r<1$　　D. $-1\leqslant r<1$
6. 现象之间相互依存关系的程度越高，则相关系数值(　　)。
   A. 越接近于∞　　B. 越接近于−1　　C. 越接近于 1　　D. 越接近于−1 或 1
7. 在回归分析中，要求对应的两个变量(　　)。
   A. 不是对等关系　　B. 是对等关系
   C. 都是随机变量　　D. 都不是随机变量
8. 估计标准误差是反映(　　)。
   A. 平均数代表性指标　　B. 序时平均数代表性指标

C. 相关关系的指标　　D. 回归直线的代表性指标

二、多项选择题

1. 变量间的统计关系分为(　　)。
   A. 函数关系　　B. 相关关系　　C. 数量关系　　D. 对数关系
2. 按照相关关系涉及因素的多少，相关关系可以分为(　　)。
   A. 单相关　　B. 复相关　　C. 偏相关　　D. 对等相关
3. 相关分析的方法主要有(　　)。
   A. 相关指数　　B. 相关系数　　C. 相关表　　D. 相关图
4. 按照自变量的多少，可以分为(　　)。
   A. 一元回归　　B. 多元回归　　C. 线性相关　　D. 非线性相关
5. 回归分析的内容有(　　)。
   A. 拟合回归模型　　B. 测定误差　　C. 控制误差　　D. 显著性检验

三、简答题

1. 相关关系具有哪些特点?
2. 简述函数关系与相关关系的区别与联系。
3. 相关分析的内容有哪些?
4. 相关分析应注意哪些问题?
5. 叙述一元线性回归分析的特点。
6. 叙述一元线性回归方程确定的步骤。

四、计算题

1. 有 6 家企业同时生产 A 产品，它们的产量和单位产品成本资料如表 9-13 所示。

表 9-13　产量和单位产品成本资料

企业名称	产量 x/件	单位成本 y/元
1	2	52
2	3	54
3	4	52
4	4	48
5	5	48
6	6	46

试计算产量与产品单位成本之间的相关系数。

2. 为了了解某公司员工的工龄与其工作效率之间的相关性，该公司人力资源管理处进行了一项研究，其目的是想依据研究成果预估员工的工作效率，随机抽取样本资料如表 9-14 所示。

表 9-14 随机抽取样本资料

员 工	工 龄	效率分数
小叶	1	6
老王	20	5
小蒋	6	3
小李	8	5
小孙	2	2
小徐	1	2
老唐	15	4
小朱	8	3

要求：

(1) 将原始数据绘制散点图，并判断工龄和效率分数之间是否有相关性？

(2) 计算相关系数，并说明相关程度。

3. 某汽车厂要分析汽车货运量与汽车拥有量之间的关系，选择部分地区进行调查，资料如表 9-15 所示。

表 9-15 调查资料

年 份	汽车货运量 x/吨	汽车拥有量 y/万辆
2000	4.1	0.27
2001	4.5	0.31
2002	5.6	0.35
2003	6.0	0.40
2004	6.4	0.52
2005	6.8	0.55
2006	7.5	0.58
2007	8.5	0.60
2008	9.8	0.65
2009	11.0	0.73

要求：

(1) 根据资料绘制散点图。

(2) 求相关系数。

(3) 配合一元回归方程。

(4) 对线性回归方程进行显著性检验(α=0.05)。

4. 我国 7 个地区某年上半年的人均生产总值和人均消费水平统计数据如表 9-16 所示。

表 9-16　统计数据

地　区	人均生产总值/元	人均消费水平/元
地区 1	22 460	7326
地区 2	11 226	4490
地区 3	34 547	11 546
地区 4	4851	2396
地区 5	5444	2208
地区 6	2662	1608
地区 7	4549	2035

要求:

(1) 以人均生产总值作为自变量，人均消费水平作为因变量，绘制散点图，并说明两变量之间的关系形态。

(2) 计算两个变量之间的线性关系，并说明两个变量之间的关系强度。

(3) 拟合直线回归方程，并解释回归系数的实际意义。

(4) 计算判定系数，并解释其意义。

(5) 检验回归方程线性关系的显著性。(α=0.05)

(6) 如果某地区人均生产总值为 15 000 元，预期其人均消费水平。

5. 某市电子工业公司有 15 家企业，其中 14 个企业 2009 年的设备能力和劳动生产率统计数据如表 9-17 所示。

表 9-17　统计数据

企　业	设备能力 x	劳动生产率 y
企业 1	2.8	6.7
企业 2	2.8	6.9
企业 3	3.0	7.2
企业 4	2.9	7.3
企业 5	3.4	8.4
企业 6	3.9	8.8
企业 7	4.0	9.1
企业 8	4.8	9.8
企业 9	4.9	10.6

续表

企　业	设备能力 x	劳动生产率 y
企业 10	5.2	10.7
企业 11	5.4	11.1
企业 12	5.5	11.8
企业 13	6.2	12.1
企业 14	7.0	12.4

要求:

(1) 绘制散点图，并建立直线回归方程。

(2) 当某企业的年设备能力达到 8.0 千瓦/小时。试预测其劳动生产率。

(3) 计算估计标准误差。

(4) 对回归方程进行显著性检验(α=0.05)。

6. 某地区 1997—2009 年粮食产量、牲畜头数和有机肥量有关资料如表 9-18 所示。

表 9-18　有关资料

年　份	粮食产量/亿公斤	有机肥 x_1/万吨	牲畜头数 x_2/万头
1997	25	44	15
1998	23	42	15
1999	24	45	14
2000	23	45	16
2001	24	46	15
2002	25	44	17
2003	26	46	16
2004	26	46	15
2005	25	44	15
2006	27	46	16
2007	28	45	18
2008	30	48	20
2009	31	50	19

要求:

(1) 建立多元线性回归方程。

(2) 计算二元回归方程的判定系数和估计标准误差。

(3) 如果已知 2010 年有机肥施有量为 52 万吨，牲畜头数为 21 万头，预测该年粮食产量为多少?

7. 有 8 个企业的可比产品成本降低率和销售利润资料如表 9-19 所示。

表 9-19　企业可比产品成本降低率和销售利润资料

企　业	可比产品成本降低率	销售利润/万元
企业 1	2.1	4.1
企业 2	2	4.5
企业 3	3	8.1
企业 4	3.2	10.5
企业 5	4.5	25.4
企业 6	4.3	25
企业 7	5	35
企业 8	3.9	23.4

要求:

(1) 计算相关系数。

(2) 确定直线回归方程。

(3) 说明回归系数 b 的经济含义。

(4) 估计标准误差。

实训案例

一、城市居民家庭人均可支配收入与人均消费支出

城市家庭人均可支配收入，在一定程度上反映了我国经济发展速度的快慢和城市居民生活水平的高低，人均可支配收入越多，则人均消费支出也就越多。城市家庭人均可支配收入是计算社会商品购买力，分析消费市场供求状况，研究人民生活、货币流通以及国家和城市居民的关系问题的重要依据。因此，选择城市家庭人均可支配收入与人均消费性支出的内容来进行分析，希望从中发现其相关关系，从而更好地对其进行预测，并为经济发展决策提供依据。

表 9-20 所示资料是上海市人均可支配收入与人均消费性支出的真实数据，对其进行分析，为决策提供依据。

表 9-20　城市居民家庭人均可支配收入与人均消费性支出

年　份	家庭人均可支配收入/元	人均消费性支出/元
1985	1075	992
1986	1293	1170

续表

年份	家庭人均可支配收入/元	人均消费性支出/元
1987	1437	1282
1988	1723	1648
1989	1975	1812
1990	2182	1936
1991	2486	2167
1992	3009	2509
1993	4277	3530
1994	5868	4669
1995	7172	5868
1996	8159	6736
1997	8439	6820
1998	8773	6866
1999	10 932	8248
2000	11 718	8868
2001	12 883	9336

讨论：

1. 居民家庭人均可支配收入与人均消费性支出之间是否存在关系？如果有关系，它们之间是一种什么样的关系？密切程度如何？

2. 能否将居民家庭人均可支配收入与人均消费性支出之间的关系用一定的数学关系式表达出来？如果能，用什么关系式表达它们之间的关系？

二、

小李是一位刚从某学院餐饮专业毕业的学生，决定自主创业。在校期间他已经有过几家连锁餐饮单位实习的经历，他根据自己所学专业知识和技能，经过可行性论证，并通过创业导师的指导，决定在某市加盟某连锁餐饮。

小李通过对某市可行店铺的考察和商谈，有几家店面可供选择。目前，他想通过对不同店铺的营业额做出预测以确定店址，但是他不知道从何下手来预测不同店铺的营业额，你能帮助小李解决此难题吗？

思考题：

1. 对不同店铺的营业额的预测需要考虑哪些因素？

2. 相关数据收集后，你会怎样预测？

第十章　统计综合分析

【教学导图】

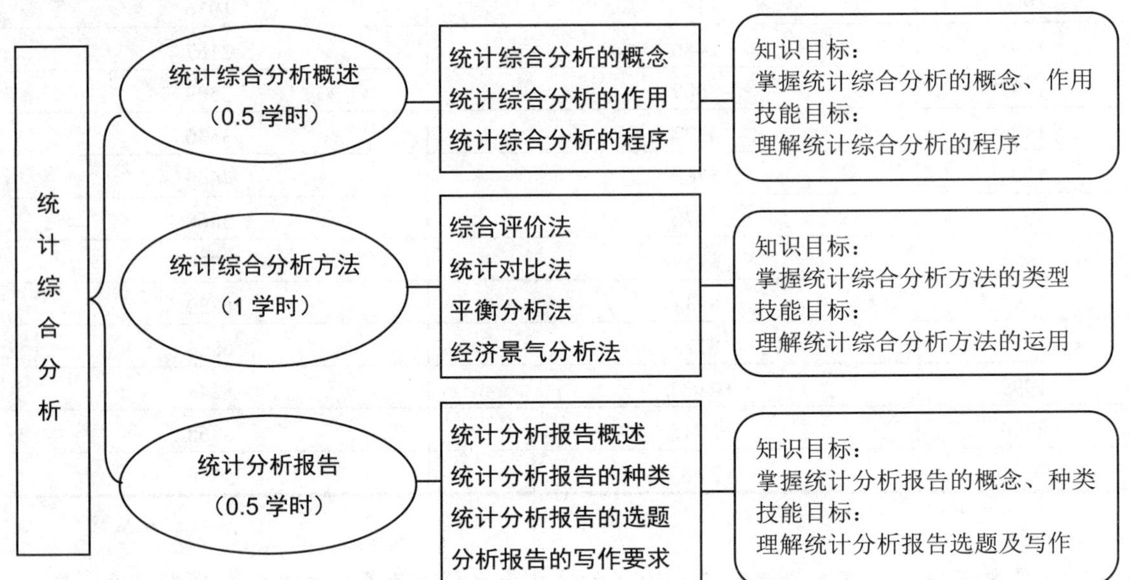

【导入案例】

自高等教育大众化以来，应届大学毕业生人数越来越多，就业压力也随之越来越大。据调查，2007 年，全国高校应届毕业生为 495 万人；到了 2010 年，全国高校应届毕业生已增至 630 万人。从 2011 年开始，国内高校应届毕业生的规模以每年近 30 万人的数量增长，2013 年为 699 万人，2014 年为 727 万人，被一些人称为“史上最难就业季”，2015 年大学毕业生创历史新高，人数达 749 万人，加上 2014 年尚未就业的大学生，可预计 2015 年的高校就业人数多达 840 万，堪称“史上更难就业季”。

关于如何应对当前的大学毕业生就业高峰，有关专家认为，首先是国家出台了一系列政策措施鼓励大众创业、万众创新；其次是在高校建立弹性学制，允许在校学生休学创业；第三，在高校全面推进和加强创新创业教育等。此外，毕业生要提升自身能力，合理定位，多渠道就业。在 2012 年，民营企业吸纳了 31.2%的大学毕业生。因此，专家建议毕业生可选择口碑较好的中小企业就业，增加就业机会。

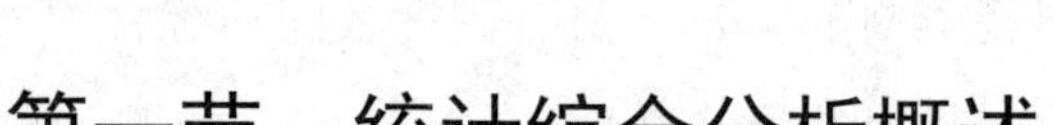

第一节　统计综合分析概述

社会经济现象复杂多样，各种现象之间相互依存、相互制约、相互联系。可见，在统计研究中，如果只运用一种方法，仅从表面现象来认识，或者只从几个指标数值分析，就不能全面深入地认识事物的内在本质与发展规律。因此，通过统计调查搜集到所需要的数据资料并经过整理之后，必须要对整理结果结合现实情况进行综合分析。

一、统计综合分析的概念

统计综合分析(Comprehensive Statistical Analysis)，是指根据研究目的，以客观统计资料为依据，结合具体的实际情况，运用定性分析和定量分析相结合的方法，对社会经济现象总体的规模、水平、速度、质量等方面进行分析研究，揭示事物之间的内在联系，从而认识事物的本质和发展规律的一种统计分析方法。

统计综合分析是统计工作的重要阶段，直接影响着统计质量的好坏。在统计活动中，只有开展统计综合分析，才能体现统计的真正作用，为各地区、各级部门和有关方面的公众提供重要的资料信息，为其把握宏观经济发展态势以及制定长远规划和方针政策提供科学的依据。

二、统计综合分析的作用

统计综合分析的作用主要体现在以下两个方面。

(一)能够综合评价和认识被研究的客观事物

统计综合分析一般将反映事物不同角度的评价指标综合在一起，进行综合分析，实现对事物全面、系统的认识。例如，如果要对企业进行效益考核评价，则需运用某种综合评价分析的方法，对企业的主要经济指标(如劳动消耗的效益、资金使用的效益、投资效果效益、新产品开发效益、产品质量效益等)进行综合分析，最后获得对企业经济效益状况的总体评价或结果。

(二)可对不同国家、地区及单位的综合分析结果进行对比分析和排序

若要对不同地区或单位的经济发展态势在同类地区或同类单位之间的地位和差距进行研究，用以比较各个被评价主体的差异状况，分析差距水平，则必须运用统计综合分析方

法。例如，可以运用统计综合评价方法，进行国家之间的综合国力的比较和排序以及同行业各个企业的综合经济效益评价和排名等。

三、统计综合分析的特点

与其他的评价分析方法相比较，统计综合分析具有以下几个特点。

(一)以统计数据为基础，定量与定性分析相结合

统计综合分析是从有关统计指标数值中研究事物之间的联系、差别及矛盾，揭示客观现象的本质规律，实现对被研究现象总体更深刻、更全面的认识。因此，统计综合分析离不开统计数据的支持。但统计综合分析也并非仅仅是数据的罗列，需将真实数据与实践情况相结合，运用定量分析和定性分析方法，综合掌握事物的发展过程，并深入探究事物变化的根本原因，进而提出合理可行的对策。

(二)统计综合分析综合运用多种分析方法

统计活动的最终目的在于认识总体的全貌，掌握现象运动的全过程，这就要求统计综合分析不能只限于运用一种分析方法，而必须综合运用多种方法进行分析。此外，在进行综合分析时不能仅局限于统计分析方法的应用，还应综合运用其他相关科学，如系统工程学、计量经济学等方法，以便更科学、更公正、更客观地评价被研究总体。

(三)统计综合分析的结果具有相对性

统计综合评价采用相应的数学模式、计量方法取得的结果用数值表示，但这些数据只有相对的意义。因此，统计综合评价的结果是相对的，并不是绝对的结论。综合评价的结果一般适用于性质相同的客观事物之间的比较或排序。此外，采取不同的评价方法也有可能得出不同的结论。例如，评价一个国家的经济发展实力，采用汇率法和购买力评价法的结果是不一致的。

四、统计综合分析的程序

通常，统计综合分析从选题到形成统计分析报告要经历：选择并确定研究课题；课题研究内容的设计；搜集、积累与整理资料；进行系统、周密的分析；根据分析结果形成分析报告。具体程序可依实际条件灵活安排。

(一)选择并确定研究课题

统计综合分析首先要选择合适的研究课题，只有确定了研究课题，统计综合分析才有了方向。研究课题的选择要从实际出发，根据客观需要来选择和确定，同时要有意义，没有意义的课题，则没有实际的使用价值。具体来说，研究课题的选取有多种渠道、多方面来源。既可选择根据党和政府在各时期的方针、政策及工作重心进行选择与确定，也可以选择生产、经营管理工作中的难点；既可选择社会各界关注的热点、焦点和有争论的问题，也可选择改革开放中出现的新情况、新问题。当然，研究课题的选择要根据实际情况来进行，不要为了研究而研究。选题中不仅要考虑主观条件、课题所需资料的来源渠道是否畅通，还要考虑统计人员是否能胜任工作。

(二)课题研究内容的设计

选择并确定课题之后，需要对研究的课题内容进行设计。研究课题设计的内容一般包括：课题研究的目的与任务；课题研究的必要性和可行性；课题研究的指导思想、理论、政策和法规依据；课题研究的内容纲要；课题研究所需的资料及其来源；课题研究的实施步骤、方法与组织。研究课题内容的设计作为指导性文件，在具体实施过程中并不是不可变动的，它需根据研究的实际情况进行不断的补充和修改。

(三)搜集、积累与整理资料

统计综合分析是在统计数据资料的基础上进行的，没有数据资料就好比“巧妇没有大米”。因此，课题研究的内容设计好之后，就需要采集足够丰富和充分可靠的资料。采集、积累什么资料，主要取决于研究课题的内容和所涉及的领域。对于资料的搜集，可以通过定期统计报表资料、有关会议文件、总结和简报资料获得比较丰富的系统的材料，也可以通过普查、抽样调查、重点调查、典型调查等组织形式进行调查获得，以掌握典型材料，补充新资料。

在进行统计资料整理时，需要注意的是由于所采集和涉及的材料不同、来源各异，从而材料的总体范围、指标口径、计算方法等方面都会存在差异。因此，在数据整理之前，要对材料进行认真审查和鉴别，根据研究需要决定取舍，并进行调整、估计和换算，使其成为系统、完整的材料，为分析研究提供直接依据。

(四)运用各种方法进行系统、周密的分析

灵活运用各种统计分析方法对相关资料进行系统、周密的分析是统计综合分析的重要环节。统计分析必须要合理地运用统计方法，如统计分组法、综合指标法、动态分析法、

指数分析法、统计比较法、平衡分析法、抽样推断法、相关与回归分析法、预测估算法等。在实际的运用过程中，要从各种方法的特点出发，科学地选用统计方法，既可以是几种方法的有机结合，也可以是多种方法的综合运用；既可以进行纵向对比，也可进行横向比较。总之，方法是达到目的的手段，掌握每种方法的作用、应用条件和实施过程，对于搞好统计综合分析至关重要。

(五)根据分析结果形成分析报告

统计分析报告是运用统计资料和统计分析方法，对被研究现象的成因和过程进行分析研究，并以文字、图表等形式表述，得出结论性的总结并提出建议或者预测和决策未来的一种应用性文体，也是统计综合分析的最终成果。它是在课题选定、课题研究设计、资料搜集与整理的基础上形成的。一般来说，优秀的统计分析报告不仅要有完整的内容和观点，同时要依据分析结果提出切实可行的思路和解决问题的方案，为统计信息的使用者提供参考。

第二节　统计综合分析的方法

常用的统计分析方法有很多，如指标分析法、动态分析法、分组分析法、指数分析法、统计综合分析法等。很多种方法已在前面章节阐述过，本节将只对统计综合分析法的具体分析方法进行阐述。

统计综合分析主要通过对研究对象的比较和解剖，以及将分析的基本状况与具体情况进行综合概括，揭示事物的内在联系，并达到对事物整体的全面认识与正确判断。统计综合分析的方法主要有综合评价法、统计比较法、平衡分析法、经济景气分析法等。

一、综合评价法

综合评价法是通过建立统计指标体系，并结合各种定性材料，对被评价对象做出明确的评定和排序，以反映社会经济现象总体本质及其发展规律的一种统计分析方法。统计综合评价是在定性分析的前提下，通过现象的数量表现，对研究对象进行更深刻、更全面的认识，其结果往往表现为排出名次顺序、分出等级并做出判断等结论。

(一)综合评价的步骤

统计综合评价有许多种评价方法，虽然每一种方法不同、侧重点不一，但基本步骤与过程却大同小异。统计综合评价一般包括以下几个步骤。

(1) 明确评价的目标。在实际统计工作中，综合评价都是针对某一专题分析展开的，都要达到一定的目标或目的。因此，要对事物进行综合评价，首先要明确为什么要进行评价、评价事物的哪些方面，只有明确了评价的目标才能确定综合评价的指标体系和具体的方法。

(2) 选择评价指标并确定评价指标体系。选择合适的评价指标是关系到综合评价是否客观准确的关键问题，只有正确的评价指标才能正确地反映客观现象的本质特征。因此，在确定由评价指标构成的评价指标体系时，要准确找出影响总体评价目标的各种因素，根据研究目的，构建一套能够从不同角度全面反映客观现象的评价指标体系。评价指标体系可以是单一层次的，也可以是多层次的。

(3) 选择恰当的综合评价方法。统计综合评价的方法有很多，可以根据评价对象的特点进行选择，而在方法的选择中要注重各种方法如何将不能同度量的指标同度量化以及如何将各指标评价值合成为综合评价值。利用各种方法的特点及运用领域，恰当地选择综合评价方法进行综合评价。

(4) 确定评价指标的权重系数。评价指标的权重是指各个评价指标在整个评价指标体系中相对重要性的数量表现。虽然每个评价指标都反映总体某一方面的特征，但各指标在总目标评价中的重要程度并不相同。因此，要根据各指标的重要程度，科学、合理地赋予不同的权重系数。确定评价指标权重的方法有主观赋权法和客观赋权法两类。如果评价指标体系是单一层次的，则所有指标权数之和等于1；如果是多层次的，则每层各部分权数之和等于1。通常，某项指标在反映总体特征中重要程度越高，赋予的权重系数越大；反之则越小。

(5) 选择合适的评价标准。常见的综合评价标准有时间评价标准、空间评价标准、历史评价标准、定额(计划)评价标准和经验评价标准等。评价标准选择的合适，则可以客观评价分析对象的状况；如果评价标准选择不当，则得不到合理的评价结果，甚至会得到错误的结论。因此，在进行综合评价时要确定科学、合理的评价标准。

(6) 综合评价值的计算和排序。综合评价结果是一个综合性的指数(或指数体系)，依据各个指数的计算结果即可进行综合评价结果的对比分析，判断各自的优劣，找出薄弱环节，发现问题，并提出相应的扬长避短的对策和建议。

(二)综合评价的主要方法

综合评价的方法有很多，如综合评分法、层次分析法、功效系数法、平均指数法、综合评价指数法等。

1. 综合评分法

综合评分法是统计综合分析中最常用的一种方法，一般用于评价指标无法用统一的量纲进行定量分析的场合，而用无量纲的分数进行综合评价。综合评分法的核心内容是对评价的不同等级赋予不同的分值，并以此为基础进行综合评价。它的优点是简便、具体、直观，局限性是缺少可比性。

【案例 10-1】

某公司对所属企业的管理人员工作质量的评判项目包括组织能力、管理水平、业务知识和廉洁奉公精神四个项目，并对各项目的评分标准规定：很好，5 分；较好，4 分；一般，3 分；较差，2 分。现组织 100 名职工对 H 管理人员进行评分，该管理人员的各项目得票数、得票率如表 10-1 所示。

表 10-1　某公司 100 名职工对 H 管理人员工作质量评分结果表

评判项目	评分标准								得分
	很好(5 分)		较好(4 分)		一般(3 分)		较差(2 分)		
	得票数	得票率	得票数	得票率	得票数	得票率	得票数	得票率	
组织能力	45	0.45	40	0.40	15	0.15	0	0	4.3
管理水平	20	0.20	50	0.50	20	0.20	10	0.10	3.8
业务知识	20	0.20	30	0.30	30	0.30	20	0.20	3.5
廉洁奉公	30	0.30	30	0.30	25	0.25	15	0.15	3.75

H 管理人员组织能力得分: $0.45\times5+0.40\times4+0.15\times3+0\times2=4.3$；同理，管理水平得分 3.8；业务知识得分 3.5；廉洁奉公得分 3.75。

该管理人员质量工作得分为 $4.3+3.8+3.5+3.75=15.35$(分)。

2. 层次分析法

层次分析法又称 AHP(Analytic Hierarchy Process)构权法，是将复杂的评价对象排列为一个有序的递阶层次结构的整体，在此基础上对各个评价项目之间进行两两的比较、判断，计算各个评价项目的相对重要性系数，权重 AHP 构权法又分为单准则构权法和多准则构权法。

3. 功效系数法

功效系数是指各评价指标的实际值占该指标允许变动范围的相对位置。功效系数法，即在进行综合评价时，先运用功效系数对各指标进行无量纲同度量化转换，然后再采用算术平均数或几何平均数方法，对各项功效系数求总，作为总体的综合评价值加以比较判断，从而评价被研究对象的综合状况。运用功效系数法进行业绩评价，企业中不同的业绩因素得以综合，可以包括财务的和非财务的、定量的和非定量的。

4. 平均指数法

平均指数法是在选择确定了对总体评价的指标体系的基础上，先将评价指标的实际值与相对应的某种基准值进行比较，得到个体指标指数值，然后用事先确定好的每项指标的权数对所有个体指数进行加权平均，算出综合评价的评价指数。平均指数法可以应用于动态评价，也可以用于静态的对比评价，且操作简便，便于进行纵向和横向比较。

5. 综合评价指数法

综合评价指数法是根据客观现象的特点和分析任务的要求，选择和确定评价指标及权重，然后用加权平均法计算出实际值与标准值的比较指标。但需要注意的是，运用综合评价指数法所选的指标都应当是正指标，当指标是逆指标时，如消耗率、负担系数等，需要将其转换为正指标才能合成计算，方法是取其倒数，再进行加权评价计算。

二、统计比较法

统计比较法是指通过比较对照来说明与分析问题的一种统计分析方法，如静态比较、动态比较、相比比较、相差比较、单项比较、综合比较等。有比较才能鉴别，单独看一些指标，只能说明总体的某些数量特征，得不出结论性的认识。一经过比较，如与国外比、与外单位比、与历史数据比、与计划相比，就可以对总体规模的大小、发展水平的高低、发展速度快慢以及内部构成状况作出判断和评价。

(一)统计比较的种类

统计比较是认识和分析社会经济现象的常用方法，从不同的角度有不同的分类，通常情况下，统计比较有以下 3 种类型。

1. 静态比较与动态比较

按照时间状况不同，统计比较可以分为静态比较与动态比较。静态比较也叫横向比较，是同一时间条件下同一统计指标在不同空间条件下的数量比较，如不同部门、不同地区、不同国家的比较，反映地区之间或企业之间的差别和距离。动态比较也叫纵向比较，是同一总体条件不同时期指标数值的比较，表示所研究的总体在时间上的发展变化状态和趋势，如 2014 年国内生产总值与上年的比较、某企业年产值与历史最高水平的比较等。在实际分析中，静态比较和动态比较两种方法既可单独使用也可结合使用。

2. 相对比较与相差比较

按照比较的方式不同，统计比较分为相对比较与相差比较。相对比较就是将被研究对

象与确定的比较标准相除进行的对比，比较结果表现为相对数，如系数、倍数、分数、成数、百分数、千分数等。相差比较是将被研究对象与确定的比较标准相减而进行的对比，相减得到的结果表明两者相差的绝对量。相对比较和相差比较要结合应用，才能对事物的认识更加全面和完整。

3. 单项比较与综合比较

按照比较对象内容的范围不同，统计比较可分为单项比较与综合比较。单项比较也称局部比较，是对总体现象的某一方面、某一部分或某一指标进行比较，它可单独使用某一指标，也可使用若干有关联的指标，如各省份 GDP 的比较和排序、进出口贸易总量的比较和排序。综合比较是对总体或若干方面进行全面系统的评价和比较，如各个国家之间综合国力的比较、不同品牌某类产品的产品质量的综合评价等。

(二)统计比较标准

要进行统计比较，必须有比较的标准或者参照依据，根据研究目的不同，常用的统计比较标准有以下几种。

1. 经验数据标准

经验数据是根据长期的观察或通过大量资料总结计算而得到的常规值，它在一定条件下具有相当大的稳定性。例如，我国多年来的 GDP 年增长率在 8%左右，通常情况下的积累率在 25%～30%。按照学者的观点，失业率在 5%以下时，属于充分就业状态；失业率在 5%～10%时，就构成经济问题，将进入失业预警线；失业率超过 10%时，则要酿成重大的社会和政治问题。在实际的工作中，可以将实际数据与相关的经验数据对比，判断经济发展状态是否正常。

2. 理论数据标准

理论数据标准不是根据经验总结出来的，而是以经验为基础，根据有关科学理论研究进行科学计算得到的正常值或理论值，可以用来作为比较标准，如基尼系数作为一个理论数据标准在国际上广泛使用。

【相关链接 10-1】

基尼系数

基尼系数是 20 世纪初意大利经济学家基尼，根据劳伦茨曲线所定义的判断收入分配公平程度的指标。基尼系数是比例数值，在 0～1 之间，是国际上用来综合考察居民内部

收入分配差异状况的一个重要分析指标。

在全部居民收入中，用于进行不平均分配的那部分收入占总收入的百分比。基尼系数最大为“1”，最小等于“0”。前者表示居民之间的收入分配绝对不平均，即100%的收入被一个单位的人全部占有了；而后者则表示居民之间的收入分配绝对平均，即人与人之间收入完全平等，没有任何差异。但这两种情况只是在理论上的绝对化形式，在实际生活中一般不会出现。因此，基尼系数的实际数值只能介于0～1之间，基尼系数越小收入分配越平均，基尼系数越大收入分配越不平均。

基尼指数通常把0.4作为收入分配差距的“警戒线”，根据黄金分割律，其准确值应为0.382。一般发达国家的基尼指数在0.24～0.36之间，美国偏高，为0.45。中国国家统计局公布基尼系数2014年为0.469，2013年为0.473，2012年为0.474，2010年为0.481。

3. 时间数据标准

时间数据标准是以某一时间上的数据为标准，观察分析研究现象本身的发展变化趋势。时间数据标准又可分为前期数据标准、历史上最好时期的数据标准、历史转折时期的数据标准等。例如，资料统计中常常把改革开放1978年前的经济指标数据作为比较的标准，以反映我国改革开放以来取得的辉煌成绩。

4. 空间数据标准

空间数据标准是以某一空间数据作为比较的标准。目的是分析不同国家、不同单位、不同地区不同系统之间的差距。空间数据标准有平均水平标准、先进水平标准、相似空间标准、计划或政策规定的数据标准等。

统计比较标准虽然多种多样，但在实际进行统计比较时，应根据分析研究的目的和任务要求，选择适当的比较标准并综合运用，以全面反映事物的总体特征。

三、平衡分析法

社会经济现象复杂多变，且各种现象之间相互依存、相互制约，有些现象之间还存在着广泛的平衡关系，大至全国宏观经济运行，小至个人经济收支，如财政收入与支出、商品调入与调出、产品生产与供给等。平衡分析法就是研究社会经济现象数量变化对等关系的一种统计综合分析方法。它把对立统一的双方按其构成要素一一排列起来，给人以整体的概念，以便从全局来观察它们之间的平衡关系。在实际操作中，主要通过编制平衡表，进行平衡关系分析，反映国民经济从不平衡到平衡的发展过程，为国民经济与社会发展的计划安排和综合平衡工作提供依据，促进国民经济健康快速地发展。

四、经济景气分析法

经济波动在任何国家都难以完全避免，是客观存在的。因此如何避免大的经济波动，保持经济的稳定发展，成为各国政府和经济专家一直以来面临的重要课题，而经济景气分析正是为了适应这一要求而产生和发展的。经济景气分析法，是将一组敏感性指标所反映出来的关于当前经济系统运行状况的信息，通过类似于交通管制信号灯的标识发出信号，从而分析经济景气状态的一种统计综合分析方法。经济景气分析一般又可分为宏观经济景气分析和企业景气调查分析。宏观经济景气分析主要是针对国家宏观经济运行状态进行的景气分析，便于国务院和有关部门及时采取宏观调控措施，以经常性的小调整，防止经济的大起大落。企业景气调查分析是全国的大中型各类企业进行的景气分析，内容分为两类：一是对宏观经济总体的判断和预期；二是对企业经营状况的判断和预期，如产品订单、原材料购进、价格、存货、就业、市场需求、固定资产投资等。

第三节　统计分析报告

一、统计分析报告概述

(一)统计分析报告的概念

统计分析报告是根据统计学的原理和方法，运用统计资料和统计分析方法，对被研究现象的成因和过程进行分析研究，并以文字、图表等形式表述，得出结论性的总结并提出建议或预测和决策未来的一种应用性文体。

统计分析报告是统计分析研究过程中所形成的论点、论据、结论的集中表现，可以综合运用表格、图形等表现形式，进行深刻的定性分析，使分析结果更加鲜明、生动、具体。

(二)统计分析报告的特点

统计分析报告是统计分析的表述形式，其特点可以归纳为以下几点。

(1) 统计分析报告必须以系统的统计分析方法来进行分析说明。根据实际研究的需要，统计分析报告中，可以同时应用对比分析法、动态分析法、指数分析法、因素分析法、相关和回归分析法、统计抽样推断法等统计分析方法，全面、系统地分析研究社会经济现象的发展变化。统计分析报告是各种统计分析方法的运用，没有统计分析方法就没有统计分析报告。

(2) 统计分析报告要以统计数据为主，并结合统计表和统计图来描述社会经济现象的发展变化状况。统计分析报告主要以统计数字为语言，直观地反映事物之间的各种复杂联系。而统计图和统计表是统计数据的生动表现，也是统计分析最基本的、最常用的方法。统计图表反映问题更加生动、鲜明，若配合以简练、生动的文字表述，则会使统计分析报告更加生动、活泼。

(3) 注重定量分析为主，定性分析为辅。在统计分析报告中，要注重将定量分析与定性分析方法相结合。一方面要从现象的数量方面来分析研究其发展规模、发展水平、结构比例、发展速度、质量和效益等内容；另一方面要从质的角度分析事物，以全面反映现象的本质规律。

(4) 统计分析报告中提出的方法和对策要具有实用性。统计分析报告是统计工作的最终成果，通过研究统计数据反映的信息，为未来的工作提供建议。因此，统计分析报告中提出的预测方法和决策方法必须要具有较强的实用性，且提出的建议要合理可行，不能脱离实际，同时要明确指出数据资料反映出来的问题，找出问题存在的原因。此外，统计分析报告要针对政府、企业单位、居民普遍关心的社会经济现象中的热点、难点、焦点问题进行分析，提供分析报告，为社会公众提供重要的统计信息资料。

二、统计分析报告的种类

统计分析报告种类繁多，可以从不同角度进行分类。如果按照统计分析报告的内容和作用不同，统计分析报告可以分为国家和地方政府的统计公报、进度统计分析报告、综合统计分析报告、典型调查统计分析报告和专题统计分析报告等几种。

(一)统计公报

统计公报(Statistical Bulletin)一般是由国家和地方政府部门的统计机构通过报纸、杂志、网络等媒体向社会公众公布的年度国民经济和社会发展情况的统计分析报告。一般是由国家、各省市自治区和计划单列市一级的统计局发布，如《中华人民共和国国民经济和社会发展统计公报 2014》、《陕西省国民经济和社会发展统计公报 2014》等。

统计公报的特点是：政治性、政策性和权威性强；主要是用统计数据直接反映国民经济和社会发展的成果，一般不做统计分析；标题和结构基本固定；写作用语郑重、严肃、概括性强；主要披露的是国家或地方国民经济和社会发展的主要、重要和综合性的数据。

【相关链接 10-2】

> **2014 年国民经济和社会发展统计公报**
>
> 2014 年，面对复杂多变的国际环境和艰巨繁重的国内发展改革稳定任务，党中央、

国务院团结带领全国各族人民，牢牢把握国内外发展大势，坚持稳中求进工作总基调，全力推进改革开放，着力创新宏观调控，奋力激发市场活力，努力培育创新动力，国民经济在新常态下平稳运行，结构调整出现积极变化，发展质量不断提高，民生事业持续改善，实现了经济社会持续稳定发展。

一、综合

年末全国大陆总人口为136 782万人，比上年末增加710万人，其中城镇常住人口为74 916万人，占总人口比重为54.77%。全年出生人口1687万人，出生率为12.37‰；死亡人口977万人，死亡率为7.16‰；自然增长率为5.21‰。全国人户分离的人口为2.98亿人，其中流动人口为2.53亿人。

国民经济稳定增长。初步核算，全年国内生产总值636 463亿元，比上年增长7.4%。其中，第一产业增加值58 332亿元，增长4.1%；第二产业增加值271 392亿元，增长7.3%；第三产业增加值306 739亿元，增长8.1%。第一产业增加值占国内生产总值的比重为9.2%，第二产业增加值比重为42.6%，第三产业增加值比重为48.2%。

就业继续增加。年末全国就业人员77 253万人，其中城镇就业人员39 310万人。全年城镇新增就业1322万人。年末城镇登记失业率为4.09%。全国农民工总量为27 395万人，比上年增长1.9%。其中，外出农民工16 821万人，增长1.3%；本地农民工10 574万人，增长2.8%。

劳动生产率稳步提高。全年国家全员劳动生产率为72 313元/人，比上年提高7.0%。

价格水平涨幅较低。全年居民消费价格比上年上涨2.0%。其中食品价格上涨3.1%，固定资产投资价格上涨0.5%，工业生产者出厂价格下降1.9%，工业生产者购进价格下降2.2%，农产品生产者价格下降0.2%。

70个大中城市新建商品住宅销售价格月同比上涨城市个数上半年各月均为69个，下半年月同比上涨城市个数逐月减少，12月份为2个，月同比价格下降城市个数增加至68个。

财政收入稳定增长。全年全国一般公共财政收入140 350亿元，比上年增加11 140亿元，增长8.6%，其中税收收入119 158亿元，增加8627亿元，增长7.8%。

外汇储备略有增加。年末国家外汇储备38 430亿美元，比上年末增加217亿美元。全年人民币平均汇率为1美元兑6.142 8元人民币，比上年升值0.8%。

二、农业

全年粮食种植面积11 274万公顷，比上年增加78万公顷。棉花种植面积422万公顷，减少13万公顷。油料种植面积1408万公顷，增加6万公顷。糖料种植面积191万公顷，减少9万公顷。

粮食再获丰收。全年粮食产量60 710万吨，比上年增加516万吨，增产0.9%。其中，夏粮产量13 660万吨，增产3.6%；早稻产量3401万吨，减产0.4%；秋粮产量43 649万吨，增产0.1%。全年谷物产量55 727万吨，比上年增产0.8%。其中，稻谷产量20 643

万吨，增产 1.4%；小麦产量 12 617 万吨，增产 3.5%；玉米产量 21 567 万吨，减产 1.3%。

……

三、工业和建筑业

工业生产平稳增长。全年全部工业增加值 227 991 亿元，比上年增长 7.0%。规模以上工业增加值增长 8.3%。在规模以上工业中，分经济类型看，国有及国有控股企业增长 4.9%；集体企业增长 1.7%，股份制企业增长 9.7%，外商及港澳台商投资企业增长 6.3%；私营企业增长 10.2%。分门类看，采矿业增长 4.5%，制造业增长 9.4%，电力、热力、燃气及水生产和供应业增长 3.2%。

……

(资料来源：http://www.stats.gov.cn/tjsj/zxfb/201502/t20150226_685799.html)

(二)进度统计分析报告

进度统计分析报告主要是以定期的统计数据为依据，辅以其他必要的统计调查资料，反映社会经济发展情况，分析影响和形成原因的一种统计分析报告。主要有月度分析报告、季度分析报告和年度分析报告。从内容上看，进度分析报告可分为专题进度统计分析报告和综合进度统计分析报告；从时间上看，进度统计分析报告可分为定期进度统计分析报告和不定期进度统计分析报告。

进度统计分析报告具有进度性、时效性和规范性等特点，且进度统计分析报告要求内容短小精悍、结构简单规范、清楚明了。

(三)综合统计分析报告

综合统计分析报告是指从客观实际出发，利用一定时期内大量且丰富的数据资料，对国民经济和社会发展的规模、水平、速度和比例关系、经济效益以及发展变化状况进行综合分析研究所形成的统计分析报告。从国家或地方来说，综合统计分析报告包括国民经济各行业和各部门的经济发展及运行情况的分析；从企业单位来说，综合统计分析报告包括对本单位的人、财、物的全部现象的综合分析研究。

综合统计分析报告的特点是全面性、系统性、客观性。也就是说，此类报告要使用大量丰富而广泛的统计资料，灵活运用统计分析方法，从整体的角度出发，客观地分析研究对象的总体特征，对总体分析做出评价，得出最后结论。

(四)典型调查统计分析报告

典型调查统计分析报告是根据研究的目的和要求，主观地选择少数且有代表性的单位进行深入细致的调查研究所形成的统计分析报告。典型调查一般是为了总结某项政策或措施实施后取得的成果、经验或教训所进行的调查。

典型调查统计分析报告中调查单位数量少，目的在于“以点代面”，一般不能用典型调查取得的数据推断总体特征。虽然调查研究的只是被研究总体中的少数单位，但是能对其进行详细的、深入的分析研究，比其他分析报告更加具体、细致和生动。

(五)专题统计分析报告

专题统计分析报告是对社会经济发展中的某一方面、某一问题进行专门调查或深入研究而形成的一种统计分析报告。它的作用主要是为领导制定某项政策或解决某个问题提供参考和依据，如我国农业经济发展情况的统计分析报告、我国人口发展状况的统计分析报告等。

专题统计分析报告不需反映事物全貌，研究的内容单一、目标集中；选题应根据国家和地方经济发展、社会公众的需要来进行研究，可以将社会经济发展中的焦点、热点问题列为统计分析报告的专题研究，因此专题统计分析报告一般要求突出时间性、时效性。

三、统计分析报告的选题

(一)选题的意义和原则

统计分析报告(Statistical Analysis Report)的写作首先要选择合适的题目，准确、合理的题目对统计分析报告的撰写至关重要。一方面，选题要有意义，没有实际意义的选题，分析报告写得再好也没有实用价值；另一方面，选题要合理，难易程度合适，过难的题目不但不能实现写作目的，而且会造成人力、物力、财力和时间的浪费。

在统计活动中，统计分析报告的题目来源一般有 3 种：任务题、固定题、自选题。任务题是由领导交办或者上级部门布置需要完成的。固定题是结合企事业单位的定期报表制度的数据资料进行分析的题目，这类题目一般不会发生变化。自选题是作者根据研究需要自行确定的题目。选题时注意遵守的原则是：要根据社会经济发展的实际情况来选择题目；根据服务对象的需要选择题目；根据研究者自身的工作条件、研究条件和研究水平选择题目。

总之，统计分析报告的选题要根据实际情况来进行，不要为了研究而研究。当然选题中还要考虑主观条件，课题所需资料的来源渠道是否畅通，写作人员是否能胜任，时间是否赶得上领导决策的需要等。此外，最好选择自己熟悉、适合自己业务水平且各项资料也比较齐全的课题来写。这样，成功的把握较大，切不可好高骛远，选题过大过难，以致力不从心，半途而废，即使勉强写出来了，也不会有较好的质量。

(二)选题的方法

统计分析报告的课题虽然很多，但不能随便撰写，应该从国家、地方政府、企事业单

位、居民个人需要了解的、普遍关注的问题进行选题。选题要围绕国民经济和社会发展中的热点、难点、矛盾点。例如，国家、企业、居民个人都希望了解国民经济发展中波动较大的社会经济现象，如房地产供求及价格、农业生产资料价格、商品房抵押贷款物价变动趋势、股价走势等。这时，研究者可以根据需要与可能的原则选择题目研究，并撰写相关的统计分析报告，统计分析报告就能发挥积极的作用，取得较好的社会效益。

四、统计分析报告写作的基本要求

(一)统计分析报告的内容要求

统计分析报告在写作内容上要求数字准确、分析得当、方法正确、建议可行，并对正确贯彻党的方针政策能够起到促进作用。

(1) 数据要准确。统计数据是用来表现实际情况的统计语言，又是得出统计分析报告的结论，如果使用的数据不准确，其结论可能是片面的，甚至是错误的。所以，要注意数据资料的来源要可靠。如果是自己调研的结果要保证其有足够的代表性。

(2) 分析要得当。分析时要坚持实事求是的原则，全面地看问题，必须反映出现象的本质特征和规律性，要从发展和联系的观点看问题。

(3) 方法要正确。统计分析方法很多，在分析研究时要根据研究目的和现象自身的特点，采用合适的方法进行分析研究，并注意各种分析方法的结合使用。力求从不同的角度观察和分析问题。

(4) 建议要可行。统计分析的基本任务就是应用一定的方法，对统计数据资料进行分析研究，找出存在的问题，提出解决问题的对策措施，或者通过分析研究提出预警方案。因此，提出的对策措施、预测方法或者预警方案要实用可行；否则就失去了研究的意义。

(二)统计分析报告的格式要求

一份完整的统计分析报告一般要有标题、导言、正文、结语以及附件等几个部分。

(1) 标题。统计分析报告同其他的论文、作品一样，必须有标题。标题是统计分析报告的名称，是全篇内容的最简洁概括。所以，标题必须简单明了，具有较强的吸引力。标题的写作形式灵活多样，主要有以下几种形式。

① 直叙式标题。一般只反映调查意向或只透出调查地点、调查项目的标题，多用于市场调查报告，如《关于农产品市场供需状况的调查》、《2014年××地区大豆市场销售情况调查》等。

② 表明观点式标题。直接阐明作者的观点、看法或对事物的判断和评价，如《平价药品脱销问题引出的思考》《空调削价竞争不可取》等。

③ 提问式的标题。一般以设问、反问等形式，突出问题的焦点尖锐性，吸引读者，引发思考，如《农业生产资料价格为什么总在上涨？》《房地产市场为什么如此红火？》等。

④ 概括式的标题。用简短的语句概况出统计分析报告的范围、内容、时间、地点的标题，如《中国改革开放20年来的农民生活水平的变化》等。

(2) 导言。导言是统计分析报告的开头语，是本报告主要观点的概括，好的导言能起到提纲挈领的作用。既可以使全文顺利展开，又可以激发读者阅读的兴趣。导言的形式多种多样，可以是“开门见山、言简意赅”，报告开头直接揭示主题，阐明分析目的和动机，使读者对该分析报告有大概的了解；可以“结论先行，逐步论证”，即先写明分析的结论和观点，然后再层层论证，使人一目了然；可以“交代情况，逐层分析”，在报告中先介绍写作背景、调查数据，然后逐层分析，得出结论；也可以“提出问题，引人入胜”，即在开头提出人们关注的问题，引导读者进入正题。

总之，导言要切实做到重点突出、高度概括、统率全文，同时要有吸引力，能够吸引读者继续阅读。

(3) 正文。正文是统计分析报告的主体部分，以基本统计数据为基础，围绕所要分析研究的中心内容进行，对社会经济现象及其发展变化进行深刻的分析，既要肯定成绩、总结经验，又要发现矛盾、找出矛盾产生的原因。

正文论述要有层次性，全文结构设置要合理，各部分之间保持连贯，对于篇幅较长的统计分析报告，最好分成几个部分，每个部分设置有小标题。统计分析报告要求具有严密的逻辑性，使用概念要明确，推理要以准确的数据为依据，推理要以充分的依据为前提，判断与推理的结果前后不能矛盾，做到观点和材料相统一，以观点统帅材料，用材料说明观点。

(4) 结语。结语是统计分析报告的结束语，要对全文进行总结。结束语可以概括全文，结合说明调查报告的主要观点，深化文章主题；可以形成总结，在对统计资料深入分析的基础上，得出报告结论；可以提出建议和可行性方案，实现统计工作的实用价值；也可以通过调查分析展望未来前景，说明意义。

统计分析报告结尾写法没有统一的规定和严格的要求，主要由报告正文的思想内容决定。对于在正文的论述中已经分析研究完成了主题的报告，最后的结尾部分也可以省略。

(5) 附件。附件是统计分析报告中正文包含不了的或没有提交的，但与正文有关且必须附加说明的部分。它是正文的补充或更详尽的说明，包括问卷、技术细节说明、原始资料、背景材料、统计输出部分结果显示等。

课 后 练 习

一、单项选择题

1. 统计综合分析的目的主要体现在(　　)。

A. 选择研究课题　B. 综合分析　C. 发现问题　D. 提出对策和建议

2. 下列属于统计综合分析方法的是(　　)。

A. 统计分组　B. 统计调查　C. 统计比较　D. 制定统计标准

3. 对于定量指标的无量纲化处理可采用的方法是(　　)。

A. 统计分析法　B. 相差比较法　C. 综合评分法　D. 功效系数法

4. 平衡分析法主要通过编制(　　)来分析现象之间的平衡关系。

A. 平衡表　B. 调查表　C. 一览表　D. 复合表

5. 运用统计资料和统计分析方法，对被研究现象的成因和过程进行分析研究，并以文字、图表等形式表述，得出结论性的总结并提出建议或者预测和决策未来的一种应用性文体是(　　)。

A. 统计调查方案　B. 统计设计方案　C. 统计分析报告　D. 统计整理报告

二、多项选择题

1. 统计综合分析的特点有(　　)。

A. 以统计数据为基础　B. 定量分析与定性分析相结合

C. 分析课题的重要性　D. 分析结果的综合性

E. 分析结果的相对性

2. 统计比较的标准有(　　)。

A. 经验数据标准　B. 实际数据标准

C. 时间数据标准　D. 空间数据标准

E. 目标数据标准

3. 统计分析报告的种类有(　　)。

A. 统计公报　B. 进度统计分析报告

C. 典型调查统计分析报告　D. 综合统计分析报告

E. 专题统计报告

4. 以下统计分析报告的说法中，正确的有(　　)。

A. 统计分析报告内容一般要有：标题、导言、正文、结语和附件等几个部分

B. 统计分析报告一般力求避开社会发展中的热点问题

C. 其数据要准确

D. 其分析方法要正确

E. 其提出的措施要可行

三、简答题

1. 什么是统计综合分析？

2. 统计综合分析的程序是什么？

3. 什么是综合评分法、功效系数法和平均指数法？

4. 统计分析报告包括哪些主要内容？

实训案例

2014 年我国餐饮行业现状及发展趋势

俗话说，“民以食为天”。长期以来，餐饮业作为第三产业中的主要行业之一，对刺激消费需求，推动经济增长发挥了重要作用，在扩大内需、安置就业、繁荣市场以及提高人民生活水平质量等方面，都做出了积极贡献。2013 年高端餐饮业绩明显较差，主要原因主要体现在以下几方面：一是市场环境欠佳；二是国家反腐政策执行力度大，高端公务消费明显减少；三是去年 H7N9 禽流感疫情也对餐饮行业经营产生较大负面影响。

近几年来可以看到，由于受国内外经济增长放缓、食品安全等不确定因素增多等影响，餐饮业营业收入增幅也相应降低，与前几年的高速增长相比，已出现明显放缓迹象。餐饮业发展现状“步入十年低谷”。2013 年，餐饮行业发展的同时，面临着食品原材料成本上升、劳动力成本提升、管理人才匮乏、成本控制难等多方面问题，行业竞争愈演愈烈，全国各地传出的信息除了显示餐企营收增幅放缓、成本高起、利润下滑外，更是出现了较高的倒闭潮。

2014 年第一季度刚过去不久，中国烹饪协会又发出一季度餐饮行业分析报告。文章中指出：根据国家统计局数据，2013 年 1—2 月份，全国餐饮收入 4030 亿元，同比增长 8.4%，比去年同期下降 4.9 个百分点，这一同比增幅相较于 2012 年下降了 36.8%，而且是近 10 年来，1—2 月份数据第一次出现个位数增幅。特别是限额以上企业的餐饮收入 1278 亿元，同比下降了 3.3%，比去年同期下降 17.3 个百分点，出现了中国餐饮业改革开放以来的首次负增长。

如果说 2014 年餐饮行业的日子不好过的话，那么 2014 年以后，餐饮行业的日子将雪

上加霜。种种迹象表明，餐饮业发展形势严峻，未来餐饮业将面临新一轮洗牌。

在国内外经济增速放缓的情况下，中央“八项规定”“六项禁令”的深入推行，多地出现 H7N9 禽流感，食品安全问题的日益突出等几大不利因素齐聚餐饮业，2013 年餐饮业拐点出现，餐饮行业经营面临困境，探究原因和整合分析将成为行业谋求发展的重要保障。“四高一低”是目前餐饮行业面临的主要困境，即房租、人工、原材料、水电成本高；食品安全、消费投诉、媒体曝光风险高；门店销售难增长，利润水平持续低。下面是我国餐饮行业现状。

1. 房租 10 年来上涨近 4～5 倍

有媒体调查显示，有些企业门店的续租租金上涨达 100%，甚至更高。一般餐饮企业房金都占到营业收入的 40%～50%，经营非常难。

2. 原材料、人工成本加速上升

根据一家大型连锁餐企介绍，食材成本占收入比例近 4 成，2012 年，食材普遍上涨 20%，如牛肉原来 50 元/公斤，现在已涨到 60 多元。羊肉去年不到 40 元/公斤，现在接近 50 元。人工工资约占收入的 2 成。2008 年全国餐饮业从业人员月平均工资为 1500 元，现在全国餐饮业从业人员月平均工资为 3000 元以上，工资增速较快，将近翻了一番。

3. 水电能源、刷卡费用受行业“歧视”

餐饮行业已经告别了 80 年代的简单快速发展、90 年代的迅速增长、新千年的高利润，餐饮行业自进入 2010 年以来的新十年，餐厅要把握这种变化趋势，研究制定正确的对策，对餐饮企业来说至关重要。

……

想要在中外餐饮企业竞争加剧中脱颖而出，就需要通过连锁经营的标准化，同时形成自己的流水作业方式，加上上下游资源的整合，以及企业品牌价值打造等多方面突破，最后形成拥有本企业核心优势的中国连锁餐饮企业。

思考题：

1. 上述材料属于哪一类型的统计分析报告？
2. 上述统计分析报告的标题属于哪一种形式？
3. 上述统计分析报告中运用到哪些统计分析方法？

课后习题参考答案

第一章

课 后 练 习

一、单项选择题

1. D　2. D　3. B　4. A　5. D　6. C　7. A　8. A　9. C　10. A

11. B　12. D　13. C　14. D　15. B

二、多项选择题

1. ABC　2. ABCD　3. BCD　4. ABCD　5. ABCD

三、简答题

1. 简述统计的研究对象。

答：(1)统计学的研究对象是社会经济现象的数量方面；

(2) 统计学是在质和量的联系中研究数量特征和数量关系；

(3) 统计学研究的是总体数量方面。

2. 简述标志与指标的区别和联系。

答：(1)它们的主要区别。第一，标志是说明总体单位特征的，指标是说明总体特征的。第二，标志有用文字表示的品质标志和用数值表示的数量标志。第三，标志中的数量标志不一定经过汇总，可直接取得，而指标数值是经过一定的汇总取得的。第四，标志一般不具备时间、地点等条件，但完整的统计指标，一定要有时间、地点、范围等条件。

(2)它们的主要联系。第一，统计指标的数值多是由总体单位的数量标志值综合汇总而来的。第二，标志与指标之间存在着变换关系。

3. 简述统计学的研究方法。

答：(1)大量观察法；(2)统计分组法；(3)统计模型法；(4)统计描述法；(5)综合分析法；(6)归纳推断法。

第二章

课 后 练 习

一、单项选择题

1. C　2. A　3. A　4. D　5. A　6. C　7. A　8. D　9. A

二、多项选择题

1. ABCDE　2. ABC　3. ABCD　4. ABCDE

三、简答题

1. 从不同角度的考察，统计设计类型不同。按照统计设计研究对象的范围不同，统计设计可以划分为整体设计和专项设计。按照统计设计所包含的工作阶段不同，统计设计可以划分为全阶段设计和单阶段设计。按照统计设计包含的时间长短不同，统计设计可以分为短期设计、中期设计和长期设计。

2. 统计设计一般应包括的内容有：明确统计研究的目的和任务；确定统计研究的对象和时空标准；设计统计指标和统计指标体系；确定统计分类和分组；设计统计调查方案；设计统计资料整理方案；设计统计分析的基本方法；规定各个阶段的工作进度和时间安排；明确各部门和各阶段的配合和协调；统计力量的组织与安排。

3. 统计指标体系设计应遵循目的性原则、科学性原则、整体性原则、统一性原则、可比性原则。

4. 统计指标和指标体系的设计的内容有：确定统计指标体系的组成，明确指标体系的核心指标；确定统计指标的名称、内容和计算范围；确定指标的计算方法；确定统计指标的计量单位；确定统计指标的空间范围和计算时间等。

实 训 案 例

1. 第二个小组的统计指标体系设计得更好些。与第一个小组设计的指标体系相比，第二个小组的指标体系加入学校形象、学生忠诚度等指标，使指标体系更加完整、全面。

2. 设计统计指标体系应该注意：(1)统计指标和统计指标体系的设计要依据统计工作和统计研究的目的进行；(2)统计指标和统计指标体系的设计必须要符合客观认识对象本身的性质和特点，能够科学地反映出认识对象的真实情况；(3)设计统计指标和统计指标体系时，必须考虑到计划、会计、业务核算的实际情况和统计的需要，尽可能地使各种核算的原始记录统一、计算方法一样、包括的范围、经济内容相同、起止时间一致，从而使统计资料相互配套，以免产生不必要的重复和矛盾；(4)可比性原则是指在设计统计指标和统计指标体系时应注意各地区、各部门指标的一致性和不同时期统计指标的相对稳定性，以便同类指标能在不同空间和不同时间相互比较。

第三章

课后练习

一、单项选择题

1. D　2. D　3. B　4. B　5. C　6. C　7. B　8. A　9. C　10. C　11. D

二、多项选择题

1. ABCDE　2. AD　3. ABCD　4. ACD　5. ABC

三、简答题

1. 调查方案内容一般包括：确定统计调查的目的与任务；确定调查对象和调查单位；设计调查的项目和调查表；确定调查的时间和期限；制定调查工作的组织实施计划等。

2. 普查是为了某种特定的目的或得到某种特定的数据而专门组织的一次性的全面调查。统计报表是由政府主管部门根据统计调查的目的，以统计表格形式和行政手段自上而下布置，然后由填报单位自下而上逐级汇总提供统计资料的一种统计调查方式。统计报表可以分为全面调查和非全面调查，目前，大多数统计报表属于全面调查。重点调查、典型调查和抽样调查都属于非全面调查。其中，重点调查是在调查对象中选择一部分重点单位进行调查搜集数据资料的一种非调查方式。典型调查是根据调查的目的与要求，在对被调查对象进行全面分析的基础上，有意识地选择若干具有代表性的典型单位进行的调查。抽样调查是按照随机原则从调查对象中抽取一部分单位作为样本进行调查，并根据抽样样本的调查结果去推算总体数量特征的一种调查方式。

3. 调查问卷的问题设计中应该注意：提问内容要明确；用词要通俗易懂；一项提问不应包含多个问题；避免诱导性的提问；避免否定形式的提问；避免敏感性问题。

实 训 案 例

1. 问卷 A 设计得更好一些。问卷 A 的卷首语比问卷 B 更加有说服力，内容全面。此外，问卷 A 的问题设置比问卷 B 更加合理，问卷 B 中的开放式问题过多。

2. 设计一份科学合理的调查问卷应该注意：(1)问卷要有完整的结构，卷首语要表达清楚、诚恳；(2)问卷中的问题设计要根据调查目的和任务进行，从实际出发拟题，题目清楚，重点突出，切忌模棱两可；(3)问卷中的问题要按一定的逻辑顺序排列，符合应答者的思维程序。一般是先易后难、先简后繁、先具体后抽象；(4)封闭式问题放在前面，开放式问题放在后面，且开放式不应过多，以 1～2 个为宜；(5)问卷中的语气要亲切诚恳，问句要简单易懂，避免使用专业术语，给应答者造成理解困难。

第四章

课 后 练 习

一、单项选择题

1. C　2. D　3. A　4. D　5. A　6. A　7. B　8. A　9. B
10. D　11. C　12. C　13. B　14. C　15. D　16. B　17. A　18. C
19. B　20. C　21. C　22. B

二、多项选择题

1. ABC　2. ACD　3. ABD　4. ABD　5. AD　6. BC
7. ACD　8. BD　9. BD　10. CD　11. ACD　12. ABCD

三、简答题

1. 统计整理是根据研究目的和任务要求，对统计调查阶段搜集得到的各项原始资料(初始资料)进行科学的审核、分组和汇总，或对已经加工过的资料(次级资料)进行再加工，使之条理化、系统化，变成能反映总体特征的综合数据的工作过程。统计整理的具体步骤有：(1)设计统计整理方案；(2)审核统计资料；(3)选择标志，划类分组；(4)汇总计算，得出指标；(5)显示统计资料；(6)积累和保管统计资料。

2. 统计分组是根据社会经济现象的特点和统计研究的目的要求，按照一定的标志把总体划分为若干不同性质的组或类型。其作用体现在以下 3 个方面：(1)区分总体现象的类型；

(2)揭示现象的内部结构及其变化；(3)分析现象之间的依存关系。

3. 为正确选择分组标志，应遵循以下基本原则：第一，根据统计研究目的与任务选择分组标志；第二，选择最能够反映现象本质特征的标志；第三，结合现象所处的具体历史条件和经济条件选择分组标志。

4. 组距是各组上下限的距离，即各组最大标志值与最小标志值之差，说明每组取值区间的长度。组数是分配数列所分组的个数。组限是区分各组取值区间的边界值。组距数列组数的决定因素是总体的全距和组距。

在等距数列中，组数=全距/组距，即在组距既定的条件下，全距越大组数越多，呈现正比例关系；在全距既定的条件下，组距越大组数越少，呈现反比关系。

通常情况下，根据组距大小确定各组的上下限。一般地，第一组的下限必须略小于实际最小变量值，最后一组的上限必须略大于实际最大变量值，并尽可能使各单位的标志值在组内分布比较均匀。

5. 统计表和统计图是统计资料的两种表现形式。统计整理的结果通过编制统计表和绘制统计图来表现，能够更科学合理地组织安排大量数字资料，简略过多的文字表述，使统计资料的排列条理化、系统化、标准化，简洁明确、一目了然，便于直接阅读，有利于对照、比较和分析，对统计分析工作有着重要的意义。

实训案例

一、

1. 全面审核时需要审核统计资料的正确性、及时性和完整性。

2. 采用逻辑检查的审核方法。

3. 资料中李玉龙、王笑和严玲的信息具有明显的逻辑错误，需要重新向被调查者确认并进行更正。

二、

1. 复合分组。复合分组是对总体按两个或者两个以上的标志进行的重叠式分组，即在某一标志分组的基础上再按另一标志进一步分组。该统计分组先按照学历分组，然后在学历分组的基础上再按性别进一步分组。

2. 品质数列。品质数列是按品质标志分组(属性分组)所形成的分配数列，其组别表现为一系列的概念或属性特征。在校学生的学历和性别都是品质标志。

3. 复合分组表。复合分组表是指表的主词按两个或两个以上的标志进行复合分组后形成的表。

三、

1. 学生按性别分组所形成的品质数列，统计表和统计图分别如表 1、图 1 所示。

表 1　某班学生按性别分组的品质数列表

按性别分组	人数/人	比例/%
男生	19	52.78
女生	17	47.22
合计	36	100.00

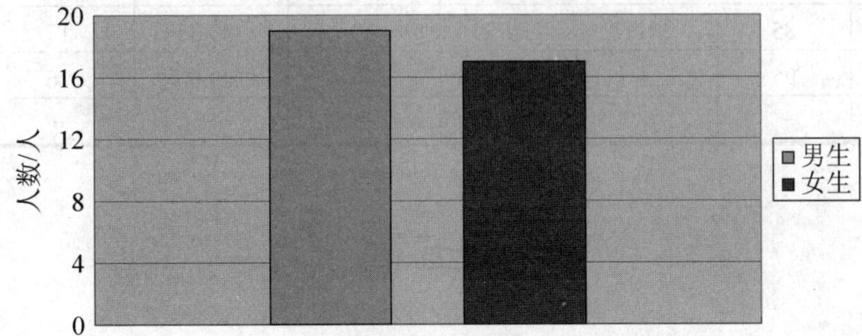

图 1　某班学生按性别分组的柱形图

2. 学生按年龄分组所形成的单项变量数列，统计表和统计图分别如表 2、图 2 所示。

表 2　某班学生按年龄分组的单项变量数列表

按年龄分组	人数/人	比例/%
16	2	5.56
17	8	22.22
18	12	33.33
19	11	30.56
20	3	8.33
合计	36	100.00

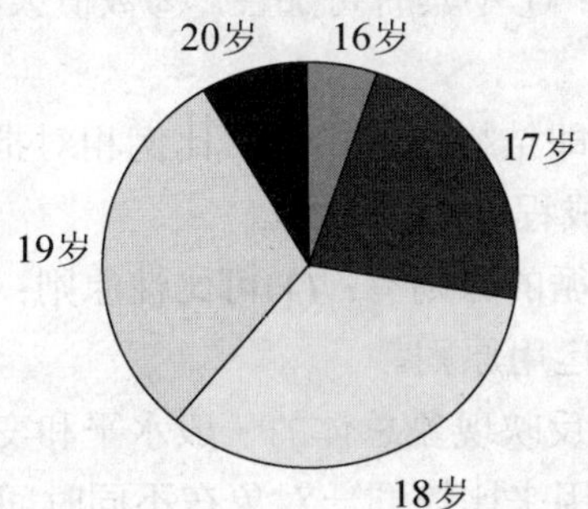

图 2　某班学生各年龄构成的圆形图

3. 具体答案见下表。

统计学分数	组中值	人数/人	比例/%	向上累计		向下累计	
				频数/人	频率/%	频数/人	频率/%
60 分以下	55	3	8.33	3	8.33	36	100.00
60～70	65	6	16.67	9	25.00	33	91.67
70～80	75	10	27.78	19	52.78	27	75.00
80～90	85	11	30.55	30	83.33	17	47.22
90～100	95	6	16.67	36	100.00	6	16.67
合计	—	36	100.00	—	—	—	—

第五章

课 后 练 习

一、单项选择题

1. C　2. A　3. D　4. D　5. A　6. A　7. D　8. A　9. A　10. B

二、多项选择题

1. ABC　2. BCD　3. ABCD　4. ABCD　5. CD　6. ABCD

三、简答题

1. 总量指标的作用有：(1)总量指标是对社会经济现象认识的起点；(2)总量指标是制定政策、编制计划、进行科学管理的重要依据；(3)总量指标是计算其他统计指标的基础.

2. 时点指标具有以下特点：①不具有可加性。②数值大小与登记时间的间隔长短无关。③指标数值是间隔计数的。

3. 相对指标主要有六种，即结构相对指标、比例相对指标、比较相对指标、动态相对指标、强度相对指标和计划完成程度相对指标。

4. 正确运用相对指标应遵循的原则有：(1)可比性原则；(2)相对指标与总量指标结合运用原则；(3)多种相对指标结合运用原则。

5. 平均指标的作用有：(1)反映现象总体的一般水平和变量值分布的集中趋势；(2)用来分析现象之间的依存关系；(3)用来比较同一对象在不同时间或空间的发展水平；(4)用来进行统计推断。

四、计算题

1. 101.85%

2. 102.22%

3. 1.94%

4. (1) 结构相对指标见下表。

年 份	生产总值	其 中					
		第一产业		第二产业		第三产业	
		产值	比例	产值	比例	产值	比例
2010	36 405	8157	22.4	13 801	37.9	14 447	39.7
2011	44 470	8679	19.5	17 472	39.3	18 319	41.2

2010 年第一、二、三产业的比例为：1:1.7:1.8

2011 年第一、二、三产业的比例为：1:2:2.1

(2) 见下表

	2011 年为 2010 年的百分数/%	2011 年比 2010 年增长/%
生产总值	122.2	22.2
其中：第一产业	106.4	6.4
第二产业	126.6	26.6
第三产业	126.8	26.8

5. 790

6. 65.86

7. 225

8. 1.27

9. 1.2；1.225

10. 8.59%

11. 七月众数：122.14；中位数：122.33

八月众数：111.92；中位数：114.08

12. (1) 中位数为：283.3；众数为：294.5

(2) 278

(3) 全距为：350；平均差为：41.78；标准差为：52.6

13. (1) 第一组全距：100；第二组全距：6

(2) 第一组平均差：25.71；第二组平均差：1.714

(3) 第一组标准差：31.62；第二组标准差：2

因为两组均值相同，变异指标小，平均指标代表性大，因此第二组平均指标代表性大。

第六章

课 后 练 习

一、单项选择题

1. C　2. B　3. D　4. C　5. B　6. A　7. B　8. B　9. B

10. C　11. A　12. D　13. C　14. B

二、多项选择题

1. BCD　2. AC　3. CD　4. ABCD　5. BD

6. ACD　7. ABD　8. ABC　9. AB　10. ACD

三、简答题

1. 时间数列由两个基本要素构成：一是现象所属的时间；二是该现象在不同时间所对应的统计指标数值。在编制过程中，要遵循以下五个原则：(1)各指标数值所属时间长度要一致；(2)各指标数值的总体范围要一致；(3)各指标数值的经济内容要一致；(4)各指标数值的计算方法要一致；(5)各指标数值的计算价格和计量单位要一致。

2. 时期数列是时期总量指标编制而成的时间数列，每一个指标值都反映了某社会经济现象在一定时期内发展过程的累计总量，如总产值、总产量等。时点数列是时点总量指标编制而成的时间数列，每一个指标值都反映了某社会经济现象在一定时点(时刻)上达到的发展水平，如年末人口数、库存量、存款余额等。

时期数列主要有以下三个方面的特点：(1)时期数列中的每个指标值都是可以相加的；(2)时期数列中的每个指标数值大小与其所属的时期长短有直接关系；(3)时期数列中的指标值是通过连续登记的方式取得。同时，时点数列特点也表现在三个方面：(1)时点数列中的不同时点指标值不可以相加；(2)时点数列中的每个指标数值大小与其时点间隔长短没有直接关系；(3)时点数列中的指标值是通过间断登记的方式取得。

3. 平均发展水平是将不同时间的发展水平加以平均而得到的平均数，又称为序时平均数或动态平均数。序时平均数，可以根据各种时间数列进行计算。由于时间数列的种类不同，时间数列中的指标性质不同，计算方法也就不尽相同。因此，计算平均发展水平的基本思路首先要判断时间数列的类型，其次根据不同的类型选择具体的计算公式。

4. 环比发展速度是时间数列中报告期发展水平与其前一期发展水平之比，以报告期前一期为基期，说明某种社会经济现象的逐期发展方向和程度。定基发展速度是时间数列中报告期发展水平与某一固定基期发展水平之比，其基期是固定不变的，说明某种社会经济现象在较长时期内总的发展方向和程度，也称为总速度。环比发展速度和定基发展速度之间存在着一定的数量推算关系：(1)各环比发展速度的连乘积等于相应时期的定基发展速度；(2)相邻两个定基发展速度之比等于相应时期的环比发展速度。

5. 增长量是指时间数列中两个不同时期的发展水平之差，反映社会经济现象报告期发展水平比基期发展水平增加或减少的绝对数量，即增长量=报告期发展水平−基期发展水平。增长速度是根据增长量与基期发展水平对比而得到的相对数，反映社会经济现象的增长程度，一般用百分数或倍数形式表示，说明报告期水平比基期水平增加百分之几或若干倍。其之间的关系表现为增长速度的计算公式上，即增长速度=增长量/基期水平。

6. 平均速度就是速度指标的序时平均数。速度指标有发展速度和增长速度，则平均发展速度和平均增长速度则统称为平均速度指标。平均发展速度和平均增长速度这两个平均速度指标的计算，实际上就是指平均发展速度的计算。在实际统计工作中，平均发展速度的计算方法有两种，即水平法和累计法。

7. 长期趋势的测定是对时间数列的修匀，修匀的基本目的就是消除影响事物变化的非基本因素。长期趋势测定的方法有时距扩大法、移动平均法和数学模型法。(1)时距扩大法是长期趋势测定中最原始、最简便的方法，是把原来时间数列中的时间长度(时距)扩大，得出较长时距的资料，用以消除由于时距较短，受偶然性因素所引起的波动或不均匀状况。(2)移动平均法实质上是时距扩大法的改良，通过扩大原时间数列的时间间隔，并按一定的间隔长度逐期移动，分别计算出一系列移动平均数，这些平均数形成的新时间数列对原时间数列的波动起到了一定的修匀目的，削弱了原时间数列中短期偶然因素的影响，从而呈现出现象发展的变动趋势。(3)数学模型法就是根据时间数列发展形态的特点，选择一种合适的数学方程式，进而以自变量 t 代表时间因素，因变量 y 代表数列水平，然后依据此方程式来分析长期趋势的方法。

8. 分析和测定季节变动最常用的方法是同期平均法，其具体步骤如下：第一，计算各年同月(季)的平均水平，目的是为了消除非季节因素的影响。第二，计算各年同月(季)的平均水平，即各年同月(季)的平均水平时间数列的序时平均数，也称为总平均月份(季)水平，目的是计算季节比率。第三，计算季节比率，即

$$季节比率=\frac{同月(季)平均水平}{总平均月份(季)水平}\times 100\%$$

四、计算分析题

1. $\overline{a}=\frac{\sum af}{\sum f}=\frac{320\times5+250\times12+370\times8+290\times5}{5+12+8+5}=\frac{9010}{30}=300$(辆)

2. 第一季度的平均现金库存额$=\frac{\frac{500+480}{2}+\frac{480+450}{2}+\frac{450+520}{2}}{3}=480$(万元)

第二季度的平均现金库存额$=\frac{\frac{520+550}{2}+\frac{550+600}{2}+\frac{600+580}{2}}{3}=566.67$(万元)

上半年的平均现金库存额$=\frac{\frac{500}{2}+480+450+520+550+600+\frac{580}{2}}{6}=523.33$(万元)

3. $\overline{a}=\frac{\sum \overline{a}_i f_i}{\sum f_i}=\frac{\frac{15.2+14.2}{2}\times2+\frac{14.2+17.6}{2}\times4+\frac{17.6+16.3}{2}\times3+\frac{16.3+15.8}{2}\times3}{2+4+3+3}$

$=16$(元)

4. $\overline{c}=\frac{\overline{a}}{\overline{b}}=\frac{\frac{\frac{50}{2}+50+52+60+78+\frac{82}{2}}{5}}{\frac{\frac{1000}{2}+1020+1085+1120+1218+\frac{1425}{2}}{5}}=\frac{61.2}{1131.1}\times100\%=5.41\%$

5. 具体答案见下表。

年份		2008	2009	2010	2011	2012	2013
产品产量/万吨		500	600	800	900	1100	1200
增长量/万吨	逐期增长量	—	100	200	100	200	100
	累计增长量	—	100	300	400	600	700
发展速度/%	环比发展速度	—	120.00	133.33	112.50	122.22	109.09
	定基发展速度	—	120.00	160.00	180.00	220.00	240.00
增长速度/%	环比增长速度	—	20.00	33.33	12.50	22.22	9.09
	定基增长速度	—	20.00	60.00	80.00	120.00	140.00
增长 1%的绝对值/万吨		—	5	6	8	9	11

平均增长量$=\frac{\sum_{i=1}^{n}(a_i-a_{i-1})}{n}=\frac{a_5-a_0}{5}=\frac{700}{5}=140$(万吨)

$$平均发展速度\bar{x}=\sqrt[n]{\frac{a_n}{a_0}}=\sqrt[5]{\frac{1200}{500}}=119.14\%$$

平均增长速度=平均发展速度－1=119.14%－1=19.14%

实 训 案 例

一、

1. 产品产量、年末职工人数、利润额指标所形成的时间数列是总量指标时间数列。

2. 产品销售量计划完成程度形成的时间数列是相对指标时间数列。

3. 职工平均货币工资形成的时间数列是平均指标时间数列。

4. 总量指标时间数列中，产品产量、利润额指标所形成的总量指标时间数列是时期数列，而年末职工人数是时点数列。

二、

1. 具体指标数值如下表。

年份	销售额/万元	增长量/万元		发展速度/%		增长速度/%		增长 1%的绝对值
		逐期	累计	环比	定基	环比	定基	
2008	1119.84	—	—	—	—	—	—	—
2009	1443.47	323.63	323.63	128.9	128.9	28.9	28.9	11.20
2010	1654.00	210.53	534.16	114.58	147.7	14.58	47.7	14.43
2011	1666.24	12.24	546.4	100.74	148.79	0.74	48.79	16.54
2012	4907.24	3241	3787.4	294.51	438.21	194.51	338.21	16.66

2. $平均发展速度\bar{x}=\sqrt[n]{\frac{a_n}{a_0}}=\sqrt[4]{\frac{4907.24}{1119.84}}=144.67\%$

平均增长速度=平均发展速度-1=144.67%-1=44.67%

3. 该企业的销售额呈现逐年增长的趋势，且以每年 44.67%的速度增长。

三、

1. 该企业 2010 年各月的营业额由于受多种因素影响，呈现波动状态，发展变化趋势并不明显。为了消除各月的波动，则扩大以季度为时距，采用时距扩大法测定长期趋势。由于营业额形成的时间数列是时期数列，因此可以采用时距扩大总数法，结果见下表所示，则该企业营业额呈现出明显增长的长期趋势。

季度	1	2	3	4
营业额/万元	188	216	242	292

2. 该企业2012年各月营业额有波动，通过3项移动平均法，形成的新时间数列对原时间数列的波动起到了一定的修匀目的，并削弱了原时间数列中短期偶然因素的影响，如下表所示，从而呈现出该企业营业额持续上升的变动趋势。

月份	1	2	3	4	5	6	7	8	9	10	11	12
营业额	67	56	65	70	74	72	74	80	88	86	95	111
3项移动平均数	—	62.67	63.67	69.67	72	73.33	75.33	80.67	84.67	89.67	97.33	—

3. 该企业2012年各月的营业额有变动，为了消除其偶然因素，分别采用时距扩大法和移动平均法来测定长期趋势，从其测定结果来看，该企业2012年的营业额呈现出明显的上升趋势。

四、1. 各季度的季节比率计算结果如下表所示。

季　度	2009	2010	2011	2012	同季合计/万元	同季平均/万元	季节比率/%
	(1)	(2)	(3)	(4)	(5)=(1)+(2)+(3)+(4)	(6)=(5)/4	(7)=(6)/34.17
1	16.00	28.00	45.00	50.00	139.00	34.75	101.70
2	2.00	4.30	7.10	5.10	18.50	4.63	13.54
3	4.00	6.70	14.20	16.80	41.70	10.43	30.51
4	51.00	77.50	105.00	114.00	347.50	86.88	254.24
合计	73.00	116.50	171.30	185.90	546.70	136.68	399.99
平均	18.25	29.13	42.83	46.48	136.68	34.17	100.00

2. 通过上述季节比率的计算，各季度季节比率组成了新的时间数列，可以看出该地区产品出口额的季节变动趋势，即第二、第三季度为出口淡季，第一、第四季度为出口旺季，尤其是第四季度，其季节比率达到了254.24%，比平均销售水平高出了近两倍。

第七章

课 后 练 习

一、单项选择题

1. C　2. C　3. D　4. C　5. B　6. D　7. A　8. C　9. D　10. B

二、多项选择题

1. ABCD　2. AB　3. CD

三、简答题

1. 统计指数主要具有以下作用：(1)综合反映社会经济现象总变动方向和变动幅度；(2)分析现象总变动中各因素变动的影响方向和影响程度；(3)反映复杂现象长期内变动趋势；(4)对复杂社会经济现象进行综合评价和测定。

2. 建立指数体系的基本要求：(1)确定现象的各种影响因素以及它们之间存在的必然联系；(2)确定数量指标指数、质量指标指数及其相互关系；(3)区分各指数内的指数化因素和同度量因素。

3. 指数因素分析法是利用指数体系理论，从数量方面分析现象总变动中各因素变动的影响方向、程度和效果的一种分析方法。

4. 指数因素分析的步骤：(1)确定要分析的对象及影响因素；(2)确定分析所采用的对象指标和因素指标，并列出其关系式；(3)根据指标关系式建立分析指数体系及相应的绝对增减量关系式；(4)进行计算分析。

四、计算题

1. 108.21%；156 万元

2. (1)销售额指数=117.4%

增加销售额=27 150 元

(2) 销售量指数=109.6%

销售量变动影响增加销售额=15 000 元

(3) 价格指数=107.1%

价格变动影响增加销售额=12 150 元

(4) 综合影响：117.4%=109.6%×107.1%

27 150=15 000+12 150

3. 工资总额变动状况：

工资总额指数=113.4%

工资总额增加=67 万元

职工人数变动对工资总额的影响：

职工人数指数=105%

职工人数变动使工资总额增加=25 万元

平均工资变动对工资总额的影响：

平均工资指数=108%

实训案例

一、通过分析2011年6月份居民消费状况可知：

1. 2011年6月份全国居民消费价格同比上涨较多，其中农村价格上涨比城市价格上涨快，食品价格上涨较大，消费品价格上涨较多。

2. 2011年6月份全国居民消费价格环比上涨不大。

3. 食品类价格同比上涨较大，其中肉禽及其制品的价格上涨较多，对居民消费价格影响较大；其次是鲜蛋的价格上涨较多。

4. 6月份价格涨幅中去年价格上涨翘尾因素的影响较大。

5. 受季节因素的影响，鲜菜、鲜果价格环比继续下降。

6. 不同种类产品价格的涨幅不同，应该区别对待。

二、

1. 先达机床厂原材料消耗分析应采用指数因素分析法。

2. 原材料总消耗额指数=产品产量指数×单位产品原材料消耗量指数×原材料价格指数

产品产量指数的同度量因素应都固定在基期，单位产品原材料消耗量指数的同度量因素中的产量应固定在报告期、价格应固定在基期，原材料价格指数的同度量因素都应固定在报告期。

3. 该公司单位产品原材料消耗量增加量太大，是成本大幅上涨的主要原因。在单位产品原材料消耗量增量中非工艺性消耗占主要部分，主要是由废品造成的。企业应该采取措施严格控制废品率，降低非工艺性原材料消耗量，从而降低产品成本，提高企业利润。

第八章

课后练习

一、单项选择题

1. C　2. B　3. A　4. C　5. B　6. D　7. D　8. A　9. C　10. B

二、多项选择题

1. ABC　2. ABCD　3. BCD　4. ABCD　5. ABC

三、简答题

1. 抽样推断也称为统计推断，即按照随机原则从总体中抽取部分单位构成样本，在一定的可靠程度下，根据样本的数量特征对总体的数量特征进行推断的统计方法。

2. 抽样推断具有以下特点：(1)建立在随机取样的基础上；(2)运用概论估计方法；(3)存在可控性误差。

3. 抽样推断具有的作用主要有：(1)对无法或不必要进行全面调查的现象采用抽样推断实现调查目的；(2)抽样推断能够节省人力、费用和时间，而且比较灵活；(3)抽样推断可以用于工业生产过程中的质量控制；(4)抽样推断的资料可以修正和补充全面调查资料；(5)抽样推断可以对某种总体的假设进行检验，判断其真伪做出正确决策。

4. 影响抽样误差的因素有：(1)样本单位数的多少；(2)总体各单位标志值的差异程度；(3)抽样方法；(4)抽样的组织形式。

5. 抽样方案设计的基本原则有：(1)保证实现抽样随机性的原则；(2)保证实现最大的抽样效果原则。

6. 影响样本容量的因素主要有：(1)总体方差；(2)置信度；(3)允许误差；(4)抽样方法；(5)抽样的组织方式。

四、计算题

1. (1)11.0

(2) 2.19%

2. 0.55±0.10，即 45%～65%之间

3. 79.24%

4. 41 654.13～44 345.87km

实 训 案 例

通过数据资料分析可以发现该药物对甘油三酯水平和体重均有影响，通过服药使甘油三酯和体重均有不同程度的下降，说明服药与甘油三酯和体重之间存在着一定的关系。

第九章

课 后 练 习

一、单项选择题

1. B　2. C　3. D　4. D　5. B　6. D　7. A　8. D

二、多项选择题

1. AB 2. ABC 3. BCD 4. AB 5. ABCD

三、简答题

1. 相关关系具有以下特点：①变量之间确实存在着数量上的依存关系；②变量之间数量上依存关系的具体关系值难以固定；③变量之间这种不固定的关系值不能用数学公式表示。

2. 函数关系与相关关系的区别与联系

两者之间的区别：①相关关系是变量之间数量上不严格的依存关系，现象中变量关系完全对等；函数关系是变量之间数量上严格的依存关系，现象中变量关系不是对等的。②相关关系是统计学的研究范畴；函数关系是数学的研究范畴。

两者之间的联系：①呈函数关系的变量由于受观测和实验出现的偏差影响，其关系值不可能绝对确定，因而函数关系往往通过相关关系表现出来。②呈相关关系的变量之间的确切的、有规律的依存变化可能暂时还没有认识掌握或无法控制，一旦掌握其规律性或不考虑随机因素的干扰，相关关系就趋近于函数关系。因此，相关关系通常可以用一定的函数关系表达式去近似地描述。

3. 相关分析的主要内容有：(1)确定变量之间有无相关关系，以及相关的表现形式；(2)确定变量间相关关系的密切程度；(3)确定合适的数学模型；(4)测定变量估计值的可靠程度；(5)对计算出来的相关系数进行显著性检验。

4. 相关分析中应注意的问题：(1)警惕虚假相关；(2)相关关系并不等于因果关系；(3)正确区分相关系数显著性检验与相关程度强弱的关系；(4)注意相关关系成立的相关范围。

5. 一元线性回归分析的特点有：(1)在两个变量之间进行回归分析时，必须根据研究的目的，具体确定那个是自变量，那个是因变量。(2)在两个现象互为依据的情况下，可以有两个回归方程——y 倚 x 回归方程和 x 倚 y 回归方程。(3)回归方程的主要作用在于给出自变量的数值来估计因变量的可能值。一个回归方程只能作一种推算。

6. 一元线性回归方程的确定步骤：(1)确定一元回归方程；(2)估计参数值；(3)判定系数 r^2；(4)估计标准误差；(5)线性回归方程的显著性检验。

四、计算题

1. $r=-0.82$

2. (1)相关性较低；

(2) $r=0.3531$，低度相关；

3. (1) 略

(2) r =0.956；

(3) y_c=0.027+0.0668x；

(4) t_b=9.227，应拒绝 H_0，说明汽车货运量与汽车拥有量之间存在线性关系；汽车货运量是影响汽车拥有量的显著因素。

4. (1)散点图(略)，两变量之间为高度正线性相关关系。

(2) r =0.998，两变量之间为高度正线性相关关系。

(3) 拟合的回归方程为 y_c=734.48+0.3087x。回归系数为 0.3087，表示人均生产总值增加 1 元，人均消费水平平均增加 0.3087 元。

(4) 判定系数 r_2=0.996，表明在人均消费水平的变动中，有 99.6%是由人均生产总值决定的。

(5) 检验统计量 t_b=36.76>t 0.05=2.57，拒绝 H_0，线性关系显著。

5. (1)y_c=3.1+1.45x

(2) y_c=14.7

(3) S_{yx}=0.2762

(4) t_b=$(b-\beta)/S_b(S_b=0.056)$=1.45/0.056=25.89

$|t_b|$=25.89>$t_{\alpha/2}$=2.179

拒绝 H_0，说明设备能力与劳动生产率之间存在线性关系，设备能力是影响劳动生产率的显著因素。

6. (1)y_c=−12.8326+0.5803x_1+0.7624x_2

(2) r^2=0.8356　　$S_{yx_1x_2}$=1.1098

(3) y_c=33.3524(亿公斤)

7. (1)r =0.97

(2) y_c=−18.64+10.18x

(3) b=10.18，说明可比产品成本降低率每增加 1%，销售利润平均增加 10.18 万元。

(4) S_{yx}=2.99

实训案例

一、

1. 居民家庭人均可支配收入与人均消费性支出之间存在相关关系。可以通过相关系数反映两者之间的密切程度。

2. 居民家庭人均可支配收入与人均消费性支出之间可以用数学关系式表达。可以用一元线性回归分析式表示，即：y_c=a+bx

二、

1. 不同店铺的营业额的预测需要考虑的因素有：店铺的地理位置、店铺所在位置的辐射区域、店铺的客流量、店铺所在区域的主要客户群、店铺所在区域的消费水平等。

2. 首先通过相关分析确定变量间相关关系的密切程度，其次确定合适的数学模型，最后测定变量估计值的可靠程度。

第十章

课 后 练 习

一、单项选择题

1. C　2. C　3. D　4. A　5. C

二、多项选择题

1. ABDE　2. ABCD　3. ABCDE　4. ACDE

三、简答题

1. 统计综合分析是指根据分析研究的目的，以客观统计资料为依据，结合具体实际情况，运用定性分析和定量分析相结合的方法，对社会经济现象总体的规模、水平、速度、质量等方面进行分析研究，揭示事物之间的内在联系，从而认识事物的本质和发展规律的一种统计分析方法。

2. 统计综合分析一般要经历五个步骤：选择并确定研究课题；课题研究内容的设计；搜集、积累与整理资料；进行系统周密的分析；根据分析结果形成分析报告，具体程序可依实际条件灵活安排。

3. 综合评分法是通过建立统计指标体系，并结合各种定性材料，对被评价对象做出明确的评定和排序，以反映社会经济现象总体本质及其发展规律的一种统计分析方法。功效系数法是指在进行综合评价时，先运用功效系数对各指标进行无量纲同度量化转换，然后再采用算术平均数或几何平均数方法，对各项功效系数求总，作为总体的综合评价值加以比较判断，从而评价被研究对象的综合状况。

平均指数法是在选择确定了对总体评价的指标体系的基础上，先将评价指标的实际值与相对应的某种基准值进行比较，得到个体指标指数值，然后用事先确定好的每项指标的权数对所有个体指数进行加权平均，算出综合评价的评价指数。

4. 统计分析报告主要包括标题、导言、正文、结语以及附件等几个部分。标题是统计

分析报告的名称，是全篇内容的最简洁概括。导言是统计分析报告的开头语，是本报告主要观点的概括，好的导言能起到提纲挈领的作用。正文是统计分析报告的主体部分，以基本统计数据为基础，围绕所要分析研究的中心内容进行，对社会经济现象及其发展变化进行深刻的分析，既要肯定成绩、总结经验，又要发现矛盾、找出产生的原因。结语是统计分析报告的结束语，要对全文进行总结。附件是统计分析报告中正文包含不了的或没有提交的，但与正文有关必须附加说明的部分。

实训案例

1. 上述材料属于专题统计分析报告。

2. 上述统计分析报告的标题属于概括式的标题。

3. 上述统计分析报告中用到统计分析方法有指标分析方法、统计比较法、动态分析方法等。

参 考 文 献

[1]韩宇，韩春玲．统计学原理[M]．北京：北京大学出版社，2012.
[2]肖彦花．统计学[M]．北京：北京邮电大学出版社，2011.
[3]李洁明，祁新娥．统计学原理(第五版)[M]．上海：复旦大学出版社，2010.
[4]徐静霞．统计学原理与实务[M]．北京：北京大学出版社，中国农业大学出版社，2012.
[5]卢黎霞，陈云玲．统计学原理[M]．武汉：武汉理工大学出版社，2006.
[6]徐国祥，刘汉良，孙允午，朱建中．统计学[M]．上海：上海财经大学出版社，2001.
[7]贾俊平，何晓群，金勇进．统计学[M]．北京：中国人民大学出版社，2007.
[8]袁卫，庞皓，曾五一．统计学[M]．北京：高等教育出版社，2000.
[9]黄良文，曾五一．统计学原理[M]．北京：中国统计出版社，2000.
[10]宫春子．统计学基础[M]．大连：东北财经大学出版社，2007.
[11]刘定祥，樊俊花．统计学基础[M]．北京：首都师范大学出版社，2009.
[12]姚寿福，刘泽仁．统计学原理[M]．北京：电子工业出版社，2011.
[13]贾俊平．统计学基础[M]．北京：中国人民大学出版社，2011.
[14]陈平，蒋绵绵，南远征．统计学原理[M]．北京：经济日报出版社，2013.
[15]邓力．统计学原理[M]．北京：清华大学出版社，2014.
[16]赵海荣，李青阳．统计学基础[M]．北京：教育科学出版社，2013.
[17]李振辉，蒋华．统计学教程与实务[M]．天津：天津教育出版社，2010.
[18]贾俊平．统计学基础[M]．北京：中国人民大学出版社，2013.
[19]周后红，邵坤．统计学原理与实务[M]．北京：中国建材工业出版社，2011.